Ellen Banks Elwell

EIN KLEINES STÜCK VOM HIMMEL SEHEN

Ellen Banks Elwell

Ein kleines Stück vom Himmel sehen

365 Andachten für Mütter

francke

Über den Autorin:
Ellen Banks Elwell hat sowohl am Moody Bible Institute als auch am Konservatorium studiert. Die Musikerin und Schriftstellerin hat mehrere Familienratgeber geschrieben, gibt Klavierunterricht, hat drei erwachsene Söhne und lebt mit ihrem Mann in Illinois/USA.

Bibliografische Information Der Deutschen Bibliothek
Die Deutsche Bibliothek verzeichnet diese Publikation in der Deutschen Nationalbibliografie; detaillierte bibliografische Daten sind im Internet über http://dnb.ddb.de abrufbar.

ISBN 978-3-86827-534-6
Originally published in the U.S.A. under the title:
One Year® Book: Devotions For Moms, by Ellen Banks Elwell

Deutsch von Andrea Wegener
Umschlaggestaltung: Verlag der Francke-Buchhandlung GmbH / Sven Gerhardt
Umschlagbild: © iStockphoto.com / gianliguori
Satz: Verlag der Francke-Buchhandlung GmbH
Printed in Czech Republic

www.francke-buch.de

Vorwort

Als meine Kinder noch klein waren, wollte ich gerne jeden Tag Zeit mit Gott verbringen – es war nur so schrecklich schwierig, das zeitlich einzurichten. Inzwischen macht es mir nicht mehr so viel aus, früh aufzustehen, aber damals war das anders. Abends kam ich auch nicht zur Ruhe, denn nachdem ich die Kinder ins Bett gebracht hatte, war ich total erschöpft. Aber zu einer bestimmten Zeit am Tag war es häufig still im Haus, und das war gleich nach dem Mittagessen. Um nicht komplett den Kopf zu verlieren, bestand ich darauf, dass meine Jungs eine Stunde lang entweder Mittagsschlaf hielten oder sich still in ihrem Zimmer beschäftigten. Manchmal, wenn aus der einen Stunde zwei wurden, konnte ich mich über einen Extrabonus freuen.

Mir war jeden Tag bewusst, wie viel Ermutigung ich brauchte, wie viel Weisheit, Hoffnung und Zuversicht. Also bat ich Gott, mir zu helfen. Ich betete: *Gott, wenn Du dafür sorgst, dass meine Kinder nach dem Mittagessen schlafen oder leise lesen, dann werde ich diese Zeit mit Dir verbringen.* Und Gott half mir wirklich – fast jeden Tag konnte ich es mir mit einem Eistee oder einer Limonade gemütlich machen, in meiner Bibel lesen und beten. Weil ich diese Zeit mit Gott hatte, wuchs ich im Glauben. Ich bekam auch immer wieder die Kraft, die ich als Mutter mehrerer kleiner Kinder brauchte.

Mittlerweile habe ich die fünfzig überschritten und mein jüngster Sohn ist schon fast mit der Schule fertig. Nun genieße ich es, jeden Morgen früh aufzustehen und Zeit mit Gott zu verbringen. Statt Eistee oder Limonade trinke ich heute Kaffee mit Vanillesirup. Und wissen Sie was? Ich merke immer noch, wie viel Ermutigung ich brauche, wie viel Weisheit, Hoffnung und Zuversicht. Aber nach so vielen Jahren, in denen Gott mir immer vertrauter geworden ist, weiß ich, dass ich mich auf ihn verlassen kann. Ich bin überzeugt, dass er mir alles geben wird, was ich brauche – und noch viel mehr.

Ich freue mich, dass dieses Andachtsbuch für Mütter Sie in den nächsten Monaten begleiten wird. Es kommt nicht darauf an, wo oder wann Sie anfangen zu lesen; gehen Sie einfach nach dem Datum. Die Andachten sind wochenweise nach Themen geordnet.

Egal, zu welcher Tageszeit Sie Ihre Andacht machen – ich wünsche Ihnen von Herzen, dass die Zeit, in der Sie über Gott und sein Wort nachdenken, Ihr Leben reicher macht und Sie dadurch Ihre Aufgabe als Mutter immer besser wahrnehmen können. Gott segne Sie!

Ellen Banks Elwell

Ich wünsche euch, dass Gottes Gnade und sein Friede euch immer mehr erfüllen. Das wird geschehen, wenn ihr Gott und unseren Herrn Jesus Christus immer besser kennen lernt. Alles, was wir brauchen, um ein Leben zu führen, wie es Gott gefällt, hat uns Christus geschenkt. Denn durch ihn haben wir Gott kennengelernt, der uns in seiner Macht und Herrlichkeit zu einem neuen Leben berufen hat.

2. PETRUS 1,2-3

1. JANUAR

Glaube

Alle kommenden Generationen werden ihm dienen.
Eine erzählt der nächsten von Gott und von dem, was er Gutes getan hat. Die noch nicht geboren sind, werden es hören und weitersagen: Gott ist treu, auf seine Hilfe ist Verlass!

PSALM 22,31-32

Als meine Kinder in den Kindergarten und die Grundschule gingen, las ich ihnen sehr gerne etwas vor. Ob wir zusammen in einem Schaukelstuhl saßen oder uns in einem unserer Betten zwischen die Kissen kuschelten – es war einfach herrlich, zu lesen und es dabei so gemütlich zu haben. Obwohl wir viele verschiedene Bücher lasen, nahmen wir aus Gottes Wort doch immer am meisten mit. Wir betrachteten zusammen, wie Gott sich um seine Leute kümmerte und in ihrem Leben Wunder wirkte, und so konnten wir immer besser glauben, dass er sich auch um uns kümmern würde. Das machte uns Mut.

Die Geschichte des Jungen Mose faszinierte mich über lange Zeit. Der König von Ägypten hatte den hebräischen Hebammen befohlen, alle hebräischen neugeborenen Jungen umzubringen. Weil Jochebed, Moses Mutter, eine gläubige Frau war, legte sie ihn in einen Korb und versteckte diesen an einem Fluss im Schilf. Seine ältere Schwester, Miriam, sollte beobachten, was mit dem Korb passierte. Schließlich fand die Tochter des Pharao den kleinen Mose und adoptierte ihn. Gott hatte vorgesorgt: Miriam fragte die Prinzessin, ob sie eine hebräische Amme für das Kind finden sollte, und so konnte Mose von seiner eigenen Mutter gestillt und mehrere Jahre lang großgezogen werden, bis seine weitere Erziehung vom Hof des Pharao übernommen wurde.

Stellen Sie sich einmal vor, wie viel Jochebed ihren Kindern Mose, Miriam und Aaron erzählt haben muss, bis Mose zum Königshof umzog. Diese Geschwister hörten immer wieder, dass Gott alles im Blick hat und sich um seine Leute kümmert. Später gebrauchte Gott sie, um das Volk Israel aus Ägypten zu führen. Genauso können auch wir den Glauben unserer Kinder stärken, indem wir ihnen immer wieder erzählen, wie gut Gott sich um uns kümmert. Was wir ihnen jetzt vermitteln, wird sie bis ins Erwachsenenalter prägen, wenn sie selbst Verantwortung zu tragen haben.

Lieber Vater, du bist ein Gott, der uns sieht und für uns sorgt. Hab Dank, dass Du uns Kinder anvertraut hast, für die wir sorgen und die wir lieben. Danke auch, dass Du uns Dein Wort gegeben hast, das uns dabei helfen will. Bitte hilf uns, uns immer wieder neu bewusst zu machen, wie gut Du zu uns bist, sodass wir unseren Kindern davon erzählen können. Wir bitten dich, dass der Glaube unseren Kindern dadurch ein festes Fundament wird und auch unser eigener Glaube gestärkt wird. Amen.

2. JANUAR

Glaube

Dann wandte [Jesus] sich an Thomas: „Lege deinen Finger auf meine durchbohrten Hände! Gib mir deine Hand und lege sie in die Wunde an meiner Seite! Zweifle nicht länger, sondern glaube!“

JOHANNES 20,27

Obwohl Thomas einer der Jünger Jesu war, fiel es ihm schwer, zu glauben, dass Jesus tatsächlich von den Toten auferstanden war. Daher rührt auch sein Spitzname „der Zweifler“.

Thomas war nicht dabei, als Jesus den Jüngern zum ersten Mal nach seiner Auferstehung erschien. Als Thomas hörte, dass Jesus da gewesen sei, erklärte er, dass er es erst dann glauben würde, wenn er die Hände und die Seite Jesu berühren dürfe. Sieben Tage später traf er Jesus tatsächlich, und Jesus forderte Thomas auf, seine Wunden zu berühren. Der wunderschöne Ausruf des Thomas – „Mein Herr und mein Gott!“ – veranlasste Augustinus später zu der Bemerkung, dass Thomas gezweifelt hat, damit wir glauben können.

Dass Thomas so mit Zweifeln zu kämpfen hatte, ist für uns eigentlich ermutigend. Wenn Jesus so viel Geduld mit ihm hatte und sich so auf ihn einließ, wird er das Gleiche für uns tun. Wenn wir oder unsere Kinder Zweifel haben, können diese Zweifel zu Fragen führen, die Fragen zu Antworten, und die Antworten zu einer Stärkung unseres Glaubens – dann haben sie sich gelohnt. Aber manchmal bleiben wir bei unseren Zweifeln stehen. Wir lassen uns von ihnen nicht herausfordern weiter nachzudenken, sondern wir treten auf der Stelle. Wir tun gut daran, uns in unseren Zweifeln nicht „häuslich einzurichten“. Es ist bemerkenswert, dass Jesus einige Verse weiter die Person noch mehr lobt, deren Glaube *ohne* Beweise auskommt: „Du glaubst, weil du mich gesehen hast. Wie glücklich können erst die sein, die nicht sehen und trotzdem glauben.“ (Johannes 20,29) Wir haben nun Gottes Wort in Händen und besitzen das Zeugnis von Menschen wie Thomas – das darf unseren Glauben weiter anregen.

Vater, hab Dank für die Geduld, die Du mit Thomas gehabt hast, und für die Geduld, die Du mit uns hast, wenn uns Zweifel kommen. Danke, dass die Erfahrung, die Thomas gemacht hat, mir in meinem Glauben helfen kann. Amen.

3. JANUAR

Essen & Trinken

Nachdem wir durch den Glauben von unserer Schuld freigesprochen sind, steht nun nichts mehr zwischen uns und Gott. Wir haben Frieden mit ihm. Wem verdanken wir das? Allein Jesus Christus.

RÖMER 5,1

In einem kleinen Dorf auf dem Lande brach mitten in der Nacht ein Feuer aus. Das kleine Haus, das nun lichterloh brannte, gehörte einer jungen Familie mit mehreren Kindern. Die Familie rannte aus dem Haus, aus dem inzwischen dichter Rauch quoll, und versammelte sich draußen auf dem Rasen – nur der Fünfjährige fehlte. Als der Vater zum Kinderzimmer im ersten Stock sah, stand dort der Kleine im Fensterrahmen. Er weinte und rieb sich die Augen.

Der Vater wusste, dass es keinen Zweck hatte, ins Haus zurückzugehen, um seinen Sohn zu retten, und so schrie er nach oben: „Du musst springen! Ich fang dich auf!" Der kleine Junge, der die Stimme seines Vaters hörte, vor lauter Rauch aber nichts sehen konnte, schluchzte und rief: „Aber ich kann dich gar nicht sehen!" Der Vater rief zurück: „Aber ich kann *dich* sehen! Mach ruhig! Spring!" Und das tat der Junge. Er sprang aus dem Fester und landete sicher in den Armen seines Vaters.

Die Entscheidung, die dieser kleine Junge hier traf, erinnert mich an den Sprung, den wir wagen, wenn wir unser Leben ganz in Gottes Hände legen. Weil der kleine Junge sich nicht selbst helfen konnte, kam sein Vater und rettete ihn. Und weil wir uns selbst nicht helfen konnten, kam Gott und rettete uns. Er kam nicht in diese Welt, weil wir so stark und unabhängig waren – sondern weil wir schwach waren und Hilfe brauchten.

In Römer 5,1-5 lesen wir, dass Jesu Tod und unser Glaube Frieden mit Gott, freien Zutritt zu ihm, Hoffnung und Zuversicht mit sich bringt. Wenn wir uns klarmachen, dass Jesus starb, um uns von unseren Sünden zu retten, wird uns unsere eigene Hilflosigkeit umso deutlicher bewusst. Wir merken, dass es eine sehr weise Entscheidung ist, in seine Arme zu springen. Und eigentlich ist es sogar mehr – es ist die einzige Art, wie wir überhaupt leben können.

Vater, danke, dass Du uns immer siehst – egal, wo wird sind. Danke, dass Du Jesus auf die Erde geschickt hast, weil wir uns nicht selber helfen konnten. Bitte hilf uns, Dir ganz zu vertrauen. Amen.

4. JANUAR

Glaube

Aus seinem Reichtum wird euch Gott, dem ich gehöre, durch Jesus Christus alles geben, was ihr zum Leben braucht.

PHILIPPER 4,19

Als ich kürzlich eine Kiste mit Bildern und sonstigen Kostbarkeiten aus der Schulzeit meines Sohnes Chad durchsah, fiel mir ein ganz besonderer Schatz in die Hände. Auf ein kariertes Blatt Papier hatte Chad zwei Ölkrüge gemalt, die uralt aussahen, und daneben hatte er ein kleines Gedicht geschrieben:

Die Witwe war so arm,
der Ölkrug war ganz leer.
Doch Gott schuf neues Öl,
und so floss mehr und mehr und mehr.

Zu der Zeit, als Chad dieses Gedicht schrieb, war gerade der Vater von Chads Freund Brad auf tragische Weise umgekommen. Ein verärgerter Mitarbeiter war wutentbrannt auf ihn losgegangen und hatte ihn getötet. Brads Mutter stand alleine mit zwei kleinen Söhnen da. Chad entging in den nächsten Monaten und Jahren nicht, wie liebevoll Gott sich dieser kleinen Familie annahm, nachdem der Vater das nicht mehr tun konnte. Wir alle nahmen als Familie Anteil daran.

Ich werde nie den Abend vergessen, an dem Brads Mutter Brenda bei uns vorbeischaute und uns ein Geschenk mitbrachte. Sie hatte kleine Ölkrüge gekauft und schenkte sie nun jeder Familie, die ihr und den Jungs in der ersten Zeit nach dem Tod ihres Mannes beigestanden hatte. Diese Krüge riefen uns die Geschichte von Elisa und der Witwe ins Gedächtnis, die im Alten Testament, im zweiten Buch der Könige (Kapitel 4,1-7) berichtet wird. Diese Witwe hatte auch zwei Kinder, die sie alleine nicht ernähren konnte. Gott benutzte – durch Elisa – die leeren Ölkrüge ihrer Nachbarn, um sie besser zu versorgen, als sie sich das selbst je hätte vorstellen können. Brenda, Bratt und Andy glaubten fest, dass Gott sich um sie kümmern würde, und – wie das bei Gott so ist – seine Fürsorge überstieg ihren Glauben sogar noch bei Weitem.

Vater, danke, dass Du uns hilfst, weit über das hinauszusehen, was wir vor Augen haben. Danke, dass Du ein Gott bist, der uns sieht und für uns sorgt. Amen.

5. JANUAR

Glaube

Ihr habt Christus als euren Herrn angenommen; nun lebt auch mit ihm und tut seinen Willen. Wie ein Baum in der Erde, so sollt ihr in Christus fest verwurzelt bleiben, und nur er soll das Fundament eures Lebens sein. Haltet fest an dem Glauben, den man euch lehrte, und dankt Gott für alles, was er euch geschenkt hat. Lasst euch von keiner Ideologie oder irgendwelchem leeren Gerede einfangen. All das haben sich Menschen ausgedacht; aber hinter ihren Gedanken stehen dunkle, dämonische Mächte und nicht Christus.

KOLOSSER 2,6-8

Von Pastor Gary Dausey stammt die folgende Geschichte: Als er ein Junge war, bat ihn sein Vater, für eine Bastelarbeit vierundsechzig gleich große Rechtecke, so etwa vier mal sechs Zentimeter groß, aus Karton auszuschneiden. Sein Vater schnitt selbst das erste Rechteck aus, und Gary sollte es als Vorlage benutzen. Also legte Gary dieses Rechteck auf den Karton, zeichnete die Linien nach und schnitt das zweite Rechteck aus. Dann nahm er das Rechteck, das er gerade ausgeschnitten hatte, legte es wieder auf den Karton und markierte das nächste Rechteck, schnitt dieses wieder aus und benutzte es als Vorlage für das nächste und so weiter, bis er vierundsechzig Rechtecke ausgeschnitten hatte. Erst als er sie sich dann genauer ansah, fiel ihm auf, dass etwas schiefgelaufen war. Das letzte Rechteck war viel größer als die Vorlage, die sein Vater ihm gegeben hatte. Warum? Weil er sich nicht am ursprünglichen Muster orientiert hatte. Später fiel Gary auf, dass dies eine gute Illustration dafür sei, dass sich unser Glaube auf das „Originalmuster" stützen muss, wenn wir unser Leben darauf bauen wollen. Es reicht nicht aus, sich auf die Vorbilder der zweiten oder dritten Generation vor uns zu stützen. Wir müssen direkt an die Quelle.

Als gläubige Mütter wollen wir natürlich, dass unsere Kinder in den Glauben hineinwachsen. Aber genauso wie unser geistliches Leben und Wachstum an *unserem* Glauben hängt, muss sich auch ihr Leben und Wachstum auf *ihren* Glauben stützen. Wir können ihnen dabei natürlich ein Stück weit helfen, indem wir ihnen Gottes Wort nahe bringen und ihnen vermitteln, was es heißt, zu glauben.

Aber unsere Kinder müssen selbst Jesus kennenlernen, damit ihr Glaube in ihm und seinem Wort verwurzelt ist. Ist dies nicht der Fall, lassen sie sich zu leicht von der Wahrheit abbringen. Sie entfernen sich dann immer weiter von Gott, und das spiegelt sich auch in ihrem Verhalten wider. Wir wollen doch, dass unsere Kinder nicht einfach nur denken, dass Christus wichtig ist, sondern dass sie es selbst erleben.

Lieber Vater, hab Dank, dass Dein Wort Nahrung für unsere Herzen ist. Bitte hilf uns, dass wir unsere Kinder zum Glauben führen können, indem wir ihnen Dein Wort nahe bringen. Amen.

6. JANUAR

Glaube

Das eine aber wissen wir: Wer Gott liebt, dem dient alles, aber auch wirklich alles zu seinem Heil; denn dazu hat Gott selbst ihn erwählt und berufen.

RÖMER 8,28

„Bob, könntest du bitte den Truthahn mit der Brühe übergießen, die auf dem Herd steht?“, rief meine Mutter durchs Treppenhaus nach unten. „Ich bin gleich hier oben fertig.“ Es war der Morgen des Erntedankfestes, und meine Mutter hatte für unsere Familienfeier ihre köstlichsten Rezepte hervorgekramt.

Als meine Mutter wenig später nach unten kam, um ihren besonderen Limetten-Birnen-Salat vorzubereiten, nahm sie den Deckel von dem kleinen Töpfchen mit Birnensaft. „Warum ist der Topf denn plötzlich leer?“, wunderte sie sich. Sie sah in dem anderen Topf nach, der noch auf dem Herd stand, und stellte fest, dass die Truthahn-Brühe noch darin war. Oh je! Meinem Vater stand Ärger ins Haus. Er hatte den Truthahn mit Birnensaft übergossen.

Sie fragen sich jetzt vielleicht, ob meine Mutter meinen Vater je wieder in der Küche etwas machen ließ. Oh ja, das tat sie. Der Truthahn, den wir in jenem Jahr aßen, war der leckerste, den wir je gehabt hatten, und er sah auch großartig aus. Was als Missgeschick begonnen und zuerst zu einiger Enttäuschung geführt hatte, begründete eine neue Familientradition. Ich gieße auch jedes Jahr zu Erntedank Birnensaft über unseren Truthahn.

Dabei fallen mir noch andere Erfahrungen ein, die ich im Laufe meines Lebens gemacht habe, schlimme Enttäuschungen, Verluste und großes Leid. Wenn ich mittendrin stecke, kann ich kaum etwas anderes denken als: *Wie komme ich hier nur am schnellsten wieder heraus? Was kann ich nur machen, damit der Schmerz aufhört?* oder *Das hier kann ja nun wirklich zu nichts Gutem führen.* Aber ich habe immer wieder erlebt, wie Gott genau diese schwierigen Situationen benutzt hat, um an mir zu arbeiten und mein Herz zu verändern. Ich habe so gelernt, ihm zu vertrauen. Meine Freundin Wanda drückt das so aus: „Gott macht alles zu *seiner* Zeit richtig. Und manchmal lässt er uns sogar schon zu *unserer* Zeit sehen, was er vorhat.“

Lieber Vater, danke für Deine Treue. Danke, dass Du so viele Mittel und Wege hast, um Deinen Plan mit uns zur Vollendung zu bringen. Es macht uns Mut zu wissen, dass Du letzten Endes alles zum Guten werden lässt. Amen.

7. JANUAR

Glaube

Kämpfe den guten Kampf des Glaubens! Erringe so das ewige Leben. Dazu hat dich Gott berufen, und das hast du vor vielen Zeugen bekannt.

1. TIMOTHEUS 6,12

Immer wieder gibt es Zeiten, in denen wir an Gott zweifeln. Dann ist es hilfreich, wenn wir uns ins Gedächtnis rufen, dass Zweifel nicht dasselbe ist wie Unglaube. Alister McGrath hat das einmal so ausgedrückt: „Unglaube ist der Entschluss, zu leben, als gäbe es Gott nicht. Es ist die bewusste Entscheidung gegen Jesus Christus und gegen alles, was er für uns getan hat. Aber Zweifel ist etwas ganz anderes. Zweifel entsteht im Zusammenhang mit Glauben. Es ist die sehnsüchtige Hoffnung, das sicher zu wissen, was wir jetzt nur glauben können."

Es ist tröstlich zu wissen, dass Zweifel ganz natürlich zum normalen Glaubenswachstum gehören. Glauben ist nicht immer einfach. Den Kampf des Glaubens zu kämpfen bedeutet nicht nur, *für* den Glauben zu streiten, sondern auch *gegen* unseren Feind, den Teufel. Im sechsten Kapitel des ersten Briefes an Timotheus werden wir aufgefordert, drei Dinge zu tun: weglaufen, nachjagen und kämpfen. Wir sollen vor dem Stolz davonlaufen, vor der Geldliebe und falschen Lehren; wir sollen der Gerechtigkeit nachjagen, der Frömmigkeit, dem Glauben, der Liebe, Geduld und Freundlichkeit; und wir sollen *für* den Glauben kämpfen, gegen die Welt, das Fleisch und den Teufel.

Eine Mutter mit Depressionen, deren Mann in einer Sucht gefangen ist oder deren Kind sich mit schlechten Freunden herumtreibt, schlägt sich mit einer Menge Zweifeln und Schwierigkeiten herum – dass sie mitten im Kampf steckt, merkt man sofort. Wenn Gottes Wort und Gottes Geist uns helfen zu kämpfen, „erringen" wir „das ewige Leben" – wir klammern uns regelrecht daran und setzen unsere Hoffnung nicht auf das, was vergeht. Wir vertrauen auf den Gott, der ewiges Leben schenkt und Hoffnung gibt.

Vater, bitte gib uns die Kraft, den guten Kampf des Glaubens zu kämpfen. Danke, dass Du uns verheißen hast, immer bei uns zu sein. Bitte hilf uns, an Deinen Verheißungen festzuhalten, wenn sich in unserem Kopf oder unseren Herzen Zweifel breitmachen wollen. Amen.

8. JANUAR

Gebet

Vor lauter Verzweiflung weinte Hanna hemmungslos.
Unter Tränen betete sie (...)

1. SAMUEL 1,10-11

Kennen Sie solche Zeiten in Ihrem Leben, in denen Kummer, Bitterkeit oder Schmerz regelrecht über Ihnen zusammenbrechen? Hanna erlebte so eine Zeit. Im ersten Buch Samuel im Alten Testament (1. Sam 1,1-2,21) erfahren wir, dass Hanna mit Elkana, einem levitischen Priester, verheiratet war. Er hatte noch eine zweite Frau mit Namen Peninna. Einmal im Jahr schlossen sich seine beiden Familien zusammen und gingen nach Silo, um Gott ein Opfer zu bringen, und jedes Mal spielte sich die gleiche Szene ab. Elkana nutzte die Gelegenheit und versorgte Peninna und jedes ihrer Kinder mit Geschenken, aber Hanna bekam nur ein Geschenk, weil sie keine Kinder hatte. In der Bibel wird uns berichtet, dass Peninna Hanna wegen ihrer Unfruchtbarkeit auslachte. Hanna war so traurig, dass sie gar nicht mehr essen wollte.

An einem Abend in Silo ging Hanna zum Haus Gottes hinüber. Sie schrie dem Herrn ihre ganze Bitterkeit, ihr Leid und ihren Schmerz im Gebet entgegen und wurde selbst dafür noch schief angesehen. Der Priester hielt sie für betrunken. Aber nachdem sie Gott ihr Herz ausgeschüttet hatte, geschah etwas Erstaunliches. Der Priester segnete sie und sprach ihr Frieden zu, und nachdem sie von ihm wegging, konnte Hanna wieder essen und war nicht mehr so niedergeschlagen. Danach kehrten die Familien wieder nach Hause zurück, und bald darauf wurde Hanna schwanger. Ihr wunderschönes Loblied ist in 1. Samuel 2,1-10 festgehalten.

Was können wir daraus lernen? Wenn wir Kummer haben und leiden, können wir zu Gott schreien – in dem Bewusstsein, dass er Gott ist. Wir können vor ihm unser ganzes Herz ausschütten, mit aller Bitterkeit, dem Kummer und den Sorgen. Und wenn wir damit fertig sind, können wir weiterleben und Gott dafür loben und danken, dass er uns hört.

Vater, danke, dass Du uns Vorbilder wie Hanna gibst, die einige der traurigen und schmerzhaften Gefühle kannten, die uns von Zeit zu Zeit überkommen. Danke, dass wir mit all unseren Gefühlen zu Dir kommen können, und dass Du uns in Deiner Gnade immer wieder die Kraft gibst, aufzustehen und weiterzugehen. Und hab Dank für die vielen Antworten, die Du uns auf unsere Gebete schon gegeben hast. Amen.

9. JANUAR

Gebet

Deshalb hören wir auch nicht auf, für euch zu beten, dass ihr so lebt, wie man es von Menschen erwarten kann, die Gott zu Großem berufen hat. Wir bitten ihn, dass es nicht bei eurem guten Willen bleibt, sondern dass ihr diesen Willen auch in die Tat umsetzt. Alles, was ihr im Glauben begonnen habt, sollt ihr durch Gottes Kraft auch vollenden.

2. THESSALONICHER 1,11

Eben bin ich ins Schlafzimmer meines Sohnes Nate geschlichen und habe die Bettdecke über ihm zurechtgezogen – über den ganzen 187 Zentimetern, die er inzwischen groß ist. Er ist heute von einem Missionseinsatz in Bukarest zurückgekommen. Es ist *so* gut, dass er wieder hier ist – auch wenn er schläft. Er war mehrere Wochen weg und wir konnten glücklicherweise in der Zeit den Kontakt per E-Mail halten. Noch dankbarer war ich aber, dass ich zu jeder Tages- und manchmal auch Nachtzeit, wenn ich plötzlich wach wurde, für ihn beten konnte.

Wenn Briefe oder E-Mails zwischen Nate und mir hin- und hergehen, erfahre ich, was in seinem Leben gerade passiert. Aber wenn ich für ihn bete, öffnet sich hinter all dem noch eine weitere Dimension. Ich spreche mit dem, der Nate und mich geschaffen hat, der sein und mein Leben in der Hand hält. Gott ist überall gleichzeitig und weiß alles, er weiß, wie wichtig mir Nate ist, und er hört meine Gebete immer und überall.

Ob unsere Kinder gerade zu Hause sind, die Straße hinunter bei Freunden oder am anderen Ende der Welt, wir können uns ihretwegen immer an Gott wenden. Wir können ganz sicher sein, dass Gott sie sieht, bis in ihre Gedanken und Wünsche hinein. Mark Twain hat einmal gesagt: „Ich kenne kein einziges Produkt, das nicht in Amerika hergestellt wurde, das steuerfrei in dieses Land eingeführt wird – außer der Antwort auf ein Gebet.“ Im Gegensatz zu Ferngesprächen sind Gebete kostenlos. Wir müssen nicht im Internet nach der billigsten Vorwahlnummer oder den günstigsten Zeiten Ausschau halten – wir können jederzeit mit ihm reden.

Vater, es ist gut zu wissen, dass Du immer da bist und nie schläfst. Danke, dass wir für unsere Kinder immer und überall beten können. Danke, dass Du sie siehst, wo sie auch sind, und auf sie achtest. Amen.

10. JANUAR

Gebet

Steh jede Nacht auf, flehe zu Gott um Hilfe, und schütte ihm dein Herz aus! Heb deine Hände zu ihm empor, und bitte für das Leben deiner Kinder (...)

KLAGELIEDER 2,19a

Pfarrer Dennis Eenigenburg hat einmal erzählt, wie er als Schuljunge mit einem Brief der Lehrerin nach Hause kam. Sie fand es bedenklich, dass Dennis ihr ständig Widerworte gab. Seine Mutter machte sich auch Sorgen wegen seines Verhaltens in der Schule und war enttäuscht, dass Dennis so gar keine Fortschritte zu machen schien. Diesmal stand sie eine Weile lang da und sah ihn mit Tränen in den Augen an. Dann nahm sie ihn bei der Hand und führte ihn in ihr Zimmer. Dennis erwartete eine Tracht Prügel, aber was er stattdessen erlebte, wirkte viel nachhaltiger. Seine Mutter forderte ihn auf, sich neben sie zu knien, und dann betete sie. Sie bat Gott, ihr Weisheit zu geben, damit sie ihren Sohn richtig erziehen konnte. Sie weinte beim Beten. Dennis war sehr bewegt, als er das sah. Wenn sein Verhalten seiner Mutter so wichtig war, dachte er, sollte er sich wirklich mehr anstrengen. Später wurde ihm klar, dass keine einzige Tracht Prügel so viel Wirkung gezeigt hatte wie das Erlebnis, neben seiner Mutter zu knien und ihr Gebet mit anzuhören.

Wir Mütter sind vermutlich alle gelegentlich frustriert und enttäuscht, weil unsere Kinder, unsere Männer oder auch wir selbst einfach nicht weiterzukommen scheinen. Der Vers oben kann uns genau in diesen Situationen eine Hilfe sein. Er greift den Schmerz der Juden auf, als sie ihre Stadt in Trümmern liegen sahen. Obwohl die meisten von uns nicht wirklich nachvollziehen können, wie es ist, einen Krieg zu verlieren, empfinden wir doch oft genug Schmerz – über ein aufmüpfiges Kind, einen Mann, um den wir uns Sorgen machen, oder einen Bereich in unserem Leben, in dem wir auf der Stelle treten. Wenn wir Gott in diesen Situationen das Herz ausschütten, ist das das Beste, was wir tun können.

Lieber Vater, hilf uns, unseren Schmerz so zuzulassen wie Jeremia, und hilf uns, dann auch immer wieder daran zu denken, dass Du größer bist als alles Leid: „Die Güte des Herrn hat kein Ende, sein Erbarmen hört niemals auf, es ist jeden Morgen neu! Groß ist Deine Treue, o Herr!" (Klagelieder 3,22-23) Amen.

11. JANUAR

Gebet

Der Herr ist mein Licht, er rettet mich. Vor wem sollte ich mich noch fürchten? Bei ihm bin ich geborgen wie in einer Burg. Vor wem sollte ich noch zittern und zagen?

PSALM 27,1

Einmal machten wir als Familie Urlaub in den Rocky Mountains. Wir verbrachten eine abenteuerliche Woche inmitten der atemberaubenden Collegian Peaks, von denen jeder einzelne mehr als 4000 Meter hoch ist. Sie ragten gleich hinter unserer Hütte empor.

Als unser Urlaub schon halb vorbei war, beschlossen wir, einen Jeep mit Allradantrieb zu leihen, um das Hinterland zu erkunden. Wir fuhren also auf einen besonders felsigen Berg hinauf, bis weit über die Waldgrenze, und dann hielten wir an und bestaunten das großartige Panorama. Sie können sich vielleicht vorstellen, wie bestürzt wir waren, als wir wieder losfahren wollten und der Wagen einfach nicht ansprang. Nicht nur das – die Batterie wurde immer schwächer. Die nächste Stadt lag fast zehn Kilometer entfernt und war zu allem Unglück eine Geisterstadt, in der schon seit einem Jahrhundert niemand mehr wohnte. Wir hatten nur wenig zu essen und zu trinken dabei, und es wurde bereits dunkel.

David, der Autor des 27. Psalms, konnte auf eine ganze Reihe schwieriger Erfahrungen zurückblicken. Weil ihn König Saul voller Eifersucht jagte und umzubringen versuchte, verbrachte David viele Jahre auf der Flucht. Er lebte auf Bergen und in Höhlen und musste sich darauf konzentrieren, seinem Feind immer einen Schritt voraus zu sein.

Manchmal kommt uns das Leben ähnlich unberechenbar und gefährlich vor. Aber David erinnert uns daran, dass der Herr unser Licht und unsere Rettung ist – warum sollten wir uns also fürchten? Uns gilt Gottes Zusage, dass er immer für uns da ist – bei Tag und bei Nacht. Der Herr wird uns alles geben, was wir brauchen, egal, wie sehr wir uns sorgen und wie gefährlich uns die Situation vorkommt.

Als wir damals oben auf dem Berg festsaßen, fassten wir einander an den Händen, riefen uns wieder in Erinnerung, dass Gott treu ist, und baten den Herrn, uns zu helfen. Wir beteten, dass er uns sicher nach unten bringen würde. Dann beschlossen wir, es noch ein einziges Mal zu probieren. Sie können sich bestimmt unsere Erleichterung vorstellen, als das Auto ansprang.

Allmächtiger Herr, danke, dass Du immer bei uns bist – egal, wo wir sind. Danke, dass Du für uns einstehst und uns beschützt. Amen.

12. JANUAR

Gebet

Darum sollt ihr einander eure Sünden bekennen und füreinander beten, damit ihr geheilt werdet. Denn das Gebet eines Menschen, der unbeirrbar glaubt, hat große Kraft.

JAKOBUS 5,16

Wie oft im Laufe eines Tages stehe ich vor einer Situation, in der ich eigentlich beten sollte? Sehr oft. Und wie viel Zeit verbringe ich täglich tatsächlich mit Gebet? Vermutlich nicht genug. Gerade gehen mir verschiedene schwierige Situationen durch den Kopf, die meiner Familie, Verwandten oder Freunden zu schaffen machen, und eigentlich muss ich im Lauf eines gewöhnlichen Tages sogar ziemlich oft an all diese Dinge denken. Gibt es irgendwelche Hinweise in Gottes Wort, wie wir mit all diesen Sorgen umgehen können?

Ist es nicht interessant, dass der oben genannte Vers mit einem Aufruf zum Schuldbekenntnis beginnt? Sünde macht einsam. Der Mensch, der selbst sündigt, beginnt sich um sich selbst zu drehen. Andere Menschen, an denen er schuldig geworden ist, reagieren oft falsch, indem sie seine Sünde leugnen oder ihn immer wieder vor den Konsequenzen seiner Schuld bewahren. Wenn wir einander unsere Sünden bekennen, werden diese Schranken zwischen Menschen beseitigt. Wir können von vorne beginnen und uns um Gott drehen, anstatt um uns selbst.

Es gibt ein paar praktische Ratschläge, wie wir für besondere Nöte beten können:

- Gründen Sie Ihr Gebet auf Bibelverse (vgl. Psalm 25,8; 86,11; 119,37; 1. Thessalonicher 5,23-24; Hebräer 13,20-21).
- Beten Sie regelmäßig zu bestimmten Tageszeiten – zum Beispiel wenn die Kinder einen Mittagsschlaf halten oder wenn Sie das Essen vorbereiten.
- Kleben Sie Zettel an den Badezimmerspiegel oder über die Spüle, die Sie immer wieder an bestimmte Gebetsanliegen erinnern.
- Nutzen Sie die Zeit, wenn Sie alleine im Auto unterwegs sind, um zu beten.
- Vergessen Sie nicht: Es ist gut, sich für bestimmte Dinge verantwortlich zu fühlen und alles Mögliche zu unternehmen, damit Schwierigkeiten beseitigt werden. Aber vergessen Sie nie, wie mächtig und wirkungsvoll das Gebet sein kann.

Vater, danke, dass Du uns in Deinem Wort immer wieder daran erinnerst, dass unsere Gebete wirklich etwas bewirken. Danke für die Menschen, die für uns beten. Hilf uns auch, für unsere Familie und unsere Freunde im Gebet einzustehen. Amen.

13. JANUAR

Gebet

Darum beten wir, dass euer Leben wieder mit Gott in Ordnung kommt.

2. KORINTHER 13,9b

Marc Meillefer, einer der Pastoren in meiner Gemeinde, wuchs in einem christlichen Elternhaus auf. Seine Eltern sprachen viel von Jesus und waren ihren Kindern gute Vorbilder im Glauben. Dieser gesunde geistliche Hintergrund hielt Marc aber nicht davon ab, sich ab der fünften, sechsten Klasse Freunde zu suchen, die ihm nicht gerade guttaten. Bevor er sich versah, beging er Ladendiebstähle und driftete immer weiter ab.

Marcs Mutter bat eine ganze Reihe von Frauen in ihrer Gemeinde, für ihren Sohn zu beten, und er wusste das auch. Viele von Ihnen können vermutlich nachvollziehen, wie wichtig es ist, wenn Eltern für ein Kind beten, das auf die schiefe Bahn zu geraten droht. Wenn wir merken, dass wir mit unseren Kindern hoffnungslos überfordert sind, zwingt uns das auf die Knie und ins Gebet.

In den Sommerferien nach der achten Klasse wurde Marc zu einer Jugendfreizeit eingeladen. Durch Gottes Wort und Gottes Geist schaffte Marc es, sich ganz auf Christus auszurichten und seinem Leben eine andere Richtung zu geben.

An eine Sache, so erzählt Marc heute, wird er sich sein Leben lang erinnern. Nämlich an seinen Vater, wie er jeden Morgen in seinem blauen VW Käfer für Marc betete, wenn er ihn vor der Schule absetzte. Marc ist unglaublich dankbar, dass Gott so treu war und die Gebete seiner Eltern erhört hat. Und damit steht er nicht allein da – auch meine Familie ist dankbar. Wir haben von Marcs verständnisvoller Seelsorge und weiser Leiterschaft schon viel profitiert.

Wenn wir für unsere Kinder beten, können wir nicht abschätzen, auf wie viele Menschen sie ihrerseits eines Tages Einfluss haben werden. Abraham Lincoln zum Beispiel hat einmal bekannt: „Ich kann mich an die Gebete meiner Mutter gut erinnern, und sie haben mich mein Leben lang begleitet. Sie sind immer an mir haften geblieben."

Vater, hab Dank, dass Du die Gebete von Eltern hörst, die sich um ihre Kinder Sorgen machen. An wen sonst sollten wir uns wenden? Amen.

14. JANUAR

Gebet

Hört nie auf, zu bitten und zu beten!
Gottes Heiliger Geist wird euch dabei leiten. Bleibt wach und bereit.
Bittet Gott inständig für alle Christen in der Welt.

EPHESER 6,18

Wenn wir uns das Gebet zur Gewohnheit machen, ist dieser Vers unglaublich hilfreich. Es lohnt sich, diese „Bedienungsanleitung" Stück für Stück durchzugehen.

1. „Leitung des Heiligen Geistes." Es ist weise, zu Beginn darum zu beten, dass der Heilige Geist uns beim Beten leitet. In Römer 8,26-27 wird uns erklärt, dass der Heilige Geist uns hilft, wenn wir nicht wissen, was wir beten sollen – aber auch, wenn wir denken, dass wir es wissen.
2. „Hört nie auf zu bitten und zu beten." Als ich bei der Recherche für ein anderes Buch Frauen interviewte, wie sie es trotz all dem Stress schaffen, nicht geistlich zu verkümmern, bekam ich folgende Antwort: „Ich bete am Spülbecken, im Auto, im Wartezimmer des Arztes, wenn ich mich freue, wenn mir die Tränen kommen, wenn es mir schlecht geht, wenn ich an die Zukunft denke, eigentlich immer und überall, wo ich bin und wie es mir gerade geht."
3. „Bittet Gott inständig." Vielleicht haben wir gerade noch Gott für irgendetwas gedankt, und fünf Minuten später wenden wir uns wieder an ihn, um Schuld zu bekennen. Manchmal preisen wir ihn einfach dafür, wie groß er ist – und ein andermal beten wir möglicherweise einen Psalm oder einen anderen Bibeltext.
4. „Bleibt wach." Das heißt: Gebt nicht auf, bleibt dran. Ken Hughes, unser Pfarrer, hat einmal berichtet, dass er dreißig Jahre lang dafür gebetet hat, dass sein Bruder sich bekehrt. Einmal besuchte er diesen Bruder, und der sagte aus heiterem Himmel: „Lass uns mal über meine Seele reden." Sie redeten also über seine Seele, und am Schluss beteten sie miteinander. Kens Bruder übergab Christus dabei sein Leben.
5. „Bittet für alle Christen in der Welt." Wenn wir für unsere Mitchristen beten, helfen wir ihnen, im Glauben weiterzukommen. Gottes Reich wächst so immer weiter.

Gebet kostet uns keinen Cent, und nie ist die Leitung zu Gott besetzt. Was für ein unglaubliches Vorrecht ist das Gebet.

Vater, danke, dass Du uns nicht nur gesagt hast, dass wir beten sollen, sondern dass Du uns gleich auch gelehrt hast, wie wir es tun können. Hilf uns, zu treuen Betern zu werden. Amen.

15. JANUAR

Gottes Wort

Denn die ganze Heilige Schrift ist von Gottes Geist eingegeben. Sie lehrt uns, die Wahrheit zu erkennen, unsere Schuld einzusehen, uns von Grund auf zu ändern und so zu leben, dass wir vor Gott bestehen können. Sein Wort zeigt uns, wie wir als veränderte Menschen fähig werden, in jeder Beziehung Gutes zu tun.

2. TIMOTHEUS 3,16-17

Ich bin sehr dankbar, in einem Elternhaus aufgewachsen zu sein, in dem Gottes Wort wertgeschätzt und gelehrt wurde. Meine Eltern, meine Sonntagsschullehrer und auch Jugendleiter gingen alle sehr ehrfürchtig mit Gottes Wort um, und so ist meine Liebe zur Bibel über die Jahre immer stärker geworden.

Timotheus, dem wir im Neuen Testament begegnen, war ein Freund des Apostels Paulus. Er hatte eine jüdische Mutter, und sein Vater war Heide. Vermutlich war er nicht gläubig, aber trotzdem lernte Timotheus schon als Kind die Heiligen Schriften kennen. Seine Mutter und seine Großmutter gaben ihm ein großartiges Erbe in seine Erwachsenenjahre mit. Sie unterrichteten ihn nicht nur in der Wahrheit, sondern halfen ihm auch, selbst ein Verständnis für geistliche Dinge zu entwickeln. Dass er die Wahrheit schon früh kannte, führte ihn zu einem Glauben, der ihn später Christus als den Messias erkennen ließ. Wahrheit – Glaube – Errettung. Was in Timotheus' Familie galt, sollte uns allen als Vorbild dienen.

Gottes Wort hat in Timotheus bewirkt, dass er errettet wurde. Er entdeckte darin alles, was er brauchte, um als Christ authentisch leben zu können.

In einem Kommentar habe ich mal Folgendes gehört: „Wenn wir im Leben Schweres durchzumachen haben, gibt es keine zuverlässigere Stütze als die Heilige Schrift. Was auch immer wir brauchen, dort finden wir Trost und Heilung. Wir können ein erfülltes Leben führen, weil uns die Bibel in jeder Lage Rat gibt."

Was erwartet Sie heute? Wenn Sie Zeit mit Gottes Wort verbringen, wird Ihnen das in jeder Hinsicht helfen. Sie können dann das tun, was Gott sich von Ihnen wünscht. Die Bibel spielt eine maßgebliche Rolle dabei, junge Christen zu gestandenen, geistlich reifen Persönlichkeiten heranwachsen zu lassen. Und je länger wir als Christen leben, desto mehr wird uns auch bewusst, wie sehr wir auf Gottes Wort angewiesen sind.

Vater, danke für die Bibel. Danke für das Vorbild, das wir in der Mutter und der Großmutter von Timotheus sehen, die ihm Dein Wort nahe gebracht haben. Bitte gib uns Weisheit, wie auch wir unseren Kindern auf eine liebevolle Art helfen können, Deinem Wort gehorsam zu sein. Amen.

16. JANUAR

Gottes Wort

Dein Wort ist wie ein Licht in der Nacht, das meinen Weg erleuchtet.

PSALM 119,105

Joanne Shetler, die als Missionarin beim Stamm der Balangao im Norden der Philippinen lebte, war einmal im Hubschrauber unterwegs. Sie wollte für das neue Krankenhaus des Stammes Zement, Glas und Nägel abliefern. Bei der Landung ging irgendetwas schief, und so stürzte der Hubschrauber ab. Joanne, die zwischen den Trümmern feststeckte, hatte Angst, dass sie verbrennen würde, aber die Balangaos zogen und zerrten so lange an dem Wrack herum, bis sie herausklettern konnte. Sie blutete am Kopf und war am ganzen Körper mit Zement bedeckt. Das Blut mischte sich mit dem Zement und wurde hart, ihr brannten die Augen und sie konnte nur mit Mühe atmen.

Joanne musste, trotz ihrer Schmerzen, die ganze Nacht über auf Hilfe warten. Einige der Balangao bahnten sich einen Weg durch die Menschenmenge, ergriffen sie bei der Hand und beteten: „Gott, lass sie nicht sterben – das Buch ist noch nicht fertig. Bitte, lass sie am Leben." Joanne übersetzte nämlich die Bibel in die Sprache der Balangao, damit sie die Worte des Gottes hören konnten, der mit den Menschen spricht. Weil sie regelrecht Hunger hatten, mehr von Gott zu hören, beteten sie um das Leben der Missionarin, die zu ihnen geschickt worden war.

Joanne erholte sich von dem Unfall und konnte die Übersetzung der Bibel fertigstellen. Viele Menschen kamen von der Finsternis zum Licht. Als Joannes Arbeit zum Abschluss gekommen war und sie in das Flugzeug stieg, das sie nach Hause bringen sollte, gab Ama, einer der Balangao, ihr noch diese Worte zum Abschied mit: „Danke. Danke. Danke, dass du gekommen bist. Ich hätte nie von Gott gehört, wenn du nicht gekommen wärst."

Gott, der Du die ganze Welt liebst, danke, dass Dein Wort unseren Weg erhellt. Hilf uns, die Bibel mit Sorgfalt und Eifer zu lesen. Hilf uns, dass sie in unserem Herzen lebt, sodass wir sie auch anderen Menschen weitergeben können, die Deine Worte hören sollen. Amen.

17. JANUAR

Gottes Wort

Das Gesetz des Herrn ist vollkommen, es macht glücklich und froh. Auf seine Gebote kann man sich verlassen. Sie machen auch den klug, der bisher gedankenlos in den Tag hineinlebte. Die Ordnungen des Herrn sind zuverlässig, sie erfreuen das Herz. Die Befehle des Herrn sind klar; Einsicht gewinnt, wer auf sie achtet. Die Ehrfurcht vor dem Herrn ist gut. Nie wird sie aufhören. Die Gebote, die der Herr gegeben hat, sind richtig, vollkommen und gerecht. Sie lassen sich nicht mit Gold aufwiegen, sie sind süßer als der beste Honig. Herr, ich gehöre zu dir. Wie gut, dass mich dein Gesetz vor falschen Wegen warnt! Wer sich an deine Gebote hält, wird reich belohnt.

PSALM 19,8-12

Wir alle wollen doch, dass unseren Kindern nichts Schlimmes zustößt und dass sie im Leben weiterkommen. Wir achten darauf, dass sie nicht auf die heiße Herdplatte fassen, weil wir nicht wollen, dass sie sich die Finger verbrennen. Wir bringen ihnen bei, nicht auf der Straße zu spielen, damit sie nicht überfahren werden. Wir sorgen dafür, dass sie ihre Hausaufgaben machen und sich gut auf Klassenarbeiten vorbereiten. Wir geben ihnen eine ganze Fülle anschaulicher Regeln, denn wir wollen das Beste für sie und wissen, dass diese „Gesetze“ gut für sie sind.

Die meisten Eltern stellen Regeln auf, weil ihnen das Wohl ihrer Kinder am Herzen liegt. Aber ich bin immer wieder erstaunt, wie viele Eltern ihren Kindern nur vage „Meinungen“ vermitteln, anstatt ihnen wirklich Orientierung zu geben.

Wie sähe es wohl aus, wenn ich meinem Kind beibrächte, dass es „eine ganz gute Sache“ ist, die Geschwindigkeitsbeschränkungen zu beachten? Es würde wahrscheinlich einen Unfall nach dem anderen verursachen. Gott hat uns am Berg Sinai keine zehn „Meinungen“ gegeben, sondern zehn Gebote. Sie alle weisen uns auf Christus hin, der in allem so gelebt hat, wie Gott es wollte.

Es sollte uns eigentlich nicht weiter überraschen, dass Gott uns Gebote gegeben hat, damit es unserer Seele gut geht. Genau wie wir unsere Kinder vor Schaden bewahren wollen, versucht auch er uns vor Schaden zu bewahren. Seine Gebote sind Ausdruck von Wahrheit und Güte – sie entspringen seiner großen Liebe und Fürsorge für uns.

Vater, danke, dass wir Schutz, Weisheit und Freude finden und im Licht leben, wenn wir Deinen Geboten folgen. Hilf uns, dass wir die Grenzen, die Du uns setzt, zu unseren machen, und uns nicht über sie ärgern. Amen.

18. JANUAR

Gottes Wort

Bei dir allein bin ich geborgen, bei dir finde ich Schutz. Deine Zusage ist meine einzige Hoffnung.

PSALM 119,114

Ich bete schon seit vielen Jahren, dass meine Söhne Gott und sein Wort immer mehr lieben lernen. Aber manchmal ist mir dabei entfallen, dass es gerade schwierige Zeiten sind, die uns auf die Bibel und auf Gottes Verheißungen zurückwerfen.

Ich werde nie den Nachmittag vergessen, an dem ich einen meiner Söhne nachmittags von der Schule abholte. Ich konnte schon an seinem Gang erkennen, dass es für ihn ein ausgesprochen unerfreulicher Schultag gewesen war. Er erzählte mir von der großen Enttäuschung, die er an diesem Tag erlebt hatte. Seine Freundin hatte allen Leuten in der Schule erzählt, dass sie mit ihm Schluss machen würde, bevor sie mit ihm geredet hatte, und ich beschloss, ihn zu einem Essen bei seinem Lieblings-Fastfood-Restaurant einzuladen. Als Mutter von Söhnen habe ich ziemlich früh begriffen, dass es guten Gesprächen ziemlich förderlich ist, wenn man den Jungs ihr Lieblingsessen vorsetzt. Wir fuhren nach Hause, machten es uns in der Küche gemütlich, und ich hörte mir seinen Kummer an. Ich versuchte ihn zu trösten, so gut es ging.

Als ich später am Nachmittag nach oben zu seinem Zimmer ging, um nachzusehen, wie es ihm ging, merkte ich, dass seine Augen vom Weinen ganz rot waren. Ich setzte mich neben ihn, und dabei fiel mir noch etwas auf. Seine Bibel lag aufgeschlagen auf seinem Schreibtisch. Als ich ihn fragte, was er gerade gelesen hatte, erklärte er mir: „Hebräer 13,5, wo Gott verspricht, dass er uns nicht verlassen wird." Diesmal war es an mir, feuchte Augen zu bekommen.

In diesem Moment wurde mir wieder neu klar, wie wichtig es ist, einem Kind schon so früh wie möglich Gottes Wort nahezubringen. Wenn es dann Trost braucht, weiß es gleich, wohin es sich wenden kann. Ruth Graham hat das einmal weise zusammengefasst: „Wenn in unseren Kindern das feste Bewusstsein verankert ist, dass die Bibel wirklich Gottes Wort ist, haben sie damit eine feste Mauer um sich, die selbst die Mächte der Hölle nicht überwinden können."

Vater, hilf uns, so viel Freude an Deinem Wort zu haben, dass wir unsere Kinder damit anstecken. Danke, dass die Bibel Menschen jeden Alters Trost und Halt bringt. Amen.

19. JANUAR

Gottes Wort

Denkt an den Regen und an den Schnee! Sie fallen vom Himmel und bleiben nicht ohne Wirkung: Sie tränken die Erde und machen sie fruchtbar; alles sprießt und wächst. So bekommt der Bauer wieder Samen für die nächste Aussaat, und er hat genügend Brot. Genauso ist mein Wort: Es bleibt nicht ohne Wirkung, sondern erreicht, was ich will, und es führt das aus, was ich ihm aufgetragen habe.

JESAJA 55,10-11

Die Wolken geben Regen und Schnee und dadurch werden die Wasservorräte der Welt aufgefüllt. So kann alles, was lebt, wachsen und gedeihen. Regen ist unglaublich wichtig. Diese Verse aus Jesaja haben mich schon immer begeistert. Mir gefällt es, welche Reihenfolge von Ereignissen hier aufgestellt wird. Der Niederschlag fällt, bleibt, bewässert, lässt das Getreide gedeihen, bringt neue Saat hervor und gibt schließlich Brot. Das bewirken Regen und Schnee im Alltagsleben, und das bewirkt Gottes Wort in uns.

Es kommt zu uns herab. Vielleicht während eines Gottesdienstes, vielleicht auch, wenn Sie Ihrem Kind eine Gute-Nacht-Geschichte aus der Bibel vorlesen, oder bei der Bibelarbeit im Hauskreis Ihrer Gemeinde.

Es bleibt. Genau wie Feuchtigkeit vom Boden aufgenommen wird, gewinnt Gottes Wort in unseren Herzen Raum.

Es bewässert. In Offenbarung 22,17b heißt es: „Wer durstig ist, der soll kommen. Jedem, der es haben möchte, wird Gott das Wasser des Lebens schenken." Gottes Wort schenkt uns Leben und erfrischt uns immer wieder.

Es lässt die Saat aufgehen. Wenn Gottes Wort in unseren Herzen Raum gewinnt, ist das ganz ähnlich wie beim Weizen. Erst kommt ein Halm, dann ein kleines Köpfchen, schließlich die volle Ähre, die wieder neues Saatgut enthält. Wachstum braucht seine Zeit.

Es bringt neues Saatgut hervor. Das Korn stirbt, schlägt Wurzeln und wächst, wenn es genügend Nahrung erhält. Wenn wir Gottes Wort anderen weitergeben, wird der gute Samen der Wahrheit Gottes auch im Leben dieser Menschen vermehrt. In allen Stadien des Wachstums ist Gottes Wort unverzichtbar.

Es gibt Brot; es erhält Leben. Das Wort Gottes ermöglicht uns eine Beziehung zu Jesus, dem „Brot des Lebens" (Johannes 6,35), die die Ewigkeit überdauert.

Vater, danke für Regen und Schnee, danke, dass Du uns immer wieder neu mit Wasser versorgst. Hab auch Dank für Dein Wort, dass uns immer wieder auf Jesus, das Brot des Lebens, hinweist. Danke, dass wir in der Beziehung zu Dir wachsen dürfen. Hilf uns, unsere Kinder liebevoll mit Deinem Wort bekannt zu machen. Amen.

20. JANUAR

Gottes Wort

Ich freue mich über dein Wort wie jemand,
der einen wertvollen Schatz findet.

PSALM 119,162

Meine Söhne waren schon auf vielen Kindergeburtstagen, aber am besten in Erinnerung geblieben ist mir einer, bei dem es eine Schatzsuche gab. Als die Jungs im Haus der Millers ankamen, las Herr Miller ihnen die erste Anweisung vor, die in Form eines Rätsels verpackt war. Dieses Rätsel half den Kindern, die nächste Anweisung zu finden; sie lag in einer Ausgabe der *Schatzinsel* von R. L. Stevenson in der Stadtbibliothek. Und so ging es immer weiter. Die Kinder wurden zu McDonald's geschickt, in eine Eisdiele, einen Zeitschriftenladen und noch an ein oder zwei weitere Orte. Es wurde immer spannender. Im letzten Rätsel wurden die Kinder dann zum Haus der Millers zurückgeschickt, und dort stand eine riesige Schatztruhe, die von Süßigkeiten und Preisen nur so überquoll.

Dieses Bild von der Schatzsuche beschreibt die Liebe, die ich für Gottes Wort empfinde, gut. Sie ist mit der Zeit gewachsen. Sie begann mit Geschichten aus der Bibel, die ich schon als Kind von meinen Eltern und Sonntagsschullehrern erzählt bekam. Die Leiter meiner Jugendgruppe und die Pastoren in meiner Gemeinde schlossen mir Gottes Wort noch weiter auf, und dann verbrachte ich drei Jahre auf dem Moody Bible Institute. Aber die wertvollsten Momente, die ich mit der Bibel erlebe, sind bis heute die, die ich jeden Tag alleine mit ihr verbringe. Ich „schürfe nach Gold" – und finde immer welches. „Ich aber liebe deine Gebote. Sie bedeuten mir mehr als reines Gold." (Psalm 119,127)

Die Stationen auf der Schatzsuche sind spannend, aber noch wichtiger ist das „Ziel". Der Schatz, den uns die Bibel verspricht, ist Christus selbst. In ihm liegt „alles, was es an Weisheit und Erkenntnis" gibt. (Kolosser 2,3)

Vater, danke für den Schatz, den Du uns mit Deinem Wort gibst. Danke, dass Du Jesus geschickt hast – Deinen größten Schatz –, um an unserer Stelle zu sterben. Amen.

21. JANUAR

Gottes Wort

Die Menschen sind wie Gras, und ihre Schönheit gleicht den Blumen: Das Gras verdorrt, die Blumen verwelken, wenn der Herr seinen Atem darüber wehen lässt. Ja, nichts als Gras ist das Volk. Das Gras verdorrt, die Blumen welken, aber das Wort Gottes bleibt gültig für immer und ewig.

JESAJA 40,6b-8

Ich habe diese Verse aus Jesaja immer schon sehr gemocht, vor allem wegen des letzten Halbsatzes: „Aber das Wort Gottes bleibt gültig für immer und ewig." Diese Worte erinnern uns immer wieder daran, dass Gottes Wort nie veraltet. Im Gegensatz zu Blumen oder Gras verwelkt es nie. Immer wieder werden wir Menschen in der Bibel mit Gras verglichen, damit wir nie vergessen, dass unser Leben zerbrechlich ist und wir vergänglich sind. Damit wir nicht dem Irrtum verfallen, wir seien unverwüstlich und würden ewig auf dieser Erde leben, weist Gottes Wort uns immer wieder darauf hin, dass unser irdisches Dasein von kurzer Dauer ist.

In Palästina ist das Gras von April bis Oktober grün, denn in dieser Zeit gibt es genug Regen. Aber wenn die Trockenzeit kommt, vertrocknet das Gras und verdorrt. Und auch Blumen sind ein gutes Beispiel dafür, wie vergänglich das Leben ist. Blumen sind wunderschön, jede einzelne ist ein kleines Wunder. Sie knospen, blühen auf, und dann strotzen sie vor Farbe und verströmen einen wunderbaren Duft. Wenn die Blumen in unserem Garten kurz davorstehen aufzublühen, schneiden wir sie manchmal ab und holen sie ins Haus, um sie in eine Vase zu stellen und noch mehr Freude an ihnen zu haben. Aber egal, ob wir sie draußen stehen lassen oder in unsere Häuser holen – einzelne Blumen und Blüten verwelken schnell. Ihre Farben und ihr Duft vergehen.

Wenn uns bewusst wird, wie kurzlebig wir selbst sind im Vergleich zu Gottes Wort, wird uns eines schnell klar: Wir können der Bibel gar nicht genug Wert beimessen. Bei all den Anforderungen, die an uns Mütter gestellt werden, vernachlässigen wir es oft, Zeit mit Gottes Wort zu verbringen, darüber nachzudenken und zu beten. Andere Dinge scheinen so viel wichtiger und dringlicher zu sein. Aber was ist wohl wirklich wichtig und von Dauer, wenn man es aus der Perspektive der Ewigkeit betrachtet?

Vater, Du bist der Gott, der uns in der Bibel vorgestellt wird. Danke für Dein Wort, das so unermesslich wertvoll ist und uns Leben gibt. Hilf uns, jeden Tag Zeit damit zu verbringen, und hilf uns auch, ihm zu gehorchen. Amen.

22. JANUAR

Freundschaft

Maria entschloss sich, so schnell wie möglich Elisabeth zu besuchen, die mit ihrem Mann Zacharias in einer kleinen Stadt in den Bergen Judäas wohnte. Sie betrat das Haus und begrüßte Elisabeth.

LUKAS 1,39-40

Gehen Sie einmal in Gedanken Ihre engsten Freundschaften durch. Warum sind diese Freundschaften so etwas Besonderes? Zu meinem „Rezept für eine gute Freundschaft" gehört, dass man gemeinsame Wertvorstellungen hat, gern zusammen ist, einander achtet, sich in ähnlichen Lebenssituationen befindet und Vertrauen zueinander hat.

In Lukas 1 wird uns von der Freundschaft zwischen Maria und Elisabeth berichtet. Sie hatten ihr Leben auf das gleiche Fundament gebaut. Von Elisabeth wird gesagt, dass sie Gottes Wort gehorsam war. Und in Marias Antwort auf die Ankündigung des Engels sehen wir die gleiche Demut, das gleiche Gottvertrauen und die gleiche Bereitschaft, ihm zur Verfügung zu stehen.

Auch die äußeren Umstände bieten viele Gemeinsamkeiten. Die beiden Schwangerschaften wurden jeweils von einem Engel angekündigt und beide waren ungewöhnlich – Elisabeths, weil sie schon alt war, und Marias, weil sie Jungfrau war. Beide Frauen gehorchten Gott und waren bereit, ihm zu dienen.

Es hat mir immer gefallen, wie Lukas beschreibt, dass Maria sich „so schnell wie möglich" auf den Weg zu der Stadt machte, in der Elisabeth lebte. So ist das, wenn wir eine gute Freundin haben – wir können es kaum erwarten, ihr das Neueste zu berichten!

Maria und Elisabeth haben vermutlich über so mancher Tasse Tee zusammengesessen und tiefe Gespräche geführt. Sie hatten einander ja so viel zu berichten – all die Dinge, von denen sonst niemand wusste. Der Engel, die Ankündigung eines Sohnes, das Wunder, die Schwangerschaft ... Der Respekt, mit dem diese beiden Frauen einander offensichtlich begegneten, begeistert mich. Wir lesen, wie Elisabeth, die mit dem Heiligen Geist erfüllt ist, Maria segnet. Und Maria, die voller Glauben ist, preist Gott. Die Freundschaft zwischen ihnen muss sehr tief gewesen sein, weil beide in erster Linie mit Gott, durch ihn aber auch miteinander, verbunden waren. Sie haben uns ein wunderbares Vorbild hinterlassen, wie christliche Freundschaften aussehen können.

Vater, hab Dank für die Verbundenheit miteinander, die Achtung voreinander und das gegenseitige Vertrauen, wie es uns in der Freundschaft von Maria und Elisabeth gezeigt wird. Bitte schenke auch uns gute Freundschaften zu anderen gläubigen Frauen, und mach auch uns zu Menschen, die anderen gute Freundinnen sein können. Amen.

23. JANUAR

Freundschaft

Wer freundlich zu anderen ist, hilft sich selbst damit; der Unbarmherzige schneidet sich ins eigene Fleisch.

SPRÜCHE 11,17

Ich habe einmal die Geschichte von einem jungen Soldaten im Ersten Weltkrieg gehört, der seinem Vorgesetzten eine ungewöhnliche Bitte vortrug. Er wollte ins Niemandsland zwischen den Frontgräben gehen und einen seiner Kameraden holen, der schwerverletzt dort lag und es alleine nicht mehr zum Unterstand schaffen würde. „Meinetwegen geh' ruhig", sagte der Truppenführer, „aber ich sag dir gleich, das lohnt sich nicht mehr. Dein Freund ist wahrscheinlich schon tot, und du kommst dabei selbst um." Der Soldat lief trotzdem los. Irgendwie schaffte er es, seinen Freund zu finden, auf die Schulter zu laden und zum Unterstand zurückzuschleppen. Die beiden stolperten gemeinsam über den Rand und blieben auf dem Boden liegen.

Der Truppenführer betrachtete den Möchtegern-Retter traurig und sagte dann: „Ich hab dir doch gesagt, dass es sich nicht lohnen würde. Jetzt ist dein Freund tot, und du bist auch tödlich verletzt."

„Doch es hat sich gelohnt, Sir", widersprach der Junge.

„Was soll das heißen – ‚gelohnt'? Ich sagte doch: dein Freund ist tot."

„Ja, Sir", sagte der Soldat. „Aber es hat sich doch gelohnt, denn als ich zu ihm kam, lebte er noch, und er hat gesagt: ‚Jim, ich wusste, dass du kommen würdest.'"

Wünschen wir uns nicht alle Freundschaften, die so unerschütterlich sind? Freundinnen, die sehen, wie es uns geht, die uns gerne helfen und nicht auf ihren eigenen Vorteil blicken. Für uns alle gibt es genug Gelegenheiten, anderen diese Art von Freundin zu sein.

Gott hat in seiner weisen Voraussicht Vorsorge getroffen, dass wir manchmal geben und manchmal nehmen. In gesunden Freundschaften gibt es beides – und ihr Wert lässt sich in Worten gar nicht ausdrücken.

Vater, danke für das wunderbare Geschenk, das Du uns mit jeder guten Freundschaft machst. Bitte mache uns auf Menschen aufmerksam, die vielleicht gerade erst zugezogen sind oder sich auch sonst einsam und ausgeschlossen fühlen. Hilf uns, ihnen gute Freundinnen zu sein. Und hilf uns, immer ein offenes Auge für die Bedürfnisse und Nöte der Freunde um uns herum zu haben. Amen.

24. JANUAR

Freundschaft

Die größte Liebe beweist jemand, der sein Leben für seine Freunde hingibt.

JOHANNES 15,13

Was für eine Art Freund war Jesus eigentlich? Ich habe mich vor einigen Jahren intensiv mit den Evangelien beschäftigt, um Antworten auf diese Frage zu bekommen. Hier sind einige meiner Ergebnisse:

1. Jesus ging auf andere Menschen zu – Petrus und Andreas, um nur zwei Beispiele zu nennen.
2. Er verbrachte Zeit mit den Menschen, die er lehrte – und zwar eine ganze Menge. Und er redete über das, worauf es im Leben wirklich ankommt.
3. Er streckte die Hand aus und berührte den Aussätzigen. Damit zeigte er sein Mitgefühl.
4. Jesus hatte Umgang mit Sündern. Als die Pharisäer ihn darauf ansprachen, erklärte er ihnen, dass es nicht die Gesunden seien, die einen Arzt bräuchten, sondern die Kranken.
5. Er war seinen Freunden gegenüber immer aufrichtig und ging nie auf Schmeicheleien ein.
6. Ihm war es wichtig, dass die Seelen der Menschen keinen Schaden nahmen; materielle Güter dagegen achtete er wenig.
7. Er machte sich seinen Freunden gegenüber zum Diener und wurde ihnen zum Vorbild, indem er ihnen die Füße wusch.
8. Er betete für seine Freunde, dass sie genauso miteinander verbunden sein würden, wie er mit dem Vater verbunden war. Er betete, dass der Teufel keine Macht über sie haben würde und dass sie durch das Wort Gottes gereinigt und geheiligt würden. Das ist ein großartiges Vorbild dafür, wie auch wir für unsere Kinder, für ihre und unsere Freunde beten können.
9. Er war völlig selbstlos – und schließlich gab er sogar sein Leben für Sünder hin – für uns.
10. Jesus wählte seine Freunde sorgfältig aus. Unter seinen Jüngern gab es keine, die sich besser hinstellten, als sie waren, und auch keine, für die kleinliche Regeln wichtiger waren als die Gerechtigkeit und Liebe Gottes
(vielleicht mit der Ausnahme Judas Ischariots).

Jesus gab uns ein großartiges Beispiel, wie Freundschaft aussehen kann.

Vater, danke, dass Du der beste Freund bist, den wir je haben können. Danke, dass Du uns als Deine Freunde bezeichnest. Hilf uns bitte auch, anderen gute Freundinnen zu sein. Amen.

25. JANUAR

Freundschaft

Er weihte Mose in seine Pläne ein und zeigte allen Israeliten, dass er gewaltige Taten vollbringen kann.

PSALM 103,7

Mir war nie klar, wie viel in diesem Vers steckt, bis ich Psalm 103 auswendig zu lernen begann. Weil ich mich mit dem Auswendiglernen schwertue, muss ich mir jeden einzelnen Teilsatz immer und immer wieder vorsagen, bis ich jedes Wort wirklich verinnerlicht habe. Als ich einmal spazieren ging (so kann ich mir Bibeltexte immer am besten merken), grübelte ich über diesen Vers nach. Ich fand es merkwürdig, dass Gott Mose in „seine Pläne" – in der englischen Übersetzung heißt es, „seinen Charakter" – einweihte, das Volk Israel dagegen in „seine Taten". Das sind ja zwei grundverschiedene Dinge.

Natürlich hängt der Charakter eines Menschen eng mit seinen Taten zusammen. Und doch wissen wir sehr viel mehr über jemanden, wenn wir seinen Charakter kennen, als wenn uns nur seine Taten bekannt sind. Wenn ich Ihnen die *Taten* meines Sohnes Jordan beschreiben wollte, würde ich beispielsweise erzählen: „Er spielt Golf, er ist bald mit der Schule fertig, er geht in die Jugendgruppe unserer Gemeinde, und er spielt Trompete, Gitarre und Akkordeon." Dann wüssten Sie, was er so tut, aber richtig gut kennen würden Sie ihn dadurch nicht. Aber wie wäre es, wenn ich Ihnen Jordans *Charakter* begreiflich zu machen versuchte? Wenn ich Ihnen erzählte, dass er freundlich, geduldig, höflich ist, voller Ideen steckt und eine Menge Humor hat. Wüssten Sie dann nicht viel mehr über ihn?

Wenn wir die Taten eines Menschen aufzählen, verweisen wir damit auf seine Errungenschaften, seine Arbeit oder seine Leistung. Wenn wir hingegen seinen Charakter beschreiben, sehen wir ihn mit seinem individuellen Temperament, seiner Veranlagung und dem, was ihn als Person ausmacht. Als ich über diese Gegenüberstellung von Charakter und Taten nachdachte, begann ich mich zu fragen, wie meine eigene Beziehung zu Gott eigentlich aussieht. Bin ich, wie das Volk Israel, die ganze Zeit damit beschäftig, was Gott tut? Oder bin ich, wie Mose, wirklich auch daran interessiert, wie er ist?

Vater, danke, dass die Beziehung, die wir mit Dir haben, weit über das hinausgehen kann, was Du für uns tust. Wir sind so dankbar, dass wir Dich so kennenlernen können, wie Du bist. Amen.

26. JANUAR

Freundschaft

Auf einen Freund kannst du dich immer verlassen;
wenn es dir schlecht geht, ist er für dich wie ein Bruder.

SPRÜCHE 17,17

Gottes Wort erinnert uns immer wieder daran, dass Wissen und Erkenntnis allein nicht ausreichen, damit wir geistlich wachsen können. Wir brauchen auch Freundschaften, die uns herausfordern, Mut machen und weiterbringen.

Wenn ich über meine engsten Freundinnen nachdenke, fallen mir drei Dinge ein. Zunächst ist da die Liebe zueinander. Niemand ist vollkommen, und so erwarten wir voneinander auch keine Perfektion. Viel wichtiger ist, dass wir die guten Eigenschaften aneinander wertschätzen. Zweitens ist da das gegenseitige Vertrauen. Freundinnen können sich darauf verlassen, dass Geheimnisse zwischen ihnen sicher sind, sie stehen einander in Notlagen bei und stehen zu ihrem Wort.

Und dann sind da drittens noch die gemeinsamen Erlebnisse und die Gespräche, die man miteinander führt. Ob wir miteinander herumalbern und Spaß haben oder tiefsinnige, ernste Unterhaltungen führen – wir sammeln damit einen reichen Schatz an Erinnerungen an. An manche dieser Gelegenheiten, bei denen wir aneinander Anteil nahmen und uns gegenseitig halfen, werden wir uns ein ganzes Leben lang erinnern. Und natürlich erhalten unsere Freundschaften noch eine „Ewigkeits-Dimension", weil wir alle Gottes Liebe und Fürsorge in unserem Leben erfahren haben und uns ganz auf ihn stützen.

Ich habe einmal eine schöne Beschreibung gehört, was Freundschaft ist: „Ein Freund ist jemand, dem gegenüber ich mich nicht ständig erklären muss. Freundschaft kann uns auch Gott näher bringen: Freunde können füreinander vor Gott einstehen und einander immer wieder auf die Gnade Gottes verweisen."

Im Laufe der Jahre ist es sinnvoll, hin und wieder eine Bestandsaufnahme zu machen. Sind wir immer die Gebenden? Nehmen wir immer nur? Es ist gesund, in einer Freundschaft beides zu erleben.

Eine Sache, die wir als Mütter unseren Kindern beibringen sollten, ist, wie man gute Freundschaften aufbaut. Wir können dazu beitragen, indem wir ihnen gesunde Beziehungen einfach vorleben, indem wir für ihre Freunde beten und indem wir ihnen raten, wie man weise Entscheidungen trifft – eine nach der anderen.

Vater, danke, dass Du uns Freundschaften schenkst, in denen wir dir näherkommen können. Lass uns Dir vertrauen, dass Du uns diese Art von Beziehungen geben wirst, wenn Du es für richtig hältst. Amen.

27. JANUAR

Freundschaft

Sobald der Junge verschwunden war, kam David aus seinem Versteck am südlichen Ende des Feldes hervor. Er warf sich vor Jonathan zu Boden und verbeugte sich dreimal. Sie küssten sich zum Abschied, und beiden kamen die Tränen. Noch während David heftig weinte, sagte Jonathan: „Geh in Frieden, David! Vergiss nie, was wir einander im Namen des Herrn geschworen haben. Es soll immer gelten, auch für deine und meine Nachkommen. Der Herr selbst ist unser Zeuge."

1. SAMUEL 20,41-42

Bei den Olympischen Spielen, die 2004 in Athen stattfanden, kam es zu einem ungewöhnlichen Freundschaftsbeweis, der mich sehr beeindruckt hat. Zwei Amerikaner konkurrierten im gleichen Schwimm-Wettkampf. Am Ende stand Michael Phelps als Sieger fest. Er hatte schon vier Goldmedaillen, während Ian Crocker, der diesmal unterlegen war, noch keine vorweisen konnte. Sein Sieg brachte es mit sich, dass er zur 400-Meter-Staffel der Schwimmer zugelassen wurde, was ihm mit hoher Wahrscheinlichkeit eine weitere Goldmedaille einbringen würde. Zum großen Erstaunen aller bot Phelps an, seinen Platz Crocker zu überlassen, damit sein Teamkollege die Chance hatte, wenigstens eine Goldmedaille zu gewinnen. Es hat mich sehr berührt, wie viel Freundlichkeit und Kameradschaft in dieser Geste zum Ausdruck kam.

Phelps' selbstloses Handeln erinnert uns an eine ähnliche Freundschaft, wie sie uns im Alten Testament berichtet wird – die Freundschaft von David und Jonathan. Jonathan war der Sohn von König Saul und stand eigentlich in der Thronfolge an erster Stelle. Aber er wusste, dass Gott David als nächsten König vorgesehen hatte, und so lehnte er sich nicht gegen Gottes Plan auf, sondern wurde sogar Davids bester Freund.

Jesus hat gesagt: „Die größte Liebe beweist jemand, der sein Leben für die Freunde hingibt. Und ihr seid meine Freunde, wenn ihr tut, was ich euch aufgetragen habe." (Johannes 15,13-14) Er sprach diese Worte in der Nacht vor seinem Tod. Einen größeren Beweis für Freundschaft konnte niemand geben. Jesus hat uns eine Möglichkeit geschenkt, mit Gott in Beziehung zu treten, wenn wir ihm glauben und gehorchen. Und uns fordert er auf, andere ebenso zu lieben und zur Hingabe bereit zu sein. Wir sind aufgerufen, uns an andere zu verschenken. Jonathan hat uns das vorgelebt. Er war bereit, sein Königtum David zu überlassen, weil Gott ihn auserwählt hatte.

Herr, hilf mir heute den Menschen um mich herum eine gute Freundin zu sein. Verändere mich so, dass ich bereit bin, mich an andere zu verschenken, damit sie weiterkommen können. Amen.

28. JANUAR

Freundschaft

„Gut", sagte [Elisa], „geh und leih dir von deinen Nachbarinnen leere Krüge aus, aber nicht zu wenige!"

2. KÖNIGE 4,3

Haben Sie schon einmal Zeiten erlebt, in denen Sie sich einsam fühlten, es gleichzeitig aber schwierig fanden, auf andere Menschen zuzugehen? Ich jedenfalls kenne das nur zu gut. Ich erinnere mich an eine Zeit, in der ich niedergeschlagen und entmutigt war. Es schien mir einfach zu gefährlich, andere in mein Leben hineinzulassen. Ich hatte Angst, dass ich es nicht verkraften würde, wenn andere mich ablehnten.

Vielleicht kann man diesem Zustand doch etwas Gutes abgewinnen. Ich habe einmal Folgendes gelesen: „Ich glaube, Gott hat uns ganz bewusst unvollständig geschaffen – nicht aus einer grausamen Laune heraus, die uns ins Selbstmitleid treibt, sondern als eine Gelegenheit, die uns auf den anderen zugehen lässt. Er hat uns für Beziehungen mit anderen Menschen vorgesehen, und wir sollen der Welt um uns herum entgegengehen. Einsamkeit, dieses schmerzhafte Stechen in uns, bewegt uns dazu."

In dem Alltagstrubel, dem wir uns als Mütter selten entziehen können, erleben wir für gewöhnlich eine Menge „körperlicher Kameradschaft" – vor allem, wenn unsere Kinder noch klein sind und wir mit ihnen kuscheln können. Aber man fühlt sich doch schnell einsam, selbst wenn viele Leute im Raum sind. Unsere Seele sehnt sich eben nach dem Austausch mit einer Freundin, mit einem Menschen, der uns versteht. Gott hat dieses Bedürfnis in uns hineingelegt.

Erinnern Sie sich an die Witwe, der Elisa aus ihrer Not half. Sie sollte alle ihre Freunde und Nachbarn um leere Krüge bitten, um das Öl aufzufangen, das sich auf so wundersame Weise vermehren sollte. Alle diese Menschen anzusprechen war vielleicht mit dem Risiko verbunden, eine Absage zu bekommen, und vielleicht hat die Witwe es auch als demütigend empfunden. Aber ich stelle mir vor, wie alle diese Freunde und Nachbarn sich dann mit ihr freuen konnten, weil sie Anteil an dem Wunder hatten.

Wenn wir uns einsam und alleingelassen fühlen, können wir Gott unser Herz ausschütten. Wir können ihm sagen, wonach wir uns sehnen, denn er sieht uns, er sorgt für uns, und unser Wohl liegt ihm am Herzen.

Vater, danke, dass Du uns so geschaffen hast, dass wir auch andere Menschen nötig haben. Danke, dass Du unsere Einsamkeit verstehst, weil Du sie selbst erlebt hast, als Du auf der Erde warst. Hilf uns, unseren Teil dazu beizutragen, dass die Menschen um uns herum weniger einsam sind. Amen.

29. JANUAR
Hoffnung

Wir setzen unsere Hoffnung auf den Herrn, er steht uns bei und rettet uns. Er ist unsere ganze Freude; wir vertrauen ihm, dem heiligen Gott. Herr, lass uns deine Güte erfahren, wir hoffen doch auf dich!

PSALM 33,20-22

Haben Sie schon einmal auf etwas wirklich Wichtiges gewartet? Darauf, dass Ihr Vater oder Ihre Mutter zum Glauben kommt? Dass eins Ihrer Kinder mit der Chemotherapie fertig wird? Dass Ihr Mann, der weit von Gott weggekommen ist, umkehrt? Josef, der uns im Alten Testament vorgestellt wird, hat einen großen Teil seines Lebens mit Warten zugebracht. Ich habe mich schon oft gewundert, wie er wohl sein Leben empfunden hat. Erst musste er in der Zisterne warten, in die seine eifersüchtigen Brüder ihn geworfen hatten. Sie verkauften ihn an ismaelitische Händler, und er musste wieder warten, bis er in Ägypten ankam und an Potiphar verkauft wurde, einen der Beamten des Pharao. Aber die Bibel berichtet uns, dass Gott mit Josef war, und dass er ihm in allem, was er tat, Erfolg schenkte.

Selbst als er zu Unrecht beschuldigt wurde und im Gefängnis landete, wusste Josef, dass Gott bei ihm war. Der Aufseher war ihm wohlgesonnen und behandelte ihn gut. Dann schien die Rettung ganz nahe – und wieder musste er zwei Jahre warten, bis er aus dem Gefängnis entlassen wurde. Er wurde nicht nur gerufen, um die Träume des Pharao zu deuten, sondern wurde zum Verwalter über den ganzen Palast des Pharao und schließlich das ganze Land Ägypten bestellt. Dann bekam er sogar seine Familie zurück – und zwar auf eine so wundersame Weise, wie nur Gott sie arrangieren konnte. (In 1. Mose 37 und 39–45 können Sie mehr über Josef lesen.)

Hat Josef auf seine Brüder gewartet? Auf die Ismaeliten? Auf Potiphar? Das schon, aber er wartete auch auf Gott. Dass manche Leute ihm bewusst Böses tun wollten oder ihn einfach glatt vergaßen, gehörte mit zu Gottes größerem Plan mit der Welt. Erleben Sie gerade auch eine Warte-Zeit? Vergessen Sie nie: Wir warten nicht nur auf Menschen oder Ereignisse, sondern letzten Endes auf Gott.

Gott, danke, dass Du uns kennst und dass Du unser Leben in der Hand hältst. Manchmal kommt es uns sinnlos vor, auf irgendetwas, auf irgendjemanden oder auch auf Dich zu warten, und wir verlieren den Mut. Danke, dass Du Dich treu zu den Menschen stellst, die ihre Hoffnung auf Dich setzen. Bitte lass uns erfahren, dass Du uns liebst. Amen.

30. JANUAR

Hoffnung

Und aus dem, was in der Heiligen Schrift vorausgesagt wurde, sollten wir lernen. Ermutigt und getröstet durch Gottes Wort, können wir an der Hoffnung auf Gottes kommendes Reich festhalten.

RÖMER 15,4

Ich habe einmal eine Teilzeitstelle bei einem Bestattungsinstitut gehabt. Dort spielte ich bei vielen Beerdigungen auf der Geige. Das Spannende dabei war, Predigten aus den verschiedensten geistlichen Richtungen mitzubekommen. Manche dieser Ansprachen waren furchtbar deprimierend. Angesprochen war ich dagegen immer von denen, die Hoffnung vermittelten – kein billiger, schwacher Trost, sondern Worte, die direkt von Gott kamen. Die Bibel spricht durchgängig von einer Hoffnung, die alles Leid überdauert.

Ich glaube, dass unsere Hoffnung zum Großteil von dem *Trost* herrührt, den uns Gottes Wort spendet, und der Vers in Römer 15,4 bestätigt das auch. Manchmal lesen wir selbst Gottes Wort, manchmal hören wir, wie es im Gottesdienst oder im Hauskreis ausgelegt wird. Ein andermal machen uns Freunde vielleicht Mut, indem sie auf die Schrift verweisen. Vor einiger Zeit erhielt ich einmal eine Nachricht, die mich sehr erschütterte, und ich geriet in Panik. Aber als ich meine Bibel aufschlug und Psalm 94,19 las, konnte ich wieder freier atmen: „Als quälende Sorgen mir Angst machten, hast du mich beruhigt und getröstet."

Geduld ist der andere Aspekt, auf den Römer 15,4 verweist. Gott gibt uns in seiner Gnade eine ganze Menge Entscheidungsmöglichkeiten – eine davon ist die, durchzuhalten und nicht aufzugeben. Geduld bedeutet, trotz aller Schwierigkeiten und Nöte weiterzumachen. Wir können unseren Kindern viel Mut machen, wenn sie über ihren Hausaufgaben sitzen, aber wenn sie nicht selbst beschließen, sie auch zu erledigen – also Geduld zu haben –, werden sie damit nicht sehr weit kommen. Die Hoffnung bewirkt in uns ganz Ähnliches. Wir erfahren in Gottes Wort eine Menge Trost, aber wir müssen uns auch selbst entscheiden geduldig weiterzumachen.

Vater, danke für die viele Ermutigung, die Du uns in Deinem Wort gibst. Bitte hilf uns, mit Deiner Hilfe und in der Kraft, die Du uns schenkst, Schwieriges durchzuhalten. Amen.

31. JANUAR
Hoffnung

Herr, ich bin völlig am Ende. Darum schreie ich zu dir! Höre mich, Herr.
Ich flehe dich an, bitte höre mir zu! (...) Volk Israel, setze deine Hoffnung auf den Herrn!
Denn er allein ist gnädig, er erlöst ganz und gar!

PSALM 130,1-2.7

Ich finde die Ehrlichkeit, die der Autor dieses Psalms an den Tag legt, herrlich entwaffnend: „Herr, ich bin völlig am Ende." In meiner Übersetzung heißt es hier wörtlich: „Aus den Tiefen der Verzweiflung schreie ich um Hilfe." Wenn ich meinen Schmerz vor Gott, vor mir selbst und vor anderen zugebe, ist das kein Zeichen von Schwäche, auch wenn uns das manchmal so vorkommt. Es ist vielmehr ein Zeichen von Aufrichtigkeit und Charakterstärke.

Davon, dass man „völlig am Ende" ist, kann man reden, wenn man wirklich am Tiefpunkt angelangt ist. Wie auch immer man dort hingekommen ist – man hat meistens nicht den Eindruck, dass man dort besonders stark ist. Manchmal verzweifeln wir an den Umständen, manchmal verzweifeln wir an Entscheidungen, die wir – oder unsere Kinder – getroffen haben und nicht mehr rückgängig machen können, und manchmal wissen wir nicht einmal, warum wir eigentlich so verzweifelt sind. Manchmal empfinden wir in unserer Mutlosigkeit das Gefühl von Traurigkeit, manchmal Ärger oder totale Erstarrung, als wäre uns unsere Gesundheit oder unser Besitz, alle Beziehungen total egal. Wir fühlen uns dann einsam und – oft genug – auch von Gott verlassen. Und doch ist das genau die Zeit, in der wir ihn am meisten brauchen. G. K. Chesterton hat einmal gesagt: „Wenn es uns schwerfällt, an Gott zu glauben, neigen wir dazu, uns von ihm abzuwenden, aber – in Himmels Namen – wohin denn?!"

Der Psalmist gibt hier sowohl seine Angst zu als auch sein Vertrauen. Es macht mir Mut zu sehen, wie er inmitten seines Gefühlsdurcheinanders versucht, das große Ganze nicht aus den Augen zu verlieren. Er ging mit seiner Verzweiflung auf eine gesunde Weise um, denn er schrie zu Gott, erwartete von ihm seine Hilfe und hoffte auf Gottes Wort. Seine Vorgehensweise ist mir schon oft ein Vorbild gewesen, wenn ich selbst „am Ende" war. Gott hat den Autor des 130. Psalms nicht im Stich gelassen – und mich auch nicht.

Vater, danke, dass wir unsere Ängste und unsere Verzweiflung vor Dich bringen dürfen. Danke, dass Du versprichst, dass Du in Deiner Liebe über allen wachst, die ihre Hoffnung auf Dich setzen. Amen.

1. FEBRUAR

Hoffnung

Wenn alles bereit ist, werde ich wiederkommen und euch zu mir holen.
Dann werdet ihr dort sein, wo ich bin.

JOHANNES 14,3

Peter Marshall erzählte von einer Mutter in seinem Bekanntenkreis, deren Sohn schwer krank war und nicht mehr lange zu leben hatte. Die Mutter hatte sich viele, viele Stunden um ihn gekümmert und mit ihm gespielt, weil sie wusste, dass ihm nicht mehr viel Zeit blieb. Einmal fragte der Junge sie, wie es sein würde, zu sterben. Die Mutter betete kurz um Weisheit und innere Ruhe, und dann sagte sie: „Weißt du noch, Kenneth, als du noch ganz klein warst und so viel draußen herumgetobt hast, dass du es abends nicht einmal mehr geschafft hast, dich auszuziehen? Du bist dann einfach in mein Bett gefallen und eingeschlafen. Das war nicht dein Bett, du gehörtest da nicht hin. Und du bist auch nicht lange da geblieben. Am nächsten Morgen, als du aufwachtest, warst du ganz überrascht, dass du in deinem eigenen Bett in deinem eigenen Zimmer warst. Da hatte sich jemand liebevoll um dich gekümmert, als du es gar nicht merktest. Dein Vater war gekommen und hatte dich auf seinen starken Armen in das andere Zimmer getragen. Und so, Kenneth, ist der Tod auch. Wir wachen eines Tages auf und sind in einem anderen Zimmer – da, wo wir hingehören, weil Jesus uns lieb hat und für uns gestorben ist."

Der Junge sah zu seiner Mutter auf, und auf seinem Gesicht lag ein tiefer Frieden. Sie wusste, dass er sie verstanden hatte und dass in seinem kleinen Herzen Liebe und Vertrauen sein würde, wenn die Zeit kam, zu seinem Vater im Himmel zu gehen. Er stellte keine weiteren Fragen mehr und schlief einige Wochen später ganz friedlich ein. Sein himmlischer Vater hatte ihn auf seine starken Arme genommen und mitgenommen.

Vater, danke, dass wir als Deine Kinder zu allen Zeiten und an allen Orten Deine Liebe erleben dürfen. Danke, dass wir glauben können, dass Du für uns gestorben und auferstanden bist. Und danke für die Ruhe, die uns dieses Wissen gibt. Amen.

2. FEBRUAR

Hoffnung

Denn ich allein weiß, was ich mit euch vorhabe: Ich, der Herr, werde euch Frieden schenken und euch aus dem Leid befreien. Ich gebe euch wieder Zukunft und Hoffnung.

JEREMIA 29,11

Gestern habe ich von einem meiner Verlage, der Hope Publishing Company, wieder einmal einen Tantiemen-Scheck erhalten. Wenn dieser Verlag mir in den Sinn kommt, denke ich immer aus zwei Gründen an Hoffnung – einmal natürlich wegen des Namens, andererseits aber auch, weil Gott diesen Verlag in einer besonders schwierigen Zeit in meinem Leben benutzte, um mir Hoffnung zu machen.

Als ich Anfang dreißig war, hatte ich eine Zeit lang mit Traurigkeit und Depressionen zu kämpfen. Ohne hier die Einzelheiten erzählen zu wollen, kann ich doch sagen, dass ich alle Lebensfreude verloren zu haben schien. In dieser Zeit schickte mir meine Freundin Shirley einen ermutigenden Brief, an den sie den oben genannten Vers anhängte.

Einige Monate später rief mich der Chefredakteur von Hope Publishing an, um mir von einem neuen Projekt zu erzählen. Sie wollten eine Liederbuch-Reihe für Klavierschüler herausbringen, in der Anbetungslieder bewusst einfach gesetzt waren. Er fragte, ob ich Lust hätte, die Lieder für eines dieser Bücher zusammenzustellen und die entsprechenden Partituren zu schreiben. Ich fühlte mich geschmeichelt, konnte aber nur einwenden: „So etwas habe ich allerdings noch nie gemacht!“ Der Redakteur meinte: „Schicken Sie uns doch einfach einmal zwei Sätze, und wir entscheiden dann, ob wir sie nehmen.“

Ich tat, was ich konnte, schickte die Sätze für zwei Lieder ein und wartete. Ungefähr einen Monat später lag ein Brief von Hope Publishing in meinem Briefkasten. Ich dachte, *na toll, da kommt meine Absage.* Aber dann las ich den Brief und war regelrecht schockiert. Ein Vertrag war beigelegt und ich wurde gebeten, ein ganzes Buch zusammenzustellen. Ich kann mich noch erinnern, wie ich auf dem Sofa saß und erst einmal weinen musste. Ich war Gott so dankbar, dass er mir auf diese Weise Bestätigung und die Hoffnung schenkte, nach der ich mich so sehnte. Diese Erfahrung machte mir einmal mehr klar, wie sehr Gott sich um mich kümmert.

Vater, danke für kleine Lichtblicke der Hoffnung, wenn unser Leben von dunklen Wolken überschattet ist. Danke, dass Du ein Gott der Hoffnung bist. Amen.

3. FEBRUAR
Hoffnung

Für Gott ist nichts unmöglich.

LUKAS 1,37

Wenn man liest, dass der Engel der Jungfrau Maria ankündigte, dass sie ein Kind gebären würde, drängt sich einem vor allem ein Wort auf: *Unmöglich*. Maria war nicht verheiratet, sie hatte nie Geschlechtsverkehr gehabt, und wahrscheinlich war sie kaum älter als sechzehn. Außerdem bot sich Nazareth, Marias Heimatstadt, auch nicht gerade an für Proklamationen von solcher Tragweite. Im Alten Testament wurde die Stadt nicht einmal erwähnt, und ganz Juda sah auf die Leute aus Nazareth herab.

Als der Engel Maria aufsuchte, teilte er ihr innerhalb kürzester Zeit eine ganze Menge mit. Er sagte ihr, dass Gott mit ihr war, dass er etwas Besonderes mit ihr vorhatte, dass sie einen Sohn gebären würde und dass sie ihn Jesus nennen sollte. Dieser Sohn würde kein normaler Junge sein, sondern der Sohn Gottes – und sein Königreich würde kein Ende haben.

Marias Antwort kann uns allen als Vorbild dienen. Sie sagte nicht: „Das ist unmöglich!" Sie fragte stattdessen: „Wie kann das geschehen?" Anders ausgedrückt: Wie konnte das möglich sein? Sie verstand, was geschehen würde, ihr war nur noch nicht klar, *wie*.

Stehen Sie auch vor einer „unmöglichen" Situation? Scheinen Ihnen die Umstände hoffnungslos und die Hindernisse unüberwindlich? Schauen Sie sich einmal die Antwort des Engels an: Er erklärte ihr, dass der Heilige Geist über sie kommen und die Kraft Gottes sich an ihr zeigen würde. Der Engel machte ihr weiter Mut, indem er ihr von einer weiteren Schwangerschaft erzählte: Elisabeth, ihre schon ziemlich alte Tante, erwartete auch ein Kind – ein weiteres scheinbar unmögliches Ereignis. Für Gott ist eben nichts unmöglich.

Als Christen haben wir den Heiligen Geist. Er wirkt in uns, verändert uns und die Umstände um uns und macht uns immer wieder Mut. Machen wir es doch wie Maria, fragen wir nur „wie?" und lassen wir uns darauf ein, dass Gott uns umgestaltet.

Vater, vergib uns, dass wir auf schwierige Situationen oft mit einem lautstarken „Das ist unmöglich!" reagieren, anstatt auf Dich zu sehen und zu fragen: „Wie, Herr?" Danke, dass Dein Geist uns leitet und immer wieder ermutigt. Amen.

4. FEBRUAR

Hoffnung

Ich, der Herr, sage: Mein Fluch lastet auf dem, der sich von mir abwendet, seine Hoffnung auf Menschen setzt und nur auf menschliche Kraft vertraut. Er ist wie ein Dornstrauch in der Wüste, der vergeblich auf Regen wartet. Er steht in einem dürren, unfruchtbaren Land, wo niemand wohnt. Doch ich segne jeden, der mir ganz und gar vertraut. Er ist wie ein Baum, der nah am Bach steht und seine Wurzeln zum Wasser streckt: Die Hitze fürchtet er nicht, denn seine Blätter bleiben grün. Auch wenn ein trockenes Jahr kommt, sorgt er sich nicht, sondern trägt Jahr für Jahr Frucht.

JEREMIA 17,5-8

Wenn ich ein Unternehmen für Landschaftsplanung gründen wollte und meine Kinder um Rat fragte, ob ich es in der Wüste oder neben einem Flussbett ansiedeln sollte, würden sie mich vermutlich auslachen. Was für eine Frage! In der Wüste wäre ich zum Scheitern verurteilt, an einem Fluss dagegen hätte ich bestimmt Erfolg. Wir alle stehen vor einer ähnlichen Wahl: Wollen wir die „Landschaftsplanung" unseres Lebens ansiedeln? Wollen wir auf Menschen setzen – oder vertrauen wir ganz auf Gott? Wie wir uns – ob bewusst oder unbewusst – entscheiden, wird sich auf unser Leben auswirken, und es wird mitbestimmen, ob unsere Herzen letzten Endes voll sind oder leer.

„Wo wollt ihr eure Hoffnung ansiedeln?", fordert uns Jeremia zur Entscheidung auf. „Bei einem fehlbaren Menschen, der vielleicht achtzig Jahre lebt, oder bei eurem allmächtigen Schöpfer, der ewig Bestand hat?" Wie wir auf diese Frage antworten, bestimmt, ob unser Leben wie ein kränklicher, zu klein geratener Busch vor sich hin vegetiert, oder ob wir fest stehen wie ein gesunder, kräftiger Baum. Es bestimmt, ob wir ein karges, unfruchtbares Leben führen oder ein reiches, erfülltes. Wollen wir erschöpft und leer sein oder so voll, dass wir überfließen? Ich kann mich eher für Letzteres begeistern ...

Vater, danke für diese anschaulichen Bilder, mit denen Du uns hilfst, das Leben mit Dir besser zu verstehen. Danke, dass sie uns daran erinnern, unsere Hoffnung ganz auf Dich zu setzen. Amen.

5. FEBRUAR

Zuhören

Höre auf guten Rat, und nimm Ermahnung an,
damit du endlich weise wirst!

SPRÜCHE 19,20

Naaman, ein Offizier des syrischen Heeres, wurde durch den Propheten Elisa von seinem Aussatz geheilt. Er war ein sehr einflussreicher und beliebter Mann, und doch hatte er Aussatz, eine gefürchtete Krankheit. Aussätzige wurden von der Gesellschaft gemieden. Ein junges Sklavenmädchen aus Israel, das bei einem Kriegszug verschleppt worden war, hatte offensichtlich als Kind gut zugehört, was in ihrem Elternhaus und in der „Gemeinde" gesprochen wurde. Das Mädchen erzählte der Frau des Offiziers, dass der Prophet Elisa Naaman möglicherweise von seiner Krankheit heilen könnte. Die Frau hörte dem Mädchen zu und gab den Vorschlag an ihren Mann weiter. Naaman redete daraufhin mit seinem Vorgesetzten, dem König von Aram. Der König hörte zu und schickte Naaman mit einem Empfehlungsbrief an den König von Israel. Dieser jedoch war offensichtlich kein besonders guter Zuhörer. Er zerriss seine Kleider und bekam einen Wutanfall, weil er befürchtete, dass sich hinter Naamans Bitte ein gemeiner Kriegsvorwand der Aramäer verbarg.

Aber Elisa hörte zu. Als er mitbekam, wie der König reagiert hatte, schickte er ihm eine Botschaft, in der er vorschlug, dass Naaman zu ihm kommen könne. Auf ihn hörte der König, und so kam es, dass Naaman mitsamt seinen Reitern und Pferden bei Elisa vor der Tür stand. Der Prophet ließ ihm nur eine Nachricht zukommen, dass er sich siebenmal im Fluss Jordan untertauchen sollte, und Naaman beschloss, diese Nachricht zu ignorieren. Er fand eine solche Anweisung unter seiner Würde und fuhr wütend weg. Aber als seine Diener ihm gut zuredeten, sich das alles noch einmal zu überlegen, hörte er doch zu, tat, was Elisa ihm gesagt hatte – und wurde geheilt.

All das viele Zuhören in dieser Geschichte begann mit einem Mädchen, das offensichtlich in einer Familie und Gemeinschaft aufgewachsen war, in der man gewohnt war, auf Gott zu hören. Ist es nicht erstaunlich, dass der Glaube eines Mädchens, das zuhören konnte, eine solche Kette von Ereignissen in Gang setzte?

Vater, hilf uns, immer auf Dich und Dein Wort zu hören, und hilf uns, auch den Rat weiser, gottesfürchtiger Menschen anzunehmen. Amen.

6. FEBRUAR
Zuhören

Wer klug ist, überlegt sich, was er sagt; aber ein Narr spricht vorschnell und richtet Schaden an.

SPRÜCHE 10,14

Zu dem Philosophen Sokrates kam einmal ein junger Mann, der in der Redekunst unterrichtet werden wollte. Sobald er sich vorgestellt hatte, begann er zu reden – und hörte nicht mehr auf. Eine ganze Weile lang hörte Sokrates zu, und dann brachte er ihn endlich zum Schweigen, indem er ihm die Hand über den Mund hielt. „Junger Mann", sagte er, „ich muss bei dir die doppelte Gebühr berechnen."

„Die doppelte Gebühr? Warum denn?"

„Weil ich dich in zwei Wissenschaften unterrichten muss", antwortete Sokrates. „Zuerst muss ich dich lehren, deine Zunge im Zaum zu halten, und dann muss ich dich lehren, sie richtig zu gebrauchen."

Ich habe früher immer gedacht, dass ich schon zuhöre, wenn ich gerade nichts sage. Aber inzwischen ist mir klar geworden, dass Zuhören der bewusste Versuch ist, das aufzunehmen, was gerade gesagt wird. Man muss sich schon ziemlich gut konzentrieren können, um ein guter Zuhörer zu sein. Als ich meinen Sohn zum ersten Mal vor der Mittelschule absetzte, die er von diesem Tag an besuchen sollte, rief ich ihm scherzhaft zu: „Schönen Tag. Ich bete, und du hörst gut zu!" Zuhören ist eine Kunst, die sehr oft unterschätzt wird. Wir brauchen dazu mehr als nur unsere Ohren. Wenn wir wirklich genau zuhören, sind unser Gehirn und unser Herz genauso beteiligt.

Wenn Sie Ihrem Kind zuhören, ist das eines der wertvollsten Geschenke, die Sie ihm machen können. Es kostet kein Geld – aber es kostet Zeit! Ross Campbell hat in seinem Buch *Kinder sind wie ein Spiegel* geschrieben, dass Kinder, deren Eltern sich ihnen nicht bewusst zuwenden, zunehmend ängstlich und unsicher werden. Sie müssen ja auch immer mehr den Eindruck bekommen, dass jeder und alles andere wichtiger ist als sie.

Wenn wir unseren Kindern dagegen zuhören, fühlen sie sich wichtig und wertgeschätzt. Schon allein deswegen ist Zuhören eine Fähigkeit, die wir immer weiter vervollkommnen sollten.

Vater, hilf uns, lange genug still zu sein, um unseren Kindern aufmerksam und einfühlsam zuhören zu können. Amen.

7. FEBRUAR
Zuhören

Aber er hat mich erhört, mein Gebet hat er angenommen.

PSALM 66,19

Ich werde nie Gottes Antwort auf ein Gebet vergessen, das ich in meinem ersten Jahr auf dem College betete. Ich wollte über die Winterferien schrecklich gerne zu einer großen Missionskonferenz fahren, aber meine Eltern wollte ich dazu nicht um Geld bitten. Schließlich zahlten sie schon meine Gebühren fürs College. Ich bat Gott also, dass er, wenn ich auf diese Konferenz fahren sollte, auch dafür sorgen sollte, dass ich das nötige Geld dafür hatte.

Einige Wochen später rief meine Mutter an. Sie meinte, ich müsste irgendwo noch einen der Schecks über das Gehalt haben, das ich während eines Sommerferienjobs verdient hatte. Die Firma, für die ich gearbeitet hatte, hatte bei meinen Eltern nachgefragt, ob ich denn meinen Scheck nicht einlösen wollte. Ich erklärte meiner Mutter also, wo ich meine Banksachen aufbewahrte, und als sie einen Blick in den entsprechenden Schuhkarton in meinem Kleiderschrank warf, fand sie tatsächlich den besagten Scheck, der ganz oben auf meinen Kontoauszügen lag. Das Geld reichte nicht nur für die Konferenz selbst, sondern auch noch für den Hin- und Rückweg.

Mir wurde damals wieder neu bewusst, dass Gott Gebete hört und sich wirklich um seine Kinder kümmert. Das gab mir Mut und spornte mich an, mehr zu beten.

Immer wieder merke ich, dass Gebet eine Sache gegenseitigen Vertrauens ist. Wenn wir in die Rolle des Kindes, das dem Vater ganz und gar vertraut, schlüpfen, sieht Gott auf unsere Schwachheit, liebt uns als seine Kinder, hört unsere Gebete und beantwortet sie.

Gott freut sich über unseren Dank und unsere Anbetung. In Psalm 50,14-15 lesen wir: „Dank ist das Opfer, das ich von dir erwarte; erfülle die Versprechen, die du mir, dem Höchsten, gegeben hast! Wenn du keinen Ausweg mehr siehst, dann rufe mich zu Hilfe! Ich will dich retten, und du sollst mich preisen."

Vater, hab Dank, dass Du, der unendlich große und heilige Gott, uns immer wieder zuhörst, obwohl wir sündhaft und oft undankbar sind. Hilf uns, mit unserer Not immer erst zu Dir zu kommen, und hilf uns, auch unseren Kindern zu vermitteln, dass sie Dir vertrauen können und dass Du Gebete erhörst. Amen.

8. FEBRUAR

Zuhören

Denk erst nach, bevor du betest, sei nicht zu voreilig! Denn Gott ist im Himmel, und du bist auf der Erde – sei also sparsam mit deinen Worten!

PREDIGER 5,1-2

Sind Sie schon einmal mit einem Menschen zusammen gewesen, der ununterbrochen redet und sich nur gelegentlich unterbricht, um Luft zu holen? Der von einem Gedanken zum nächsten springt, von diesem wieder zum nächsten und so weiter? Dessen endloser Redeschwall in Ihnen den dringenden Wunsch weckt, er hätte irgendwo eine Stopp-Taste? (Mir ist klar, dass die meisten Dreijährigen in diese Kategorie fallen, aber selbst Dreijährigen kann man mit ein bisschen gutem Willen beibringen, wenigstens für kurze Zeit still zu sein.)

Für gewöhnlich werden wir in der Gegenwart solcher Menschen angespannt und unruhig. Wir haben das Gefühl, in der Falle zu sitzen, wir fühlen uns ausgenutzt und bevormundet und haben den Eindruck, dass der, der da gerade redet, uns kaum wahrnimmt.

Ich frage mich manchmal, wie sich Gott wohl fühlt, wenn ich vor ihn trete und anfange, vor ihm meine Gebete, Wünsche und Gefühle herunterzurattern. Ich frage mich, wie das wohl für ihn ist, wenn ich mir gar nicht erst bewusst mache, mit wem ich es hier zu tun habe, und wenn ich ihm ohne jede Ehrfurcht und ohne den angemessenen Respekt begegne. Ja, ich weiß schon, dass ich manchmal einfach furchtbar aufgewühlt bin und Gott einfach mein Herz ausschütten muss, um nicht zu platzen. Ich habe Freunde, die mir geduldig und verständnisvoll zuhören, wenn alles drunter und drüber geht, und ich bezweifle nicht, dass Gott genauso bereitwillig für mich da ist. Aber ist das mein normaler Umgang mit Gott? Rede ich die meiste Zeit und höre kaum zu? Von einem solchen Verhaltensmuster sind Familienmitglieder und Freunde meistens nicht besonders begeistert, und Salomo erklärt uns in diesen Versen im Prediger, dass es Gott ähnlich geht.

Es steht außer Frage, dass die Autoren der Psalmen ihre Gedanken und Gefühle mit der größten Selbstverständlichkeit vor Gott ausbreiteten. Aber sie hielten auch immer wieder inne, um Gott zuzuhören und ihn immer wieder neu kennenzulernen. Lassen Sie uns weise sein und es ihnen gleichtun – wie es Psalm 46,10 vorschlägt: „Seid stille und erkennet, dass ich Gott bin."

Vater, hilf uns, dass wir nie so beschäftigt sind, dass wir uns nicht mehr die Zeit nehmen, auf Dich zu hören. Amen.

9. FEBRUAR

Zuhören

Wenn ihr an meinen Worten festhaltet und das tut,
was ich euch gesagt habe, dann gehört ihr wirklich zu mir.

JOHANNES 9,31

Gott hört uns zu. Er hörte, als die Israeliten in der Sklaverei stöhnten, er hörte Hannas Flehen wegen ihrer Kinderlosigkeit und er hörte auch Davids Stoßgebet, als er gegen Goliath antrat. Sprüche 15,29 erklärt uns, dass Gott das Gebet des Gerechten hört.

Aber es gibt auch Zeiten, in denen Gott nicht zuhört, und wir tun gut daran, uns die Umstände, die dazu führen, einmal genauer anzusehen. Es ist erstaunlich, dass die Aussage in Johannes 9,31, die über dem heutigen Tag steht, nicht von einem religiösen Leiter stammt, sondern von einem Blinden, der von Jesus geheilt wurde und dadurch zum ersten Mal in seinem Leben sehen konnte.

Jesus heilte den Blinden am Sabbat und anstatt dass die „religiösen" Pharisäer sich mit ihm freuten, überschütteten sie ihn und seine Eltern mit Fragen. Sie versuchten, ihnen irgendwelche Aussagen abzuringen, mit denen sie sich entweder selbst belasten und aus der Gemeinschaft ausschließen oder mit der sie Jesus in Verruf bringen würden. Ihre Einstellung war wirklich ein riesiges Problem. Schauen Sie sich einfach einmal an, wie es im Herzen der Pharisäer aussah – und wie dagegen im Herzen des Blindgeborenen.

Pharisäer (geistlich blind)	**Blindgeborener** (geistlich einsichtig)
Stolz	Demut
kein Mitgefühl mit anderen	Mitgefühl mit anderen
Verurteilung	Vergebung
Hoffnungslosigkeit	Hoffnung
unempfindlich gegenüber Sünde	Wunsch nach Umkehr und Veränderung
Wut	Liebe

Die Pharisäer hielten sich für Leute mit geistlichem Durchblick und dabei entging ihnen völlig, dass Gott ihnen nicht zuhörte. Seine Ohren waren verschlossen, weil sie ihm nicht mit ganzer Hingabe folgten. Von dem Blinden hingegen lernen wir, dass Gott die Gebete derer erhört, die seinen Willen tun.

Vater, bitte vergib uns, dass es uns manchmal wichtig ist, wie wir nach außen wirken, aber nicht so wichtig, wie es um unsere Beziehung mit Dir bestellt ist. Hilf uns, demütig vor Dich zu treten, in dem Bewusstsein, dass Du uns hören wirst. Amen.

10. FEBRUAR

Zuhören

Mein Sohn, wenn du weise bist, dann freue ich mich darüber.
Wenn das auch deine Worte zeigen, bin ich glücklich.

SPRÜCHE 23,15-16

Chad, mein ältester Sohn, fährt einen zwölf Jahre alten weißen Pontiac Bonneville. Das Auto hat ihm in den Jahren nach dem College gute Dienste geleistet – es hat ihn zu Campingtouren an die Westküste und zu Hochzeiten von Freunden an die Ostküste gebracht, und seit Jahren fährt er damit jeden Tag zur Highschool, an der er unterrichtet. Inzwischen zeigte der Zähler fast 250.000 Kilometer, und Chad ahnte, dass die Zeit seines fahrbaren Untersatzes fast abgelaufen war. Kürzlich, bei einer Abgassonderuntersuchung, wurde ihm dann auch nahegelegt, das Auto zu verschrotten. Es verpestete die Luft in einem Maß, das nicht mehr zumutbar war.

Als Chad mir die Tabellen und Diagramme zeigte, die er von der Autoinspektion mitgebracht hatte, verstand ich besser, warum sie diese Emissions-Tests überhaupt machen. Sie wollten zum Beispiel wissen, wie viel Kohlenmonoxid (ein giftiges Gas) und wie viel Kohlenwasserstoff (Treibstoff, der nicht verbrennt; er verursacht Smog und reizt Augen und Hals) Chads Auto ausstieß. Ein Wörterbuch, in dem ich nachschlug, definierte „Emissionen" als etwas, das man „abgibt oder ausstößt". Als ich das las, wurde mir ganz flau. Ich begann mich zu fragen, was wohl herauskäme, wenn Mütter ihre Sprache regelmäßig einem solchen Emissionstest unterziehen müssten? Wie wäre es, wenn jemand uns einfach einmal einen ganzen Tag zuhörte und all unsere Äußerungen genau untersuchte?

Wären unsere Worte von Wärme, Weisheit, Ermutigung und Wahrheit geprägt? Oder fänden sich stattdessen Kritik, üble Nachrede und Zornausbrüche? Bestimmt würden wir alle an manchen Tagen den Test nicht bestehen, aber es gibt gute Neuigkeiten: Dass wir mit Worten manchmal so unvorsichtig umgehen und uns oft genug an anderen schuldig machen, ist einer der Gründe, warum Jesus für uns gestorben ist. Wenn wir unsere Schuld bekennen und ihn bitten, uns auch in unseren Worten weise zu machen, wird er uns helfen. Wenn wir den „Emissionstest" einmal nicht bestehen, geht die Welt davon nicht gleich unter. Wir können Jesus um Hilfe bitten, wenn wir den angerichteten Schaden wieder gutzumachen versuchen.

Vater, bitte vergib uns, dass unsere Worte einem „Emissionstest" oft genug nicht standhalten würden. Wir wünschen uns so sehr, dass unsere Worte voller Wahrheit, Freundlichkeit und Weisheit sind und anderen Mut machen. Danke, dass Dein Heiliger Geist uns helfen will, diesem Ideal immer näherzukommen. Amen.

11. FEBRUAR

Zuhören

Denn Gott sieht mit Freude auf solche [gerechte] Menschen und wird ihr Gebet erhören. Wer aber Böses tut, wird Gottes Zorn zu spüren bekommen.

1. PETRUS 3,12

Wenn ich bekannte Persönlichkeiten treffe, wundert es mich nicht besonders, wenn sie etwas zu mir sagen – aber ich bin doch immer ein bisschen überrascht, wenn sie mir *zuhören*. Ist es nicht umso ermutigender, sich vorzustellen, dass der Gott, der die Welt geschaffen hat und für mich gestorben ist, mir auch zuhört? Gott ist nicht wie der Chef einer großen Firma, der sich in einem abgelegenen Büro verschanzt, damit er seinen Angestellten bloß nicht zu nahe ist. Das ist wirklich außerordentlich bemerkenswert. Wenn Sie sich gerade fragen, ob Gott Ihnen eigentlich überhaupt zuhört, können Sie sich mit den folgenden Versen wieder neu Mut zusprechen:

> *Mein Gott, nun rufe ich dich an. Ich bin sicher, du antwortest mir. Lass mich bei dir ein offenes Ohr finden und höre mein Gebet! Du rettest alle, die bei dir vor deinen Feinden Schutz suchen. Zeige mir immer wieder, dass du mich liebst! Bewahre mich, wie man seinen Augapfel behütet! Verstecke mich wie ein Vogel seine Jungen!*
> Psalm 17,6-8

> *Als ich den Herrn um Hilfe bat, antwortete er mir und befreite mich von meinen Ängsten.*
> Psalm 34,5

> *Kommt und hört mir zu, alle, die ihr Gott ernst nehmt, ich will euch erzählen, was er für mich getan hat. Als ich zu ihm um Hilfe schrie, wusste ich: Gott wird mir helfen! Deshalb begann ich, ihn zu loben. Hätte ich Böses im Sinn gehabt, so hätte der Herr mich nicht erhört. Aber er hat mich erhört, mein Gebet hat er angenommen.*
> Psalm 66,16-19

Vater, hab unendlichen Dank, dass Du uns immer zuhörst und dass Du nie schläfst. Hilf uns, auch unseren Kindern zu vermitteln, dass sie sich immer an Dich wenden können. Amen.

12. FEBRUAR

Liebe

Gott aber hat uns seine große Liebe gerade dadurch bewiesen, dass Christus für uns starb, als wir noch Sünder waren.

RÖMER 5,8

Kann man es noch deutlicher auf den Punkt bringen? Die Initiative geht nicht von uns aus. Es sind nicht wir, die mit Gott in Verhandlungen treten und ihm unser Bedürfnis nach Liebe unterbreiten – sondern es ist Gott, der uns immer wieder seine Liebe versichert. Und er hat sie so unter Beweis gestellt, dass an seiner Aufrichtigkeit kein Zweifel besteht.

Wenn wir uns je fragen, ob Gott uns wirklich lieb hat und ob ihm etwas an uns liegt, können wir uns wieder ins Gedächtnis zurückrufen, dass er seine Liebe schon unter Beweis gestellt hat, als wir ihm noch völlig gleichgültig gegenüberstanden.

Manchmal mache ich mir ein oder zwei Stunden, vielleicht auch einen Tag lang die Mühe, genauer hinzusehen, an wie vielen Stellen Gott mir seine Liebe zeigt. Wir reden so viel davon, dass wir Gott suchen, und darüber vergessen wir manchmal, dass er uns sucht – ständig und immer wieder. Wir sehen seine Liebe in der Luft, die wir atmen, im Wechselspiel von Tag und Nacht, von Frühling, Sommer, Herbst und Winter, in der wunderbaren Weise, wie unser Körper funktioniert, in all den Pflanzen und Tieren, die er geschaffen hat, damit wir uns an ihnen erfreuen und von ihnen ernähren können ... Ich könnte endlos fortfahren.

Aber am deutlichsten hat er seine Liebe dadurch gezeigt, dass Christus starb, „als wir noch Sünder waren". Dass seine Liebe mir Erlösung bringt, ist Balsam für meine Seele. Gott hat nicht darauf gewartet, dass ich endlich „gut genug" war, um ihm zu begegnen. Er hatte in seiner Liebe etwas viel Größeres vor: uns von unserer Schuld freizusprechen und uns mit Ehre, Würde und einem guten Ruf auszustatten, der sich auf *ihn* gründet.

Und Gottes Erlöser-Liebe bleibt nicht bei uns stehen. Sie reicht weit über uns hinaus in die ganze Welt, und wenn wir seine Erlösung für uns annehmen, ist es uns ein Grundanliegen, auch unseren Kindern von Gottes Liebe zu erzählen.

Vater, danke, dass Du uns geliebt hast, bevor wir überhaupt je an Dich gedacht haben. Hilf uns, dass unser Dank uns zum Dienst für Dich beflügelt, und lass diesen Dienst in unserer Familie beginnen. Amen.

13. FEBRUAR

Liebe

Und so lautet mein Gebot: Ihr sollt einander so lieben, wie ich euch geliebt habe. Die größte Liebe beweist jemand, der sein Leben für die Freunde hingibt. Und ihr seid meine Freunde, wenn ihr tut, was ich euch aufgetragen habe. Ich nenne euch nicht mehr Knechte; denn einem Knecht sagt der Herr nicht, was er vorhat. Ihr aber seid meine Freunde; denn ich habe euch alles gesagt, was ich vom Vater gehört habe. Nicht ihr habt mich erwählt, sondern ich habe euch zu mir gerufen, damit ihr hingeht und Frucht bringt, die bleibt. Dann wird euch der Vater alles geben, worum ihr in meinem Namen bittet. Deshalb sage ich euch noch einmal: Ihr sollt einander lieben!

JOHANNES 15,12-17

Was verstehen wir eigentlich unter Liebe und woran messen wir sie? An vier Wörtern: „Wie ich euch geliebt habe." Jesus hat uns sowohl einen Maßstab hinterlassen als auch ein Vorbild, an dem wir uns ausrichten können. Er erwartet nichts von uns, das er nicht auch selbst getan hätte.

Zunächst einmal hat er für uns sein Leben gelassen. (Vers 13) Wenn ich einen anderen Menschen liebe, muss ich vielleicht um seinetwillen auf etwas mir Wertvolles verzichten. Das können eigene Erwartungen und Wünsche sein oder vielleicht muss ich einfach auch Unannehmlichkeiten und Beschwerden hinnehmen.

Zweitens gibt uns Jesus Anteil an dem, was ihm wichtig ist. (Vers 15) Er hat beschlossen, dass er mit uns Gemeinschaft haben und uns nahe sein möchte. Das kann ihm gerade im Fall seiner zwölf Jünger nicht immer leicht gefallen sein – schließlich wusste er, dass einige an ihm zweifeln, ihn verraten oder einfach weglaufen würden. Sein Vorbild kann uns ein Ansporn sein, auch immer wieder die Gemeinschaft mit dem Ehemann, der uns enttäuscht hat, oder einem schwierigen Kind zu suchen.

Drittens ging Jesus von sich aus auf seine Jünger zu. Er lehnte sich nicht zurück und erwartete, dass sie zu ihm kamen, sondern wandte sich an sie. (Vers 16) Auch in unserer Familie wird man sich an die Gelegenheiten erinnern, in denen wir auf andere zugingen und uns um ihr Wohl sorgten.

Überlegen wir doch einmal, wie wir dem Beispiel Christi folgen könnten. Das erfordert eine Menge Ehrlichkeit vor uns selbst und auch Mut, aber wir können Gott um seine Weisheit, Stärke und Gnade bitten.

Vater, danke, dass Du uns so vollkommen liebst. Bitte vergib uns, wo unsere Liebe anderen gegenüber alles andere als vollkommen ist. Wir brauchen die Wärme Deiner Liebe in unseren Herzen, sonst werden sie kalt und lieblos bleiben. Amen.

14. FEBRUAR

Liebe

Weil ihr Gottes geliebte Kinder seid, sollt ihr in allem seinem Vorbild folgen. Geht liebevoll miteinander um, so wie auch Christus euch seine Liebe erwiesen hat. Aus Liebe hat er sein Leben für uns gegeben. Und Gott hat sein Opfer angenommen.

EPHESER 5,1-2

Ich hatte einmal gleichzeitig zwei Schwestern als Klavierschülerinnen. Corrie und Sydney sahen gleich aus und sie redeten auch gleich. Sie waren beide liebenswert und sehr höflich, sie sprachen mit dem gleichen Südstaatendialekt und waren sehr angenehme Menschen. Warum? Weil sie beide ihre Eltern imitierten, sowohl in ihrer Art, sich zu kleiden, als auch in ihrem ganzen Verhalten.

Wir lernen andere zu lieben, indem wir Christus nachahmen. Wie sieht seine Liebe zu uns aus? Als Jesus selbst als Opfer für Sünder – für uns – in den Tod ging, erfüllte er Gottes Plan und Willen. Diesem Christus sollen wir nacheifern, und seine Liebe soll uns als Vorbild dienen. Wir sollen zu Opfern bereit sein. Es ist nicht schwierig, Menschen zu lieben, die uns gut behandeln, oder Menschen, zu denen wir aufsehen. Aber wie ist es mit den anderen – mit denen, die uns nicht gut behandeln? Jesus wurde von den Menschen, die er liebte, nicht gerade gut behandelt – sie nagelten ihn schließlich an ein Kreuz. Und wie viel Respekt konnte er wohl vor Leuten haben, die ihn verleugneten und im Stich ließen? Und doch liebte er die Menschen so, dass er für sie in den Tod ging.

Was macht opferbereite Liebe also aus? Sie ist bereit, Dinge aufzugeben, an denen uns etwas liegt. Vielleicht verzichten wir auf einen Lebenstraum, auf kleine Annehmlichkeiten, auf ein bequemes Leben, auf einen Teil unserer Zeit oder unseres Geldes, weil wir Gottes Liebe an andere weitergeben wollen. Wir dürfen wissen, dass er sich darüber freut. Wir ahmen Jesus also nach, indem wir bereit sind zu geben und anderen zu dienen. Dieses Geben und Dienen beginnt für uns als Mütter im eigenen Zuhause.

Vater, wir würden Deinem Beispiel niemals folgen können, wenn Du uns nicht auch Deine Gegenwart und Deine Kraft in unserem Leben versprochen hättest. Lass uns jeden Tag zu Dir aufsehen, damit unsere Kinder Deine Liebe in unserem Leben sehen können. Amen.

15. FEBRUAR

Liebe

Als wir noch seine Feinde waren, hat Gott uns durch den Tod seines Sohnes mit sich selbst versöhnt. Wie viel mehr werden wir, da wir jetzt Frieden mit Gott haben, am Tag des Gerichts bewahrt bleiben, nachdem ja Christus auferstanden ist und lebt. Lob und Dank sei ihm dafür! Schon jetzt sind wir durch unseren Herrn Jesus Christus mit Gott versöhnt.

RÖMER 5,10-11

Ich war mit meinem Sohn Jordan, damals fünf Jahre alt, im Park, und nun liefen wir Hand in Hand nach Hause. Offensichtlich hatte er die Zeit mit mir genossen, denn er sah plötzlich zu mir auf und sagte ganz ernsthaft: „Mama, du bist liebevoll und schönvoll und herzvoll." – „Jordan, sagst du das noch mal?", bat ich ihn, und mein Herz tat einen kleinen Sprung. „Du bist liebevoll und schönvoll und herzvoll", wiederholte er. Ich musste lachen. „Das kannst du mir von jetzt an jeden Tag einmal sagen", sagte ich. Ich hatte die Wörter *herzvoll* oder *schönvoll* noch nie gehört, aber inzwischen finde ich, sie zählen mit zu den schönsten, die Sprache zu bieten hat – Jordans Fünfjährigen-Sprache. Mir wird immer noch warm ums Herz, wenn ich an diese Begebenheit zurückdenke.

So sehr mich Jordans Worte damals auch berührten – mir war immer klar, dass er sie im Alter von fünf Jahren sprach, als das Leben herrlich und Mama perfekt schien. Wenn er heute gelegentlich diesen Satz von damals sagt – obwohl er inzwischen weiß, dass das Leben seine Tücken hat und Mama alles andere als perfekt ist –, bedeuten sie mir umso mehr.

An manchen Tagen, an denen ich mich nicht besonders geliebt, zuversichtlich oder angenommen fühle, rufe ich mir Gottes Worte ins Gedächtnis, die der Wirklichkeit völlig entsprechen. In Römer 5,10-11 wird mir gesagt, dass die Liebe, die Christus dazu bewegte, für mich zu sterben, als ich noch mit ihm in Feindschaft lebte, dieselbe Liebe ist, die nun durch Gottes Geist in mir lebt. Ich habe in meinem Leben noch keine Worte gehört, die eine solche Liebe, die in diesen Versen steckt, aufwiegen könnten.

Vater, danke, dass Du Deinen Sohn gesandt hast, um für uns zu sterben. Wir werden nie auch nur annähernd in der Lage sein, andere Menschen zu lieben, wie Du uns geliebt hast, wenn wir nicht in Deiner Nähe bleiben. Amen.

16. FEBRUAR

Liebe

Wenn dein Bruder dir Unrecht getan hat, dann gehe zu ihm und sage ihm, was er verkehrt gemacht hat. Wenn er auf dich hört, hast du deinen Bruder zurückgewonnen. Will er davon nichts wissen, nimm einen oder zwei andere mit, und versucht es noch einmal gemeinsam, ihn zur Einsicht zu bringen. Wenn er auch dann nicht hören will, bringe die Sache vor die Gemeinde. Nimmt er selbst das Urteil der Gemeinde nicht an, dann behandle ihn wie einen, der gottlos und ungläubig ist.

MATTHÄUS 18,15-17

Es ist nicht besonders schwierig, jemanden zu lieben, wenn die Beziehung gut läuft. Aber wie sieht es aus, wenn wir den Eindruck haben, dass der andere nicht auf unserer Seite ist? Wir erleben leider gelegentlich Dinge, die wir als unfair und verletzend empfinden. Vielleicht hat uns jemand bestohlen, vielleicht flirtet unser Mann mit unserer besten Freundin. Sollen wir diese Menschen nun auch noch allen Ernstes lieben?

Gott lässt uns in Situationen wie diesen nicht im Regen stehen. Wenn wir sein Wort kennen, wissen wir, wie wir uns verhalten sollen, wenn ein anderer Christ an uns schuldig geworden ist.

Zunächst einmal reden wir allein mit diesem Menschen. Unser Ziel ist es dabei nicht, aus einem Streitgespräch als die Überlegenere hervorzugehen, sondern die Wahrheit in Liebe zu sagen. (vgl. Galater 6,1; Epheser 4,15) Das bedeutet, dass wir dem anderen sagen, wie er gegen uns gesündigt hat und welche Auswirkungen seine Sünde auf uns hatte. Dieses Gespräch reicht vielleicht schon aus, um die richtigen Weichen zu stellen.

Sollte dies nicht schon fruchten, so besteht ein zweiter Schritt darin, sich einen anderen reifen Christen zu suchen und mit ihm zu dem Menschen hinzugehen, der an uns schuldig geworden ist. Sünde, die nicht bereinigt wird, breitet sich aus, und so ist es auch konsequent, dass nun der Kreis der Leute erweitert wird, die darum wissen.

In einem letzten Schritt bringt man die ganze Sache vor die Gemeinde. Wenn der Schuldige immer noch nicht einsichtig ist, verliert er das Vorrecht, als Bruder oder Schwester angesehen zu werden, und fällt aus der engen Gemeinschaft der Gläubigen heraus.

Das Ziel ist dabei aber immer, dass der Christ, der sich an einem anderen schuldig gemacht hat, umkehrt und die Beziehung wiederhergestellt werden kann. Darauf hoffen wir, und dafür wollen wir beten.

Vater, wir geraten immer wieder in Situationen, in denen wir allein hoffnungslos überfordert wären. Wir sind so dankbar, dass Du uns in Deinem Wort so brauchbare Handlungsanweisungen gibst. Bitte gib uns viel Weisheit und Kraft, um all den Herausforderungen unseres Lebens gewachsen zu sein. Amen.

17. FEBRUAR

Liebe

Vor allem aber lasst nicht nach, einander zu lieben.
Denn die Liebe deckt viele Sünden zu.

1. PETRUS 4,8

Oh, wie schön ist es, miteinander in Eintracht zu leben, weder Gedanken abwägen noch Worte abmessen zu müssen, sondern sie alle ausschütten zu können, wie sie sind, die Spreu und den Weizen zusammen – in dem Wissen, dass eine gütige Hand halten wird, was zu halten wert ist, und den Rest mit einem Atem der Freundlichkeit wegblasen wird.

ARABISCHES SPRICHWORT

Dem „Liebes-Muskel" eines Christen wird einiges an Flexibilität und Belastbarkeit zugemutet. Da sitzt die Frau eines Firmenchefs neben ihm am Kopfende des Banketts und applaudiert mit den anderen, und doch weiß sie besser als alle anderen, wie oft er egoistisch handelt und in Rage gerät. Und wir klatschen, wenn unsere Tochter in der Schule für eine besondere Leistung ausgezeichnet wird, obwohl wir nur zu gut um ihre Schwächen und Fehler wissen. Ich bin zutiefst dankbar für Freunde und Familienangehörige, die mich in meinen besten und schlimmsten Momenten kennen und mich mit der größten Selbstverständlichkeit beständig weiterlieben.

Die Liebe deckt zu. Wo ziehen wir also die Grenze zwischen einem gesunden Maß an Liebe, das die Sünden anderer Menschen zudeckt, und einem ungesunden Maß, das Sünde so weit ignoriert, dass ein anderer sich immer tiefer in Sünde und Abhängigkeit verstrickt?

Unsere alte Natur wird bis an unser Lebensende dafür sorgen, dass wir sündigen und Fehler machen. Manchmal bahnen sich Unvollkommenheit, Fehler und Sünden ihren Weg an die Oberfläche, und wir tun gut daran, sie anderen zu vergeben, wie wir selbst hoffen, dass uns von ihnen vergeben wird. Wenn allerdings Verhaltensmuster zerstörerisch werden und von dem, der sündigt, nicht mehr in den Griff bekommen werden, haben wir eine Reihe von Anhaltspunkten, wie wir vorgehen können. Gott lässt uns mit diesen „größeren Problemen" nicht allein, und wir können sie nicht einfach ignorieren. (Vergleiche hierzu auch Matthäus 18,15-17, Lukas 17,3 und Epheser 5,3-11.)

Vater, bitte hilf uns, unseren „Liebes-Muskel" immer gut trainiert zu haben, um im täglichen Miteinander ständig neu vergeben zu können. Und gib uns den Mut, größere Probleme, die sich von alleine nicht lösen werden, beherzt anzugehen. Amen.

18. FEBRUAR

Liebe

... und Christus durch den Glauben in euch lebt. In seiner Liebe sollt ihr fest verwurzelt sein; auf sie sollt ihr bauen. Denn nur so könnt ihr mit allen anderen Christen das ganze Ausmaß dieser Liebe erfahren, die wir doch mit unserem Verstand niemals fassen können. Dann wird diese göttliche Liebe euch immer mehr erfüllen.

EPHESER 3,17-19

Vor einiger Zeit ging mein Mann mit einem guten Freund zusammen frühstücken. Sein Freund fragte ihn: „Was denkst du, worüber wir am meisten erstaunt sein werden, wenn wir in den Himmel kommen?" Mein Mann überlegte eine Weile, und dann meinte er: „Ich glaube, wir werden überrascht sein, wie tief Gottes Liebe zu uns ist."

In dem Bibeltext, der über dem heutigen Tag steht, betet Paulus, dass die Christen in Ephesus Gottes Liebe begreifen – in ihrer ganzen Breite, Länge, Höhe und Tiefe. Paulus will, dass wir nicht nur eine intellektuelle Vorstellung davon haben, dass Gott uns liebt, sondern dass wir diese Liebe wirklich auch erleben. Und doch sagt er uns, dass die Liebe Christi so groß ist, dass wir sie nie völlig begreifen werden. Zum Glück können wir sie erleben, auch wenn wir sie nicht ganz verstehen ...

Wenn man am Meer sitzt, gelingt es einem am besten, sich eine ganz kleine Vorstellung davon zu machen, wie überwältigend und unfassbar Gottes Liebe ist. Wir können uns anstrengen und so weit nach links, nach rechts und geradeaus schauen, wie wir wollen – es ist einfach kein Ende in Sicht. Was für ein wunderbares Bild dafür, wie weit Gottes Liebe reicht.

In einem modernen Lied von Lothar Kosse wird das so ausgedrückt:

So weit, so klar, so tief und so nah,
im Strom der Gnade schwimme ich,
und deine Liebe strömt durch mich.
So weit, so klar, so tief und so nah,
so wie ein grenzenloses Meer
ist deine Güte um mich her.

Vater, bitte füll uns mit dieser Liebe ganz aus, die so unbegreiflich tief und weit ist, sodass wir für Dich ein erfülltes Leben führen können. Amen.

19. FEBRUAR

Licht

Früher habt auch ihr in Dunkelheit gelebt; aber heute ist das anders: Durch den Herrn seid ihr im Licht. Darum lebt nun auch wie Kinder des Lichts! Ein solches Leben führt zu aufrichtiger Güte, Gerechtigkeit und Wahrheit. Prüft in allem, was ihr tut, ob es Gott gefällt. Lasst euch auf keine finsteren Machenschaften ein, die keine gute Frucht hervorbringen; im Gegenteil, helft sie aufzudecken. Denn was manche im Verborgenen treiben, ist so abscheulich, dass man nicht einmal davon reden soll. Doch wenn das Licht Gottes auf diese Dinge fällt, werden sie erst richtig sichtbar. Was Gott ans Licht bringt, wird hell. Deshalb heißt es auch: „Erwache aus deinem Schlaf! Erhebe dich von den Toten! Und Christus wird dein Licht sein."

EPHESER 5,8-14

Stellen Sie sich einen Moment lang den Gegensatz zwischen einem sonnigen Tag am Strand und einem Tag vor, an dem Sie in irgendwelchen finsteren unterirdischen Höhlen herumkriechen. Gottes Wort lehrt uns, dass das Leben eines Christen sich so sehr von dem eines Nichtchristen unterscheiden soll wie Licht von Dunkelheit.

Jesus ist unsere „Lichtquelle", wie er das in Johannes 8,12 ausgedrückt hat: „Ich bin das Licht der Welt." Dieses Bild zieht sich durch das ganze Neue Testament, und so werden treue Nachfolger Christi in Epheser 5,8 „Kinder des Lichts" genannt. Gott behandelt uns immer so, wie es unserer Stellung vor ihm entspricht. Er sieht es so, dass wir früher im Dunkeln herumgetappt sind, jetzt aber, durch unseren Glauben an Christus, ans Licht gekommen sind. Die Stellung, die wir durch Christus vor Gott einnehmen, bildet die Grundlage für unser Verhalten. Während die Dunkelheit Sünde hervorbringt, ruft das Licht Gottes „Güte, Gerechtigkeit und Wahrheit" hervor. Unseren Kindern ist schon klar, dass wir nicht vollkommen sind, aber wenn wir Mütter Kinder des Lichts sind, werden *unsere* Kinder die Auswirkungen davon in uns sehen.

Gott des Lichts, bitte scheine auch in unsere Herzen hinein. Wir wollen Dir nachfolgen. Amen.

20. FEBRUAR

Licht

Ein andermal sagte Jesus zu den Menschen, die ihm zuhörten:
„Ich bin das Licht für die Welt. Wer mir nachfolgt, wird nicht mehr in der Dunkelheit umherirren, sondern folgt dem Licht, das ihn zum Leben führt."

JOHANNES 8,12

Kürzlich habe ich im Fernsehen einen Sportkanal eingeschaltet, auf dem gerade Abfahrtski gezeigt wurde. Ich genoss den Anblick der bunten Skifahrer, die vor dem Hintergrund der weißen Hügel ins Tal flitzten. Während eines Rennens wurde auf dem Bildschirm plötzlich alles grau und ich sah gar nichts. Dann war irgendetwas zu erkennen, aber nur sehr verschwommen. Zehn oder fünfzehn Sekunden später war alles wieder klar und deutlich sichtbar. Der Kommentator erklärte, was passiert war: Der Skifahrer hatte seine Abfahrt in der Sonne begonnen, war dann in einen Streifen dichten Nebels geraten und von dort in einen leichten Dunst, und dann war er wieder in der Sonne aufgetaucht. Sie können sich wahrscheinlich vorstellen, dass ich von der Abfahrt am meisten hatte, wo ich sie deutlich sehen konnte.

Mit unserem Leben ist es ganz ähnlich. Sünde führt dazu, dass alles verschwimmt und im dunklen Nebel ganz undeutlich wird. Wir brauchen Jesus, um den Nebel zu lichten und die Dunkelheit zu vertreiben. Erst dann können wir wieder klar sehen, wo es langgeht. Wir finden keine gut ausgeleuchtete Strecke, wenn wir strengen Regeln gehorchen – wir kommen weiter, wenn wir einfach Jesus folgen. Je mehr Zeit wir mit Gottes Wort verbringen und ihn kennenzulernen versuchen, desto mehr Licht wird auch in unseren Herzen scheinen.

Wenn Licht ein bestimmtes Material – Glas zum Beispiel – leicht durchdringt, nennen wir dieses Material *transparent*. Andere Materialien – wie Wachspapier – lassen nur ein bisschen Licht durch, sie sind, um es mit einem Fachwort auszudrücken, *translucent*. Und dann gibt es Stoffe – Ziegelsteine oder Stahltüren –, die absolut lichtundurchlässig, *opak*, sind. Als gläubige Mütter sollten wir transparent sein – und wir können es, wenn wir Jesus ganz konsequent nachfolgen. Wenn wir nahe bei ihm bleiben, scheint sein Licht durch uns hindurch und strahlt auch auf die Menschen um uns herum ab.

Vater, hilf uns, Dir so nah auf den Fersen zu sein, dass Dein Licht uns ausfüllt. Lass es durch uns hindurch auf unsere Kinder strahlen. Amen.

21. FEBRUAR

Licht

Das Auge gibt dir Licht. Wenn deine Augen klar sehen, wirst du dich überall sicher bewegen können. Wenn du aber schlecht siehst, tappst du unsicher umher.

LUKAS 11,34

Das menschliche Auge ist die komplizierteste Kamera, die je entwickelt wurde. Unser Schöpfer hat uns in seiner Barmherzigkeit Augen geschenkt, und wir haben nie etwas dafür zahlen müssen. Um uns herum trifft überall Licht auf alle möglichen Leute und Gegenstände, aber wir könnten nichts davon erkennen, wenn unsere Augen dieses Licht nicht so brechen könnten, dass Bilder daraus entstehen.

Wenn ein Lichtstrahl das Auge trifft, fällt er zunächst auf die Hornhaut. Dort wird er gebrochen und durch die Pupille und Regenbogenhaut (Iris) hindurch an die Linse weitergeleitet. Die Linse passt sich so an, dass die Muster, die das Licht wirft, richtig auf der Netzhaut abgebildet werden. Von dort aus leiten Sehnerven das Bild zum Hirn weiter. Das Gehirn schließlich entschlüsselt die Bilder wieder, sodass wir wissen, was wir sehen. Gott hat uns unglaublich komplex geschaffen!

Genau wie unser Körper ganz von Licht umgeben ist, ist unsere Seele auch ganz von Gottes Licht eingehüllt. Aber bevor es uns verändern kann, muss es erst Eingang in unser Leben finden. In Psalm 119,130 heißt es: „Im Leben eines Menschen wird es hell, wenn er anfängt, dein Wort zu verstehen. Wer bisher gedankenlos durchs Leben ging, der wird jetzt klug."

Gerade weil unsere Augen alles, was sich um sie herum befindet, aufnehmen, müssen wir darauf achten, was wir uns genauer ansehen wollen, und uns Müttern ist es natürlich auch wichtig, dass unsere Kinder nicht alles zu sehen bekommen. Es ist unsere Aufgabe, für sie „vorzufiltern" und das Nützliche und Gesunde vom Zerstörerischen und Schädlichen zu trennen. Und was unsere eigenen Augen betrifft, so tun wir gut daran, sie jeden Tag Gottes Wort sehen und lesen zu lassen. Nur das Wort Gottes, wie es vom Heiligen Geist benutzt wird, kann das Licht Jesu so „brechen", dass es in unsere Herzen fällt.

Licht der Welt, danke, dass Dein Licht jederzeit scheint und uns immer wieder neu Erkenntnis und Verständnis schenkt. Hilf uns, unsere Augen abzuwenden von allem, was uns schadet und von Dir wegbringt, und lass uns viel Zeit mit Deinem Wort verbringen. Schenk, dass es in uns Raum findet und uns von innen heraus verändert. Amen.

22. FEBRUAR

Licht

Wünschte ich mir: „Völlige Dunkelheit soll mich umhüllen, das Licht um mich her soll zur Nacht werden!" – für dich ist auch das Dunkel nicht finster; die Nacht scheint so hell wie der Tag und die Finsternis so strahlend wie das Licht.

PSALM 139,11-12

Eines der Ereignisse aus meiner Kindheit, an die ich mich noch gut und gerne zurückerinnere, ist ein Urlaub am Lake Nebagamon in Wisconsin. Wir brachten dort eine Woche zu, und die Höhepunkte waren ein Besuch in einer berühmten Eisdiele und ein Trip zur städtischen Mülldeponie. „Zu einer Mülldeponie?" Sie fragen sich wahrscheinlich gerade, ob Sie richtig gelesen haben. „Was soll denn schon so Besonderes an einer Mülldeponie sein?"

Auf der Mülldeponie war die Wahrscheinlichkeit ziemlich groß, dass man Bären zu Gesicht bekam. Wir fuhren nach Einbruch der Dunkelheit zur Deponie und parkten ein paar Meter vor dem Tor, schalteten die Scheinwerfer aus und lauschten auf alles, was sich auch nur im Entferntesten nach Bär anhörte. Wenn wir irgendwo ein Rascheln oder Klappern hörten, schalteten wir schnell die Scheinwerfer an, damit wir sehen konnten, was da war. Meistens erwischten wir mit unserem Scheinwerferlicht nur ein paar Waschbären, aber manchmal bekamen wir tatsächlich Bären zu sehen. War das eine Aufregung! Solange es dunkel war, hatten wir keine Ahnung, was wir da hörten, aber sobald die Scheinwerfer unseres Wagens eingeschaltet waren, konnten wir die Tiere sehen. Das Licht brachte alles klar zutage.

Auf dieser Erde erleben wir beides – Licht und Dunkelheit, je nachdem, welche Tages- und Jahreszeit es gerade ist. Aber bei Gott ist es nie dunkel. Er wohnt im Licht und sieht uns immer und überall, egal, was wir gerade tun. Und er sieht uns nicht nur, sondern weiß auch ganz genau, wie es in uns aussieht. Seine „Scheinwerfer" sind sozusagen immer angeschaltet, weil er das Licht *ist*. Was für ein tröstlicher Gedanke ist es – gerade auch für unsere Kinder –, dass Gott uns nie aus den Augen verlieren kann.

Vater, danke für die Sicherheit, die Dein Licht in unser Leben bringt. Amen.

23. FEBRUAR

Licht

Man zündet ja auch keine Lampe an und deckt sie dann zu. Im Gegenteil: Man stellt sie so auf, dass sie allen im Haus Licht gibt. Genauso soll euer Licht vor allen Menschen leuchten. An euren Taten sollen sie euren Vater im Himmel erkennen und ihn auch ehren.

MATTHÄUS 5,15-16

Kent Hughes, mein Pastor, hatte einmal auf dem Flug von einer Konferenz zurück nach Chicago ein ganz interessantes Erlebnis. Er hatte die ganze Woche über viel zu tun gehabt und freute sich deshalb schon auf den Flug. Er wollte gerne die *Briefe an Malcolm* von C. S. Lewis lesen, aber bevor er ins Flugzeug stieg, betete er doch noch: „Herr, wenn du willst, dass ich mit irgendjemandem über dich spreche, will ich mich gerne von dir gebrauchen lassen." Der Sitz neben ihm war schon belegt, und zwar von einem jungen Mann, der ein Buch von Issac Asimov las. Pastor Hughes zog sein eigenes Buch aus der Tasche und fragte mehr aus Höflichkeit: „Ist das Buch gut?" Und das Ergebnis? Er merkte nicht einmal mehr, als der Jet abhob, und das Essen, das unterwegs gereicht wurde, verpasste er auch. Er konnte diesem jungen Mann von Jesus erzählen, und hinterher wurde ihm klar, dass ihm ein Flug nach Chicago noch nie so kurz vorgekommen war. Er war so beschäftigt mit diesem Gespräch, das vom Himmel aus arrangiert worden war, dass er sein Buch glatt im Flugzeug liegen ließ.

Es ist oft nicht besonders bequem oder leicht, ein Licht für Jesus zu sein. Johannes der Täufer war ein gutes Beispiel dafür. Sein Auftrag war es, die Menschen auf Jesus Christus hinzuweisen und ihnen zu sagen, dass das Licht in die Welt gekommen war. Johannes der Täufer lehrte seine Zuhörer drei ganz wichtige Dinge (sie werden im Johannesevangelium entweder zitiert oder implizit vorausgesetzt), und wir sollten uns diese Dinge auch immer wieder bewusst machen, wenn wir von Jesus zeugen wollen:

1. Jesus ist ewig (Johannes 1,15)
2. Jesus ist voller Gnade und Wahrheit (Johannes 1,16-17)
3. Jesus ist der Weg zu Gott (Johannes 1,18)

Der Schwerpunkt muss dabei immer auf der Person liegen: Jesus.

Vater, lass uns Dein Wort immer mit Ausdauer studieren, damit wir Dich immer besser kennenlernen. Hilf uns, an Deinem Licht und Deiner Wahrheit auch Leuten Anteil zu geben, die Dich noch nicht kennen. Amen.

24. FEBRUAR

Licht

Diesen kostbaren Schatz tragen wir allerdings in einem zerbrechlichen Gefäß. Denn so wird jeder erkennen, dass die außerordentliche Kraft, die in uns wirkt, von Gott kommt und nicht von uns selbst.

2. KORINTHER 4,7

Man kann sehr schnell dem Irrtum verfallen, dass man stark sein muss, um das Licht Christi weitergeben zu können. Aber Gottes Wort sagt uns etwas anderes. Nämlich dass seine Stärke in unserer Schwachheit erst vollkommen ist. (vgl. 2. Korinther 12,9) Vielleicht ist sie auf diese Weise einfach deutlicher sichtbar. In ihrem Buch *A True Woman* erzählt Susan Hunt eine Geschichte, die dieses Prinzip gut untermalt.

Susan hatte eine Freundin, Sharon, die an Krebs erkrankte. Ihre Reaktion war: „Ich bin überzeugt, dass Gott diese Krankheit nutzen wird, um mir seine Liebe noch deutlicher zu zeigen." Susan sah ihre Freundin dann erst wieder, nachdem sie ihre Operation und eine ganze Serie von Chemotherapien hinter sich hatte. Sie war überrascht über das Bild, das sich ihr bot. Sharon war dünner und sie hatte keine Haare mehr, aber es war erstaunlich, wie sehr Sharon voller Frieden und Liebe von innen heraus zu leuchten schien. Sie strahlte regelrecht. Susan meinte: „Sharon, du scheinst ja eine unglaublich gute Zeit mit Gott hinter dir zu haben." Mitten in Sharons größter Schwäche kam Gottes Herrlichkeit zum Vorschein.

Wenn unsere schwachen Körper Gottes Tempel sind und er in uns lebt, wird seine Stärke in unseren Lebensumständen und Beziehungen immer wieder sichtbar. Und wenn wir Zeit mit Gott verbringen, dringt das Licht seiner Gegenwart auch zu den Menschen um uns herum durch.

Gott, Du bist das Licht und bei Dir ist alle Macht. Danke, dass es uns nie peinlich sein muss, wenn es uns an Stärke, Gesundheit, Wohlstand oder Intelligenz fehlt. Danke, dass Dein Licht gerade auch durch unsere schwachen, vergänglichen Körper hindurchscheint. Amen.

25. FEBRUAR

Licht

Herr, du machst die Finsternis um mich hell,
du gibst mir strahlendes Licht.

PSALM 18,29

Eine Wanderung in einer riesigen, dunklen Höhle klingt doch genau wie das Abenteuer, das man als Eltern seinen drei Söhnen im Grundschulalter bieten möchte, oder? Zumindest dachten sich das meine Freundin Cindy und ihr Mann. Sie waren auf der Durchreise von Florida zurück nach Hause. In Kentucky sahen sie Hinweisschilder, die zu Rundgängen in verschiedenen Höhlen einluden, und so legten sie eine Pause ein, um einen solchen Rundgang mitmachen zu können.

Sie mussten eine Weile warten, konnten sich dann aber einer größeren Gruppe anschließen. Sie gingen alle dem Führer hinterher, der ihnen voran in die Höhle hinunterstieg. Er hatte als Einziger eine Laterne, und als er zu erzählen begann, wie leicht man in einer solchen Höhle die Orientierung verlieren oder sich verlaufen konnte, bekam einer von Cindys Söhnen Angst. Der Führer kündigte dann an, dass er die Laterne einen Moment ausschalten würde, damit alle merken konnten, wie dunkel es wirklich war, und Cindys Sohn geriet total in Panik. Das Licht ging aus und der Junge schrie nach seinem Vater und griff in der Dunkelheit wild um sich, um wenigstens einen Ärmel oder ein Hosenbein zu erwischen.

Zum Glück ging das Licht bald wieder an und der Junge war zutiefst erleichtert. Sie wurden wieder aus der Höhle geleitet und die Sonne erschien Cindys Sohn heller und freundlicher als alles, was er bis dahin gesehen hatte.

Manchmal bekommen wir Angst, wenn wir in einer Depression festsitzen, in unserer Ehe an einem toten Punkt angekommen sind oder einen Umzug in eine völlig fremde Stadt vor uns haben. Wenn wir dann nach unserem himmlischen Vater rufen und uns an ihm festzuhalten versuchen, ist das das Beste, das wir machen können. Und selbst wenn wir ihn nicht spüren können, dürfen wir wissen, dass er trotzdem da ist. Und er hat uns sein Versprechen gegeben, dass die Dunkelheit eines Tages vergangen sein wird. Wir werden ewig mit ihm im hellen Licht leben, weil er das wahre Licht ist.

Vater, manchmal kommt unser Leben uns so finster vor, als steckten wir in einer Höhle fest. Wir danken Dir umso mehr für Deine Zusage, dass Du mit Deinem Licht und Deiner Gegenwart da sein willst. Hilf uns, nach Dir zu greifen und uns an Dir festzuhalten. Amen.

26. FEBRUAR

Ausdauer

Wie wichtig es ist, Gott so lange zu bitten, bis er antwortet, machte Jesus durch ein Gleichnis deutlich: „In einer Stadt lebte ein Richter, der weder Gott noch Menschen fürchtete. Tag für Tag bestürmte ihn eine Witwe mit ihrer Not: ‚Verhilf mir doch endlich zu meinem Recht!' Immer wieder stieß sie bei ihm auf taube Ohren, aber schließlich verlor er die Geduld. ‚Mir sind zwar Gott und die Menschen gleichgültig, aber diese Frau macht mich noch verrückt', sagte er sich. ‚Wenn sie nicht ihr Recht bekommt, wird sie am Ende noch handgreiflich.'"

LUKAS 18,1-5

Obwohl dem Richter in diesem Gleichnis völlig egal war, in was für einer Situation die Witwe steckte, suchte sie ihn doch immer wieder im Gericht auf. Sie wollte nicht, dass der Mensch, der sie unterdrückte, bestraft wurde, und sie wollte keine Rache – ihr ging es einfach nur um Gerechtigkeit. Wenn sie nicht so viel Ausdauer bewiesen hätte, hätte der Richter möglicherweise nie nachgegeben und ihr zu ihrem Recht verholfen. Aber weil er ihre Besuche lästig und ermüdend fand, nahm er sich ihres Falles schließlich doch an. Mütter verstehen diese Art Anliegen nur zu gut.

Unmittelbar im Anschluss an dieses Gleichnis weist Jesus noch einmal ausdrücklich darauf hin, dass ein großer Unterschied zwischen dem ungerechten Richter in diesem Gleichnis und unserem gerechten und barmherzigen Gott besteht. Wenn ein gottloser Richter einer Bittstellerin schon aus dem nicht besonders reinen Motiv heraus, dass er sie endlich los sein will, ihre Bitte erfüllt, können wir uns umso mehr darauf verlassen, dass ein Gott, der voller Gnade und Wahrheit ist, die Gebete seiner Kinder hört.

Der Schwerpunkt in diesem Gleichnis liegt nicht darauf, dass wir Gott mit unseren Anliegen so lange auf die Nerven gehen sollen, bis er endlich nachgibt. Viel entscheidender ist, dass uns hier versichert wird, dass Gott sich um seine Kinder kümmert. Irgendjemand hat einmal gesagt: „Der Zweck des Gebets ist nicht, dass unser Wille im Himmel getan wird, sondern dass Gottes Wille auf Erden getan wird." Und deswegen ist es gut, mit Ausdauer zu beten – wenn wir gleichzeitig nur immer bereit bleiben, uns Gottes Willen unterzuordnen und nicht unsere eigenen Vorstellungen zu verwirklichen.

Gott, danke für die Gleichnisse im Neuen Testament, die uns helfen zu verstehen, wie sehr Du uns liebst. Hilf uns, diese Liebe immer besser zu verstehen und mit unseren Bedürfnissen und Anliegen immer wieder zu Dir zu kommen. Und gib uns Ausdauer im Gebet und im Glauben. Amen.

27. FEBRUAR

Ausdauer

Im Vertrauen auf Gott verließ [Mose] später Ägypten,
ohne den Zorn des Königs zu fürchten. Er rechnete so fest mit Gott,
als könnte er ihn sehen. Deshalb gab er nicht auf.

HEBRÄER 11,27

Manchmal denken wir, wenn wir das Wort „Ausdauer" hören, an Leute, die die Zähne zusammenbeißen und verbissen irgendetwas tun. Und es stimmt auch, dass ein Mensch mit Ausdauer nicht aufgibt und dass wir ohne Eifer und Ausdauer unsere Ziele nicht erreichen und unseren Glauben nicht konsequent leben können. Aber allzu oft handeln wir, als ob die ganze Kraft, in schwierigen Situationen durchzuhalten, aus uns selbst kommen muss. Es ist außerordentlich ermutigend, wenn wir uns ins Gedächtnis rufen, dass nicht *in uns* die einzige Quelle für Ausdauer liegt.

Ein kleiner Junge versuchte einmal den Deckel eines Marmeladenglases abzuschrauben. Er ächzte und stöhnte vor lauter Anstrengung, konnte ihn aber keinen Millimeter bewegen. Seine Mutter, die das beobachtete, lächelte und sagte: „Setzt du deine ganze Kraft ein?"

„Ja, Mama, ich mach alles, was ich kann!"

„Das glaube ich nicht", erwiderte seine Mutter, „denn du hast mich noch gar nicht gefragt, ob ich dir helfe. Ich bin doch deine Mutter, und ich gebe dir gerne etwas von meiner Kraft ab."

Wir sind manchmal wie dieser kleine Junge. Aber wenn uns bewusst wird, wie klein wir sind und wie groß Gott ist, lässt uns das wieder neu zu ihm hinrennen. Und wenn wir das tun, erfahren wir auch etwas von Gottes Kraft in unserem Leben. Mose konnte sich noch an den Gott erinnern, der aus dem brennenden Dornbusch zu ihm gesprochen hatte. Und er erinnerte sich auch an den Gott, der einen Stab in eine Schlange verwandeln konnte. Als es endlich so weit war und er sich vor die schwierige Aufgabe gestellt sah, sein Volk aus Ägypten zu führen, rechnete er fest mit Gott.

Vater, hab Dank für Deine große Kraft. Hilf uns, in Schwierigkeiten auf Dich zu schauen und durchzuhalten. Und lass durch unser Vorbild auch unsere Kinder begreifen, dass Du Kraft geben kannst. Amen.

28. FEBRUAR

Ausdauer

Lasst also nicht nach in euerm Bemühen, Gutes zu tun.
Es kommt eine Zeit, in der ihr eine reiche Ernte einbringen werdet.
Gebt nur nicht vorher auf!

GALATER 6,9

Ich kann mich noch erinnern, wie oft ich mich als Mutter hoffnungslos überfordert fühlte, als meine Kinder noch kleiner waren. Ich ging am Abend den Tag noch einmal gedanklich durch und dabei kamen mir all die Situationen wieder in den Sinn, bei denen ich nicht genug Geduld gehabt hatte. Manchmal fielen mir Gelegenheiten ein, bei denen ich eigentlich alles hätte stehen und liegen lassen müssen, um mit den Kindern einfach nur zu spielen. Oft fiel ich ins Bett und schon der bloße Gedanke, dass ich am nächsten Morgen wieder mit einem quengeligen Baby aufwachen würde, nahm mir den Mut. Ich wusste einfach nicht, woher ich die Kraft für einen weiteren Tag nehmen sollte.

Ausdauer ist, was uns weitermachen lässt, wenn wir eigentlich aufgeben möchten. Die Bibel verspricht uns auch eine Belohnung dafür – oder, wie es Galater 6,9 ausdrückt, eine „reiche Ernte".

Eine der „Belohnungen", die ich schon diesseits des Himmels bekommen habe, ist die Freude, dass meine Söhne immer reifere Christen wurden. Aber die langfristige Belohnung kommt erst noch, wenn ich – zusammen mit meinen Söhnen – im Himmel begreife, was es heißt, ewig bei Christus zu sein. Wir werden eines Tages mit ihm leben, und ich möchte so gerne, dass wir die Frucht unserer Bemühungen auch genießen können.

Corrie ten Boom, die im Zweiten Weltkrieg während der Besetzung Hollands in ihrem Haus Juden vor den Nazis versteckte, hatte jede Menge Gelegenheiten, Ausdauer zu lernen. Sie wurde in ein Konzentrationslager gebracht, und ganz oft stand sie kurz davor, die Hoffnung zu verlieren. Aber letztlich kam es doch nie dazu. Einmal berichtete sie über diese Zeit: „Wenn ein Zug in einen Tunnel fährt und plötzlich alles dunkel wird, wirft man ja schließlich auch nicht seine Fahrkarte weg und springt ab. Man bleibt einfach still sitzen und vertraut drauf, dass der Lokführer schon weiß, was er tut."

Wenn ich heute zurückblicke, bin ich natürlich froh und dankbar, nicht aufgegeben zu haben, als meine Kinder damals im Säuglings- und Kleinkindalter waren. Das waren schwierige Jahre – für mich als Mutter definitiv die schwierigsten –, aber inzwischen beginne ich schon ein Stück weit die Ernte einzufahren.

Vater, Herr der Ernte, bitte hilf uns, durchzuhalten und gute Saat zu setzen, damit wir eines Tages eine Ernte des Segens einholen können. Amen.

1. MÄRZ

Ausdauer

Solche Menschen sind wirklich glücklich zu nennen,
die so standhaft waren und Gott treu geblieben sind!

JAKOBUS 5,11a

Macht eines Ihrer Kinder gerade körperlich oder seelisch eine schwierige Zeit durch? Stecken Sie finanziell in Schwierigkeiten? Haben Sie manchmal auch keinen anderen Wunsch mehr, als das Handtuch zu werfen? Wenn wir Leid erfahren – vor allem über einen längeren Zeitraum hinweg –, macht uns das müde und fordert uns radikal heraus, einen veränderten Blick auf unsere Wirklichkeit zu werfen.

Ein Pastor bemerkte einmal, dass unsere Charakterbildung und auch unsere Wertvorstellungen weitgehend davon abhängen, wie viel Leid wir erleben: „Als Kinder Gottes vertrauen wir Gott selten so sehr, wie wir es in besonders schwierigen Zeiten tun. Schwierigkeiten schieben alles aus unserem Blickfeld, das nur nebensächlich ist. Und sie helfen uns, uns ganz neu an Gott auszurichten und uns an ihm festzuhalten."

Einige der schweren Erfahrungen meines Lebens haben mir ganz neue Möglichkeiten eröffnet, Gott zu dienen – Möglichkeiten, die ich nicht gehabt hätte, wenn ich nicht die Schwierigkeiten hätte – so kläglich meine Ausdauer in dem Moment auch war. Heute kann ich, wenn ich zurückschaue, in vielen Fällen erkennen, welche Pläne Gott mit mir hatte. Andere Leiderfahrungen ergeben für mich auch im Nachhinein keinen Sinn. Wenn mir all die ungelösten Fragen in den Sinn kommen, schaue ich mir in der Bibel das Leben von Menschen wie Hiob, Josef, Daniel oder Hanna an und finde dabei Trost. All diese Leute warteten und hielten durch, und Gott segnete sie dafür. Wir halten sie heute in Ehren und erzählen ihre Geschichten unseren Kindern. Dabei wird uns auch bewusst, dass viele von ihnen über weite Teile ihres Lebens, als es wirklich schwer für sie wurde, nicht besonders hoch angesehen wurden.

Wenn alles um uns herum schiefgeht und wir Leid erfahren, bekommen wir nicht immer eine Antwort auf die Frage nach dem Warum. Aber wir wissen, an wen wir uns wenden können, wenn wir Kraft zum Durchhalten brauchen.

Gott, wohin können wir schon gehen, wenn um uns herum alles zerfällt? Zu Dir! Hilf uns bitte, Dir mehr zu vertrauen, Dir näherzukommen und die Gemeinschaft mit Dir zu suchen, sodass wir weitermachen können und nicht aufgeben. Amen.

2. MÄRZ

Ausdauer

Denkt doch nur an Hiob! Ihr habt alle schon gehört, wie geduldig er sein Leiden ertragen hat. Und ihr wisst, dass Gott in seiner Barmherzigkeit und Liebe alles zu einem guten Ende führte.

JAKOBUS 5,11b

Können Sie sich vorstellen, wie es sein muss, zehn Kinder zu haben und sie alle am gleichen Tag zu verlieren? Hiob hat das erlebt.

Hiob war in jeder Hinsicht ein wohlhabender Mann. Er war reich und gesund, und er ehrte Gott. Satan ging davon aus, dass Hiob sich nur an Gott hielt, solange es ihm gut ging, und so erlaubte Gott, dass Hiobs Glaube einer kritischen Prüfung unterzogen wurde. Eine Katastrophe nach der anderen brach über ihn herein. Er verlor seine Kinder, sein Vieh, seine Diener und all seinen Besitz. Und doch heißt es: „Obwohl dieses Leid über ihn hereinbrach, versündigte Hiob sich nicht. Kein böses Wort gegen Gott kam über seine Lippen." (Hiob 1,22)

Es schien kaum vorstellbar, dass es noch schlimmer kommen konnte, aber genau das geschah. Gott ließ zu, dass Hiob von Kopf bis Fuß schmerzhafte Geschwüre bekam, aber selbst als Hiobs Frau ihn beschwor, seinen Glauben endlich aufzugeben, gab Hiob zur Antwort: „Das Gute haben wir von Gott angenommen, sollten wir dann nicht auch das Unheil annehmen?" (Hiob 2,10)

Was Satan hier von Hiob (und eigentlich von uns allen) behauptete, war letztlich, dass er Gott nicht einfach nur diente, weil er Gott war, sondern weil er sich davon Vorteile versprach. Aber auch als Hiob alles verloren hatte, lobte er Gott: „Nackt bin ich zur Welt gekommen, und nackt verlasse ich sie wieder. Herr, du hast mir alles gegeben, du hast mir alles genommen, dich will ich preisen!" (Hiob 1,21)

Am Ende segnete Gott Hiob mit geistlicher Demut und Reichtum in allen Lebensbereichen, der seinen ersten Wohlstand noch bei weitem übertraf. Aber mitten im schwersten Leid behielt Hiob seinen Glauben – auch wenn er nie erfuhr, warum ihm das alles zugestoßen war.

Vater, Du weißt, wie schwach wir sind. Selbst wenn wir durchhalten, kommen wir, genau wie Hiob, oft nicht ohne Tränen und viele Fragen aus. Bitte hilf uns zu sehen, dass die Schwierigkeiten und Nöte, die wir jetzt erleben, nur Teil eines größeren Plans sind, den wir nicht immer verstehen. Hilf uns, Deine Gnade und Dein Mitgefühl auch dann zu sehen, wenn wir durch schwere Zeiten gehen. Amen.

3. MÄRZ

Ausdauer

Denn nur wenn wir wirklich bis zuletzt im Glauben fest bleiben, gehören wir zu Christus. Darum gilt: „Wenn ihr heute seine Worte hört, dann verschließt eure Herzen nicht wie das Volk Israel, als es sich gegen Gott auflehnte."

HEBRÄER 3,14-15

Ich bin nicht besonders sportbegeistert, aber ich kann mich noch gut an eine Basketball-Saison vor einigen Jahren erinnern. Ich fand es spannend, die Chicago Bulls ständig gewinnen zu sehen. Und wer wäre von der Entschlossenheit und Energie des Teams nicht beeindruckt gewesen, das vom damals besten Spieler der Welt, Michael Jordan, zusammengehalten wurde. In einem besonders denkwürdigen Spiel war Jordan krank. Was mich besonders erstaunte, war, dass er sich nicht nur irgendwie aufs Feld schleppte, sondern das Spiel sogar für seine Mannschaft entschied.

Den Kindern Israel fehlte es oft an Ausdauer und Durchhaltevermögen. Nachdem Gott sie aus Ägypten befreit und ihnen auf wundersame Weise den Weg ins verheißene Land bereitet hatte, bekamen sie Angst, als sie von den „Riesen des Landes" hörten, die es noch zu besiegen galt. Sie vergaßen schnell, dass Gott bei ihnen war. Gott hatte ihre Feinde immer und immer wieder überwunden, und nichts sprach dagegen, dass er es auch diesmal tun würde. Und trotzdem hielten sie ihren Glauben nicht durch.

Manchmal geht es uns – und auch unseren Kindern – so, dass es uns bei unwichtigeren Dingen des Lebens, beim Basketball oder anderen Sportarten, bei unseren Hobbys, gar nicht so schwerfällt ausdauernd zu sein. Aber wir übersehen dabei allzu leicht den Bereich, in dem Ausdauer am meisten nötig ist – unser Glaubensleben. Aber der Preis, der uns dafür winkt, ist viel wertvoller als eine Medaille und ein Platz auf dem Siegertreppchen. Wir werden an allem Anteil haben, was Christus besitzt.

Herr, gewähre uns heute die Gnade, in unserem Glauben stark zu sein. Hilf uns zu sehen, wie wichtig wir Dir sind. Lass uns immer das Gute sehen, das Du mit unserem Leben vorhast, wenn wir Dir nur vertrauen wollen. Amen.

4. MÄRZ

Ausdauer

Deshalb seid vorsichtig! Gerade wenn jemand denkt: „So etwas kann mir doch nicht passieren!", muss er besonders aufpassen. Das, was eurem Glauben bisher zugemutet wurde, überstieg nicht eure Kraft. Gott steht zu euch. Er lässt nicht zu, dass ihr in der Versuchung zugrunde geht. Wenn euer Glaube auf die Probe gestellt wird, schafft Gott auch die Möglichkeit, sie zu bestehen.

1. KORINTHER 10,12-13

Es ist so tröstlich zu sehen, dass es keine Sünde ist, wenn man in Versuchung gerät. Immerhin ist selbst Jesus versucht worden. (vgl. Matthäus 4,1-11) Aber unser geistlicher Zustand lässt sich daran ablesen, wie wir auf eine Versuchung reagieren.

Wenn wir mit „handfesten" sexuellen Versuchungen zu kämpfen haben, ist der Ausweg schon vorbereitet. Gott hat uns alles gegeben, was wir brauchen: zwei Beine zum Laufen. Als Josef mitbekam, dass Potiphars Frau ihn verführen wollte, flüchtete er. In 1. Korinther 6,18 lesen wir: „Flieht die Hurerei!" (Luther 1984) Hier wird uns nicht gesagt, dass wir kämpfen sollen – wir sollen fliehen.

Je mehr wir Gott in unserem Leben erfahren, desto mehr nimmt unser Bedürfnis nach weltlicher Ersatzbefriedigung ab.

Als Petrus den Auftrag Jesu in Frage stellte und sich nicht vorstellen konnte, dass Jesus sterben würde, sagte Jesus ihm klar: „Geh weg, Satan! Du willst mir eine Falle stellen. Du denkst, wie Menschen denken, und verstehst Gottes Gedanken nicht." (Matthäus 16,23)

Wenn wir in Versuchung geraten, sollen wir also nicht sein „wie der Ochse, der zum Schlachten geführt wird" oder wie „ein Vogel im Netz". (Sprüche 7,22-23) Wir können weglaufen, uns Gott zuwenden und beten.

Gott, unser Retter, danke, dass Du weißt, was Versuchung ist, weil Du selbst auf dieser Erde gelebt und sie am eigenen Leib erfahren hast. Danke, dass Du uns ein Beispiel hinterlassen hast, dem wir folgen können, und dass wir Deinen Geist haben, der uns zur Seite steht. Amen.

5. MÄRZ

Angst

Überlasst alle eure Sorgen Gott, denn er sorgt für euch.

1. PETRUS 5,7

Dieser Vers des ersten Petrusbriefs zählt mit zu den ersten, die ich als Kind je auswendig lernte, und ich habe ihn auch meinen Kindern schon früh beigebracht. Aber selbst wenn wir einen Vers schon seit Kindertagen *auswendig* kennen, heißt das ja noch nicht, dass wir ihn „ausprobiert" und seine Bedeutung für unser Leben wirklich begriffen haben. Gott will, dass wir alle unsere Sorge auf ihn werfen – andere Wörter wären hier Ängste, Befürchtungen, Zweifel, Verdruss, Unbehagen, Panik, Nervosität oder ein Gefühl von Unsicherheit. Diese Dinge sind uns allen nur zu gut vertraut, nicht wahr? Und vielleicht erleben Sie so etwas gerade am eigenen Leib, weil Ihr Mann seine Arbeit verloren hat, Sie selbst Mutter oder Vater zu pflegen haben oder eines Ihrer Kinder gerade auf gefährlichen Straßen unterwegs ist.

Einer der Gründe, warum Gott immer wieder zulässt, dass wir in Schwierigkeiten geraten, ist, dass er uns dann viel über den Glauben beibringen kann. Wir lesen in Markus 4, dass Jesus gerade seine Jünger gelehrt hatte, als sie alle in ein Boot stiegen und den See Genezareth zu überqueren versuchten. Prompt gerieten sie in einen Sturm. Obwohl Jesus erstens seinen Jüngern gesagt hatte, dass sie ans andere Ufer fahren würden, er zweitens bei ihnen und drittens völlig ruhig war, schrieen sie ihn immer noch an: „Herr, wir gehen unter! Merkst du das nicht?" (Vers 38) Und wir tun manchmal genau dasselbe.

Nachdem Jesus den Sturm beruhigt hatte, sprach er den Unglauben in ihren Herzen an. Jesus gaben die Probleme *in ihrem Innern* sehr viel mehr zu denken als die Probleme *um sie herum*. Und dieser Gott, der alles in den Händen hält, will, dass wir alle unsere Sorgen und Nöte auf ihn werfen, heben, schleudern, entladen, schmeißen oder schieben, weil er für uns sorgt.

Gott, der Du alles in den Händen hältst, danke, dass wir mit all unseren Sorgen und Ängsten zu Dir kommen können. Danke, dass Du unserem Schreien nicht gleichgültig gegenüberstehst, sondern Dich um uns sorgst. Amen.

6. MÄRZ
Angst

Auch wenn ich nicht bei euch bleibe, sollt ihr doch Frieden haben.
Es ist mein Friede, den ich euch gebe; ein Friede, den sonst keiner geben kann.
Seid deshalb ohne Sorge und Furcht!

JOHANNES 14,27

Jesus fordert mich auf, mir keine Sorgen zu machen, keine Angst zu haben und nicht in Panik zu geraten. Das finde ich manchmal eine ganz schöne Herausforderung. Wenn in meinem Leben oder dem anderer Familienmitglieder Unvorhergesehenes und Schwieriges geschieht, ist meine erste Reaktion oft Angst, und ich vergesse, was mir in Christus alles zur Verfügung steht.

Die Bibel lehrt uns, dass ein großer Unterschied besteht zwischen dem Frieden, den die Welt gibt, und dem Frieden, den Christus schenkt. Die Welt gründet ihren Frieden auf ihr Verhandlungsgeschick, Gottes Frieden dagegen hat mit echten Beziehungen zu tun. In der Welt kommt alles auf die Fähigkeiten an, die jemand hat, aber im Christentum kommt es darauf an, dass Christus schon alles getan hat. In der Welt ist Friede etwas, auf das man hofft und nach dem man sich sehnt, aber für den Christen ist Friede etwas, das er von Gott schon geschenkt bekommen und das er im Glauben angenommen hat. Unerlöste Menschen erleben Frieden, wenn sie gerade keine Probleme haben – Christen dagegen können Frieden gerade mitten in Schwierigkeiten und trotz aller Probleme empfinden, weil der Heilige Geist in ihnen wirkt.

Warren Wiersbe hat einmal geschrieben: „Die Menschen der Welt leben im Schauen und sind von äußerlichen Werten abhängig. Christen dagegen leben im Glauben und sind von ewigen Werten abhängig. Der Geist Gottes lehrt uns Gottes Wort und leitet uns (aber er zerrt uns nicht!) auf den Weg der Wahrheit." Mitten in schwierigen und angstmachenden Momenten muss ich zu dieser Wahrheit zurückkehren, damit ich den Blick wieder geradegerückt bekomme und Ruhe finde. Gottes Geist benutzt die ganze Bibel, um mir seinen Frieden, seine Liebe und Freude zu geben, und das beruhigt mein ängstliches Herz.

Gottes Geist und Gottes Wort bieten jeder gläubigen Mutter, die sich mit Ängsten und Sorgen herumschlägt, Hilfe und Hoffnung!

Vater, bitte vergib uns, dass wir oft so viel Angst haben. Lass uns dankbar für Deinen Geist sein, der uns Rat gibt, und für Dein Wort, das uns leitet. Hilf uns, auf Dich zu sehen, anstatt uns ganz auf Schwierigkeiten und Hindernisse zu konzentrieren. Amen.

7. MÄRZ

Angst

Was ist mit dem, der dem Herrn gehorcht?
Der Herr zeigt ihm den richtigen Weg.

PSALM 25,12

Welche Ängste plagen Sie als Mutter? Ich habe in den zwanzig Jahren, in denen ich Kinder habe, eine ganze Menge davon kennengelernt. Die erste, an die ich mich noch gut erinnern kann, ist die Frage: „Wie kann ich bloß herausfinden, wie ich mit diesem Baby umgehen soll, wenn wir aus dem Krankenhaus kommen?" Gott hat mir ganz offensichtlich geholfen, Antworten auf diese Frage zu finden, denn Chad wuchs ohne größere Probleme auf und unterrichtet im Moment an einer Schule Physik. Inzwischen muss er selbst herausfinden, wie er mit einer ganzen Klasse umgehen soll.

Als ich mit meinem zweiten Kind schwanger war, hatte ich Angst, dass ich es nicht so lieben könnte wie meinen Erstgeborenen. Darüber muss ich heute lächeln, denn sobald Nate geboren war, hatte ich für meine Ängste gar keine Zeit mehr, weil ich mit beiden Kindern alle Hände voll zu tun hatte. Beim dritten Kind befürchtete ich, dass ich nie genug Zeit haben würde, mich ihm auch einmal allein zuzuwenden. Inzwischen sind die beiden Ältesten aus dem Haus und mein Mann und ich verbringen jede Menge Zeit mit Jordan. Für ihn sind wir, wenn man es einmal aufrechnet, mehr da, als wir es für die anderen beiden je gewesen sind.

Obwohl diese Ängste, mit denen ich mich damals herumschlug, vermutlich nichts Ungewöhnliches sind, waren sie doch nicht besonders hilfreich. Nur eine Furcht „lohnt" sich wirklich – die Furcht des Herrn. Die Bibel lehrt, dass den Herrn zu fürchten nicht bedeutet, dass man Angst vor ihm hat oder ihm aus dem Weg geht. Stattdessen bedeutet es, Gott so zu sehen, wie er wirklich ist, und ihm mit Ehrerbietung und Liebe zu folgen. Gott zu fürchten beinhaltet auch, dass wir mit unseren Ängsten zu ihm kommen – mit den Ängsten wegen unserer Kinder, unserer Zeiteinteilung, unserer Männer, unserer Gesundheit, unserer Arbeit oder unseren Beziehungen. Wenn wir ihm unsere Ängste anvertrauen, merken wir, dass er uns in seiner Treue Wege aufzeigt, auf denen wir gut gehen können. Die Furcht des Herrn verändert unseren Blick auf all die anderen Ängste.

Vater, danke, dass wir mit unseren Ängsten zu Dir kommen können. Hilf uns, Dir immer die Achtung und den Gehorsam entgegenzubringen, der Dir zusteht – und gib uns einen Blick auf unser Leben, der von Dir her geprägt ist. Amen.

8. MÄRZ

Angst

Da packte Elia die Angst. Er rannte um sein Leben und floh bis nach Beerscheba ganz im Süden Judas. Dort ließ er seinen Diener, der ihn bis dahin begleitet hatte, zurück. Allein wanderte er einen Tag lang weiter bis tief in die Wüste hinein. Zuletzt ließ er sich unter einen Ginsterstrauch fallen und wünschte, tot zu sein. „Herr, ich kann nicht mehr!“, stöhnte er. „Lass mich sterben. Irgendwann wird es mich sowieso treffen, wie meine Vorfahren. Warum nicht jetzt?“

1. KÖNIGE 19,3-4

Haben Sie sich schon einmal gefragt, wie sehr sich ein Mann von einer Frau bedroht fühlen kann? Offensichtlich nicht wenig! Elia, ein Prophet des Alten Testaments, war einer der großen Glaubenshelden. In 1. Könige 18 lesen wir, wie er sich dem gottlosen König Ahab entgegenstellte, wie er um Feuer vom Himmel bat und anschließend 850 falsche Propheten hinrichten ließ. Er hatte eine Menge Glauben und erlebte unglaubliche Wunder Gottes.

Schon ein Kapitel später stoßen wir allerdings auf einen ängstlichen Elia. Königin Isebel war nicht besonders erfreut, als ihr zu Ohren kam, was aus ihren falschen Propheten geworden war, und schwor, Elia nicht ungestraft davonkommen zu lassen. Trotz des großen Sieges, den er gerade errungen hatte, floh der Prophet rund 120 km weit zur Stadt Beerscheba. Dort ließ er seinen Diener zurück, um allein in die Wüste zu gehen – als ein einsamer und verzagter Mann. Er war körperlich und emotional so erschöpft, dass er sich schlafen legte und betete, dass Gott ihn sterben ließe. Elia hatte seine Augen nicht mehr auf Gott, sondern auf sich gerichtet.

Aber wie Gott das in seiner Gnade so oft tut, beschützte er Elia auch hier und half ihm. Der Herr schickte einen Engel, der Elia Essen brachte. Dieses Essen gab ihm Kraft, bis zum Berg Horeb zu gehen, wo Gott mit ihm sprach und ihn mit einem sanften Säuseln neu an seine Macht erinnerte. Elia begriff, dass man Gott immer vertrauen kann – wenn er seine Macht sichtbar macht, aber auch, wenn nichts Großartiges zu passieren scheint.

Wovor fürchten Sie sich? Von welchen Dingen in Ihrem Leben werden Sie regelrecht überwältigt? Sie können Gott *immer* vertrauen. Alles, was wir tun müssen, ist, die Augen auf ihn gerichtet zu halten.

Gott, es ist so tröstlich zu sehen, dass auch die großen Propheten der Bibel Angst und Ernüchterung kannten. Ob unsere Ängste nun mit unseren Kindern, unseren Männern, Geldangelegenheiten oder sonst irgendetwas zusammenhängen – hilf uns, dass wir uns an Dich wenden, wenn wir uns fürchten, damit Du uns neue Kraft und neuen Mut geben kannst. Amen.

9. MÄRZ

Angst

Die Kinder aber sind wir, Menschen aus Fleisch und Blut. Christus ist nun auch ein Mensch geworden wie wir, um durch seinen Tod dem Teufel – als dem Herrscher über den Tod – die Macht zu entreißen. So hat er alle befreit, die aus Furcht vor dem Tod ihr ganzes Leben hindurch Gefangene des Teufels waren.

HEBRÄER 2,14-15

Manchmal machen wir damit Scherze, dass wir lieber sterben, als uns einer Wurzelbehandlung unterziehen wollen. Aber Todesfurcht ist sehr real, und früher oder später muss sich jeder Mensch mit ihr auseinandersetzen. Vielleicht haben Sie gerade die Nachricht erhalten, dass jemand in Ihrer Familie nur noch wenige Monate zu leben hat. Vielleicht stellt eines Ihrer Kinder gerade unbequeme Fragen über den Tod oder Sie haben gerade die Beerdigung Ihrer Mutter hinter sich.

Der Autor des Hebräerbriefs schrieb für Menschen, die vor Furcht regelrecht gelähmt waren, und er machte ihnen auf eine Weise Mut, die uns bis heute hilft. Der erste Punkt ist, dass Jesus Mensch gewesen ist wie wir. Wir sind in Adam alle miteinander verbunden. Aber genauso wie durch Adam die Sünde in die Welt gekommen ist, ist die Gerechtigkeit durch Christus in die Welt gekommen. Auch er erlebte Tod und Leid. Und wenn wir an ihn glauben, nennt er uns Brüder und Schwestern.

Zweitens starb Jesus mit einem menschlichen Körper wie unserem, blutig und zerschunden an ein Kreuz genagelt. Und er rief dort aus: „Vater, in deine Hände übergebe ich meinen Geist!" (Lukas 23,46) Bis zum letzten Atemzug machte er seine Abhängigkeit von Gott deutlich, und das sollte auch unser Denken und Handeln prägen. Auch Jesus musste seinen Glauben mitten im Leid unter Beweis stellen.

Und schließlich hat der Tod Jesu am Kreuz die Macht des Todes zerstört, und durch seine Auferstehung können wir uns sicher sein, dass wir in Ewigkeit mit ihm verbunden sein werden. Wenn wir uns all diese Wahrheiten ins Gedächtnis rufen, werden wir ermutigt und gestärkt.

Herr Jesus, danke, dass Du uns auf der Erde nicht als Waisen zurückgelassen hast. Du bist gestorben, damit wir leben können. Lass uns auf Dich sehen, denn Du bist Mensch gewesen wie wir und hast Gott doch ganz vertraut. Danke, dass wir durch Deine Auferstehung an Deinem ewigen Leben Anteil haben, auch wenn unser Körper hier eines Tages verfällt. Amen.

10. MÄRZ

Angst

Jahasiël rief: „Hört, ihr Leute von Juda, ihr Einwohner Jerusalems und du, König Joschafat! So spricht der Herr: ‚Habt keine Angst! Fürchtet euch nicht vor diesem großen Heer! Ich werde gegen sie kämpfen, nicht ihr!'"

2. CHRONIK 20,15

Joschafat, dem König von Juda, stand eine große Armee gegenüber. Die Moabiter und die Ammoniter hatten sich zusammengeschlossen. Kein Wunder, dass Joschafat es mit der Angst zu tun bekam, als er hörte, dass die feindlichen Truppen im Anmarsch waren.

Wenn wir Schwierigkeiten auf uns zukommen sehen – einen finanziellen Engpass, gesundheitliche Probleme, eine Krise in der Familie – wie reagieren wir dann? Geraten wir in Panik? Fürchten wir uns? Werden wir wütend? All das ist nur allzu menschlich, aber wenn wir diesen Reaktionen einfach nachgeben, nimmt die Verwirrung nur noch weiter zu und die Probleme scheinen uns noch mehr zu überwältigen.

Schauen Sie sich dagegen einmal an, was für weise Entscheidungen Joschafat unter diesen schwierigen Umständen traf (vgl. 2. Chronik 20,1-30):

- Er beschloss, den Herrn um Führung zu bitten.
- Er forderte die Leute auf, zu fasten und zu beten.
- Er erinnerte das ganze Volk daran, wer Gott ist und was er für sein Volk in der Vergangenheit schon getan hatte.
- Er bat Gott um Hilfe; er gab zu, dass das Volk nicht wusste, was zu tun war, und dass es sich ganz auf Gott verließ.

Durch einen Propheten ließ Gott dem Volk sagen, dass es nicht entmutigt oder ängstlich sein sollte. Er wies die Leute darauf hin, dass dies nicht ihr Kampf war – sondern der des Herrn. Und die Menschen dankten Gott und priesen ihn, bevor sie überhaupt sehen konnten, wie der Kampf ausging.

Das erstaunliche Ende der Geschichte ist, dass in der Armee der Feinde ein großes Durcheinander ausbrach, sodass sie sich alle gegenseitig umbrachten. Joschafat und sein Volk waren gerettet. Wenn wir vor Schwierigkeiten oder Krisen stehen, tun wir gut daran, wie Joschafat zu handeln. Wir sollten beten, Gott loben und einfach abwarten, was er tut.

Vater, danke, dass wir in Deinem Wort von Leuten lesen, die nicht vollkommen waren und auch nicht weniger Angst hatten als wir heute und trotzdem beschlossen, Dir zu vertrauen. Danke für alle Erfahrungen, die wir in der Vergangenheit mit Dir machen konnten und die uns gezeigt haben, dass Du treu zu uns stehst. Amen.

11. MÄRZ

Angst

„Ich bin Gott", antwortete die Stimme, „der Gott deines Vaters. Hab keine Angst davor, nach Ägypten zu ziehen! Dort will ich deine Nachkommen zu einem großen Volk machen. Ich gehe mit dir nach Ägypten, und deine Nachkommen bringe ich wieder hierher zurück. Josef wird bei dir sein und dir die Augen zudrücken, wenn du stirbst."

1. MOSE 46,3-4

Ich habe einmal die Geschichte eines Mannes gehört, der im Winter einen großen Fluss überqueren wollte, der zugefroren war. Er war nicht sicher, ob das Eis ihn tragen würde, und so legte er zunächst eine Hand auf das Eis. Dann ließ er sich auf alle viere nieder und begann langsam und vorsichtig über den Fluss zu kriechen. Als er, vor Angst zitternd, etwa die Hälfte der Strecke zurückgelegt hatte, hörte er hinter sich Geklapper. Er drehte sich um und sah ein Pferdegespann, das eine Kutsche den Weg zum Fluss hin zog. Die Pferde hielten nicht an, sondern galoppierten ohne Zögern auf das Eis und zogen an dem Mann vorbei, der dort immer noch auf allen vieren kauerte.

Manchmal fühlen wir uns genau wie dieser Mann. Wir sehen, wie sich vor uns ein Hindernis auftürmt, oder wir stecken in einer Situation, die wir als beängstigend empfinden, und wir wissen einfach nicht, was wir als Nächstes machen oder wem wir vertrauen sollen. In solchen Zeiten ist es wichtig, dass wir uns die Glaubenserfahrungen anderer Menschen ins Gedächtnis rufen.

Jakob, einer der Urväter Israels im Alten Testament, war über Jahre in dem Glauben gelassen worden, dass sein Sohn Josef tot sei. Als er hörte, dass Josef in Ägypten lebte, haben sich sein Verstand und sein Herz vermutlich vor Aufregung und Freude überschlagen. Weil Jakob schon sehr alt war, muss der Gedanke, nach Ägypten zu ziehen, einige Schrecken für ihn bereitgehalten haben. Aber merken Sie, wie Gott auf diese Angst schon einging, bevor er sie überhaupt formulierte? „Ich bin Gott", erinnerte er Jakob. Und dann machte er ihm Mut, sich nicht zu fürchten, und sicherte ihm zu, dass er mit ihm nach Ägypten ziehen würde. Wenn wir uns heute fürchten oder gar vor Angst wie gelähmt sind, dürfen auch wir uns daran erinnern: Er ist Gott. Wir müssen keine Angst haben, denn er ist bei uns.

Gott, wir sind so dankbar, dass Du Deine Versprechen einlöst. Danke, dass Du immer treu zu Leuten wie Jakob gestanden hast. Hilf uns, dass auch wir neuen Mut schöpfen, dass auch wir keine Angst haben und Dir in allen Situationen unseres Lebens voll vertrauen. Amen.

12. MÄRZ

Die Leiden Christi

Vergesst nicht, wie viel Christus für unsere Sünden leiden musste. Er, der frei von jeder Schuld war, starb für uns schuldige Menschen, und zwar ein für alle Mal. So hat er uns zu Gott geführt; sein Körper wurde am Kreuz getötet, der Geist Gottes aber erweckte ihn zu neuem Leben.

1. PETRUS 3,18

Seit Adam und Eva sich im Garten Eden für die Sünde entschieden (vgl. 1. Mose 3), gehört Leiden zu unserem Leben einfach dazu. Wir erleben Schmerz, Elend, manchmal regelrechte Qualen oder unerträglichen Kummer. Manche Menschen werden lange oder schwer krank, andere verlieren bei einem Unfall ein Kind, manche werden übel verraten und beschimpft, und wieder andere verlieren all ihren Besitz bei einer Flut oder im Krieg. Aber das Leid, welches Jesus erlebte, ist mit keinem menschlichen Leid sonst zu vergleichen.

In Jesaja 53 lesen wir, dass Jesus verachtet und abgelehnt wurde, er hat all unsere Schmerzen auf sich geladen, er ist für unsere Übertretungen durchbohrt worden, er ist wie ein Schaf zur Schlachtbank geführt worden und hat die Sünden der ganzen Welt getragen.

Sie können sich dieses Leid auch einmal aus dem Blickwinkel seiner Mutter ansehen. Welche Mutter hat schon so gelitten wie Maria? Jesus war erst dreiunddreißig, ihr Erstgeborener, auf dem ihre Hoffnung ruhte. Und da hing er vor ihren Augen, und sie konnte nichts tun, um ihm zu helfen. Maria stand am Fuß des Kreuzes und sah, wie Jesus verblutete, und sie konnte ihm die Wunden nicht verbinden. Jesus hatte Durst, und sie konnte ihm nichts zu trinken geben. Von den Armen, die da an einem Balken ausgestreckt und festgenagelt waren, hatte sie so manche Umarmung bekommen. Was für Qualen muss Maria an diesem Tag ausgestanden haben. Nägel durchbohrten Jesu Hände, und ein Schwert durchbohrte Marias Herz.

Obwohl Pilatus den offiziellen Befehl gab, dass Jesus gekreuzigt werden sollte, hat Jesus an diesem Kreuz auch meine Schuld getragen. Hoffentlich vergesse ich das nie. Ich hätte den Lohn und die Strafe für meine Sünden verdient, und doch hat Jesus sie dort für mich getragen. Wir folgen einem wunderbaren Retter.

Jesus, danke, dass Du die Strafe für meine Sünde auf Dich genommen und für meine Schuld gelitten hast. Hilf mir, Dir im Gegenzug mein Leben ganz hinzugeben. Amen.

13. MÄRZ

Die Leiden Christi

Dann nagelten sie ihn an das Kreuz. Seine Kleider verlosten sie unter sich.

MARKUS 15,24

Viele Leute haben heute ein hübsches Kreuz im Wohnzimmer oder an einer Halskette hängen. Aber das Kreuz, an dem Jesus starb, war alles andere als ansehnlich. Zur Zeit Jesu wurden Menschen, die zum Tod am Kreuz verurteilt waren, zunächst mit Lederpeitschen geschlagen, sodass sie schon eine Menge Blut verloren. Dann zwang man sie, den Querbalken des Kreuzes zur Hinrichtungsstätte zu schleppen. Auch Jesus ging es so. Der Querbalken wurde dann auf die Erde gelegt und Jesu Hände wurden mit langen Nägeln darauf festgenagelt. Dann wurde der ganze Körper, vermutlich ohne Kleider, hochgezogen. Nachdem man den Querbalken am senkrechten Pfahl befestigt hatte, wurden auch die Füße noch festgenagelt.

Viele Juden, die damals lebten, konnten sich nicht vorstellen, dass die Welt durch einen so offensichtlich grotesken Plan gerettet werden könnte, und vielen Menschen heute geht es nicht anders. Aber Gottes Wort versichert uns, dass die besten Nachrichten, die die Welt je gehört hat, von einem Friedhof stammen. Jesus Christus, der sündlose Sohn Gottes, starb an diesem Kreuz an Ihrer und meiner Stelle. Bevor er von den Toten auferstand und ewiges Leben bekam, erlebte er die Trennung von Gott, die wir aufgrund unserer Sünde eigentlich verdient hätten.

Im Tod Jesu sehen wir am deutlichsten, wie sehr Gott uns liebt. Als Folge dieser großen Liebe können wir nun mit Gott und miteinander versöhnt werden.

Weil er starb, gibt es für uns Leben und Hoffnung.

Vater, danke, dass ich mit Dir eine Beziehung haben kann, weil Jesus am Kreuz gestorben ist. Und danke, dass ich auch mit Menschen um mich herum versöhnt leben kann, weil Dein Sohn das nicht nur vorgelebt hat, sondern auch die Kraft dazu gibt. Amen.

14. MÄRZ

Die Leiden Christi

Um die Mittagszeit dieses Tages wurde es plötzlich im ganzen Land dunkel. Diese Finsternis dauerte drei Stunden. Gegen drei Uhr rief Jesus laut: „Eli, Eli, lama asabtani?" Das heißt: „Mein Gott, mein Gott, warum hast du mich verlassen?"

MATTHÄUS 27,45-46

Ich habe nie weiter darüber nachgedacht, dass Jesus tatsächlich erlebt hat, was die Hölle ist, bis ich mich einer Kirche anschloss, in der jeden Sonntag das Glaubensbekenntnis aufgesagt wurde. Eigentlich müssten wir wegen unserer Sünde in die Hölle kommen. Aber Jesus hat an unserer Stelle gelitten. Er hat *die Hölle durchgemacht,* damit wir den Himmel erleben können. Die körperlichen Qualen, die Jesus zu erleiden hatte, waren schon schlimm genug, aber viel schlimmer muss es für ihn gewesen sein, dass er zu der Sünde gemacht wurde, die er so hasste. In 2. Korinther 5,21 heißt es: „Denn Gott hat Christus, der ohne jede Sünde war, mit all unserer Schuld beladen und verurteilt, damit wir von dieser Schuld frei sind und Menschen werden, die Gott gefallen."

Ich habe mal Folgendes dazu gehört: „Er, der die Wahrheit war, wurde dort zum hartnäckigsten Lügner. Er, der zu rein war, um eine Frau begehrlich anzuschauen, wurde zum größten Ehebrecher der Weltgeschichte." Es ist nicht weiter verwunderlich, dass Jesus, als er im Garten Getsemane in solcher Todesangst war, dass sein Schweiß wie Blutstropfen auf die Erde fiel, seinen Jüngern sagte, dass seine Seele vom Kummer „bis zum Tode" erdrückt wurde.

Und als er später am Kreuz hing, rief er aus: „Mein Gott, mein Gott, warum hast du mich verlassen?" Wenn wir in Anspruch nehmen, was er hier für uns getan hat, müssen wir diese Worte nie selbst sprechen. Jesus wurde in der Hölle für kurze Zeit zu Gottes Feind, damit wir für immer Gottes Freunde sein und ihm für diese großartige Errettung danken können.

Vater, wir können Dir nie genug danken, dass Du Jesus gesandt hast, um uns zu erretten. Amen.

15. MÄRZ

Die Leiden Christi

Der Engel wandte sich an die Frauen: „Fürchtet euch nicht! Ich weiß, dass ihr Jesus, den Gekreuzigten, sucht. Er ist nicht mehr hier. Er ist auferstanden, wie er es vorausgesagt hat. Kommt und seht euch die Stelle an, wo er gelegen hat.“

MATTHÄUS 18,5-6

Die Auferstehung Jesu ist der Dreh- und Angelpunkt seiner Lehre und seines Dienstes. Er stellte damit für die Jünger – und für uns – ein für alle Mal klar, dass er wirklich der Sohn Gottes ist. Wenn man an die Auferstehung denkt, fallen einem diese Bilder oft ein: der Stein, der vom Eingang des Grabes weggerollt ist, die Grabtücher, die im Grab zurückgeblieben sind, ein Erdbeben, ein Engel, der zu den Frauen spricht ... Während bei der Kreuzigung alles irgendwie im Tod Jesu zum Stillstand gekommen zu sein scheint, ist seine Auferstehung von allerhand unruhiger Aktivität umgeben. Sogar seine Freunde rennen in atemloser Aufregung umher.

Ohne die Auferstehung wären alle Hoffnungen und aller Glaube der Christenheit bedeutungslos. Unser Leben lässt sich nur von der gleichen Kraft verändern, die das Böse und den Tod überwand und Jesus von den Toten auferweckte. Weil Jesus von den Toten auferstand, wie er vorher angekündigt hatte – und vor ihm die Heiligen Schriften –, dürfen wir glauben, dass er auch alles andere zum Ziel bringen wird, was er uns in seinem Wort versprochen hat.

Auch die Jünger fanden es am Anfang nicht gerade leicht, die Auferstehung zu begreifen, und uns geht es heute nicht anders. Manche halten die Auferstehung zwar für ein Märchen, sind aber immerhin bereit, sich die ganze Sache genauer anzusehen. Wenn es uns ernst damit ist, die Wahrheit herauszufinden, werden wir früher oder später Jesus persönlich kennenlernen. Und je mehr wir mit ihm in Beziehung treten, desto mehr erfahren wir seine Kraft, die imstande ist, unser Leben zu verändern.

Vater, danke, dass es durch Jesu Auferstehung für uns Hoffnung gibt – jetzt und in alle Zukunft. Bitte hilf uns, unseren Kindern in liebevollen Worten und Taten davon etwas zu vermitteln. Wir sind so dankbar, dass dieselbe Kraft, die Jesus von den Toten auferweckt hat, heute unser Leben verändern kann und uns hilft, Dir immer mehr zu vertrauen. Amen.

16. MÄRZ

Die Leiden Christi

Jesus führte seine Jünger von Jerusalem nach Bethanien.
Er segnete sie mit erhobenen Händen und nahm Abschied von ihnen. Und während Gott ihn in den Himmel zu sich nahm, fielen die Jünger vor ihm nieder und beteten ihn an. Danach kehrten sie voller Freude nach Jerusalem zurück. Immer wieder gingen sie in den Tempel, lobten und dankten Gott.

LUKAS 24,50-53

Ich finde es ungemein tröstlich, dass Jesus nach seiner Auferstehung noch vierzig Tage bei seinen Jüngern blieb. Die jüdischen Autoritäten vertraten offiziell eine klare Meinung zur Auferstehung: Sie war nicht geschehen. Die Jünger hatten den Leichnam Jesu einfach gestohlen. Es war für die Jünger ungemein wichtig, dass sie dieser Lüge etwas entgegenzusetzen hatten. Die geistliche Kraft der Jünger hing an der Auferstehung, denn wenn Jesus tot geblieben wäre, hätten sie keine Botschaft der Hoffnung gehabt.

Andererseits fragen sich manche Menschen, warum Jesus überhaupt in den Himmel zurückging. Hätte er nicht besser auf der Erde bleiben und seine Botschaft weiter verkündigen sollen? Aber wenn er nicht gegangen wäre, hätte der Heilige Geist – Gott selbst – nicht kommen und in den Herzen der Gläubigen Einzug halten können. Jesus versicherte seinen Jüngern, dass der Heilige Geist ganz gewöhnlichen Gläubigen ganz außergewöhnliche Macht geben würde, indem er in ihnen arbeitete.

Vor Jesu Tod und Auferstehung hatten sich die Jünger viel zu viele Gedanken gemacht, wie es im Reich Gottes wohl zugehen würde. Welche Politik der Herrscher vertreten würde, welche Stellung sie dort einnehmen und welche Vorrechte sie genießen würden. Nach der Auferstehung dagegen sprach Jesus mit ihnen über das, was wirklich wichtig ist, nämlich dass das Reich Gottes in den Herzen der Menschen einzieht.

Obwohl Jesus in den Himmel aufgefahren ist, spielt er für die Gläubigen immer noch eine wichtige Rolle. Er tritt beim Vater für uns ein und sorgt dafür, dass wir durch den Glauben an ihn Zutritt zum Vater haben können. Er ist auch unser Anwalt beim Vater und bietet uns Vergebung an, wenn wir unsere Sünden bekennen. (vgl. Hebräer 7,25)

Der Heiland, der angespuckt, gedemütigt und an ein Kreuz genagelt wurde, ist nun im Himmel. Dort betet er für uns und schenkt uns Vergebung.

Vater, danke, dass Du den Jüngern nach Jesu Auferstehung noch so viel Trost und Zuspruch hast zukommen lassen, und danke auch für den Trost und Zuspruch, den wir heute durch den Heiligen Geist erfahren. Hilf uns, mit unseren Kindern darüber zu sprechen, was wirklich wichtig ist – dass Gottes Reich in unseren Herzen einzieht. Hab auch Dank, dass Jesus für uns vor Dir eintritt. Amen.

17. MÄRZ
Die Leiden Christi

Christus hat unsere Sünden auf sich genommen und sie selbst zum Kreuz hinaufgetragen. Das bedeutet, dass wir frei sind von der Sünde und jetzt leben können, wie es Gott gefällt. Durch seine Wunden hat Christus uns geheilt.

1. PETRUS 2,24

Ungefähr ein halbes Jahr bevor *Die Passion Christi* in die Kinos kam, wurden mein Mann und ich zu einer Vorschau in London eingeladen, da wir einen der Verkaufsagenten kannten. Ich freute mich sehr auf das gemeinsame Abendessen mit den Kollegen meines Mannes, aber für den Film, den wir uns danach anschauen wollten, konnte ich mich anfangs nicht so recht erwärmen. Ich war ziemlich skeptisch, was Hollywood wohl mit dem Material anstellen würde, und ich ahnte schon, dass der Film grausiger und blutiger sein würde als alle, die ich bis dahin gesehen hatte. Meine Befürchtung erwies sich als richtig, und an manchen Stellen sah ich wirklich weg oder hielt mir die Hand vor die Augen. Aber ich war erleichtert festzustellen, dass der Film sich größtenteils an die biblische Vorlage hielt. Und weil er so viel Wahrheit enthielt und weil mir das Evangelium so wichtig ist, ließ ich mich auf dieses Erlebnis ein.

Der Film begann, und ich konnte die Todesfurcht, die Jesus empfunden hatte, ein Stück weit nachvollziehen. Ich weinte über all die Demütigungen, die er erfuhr. Bei den Rückblenden, in denen Jesus sich Sündern im Allgemeinen, den Jüngern aber im Besonderen liebevoll zuwandte, wurde mir richtig warm ums Herz. Und so traurig ich die Verleugnung durch Petrus fand, so war mir doch die ganze Zeit bewusst: *Ich bin auch ein sündiger Mensch*. Dann zeigte der Film, wie Jesus zusammengeschlagen und gezwungen wurde, sein Kreuz zu tragen, bevor man ihn kreuzigte, und ich wurde von meinen Gefühlen so überwältigt, dass ich am liebsten aufgestanden wäre und gerufen hätte: „Aufhören! Sofort aufhören!" Aber dann fiel mir ein, warum das alles sein musste – warum er solches Leiden und solchen Schmerz auf sich nahm. Er tat es, weil er uns so sehr liebt. Er tat es, weil er wollte, dass wir frei sind von der Sünde. Und als mir das wieder neu bewusst wurde, war ich von dieser Liebe regelrecht überwältigt.

Als ich nach dem Film etwas benommen wieder auf die belebten Straßen Londons trat, kam mir der Gedanke: *Die Ewigkeit wird nicht ausreichen, um Christus für das zu preisen, was er für mich getan hat.*

Vater, ich bin so dankbar für Deinen wunderbaren Plan, uns durch das Sterben Deines Sohnes das Leben zu bringen. Ich möchte nicht einen einzigen Tag auf dieser Welt leben, ohne Dir für Jesu Tod und Auferstehung zu danken, die meine Heilung möglich gemacht haben. Amen.

18. MÄRZ

Leiden Christi

Und so, liebe Brüder, können wir jetzt durch das Sterben Jesu Christi, durch das Opfer seines Blutes frei und ungehindert in das Heiligtum eintreten und zu Gott selbst kommen. Christus hat sein Leben geopfert und damit den Vorhang niedergerissen, der uns von Gott trennte. So hat er uns einen neuen Weg gebahnt, der zum Leben führt. Als unser Hoherpriester herrscht er nun über das Haus Gottes, seine Gemeinde. Darum wollen wir uns Gott nähern mit aufrichtigem Herzen und im festen Glauben; denn das Blut Jesu Christi hat uns von unserem schlechten Gewissen befreit und von aller Schuld reingewaschen. Haltet an dieser Hoffnung fest, zu der wir uns bekennen, und lasst euch durch nichts davon abbringen. Ihr könnt euch felsenfest auf sie verlassen, weil Gott sein Wort hält.

HEBRÄER 10,19-23

Was haben Sie eigentlich zu Hause vor den Fenstern hängen? Gardinen, Rollläden, Jalousien? Mir gefallen die leichten Blumenvolants in unserem Wohnzimmer am besten. Als wir ganz frisch in unser neues Haus zogen, passten sie farblich so gut zu allem anderen, dass sie den ganzen Raum zusammenzuhalten schienen. Als wir die Wände beige strichen, schlug mir eine Nachbarin vor, die Volants eine Weile in Schwarztee zu legen, um neue Effekte zu erzielen. Das gelang und so hängen unsere Volants immer noch.

Als Jesus auf der Erde war, hing ein riesiger Vorhang im Tempel und trennte das Heiligtum (in das nur die Priester durften) vom Allerheiligsten (in das nur der Hohepriester durfte, und auch das nur einmal im Jahr, um für die Sünden des Volkes Sühnung zu erwirken). Dieser Vorhang spielt in der Geschichte der Kreuzigung Jesu eine besondere Rolle.

In Matthäus 27,50-53 wird erzählt, dass in dem Moment, in dem Jesus starb, sich viele Gräber öffneten und die Heiligen von den Toten auferstanden und der Vorhang im Tempel von oben nach unten zerriss. Nur Gott konnte das tun. Dieses Ereignis in der Leidensgeschichte Jesu hat eine besondere Symbolik für uns. Seit dem Moment, in dem der Vorhang zerriss, ist der Weg zu Gott frei. Wir können alle zu ihm kommen.

Der Vorhang ist nicht länger notwendig. Wir brauchen auch keinen Tempel mehr, keine Altäre oder Tieropfer, weil Jesus – indem er für unsere Sünden starb – den Weg zu Gott freigemacht hat. Jeder Mensch, der sich auf Christi Tod und Auferstehung stützt, kann nun direkt mit Gott in Verbindung treten – jederzeit und überall. Haben Sie Ihren Glauben schon darauf gesetzt, dass Christus am Kreuz für Sie gestorben ist? Und nutzen Sie den Direktzugang zur Gegenwart Gottes, den Christus Ihnen geschaffen hat?

Vater, danke für dieses Bild des zerrissenen Vorhangs, der uns daran erinnert, dass wir direkt vor Dich treten können, wenn wir unseren Glauben auf Jesu Kreuz und Auferstehung gründen. Amen.

19. MÄRZ

Gottes Gaben

Ihr sollt erfahren, wie unermesslich groß die Kraft ist, mit der Gott in uns, den Glaubenden, wirkt. Ist es doch dieselbe Kraft, mir der er Christus von den Toten auferweckte und ihm einen Ehrenplatz zu seiner Rechten gab! Damit hat Gott ihn zum Herrscher eingesetzt über alle Mächte und Gewalten, über alle Kräfte und Herrschaften dieser und der zukünftigen Welt.

EPHESER 1,19-21

Obwohl Jesus seinen ganzen Prozess hindurch geschwiegen hatte, beantwortete er doch die eine Frage des Hohenpriesters: „Ich nehme dich vor dem lebendigen Gott unter Eid: Sage uns, bist du Christus, der Sohn Gottes?" – „Ja", antwortete Jesus, „und von jetzt an werdet ihr den Menschensohn an der rechten Seite Gottes sitzen und dann auf den Wolken des Himmels wiederkommen sehen." (Matthäus 26,63-64)

Diese Erklärung, die Jesus hier abgibt, ist für unseren persönlichen Glauben ein ungeheures Geschenk. Warum? Zunächst einmal ist es ganz entscheidend, dass Jesus an Gottes rechter Seite sitzt. „In der Antike besiegelte der Kaiser ein Bündnis mit einem kleineren Reich oft durch eine Zeremonie, bei der der König dieses Reiches rechts neben ihm saß. Das galt als der Platz, an dem Macht und Würde lagen. Auf gewisse Weise wurde er vom Kaiser, dem Ranghöheren, damit als Sohn adoptiert."

Zweitens wissen wir nicht nur, dass Jesus in den Himmel aufgestiegen ist, um an Gottes rechter Seite Platz zu nehmen, sondern im gleichen Atemzug wird uns versichert, dass er „auf den Wolken des Himmels" wiederkommen wird – wir dürfen uns darauf verlassen, dass er eines Tages zurückkommt.

Und drittens versichert uns Gottes Wort auch, dass wir mit ihm herrschen werden, wenn wir uns ihm anvertrauen: „Hat aber der Ungehorsam eines einzigen Menschen zur Herrschaft des Todes geführt, um wie viel gewisser werden dann alle, die Gottes überreiche Barmherzigkeit und seine Vergebung erfahren haben, durch Jesus Christus leben und einmal mit ihm herrschen." (Römer 5,17)

Vater, danke, dass Deine gewaltige Macht Jesus von den Toten auferweckt und an Deine rechte Seite im Himmel versetzt hat. Und danke, dass Du bereit bist, diese gleiche Macht auch in den Herausforderungen unseres Familienlebens wirken zu lassen. Amen.

20. MÄRZ

Gottes Gaben

Alles ist ihm unterstellt. Er, der über alles herrscht, ist auch das Haupt seiner Gemeinde. Und diese Gemeinde ist sein Leib, der von Christus, dem Schöpfer und Vollender aller Dinge, erfüllt ist.

EPHESER 1,22-23

Vor einiger Zeit ging eine Bekannte mit mir und meiner Familie zum Gottesdienst. Als wir zum Glaubensbekenntnis kamen, lehnte sie sich zu mir herüber und fragte: „Das ist doch gar keine katholische Kirche, warum sagt ihr trotzdem: ‚Ich glaube an die heilige katholische Kirche'?" Im englischsprachigen Raum ist das Glaubensbekenntnis nämlich nicht „angepasst" worden. Ich erklärte ihr, dass das Wort *katholisch* nichts anderes bedeutet als „allgemein" oder „weltweit" – im Gegensatz zu „besonders" oder „einzeln".

Die Bibel lehrt uns, dass Jesus die Gemeinde als seine Braut betrachtet und dass die allgemeine Kirche alle Gläubigen unter dem Haupt Christi zusammenfasst. Dass wir mit anderen Christen verbunden sind, ist nicht etwas, was wir *tun* würden oder müssten, sondern etwas, das Christus längst getan hat. Es ist eine weitere seiner großartigen Gaben. Wir sind auf wundersame Weise mit anderen Christen verbunden, weil Gott uns mit seinem Sohn verbunden hat. Die Kirche ist nicht unsere Idee, sondern seine!

Es ist sehr tröstlich, wenn wir in Johannes 17 lesen, dass Jesus in der Nacht, in der er verraten wurde, noch für Rettung und die Gemeinschaft der Gläubigen betete – dass sie bewahrt und gerettet würden. Was für ein erstaunliches Beispiel der Liebe. Wenn ihm das Wohl der Gemeinde schon so am Herzen lag, als ihm selbst so unermessliches Leid bevorstand – wie viel mehr wird er sich jetzt erst für sie einsetzen, da er zur Rechten Gottes sitzt.

Die Gemeinde Gottes existiert sowohl in sichtbarer als auch in unsichtbarer Form. Das Sichtbare ist das, was wir mit unseren Augen wahrnehmen können – Menschen, die zu allen Zeiten und überall auf der Welt in Gemeinderäumen und Privathäusern zusammenkommen, um Gott anzubeten. Aber wir können nicht sehen, wer wirklich aus dem tiefsten Innern heraus Gott anbetet und wer nicht. Gott allein kennt unsere Herzen, und er sieht auch die unsichtbare Kirche – all die Menschen, die ihn lieben und ihm gehorchen. Und diese Menschen benutzt er, um sein Evangelium weiterzutragen und den Glauben seiner Kinder weiter zu stärken.

Vater, danke, dass Jesus selbst jetzt vom Himmel aus für seine Gemeinde hier auf der Erde betet – für Freude, Bewahrung, Heiligkeit und Einheit. Lass uns treue Glieder Deiner unsichtbaren Kirche sein, ganz unabhängig davon, welcher Gemeinde wir uns sonst zugehörig fühlen. Amen.

21. MÄRZ
Gottes Gaben

Der Heilige Geist, den euch der Vater an meiner Stelle senden wird, er wird euch an all das erinnern, was ich euch gesagt habe, und ihr werdet es verstehen.

JOHANNES 14,26

Der Heilige Geist, eine der drei Personen innerhalb der Gottheit, hat die Aufgabe, die Menschen mit Gott zu verbinden. Wenn wir Zeit mit Gottes Wort verbringen, tritt der Heilige Geist sozusagen dazu, damit die Wahrheit, die wir lesen, sich auch in unseren Herzen und Gedanken festsetzen kann. Er sorgt dafür, dass wir Gottes Willen erkennen, und warnt uns immer wieder neu, wenn wir vom Weg abzukommen drohen. Es ist ein ganz erstaunliches Geschenk, das Christus uns mit dem Heiligen Geist gegeben hat. Wenn ich zusammenrechne, was mein Mann und ich bezahlt haben, damit unsere Söhne studieren konnten, wundere ich mich wirklich, dass uns all der Unterricht, den wir durch den Heiligen Geist erhalten, keinen Cent kostet.

Wenn wir an Christus zu glauben beginnen, hilft uns der Heilige Geist, Gottes Wort mit ganz neuen Augen zu sehen. Plötzlich springt uns das, was dort geschrieben ist, geradezu an und breitet sich in unseren Herzen aus. Wir beginnen plötzlich Gottes Pläne in einem Maß zu verstehen, wie uns das vorher nicht möglich war.

Ein Bibelkommentar erklärt diesen Vorgang so: „Theologen benutzen den Begriff der *Erleuchtung*, um den Prozess zu beschreiben, durch den der Heilige Geist Gläubigen hilft, die Heilige Schrift zu verstehen. Ohne Gott können sündige Menschen göttliche Wahrheiten weder verstehen noch ihnen Folge leisten."

Jesus wird in der Bibel manchmal als Ratgeber oder Berater bezeichnet. Wenn wir zum Glauben kommen, wird der Heilige Geist zu unserem Berater, der uns leitet und uns hilft, unser Leben richtig zu leben. Weil der Heilige Geist allwissend ist, kann es gar keinen besseren Berater geben. Er wird uns den besten Rat und die beste Führung zukommen lassen, die wir überhaupt bekommen können, weil er uns sehr viel besser versteht, als wir uns selbst je verstehen könnten. Der Heilige Geist ist der qualifizierteste Berater der Welt, weil er uns durch und durch kennt, weil er uns liebt, immer wieder Mut macht, Geduld mit uns hat und für uns im Gebet einsteht. Wie dankbar sind wir für seine Gegenwart in unserem Leben.

Vater, wir brauchen jeden Tag göttliche Führung, wenn wir unser Leben insgesamt, vor allem aber, wenn wir unsere Aufgabe als Mütter bewältigen wollen. Danke, dass der Heilige Geist uns durch und durch kennt. Bitte steh uns mit Deinem Rat zur Seite und lass uns Deine Führung und Hilfe erleben. Amen.

22. MÄRZ

Gottes Gaben

Ich möchte euch aber ein Geheimnis anvertrauen: Wir werden nicht alle sterben, aber Gott wird uns alle völlig umwandeln. Das wird ganz plötzlich geschehen, von einem Augenblick zum andern, wenn die Posaune ankündigt, dass Jesus Christus als Herrscher der Welt wiederkommt. Ihr Schall wird überall zu hören sein. Dann werden die Toten zum ewigen Leben auferweckt, und auch wir Lebenden werden einen neuen Leib bekommen.

1. KORINTHER 15,51-52

Wenn ich in die Lesung von heute doch nur eine CD-Aufnahme von Händels *Messias* hätte einschmuggeln können. Vielleicht kennen Sie die Arie „Es schallt die Posaune und die Toten erstehen". Gerade weil ich selbst Musikerin bin, bekomme ich bei diesem Stück immer eine Gänsehaut. Ich habe immer das Gefühl, dass die Musik, wie sie hier mit dem Text verbunden wird, ganz besonders viel Erwartung und Vorfreude auf Christi Wiederkommen weckt. (Wenn Sie eine Aufnahme des *Messias* zu Hause haben, hören Sie sich das ruhig einmal an, und halten Sie Ihre Bibel bei 1. Korinther 15 aufgeschlagen; stellen Sie sich darauf ein, dass Sie Gott ganz neu anzubeten lernen.)

Um die Auferstehung der Toten zu erklären, greift Paulus hier auf das Bild von der Saat zurück. (Verse 35-38) Wenn Saatgut welcher Art auch immer in den Boden gelegt wird, stirbt es erst und ersteht dann zu etwas auf, das viel größer und schöner ist als das Samenkorn selbst. Mit der Raupe, die sich zum Schmetterling wandelt, ist es genauso – dieses Beispiel ist übrigens genauso geeignet, um Kindern die Auferstehung zu erklären. Mit unseren Körpern wird es ähnlich sein. Sie werden in Schwäche gesät und in Stärke auferweckt. Sie werden als natürliche Körper gesät, aber als geistliche Körper auferweckt.

Und was soll das alles *heute* für uns bedeuten? Es holt uns auf den Boden der Tatsachen zurück, wenn wir uns bewusst machen, dass *jeder* Mensch einmal einen ewigen, geistlichen Körper haben wird. Die Frage ist nur, wie dieser Körper beschaffen sein wird. Diejenigen von uns, die sich Christus anvertraut und ihm gehorcht haben, werden die Gabe der himmlischen Körper empfangen, und diejenigen, die Christus den Rücken zugekehrt haben, werden Körper bekommen, die zu ihrem Leben in der Hölle passen.

Wenn wir glauben, was uns die Bibel über die Auferstehung lehrt, werden wir Christus schon hier und heute folgen und unseren Körper so benutzen, dass es zur Ehre Gottes dient.

Himmlischer Vater, danke, dass Du unsere gebrechlichen Körper eines Tages verwandeln wirst. Wir wollen sie, solange wir hier auf der Erde leben, zu Deiner Ehre und Herrlichkeit einsetzen. Amen.

23. MÄRZ

Gottes Gaben

Wenn ihr nun mit Christus zu einem neuen Leben auferstanden seid, dann richtet euer ganzes Leben nach ihm aus. Seht dahin, wo Christus ist, auf dem Ehrenplatz an Gottes Seite. Richtet eure Gedanken auf Gottes kommendes Reich und nicht auf das, was diese Welt zu bieten hat. Denn für diese Welt seid ihr gestorben, aber Gott hat euch mit Christus bereits ewiges Leben geschenkt, auch wenn das jetzt noch verborgen ist.

KOLOSSER 3,1-3

Das ewige Leben ist kein Geschenk, welches wir erst zum Zeitpunkt unseres Todes bekommen. Denn für den Menschen, der sich Christus als seinem Retter anvertraut, beginnt ewiges Leben sofort. Wir erhalten damit einen ganzen Einkaufswagen voller Schätze, von denen wir oft nicht einmal wissen, dass sie uns zur Verfügung stehen.

Michael Horton hat das Leben eines Christen einmal mit einem ständigen Kreislauf verglichen. Weil uns das Gesetz zur Verzweiflung treibt, suchen wir Christi Nähe. Je näher wir bei Christus bleiben, desto mehr Frucht bringen wir für ihn, weil er uns an seiner Auferstehungskraft teilhaben lässt. Wir lassen die Verzweiflung hinter uns und tauchen in die Freude ein, weil wir durch die Gegenwart Christi auch für unser eigenes Leben neue Zuversicht haben. Damit wir uns nicht zu sehr auf unseren Lorbeeren ausruhen, wird uns das Gesetz wieder vorgehalten und wir merken, dass wir selbst in unseren besten Momenten nie mit Christi Gerechtigkeit mithalten können. Und das treibt uns Christus wieder in die Arme.

Wenn wir uns Christus anvertrauen, werden wir eine neue Schöpfung. Gott sichert uns zu, dass das Alte vergeht und das Neue Einzug hält. Gottes Wort leitet uns in der Wahrheit, und die Gegenwart des Heiligen Geistes in unserem Leben ist eine Art „Anzahlung" auf das Leben, das uns noch bevorsteht. Wir müssen also nicht auf den Tod oder auf die Entrückung warten, um ewiges Leben zu erleben. Unser Glaube macht es zu einer ganz alltäglichen Wirklichkeit.

Vater, danke, dass wir die Gabe des ewigen Lebens von dem Moment an erfahren, in dem wir Christus unser Leben anvertrauen. Danke, dass wir Deinen Geist bekommen, der uns schon einen Vorgeschmack von dem vermittelt, was noch kommt. Amen.

24. MÄRZ

Gottes Gaben

„Welcher Vater würde seinem Sohn denn eine Schlange geben, wenn der ihn um einen Fisch bittet, oder einen Skorpion, wenn er ein Ei haben möchte? Wenn schon ihr hartherzigen, sündigen Menschen euren Kindern Gutes gebt, dann wird doch der Vater im Himmel erst recht denen seinen Heiligen Geist geben, die ihn darum bitten."

LUKAS 11,11-13

Als unser Sohn Jordan zehn Jahre alt war, musste er eine Operation über sich ergehen lassen. Er hatte sich beim Skateboard-Fahren das Schlüsselbein gebrochen. Jim, mein Mann, und ich standen in einem Wartebereich des Krankenhauses neben Jordans Bett, mit dem er bald zum OP gefahren werden sollte. Einer unserer Pastoren und ein Ältester hatten uns gerade verlassen, nachdem sie für Jordan gebetet hatten.

Als wir so dort herumstanden und warteten, sah Jordan plötzlich zu Jim und mir auf und fragte: „Könnt ihr euch noch an diese E-Gitarre erinnern, die ich mir immer schon gewünscht habe?" Mein Mann und ich nickten; wir hatten schon eine leise Ahnung, worauf diese Frage abzielte. „Na ja ... wäre das irgendwie möglich, dass ich die jetzt bekomme?" Sie kennen ja den alten Grundsatz: Man muss nur wissen, wann man eine Bitte äußert ... Jim zog schon los, um die Gitarre zu kaufen, bevor Jordan überhaupt aus dem Krankenhaus zurückkam. Als wir Nate, Jordans sechzehnjährigem Bruder, erzählten, um was Jordan gebeten hatte, meinte er nur trocken: „Ich hätte mir gleich ein Auto gewünscht!"

Als Eltern ist es doch unser Wunsch, unseren Kindern Freude zu machen und ihnen zu geben, was gut für sie ist. Wie viel mehr muss es erst Gott am Herzen liegen, seine Kinder reich zu segnen und zu beschenken? Das Geschenk, das Jim und ich Jordan damals machten, steht nun in seinem Zimmer, und gelegentlich spielt er noch darauf. Aber das Geschenk, das Gott seinen Kindern verspricht – den Heiligen Geist –, hat er seinen Kindern nicht nur einmal gegeben, sondern bis heute immer wieder.

Jordan hatte das Prinzip damals schon gut verstanden – wenn man etwas haben möchte, sind die Eltern die ersten Ansprechpartner. Wie viel mehr wird Gott uns seinen Geist geben, wenn wir ihn darum bitten.

Vater aller Gaben, danke für die Freude, die wir selbst erleben, wenn wir unseren Kindern Geschenke machen. Hilf uns, dass wir uns immer auf Dich verlassen und jeden Tag für die Gegenwart und Kraft des Heiligen Geistes in unserem Leben dankbar sind. Amen.

25. MÄRZ

Gottes Gaben

Dagegen bringt der Heilige Geist in unserem Leben nur Gutes hervor: Liebe und Freude, Frieden und Geduld, Freundlichkeit, Güte und Treue, Besonnenheit und Selbstbeherrschung.

GALATER 5,22

Einmal haben wir als Familie auf einer karibischen Insel Urlaub gemacht. Unsere drei Söhne beschlossen alle, eine Woche lang Surfen zu lernen. „Wir können es ja einfach mal versuchen", war ihre einhellige Meinung, nachdem sie eine Weile am Strand gesessen und anderen Surfern zugeschaut hatten, die scheinbar mühelos über die Wellen hinweg- und zwischen ihnen hindurchglitten. Die Jungs lernten sehr schnell, dass Surfen nicht halb so einfach ist, wie es aussieht. Jeder, der auf so ein Brett mit Segel steigt, merkt, dass Vorkenntnisse in Aerodynamik und Wasserkraft von Vorteil sind.

Mein Mann und ich brachten in dieser Woche viele Stunden damit zu, unseren Söhnen zuzuschauen, wie sie auf ihre Surfbretter kletterten und wieder herunterfielen. Gegen Ende der Woche waren sie alle drei immerhin in der Lage, die Bretter zu bewegen, wenn der Wind ihnen zu Hilfe kam. Sie erzählten uns begeistert, was für ein tolles Erlebnis Surfen war, wenn es genug Wind gab. Aber ohne Wind wären sie keinen Zentimeter vom Fleck gekommen.

Jesus hat den Heiligen Geist als den Wind beschrieben, der uns neues Leben bringt. (vgl. Johannes 3,8) Genau wie wir nicht vorhersagen oder gar bestimmen können, in welche Richtung der Wind bläst, können wir nicht vorhersagen und erst recht nicht bestimmen, was der Geist Gottes tut. Wir sehen den Wind auch nicht direkt, sondern wir sehen nur, was er bewirkt: die Bäume wiegen hin und her, eine Flagge bläht sich auf, ein Strandstuhl purzelt über den Sand ... Wenn Gottes Geist weht, ist es ganz ähnlich. Wir können ihn nicht sehen, aber wenn wir ihm in unserem Leben die Führung überlassen, sehen wir die Auswirkungen davon: Liebe, Freude, Frieden, Geduld, Freundlichkeit, Güte, Treue, Besonnenheit und Selbstbeherrschung.

Ich bin sehr dankbar, dass man diese Frucht des Geistes Gottes, diese bemerkenswerten Auswirkungen in unserem Leben auch ohne Vorkenntnisse in Aero- oder Hydrodynamik bekommt. Wir brauchen dazu nicht mehr als den Glauben an Christus.

Vater, danke, dass Dein Geist in unserem Herzen lebt und dort für die sichtbaren Beweise sorgt, dass wir zu Dir gehören. Amen.

26. MÄRZ

Errettung

Denn in der Person Jesu Christi ist jetzt Gottes Barmherzigkeit sichtbar geworden, mit der er alle Menschen retten will.

TITUS 2,11

Während der Sommermonate verbrachten meine Söhne und ich früher einige Zeit im Freibad. Mich beeindruckten die vielen Rettungsschwimmer, die immer in nur wenigen Metern Entfernung voneinander am Rand des Beckens standen. Für gewöhnlich fielen sie nicht weiter auf, aber einmal erlebten mein Jüngster und ich doch den Einsatz einer solchen Rettungsschwimmerin. Sie tat, wozu sie angestellt war – sie half einem Menschen aus der Not und rettete ihn vor dem Ertrinken.

Ein kleines Mädchen im Alter von vielleicht fünf Jahren war vom höchsten Sprungturm gesprungen. Die Kleine war in der Mitte des Beckens gelandet und schaffte es nun nicht mehr bis zum Rand. Sie schlug wild um sich und schnappte nach Luft. Die Rettungsschwimmerin pfiff auf ihrer Trillerpfeife und sprang sofort ins Becken. Sie schnappte sich das Mädchen und brachte es sicher zum Beckenrand. Als das Kind aus dem Wasser kletterte, sah man ihm an, dass es noch ziemlich aufgeregt war, aber ansonsten schien es ihm gut zu gehen. Alle Beobachter der Szene seufzten erleichtert auf.

Mein Sohn hatte das Wort *Errettung* schon oft gehört, aber an diesem Tag begriff er wirklich, was das bedeutete: dass man aus Schwierigkeiten befreit oder sogar vor dem Tod bewahrt wird. Genau wie jeder Schwimmer in diesem Bad in Sichtweite eines Rettungsschwimmers war, ist jeder Mensch in Sichtweite Gottes. Die Rettung, die Jesus anbietet, ist *allen* Menschen erschienen, und wir alle müssen irgendwann zu dem Eingeständnis kommen, dass wir unser Leben alleine nicht bewältigen können. Die Bibel lehrt uns, dass wir, wenn wir Gottes Errettung am eigenen Leib erfahren wollen, glauben müssen, dass Jesus Gott ist. Wir müssen uns an ihn wenden. Das ist rettender Glaube.

Dieser ganz gewöhnliche Besuch im Schwimmbad ließ uns eine nicht ganz so gewöhnliche Rettungsaktion beobachten. Meinen Sohn und mich erinnerte das wieder daran, dass die Errettung der Menschen Gottes Plan mit der Welt ist.

Gott, wir sind jedes Mal sehr dankbar, wenn wir mitbekommen, wie jemand aus Schwierigkeiten und Not gerettet wird. Danke, dass Du uns durch Deinen Tod am Kreuz Errettung anbietest. Amen.

27. MÄRZ

Errettung

Doch niemand kann für das Leben seines Freundes bezahlen, niemand kann ihn bei Gott vom Tod freikaufen. Denn ein Menschenleben kann man nicht mit Gold aufwiegen – aller Reichtum dieser Welt wäre noch zu wenig! Keiner lebt hier ewig, niemand kann dem Grab entrinnen. Jeder kann es sehen: Auch einsichtige und vernünftige Menschen werden vom Tod ereilt, genauso wie Tagträumer und Dummköpfe. Ihren Besitz müssen sie zurücklassen – für andere!

PSALM 49,8-11

Heute nahm die Band, in der mein Sohn mitspielt, an einem großen, landesweiten Wettbewerb teil, und so fuhr ich mehrere Stunden auf einer besonders ausgebauten Autobahn. Mir fiel auf, wie praktisch es war, dass es zwischen meiner Seite und dem entgegenkommenden Verkehr eine deutliche Abgrenzung gab. Bestimmt sind dadurch schon sehr viele Unfälle vermieden worden. Mir wurde wieder neu bewusst, wie viel Energie wir darauf verwenden, Unannehmlichkeiten zu vermeiden: Wir bauen Airbags in Autos ein, damit wir bei Unfällen nicht allzu schwer verletzt werden; wir greifen zu Tabletten, wenn es uns nicht gut geht oder wir Schmerzen haben. Aber all unsere Anstrengungen reichen nicht aus, um den Tod zu umgehen. Wir können ihn vielleicht mit viel Mühe etwas hinauszögern, aber vermeiden können wir ihn nicht.

Wir können uns keine Ausnahmeregelung vom Sterben erkaufen; dazu reicht alles Geld der Welt nicht aus. Und ewiges Leben können wir genauso wenig kaufen. Jeder Mensch, der auf dieser Welt lebt, muss die Strafe, die auf Sünde steht, zahlen, und sie lässt sich nicht mit besonders guten Werken abarbeiten oder durch Geld ersetzen. Gottes Wort sagt uns, dass die Seele des Menschen zu kostbar ist, als dass sie sich mit irdischem Reichtum freikaufen ließe.

Wenn uns also weder Zeit noch Geld freikaufen kann – was kann es dann? Christi Blut, das uns durch den Glauben zugänglich gemacht wird. In Römer 3,25 lesen wir: „Um unsere Schuld zu sühnen, hat Gott seinen Sohn für uns am Kreuz verbluten lassen. Das erkennen wir im Glauben, und darin zeigt sich, wie Gottes Gerechtigkeit aussieht." Es ist wunderbar, dass wir Airbags erfunden und Schmerzmittel entwickelt haben, die unsere Lebensqualität in den wenigen Jahren, die wir hier haben, spürbar verbessern können. Aber wir würden gut daran tun, auch der „Lebensqualität" unseres jenseitigen Lebens mehr Gedanken zu widmen. Die Zeit, die wir dann mit Jesus verbringen, wird kein Ende haben.

Vater, danke, dass Du unseren Seelen so einen ungeheuren Wert beimisst. Und danke, dass Du uns durch Jesu Blut die Rettung anbietest. Amen.

28. MÄRZ

Errettung

Der Menschenmenge, die gekommen war, um sich taufen zu lassen, rief Johannes zu: „Ihr Teufelspack! Glaubt ihr etwa, dass ihr dem kommenden Gericht Gottes entrinnen werdet? Beweist erst einmal durch eure Taten, dass ihr wirklich zu Gott umgekehrt seid! Ihr sagt: ‚Abraham ist unser Vater!' und wollt euch damit herausreden. Das wird euch gar nichts helfen! Selbst aus diesen Steinen hier kann Gott Nachkommen Abrahams machen."

LUKAS 3,7-8

Als Johannes der Täufer die Menschenmenge auf Jesus vorbereitete, ging er dem Übel gleich an die Wurzel – er rief die Menge zur Umkehr auf. Er erzählte von dem Gericht, das alle treffen würde, und machte deutlich, dass sie Gottes Zorn nur entrinnen konnten, wenn sie von der Sünde umkehrten und Gott vertrauten. Zur Umkehr gehört, dass man sein Denken oder seine Einstellung ändert, manchmal muss man auch bisherige Gewohnheiten und Verhaltensweisen ablegen. Johannes erklärte den Menschen, dass Gott sich von ihren frommen Lippenbekenntnissen nicht beeindrucken ließ, wenn ihr Leben nicht gleichzeitig die entsprechende Frucht brachte. Sie mussten von Gottes Gericht hören, bevor sie Gottes Gnade annehmen konnten.

Die Aufgabe Johannes des Täufers war es, „dem Herrn einen Weg durch die Wüste zu bahnen". (Jesaja 40,3) In der Antike wurden Straßen immer da gebaut, wo der König hinreiste. Seine Untertanen bauten Wege, damit sein Wagen nicht im Schlamm oder Sand stecken blieb. Und genau wie diese Untertanen ihrem König den Weg bereiteten, bereitete Johannes den Weg für Jesus, indem er predigte, dass alle Menschen errettet werden mussten.

Johannes machte seinen Landsleuten klar, dass man diese Errettung nicht automatisch erhielt, weil man ein Nachkomme Abrahams war. Und genauso sollten auch wir unseren Kindern vermitteln, dass sie ihre Errettung nicht von uns erben können. Sie ist ein Ergebnis *ihrer eigenen* Umkehr. Sie selbst müssen ihr Denken und Tun ändern und dürfen nicht mehr dem Weg folgen, der zu Sünde und Zerstörung führt. Und wenn unsere Kinder im Herzen für sich begriffen haben, was Umkehr ist, wird sich der Wandel im Denken und Handeln auch in ihrem Leben deutlich zeigen.

Vater, danke, dass Umkehr in unserem Leben Frucht bringt. Hilf uns, unsere Kinder auf Dich hinzuweisen, so dass sie durch die Beziehung mit Dir in ihrem eigenen Leben Umkehr und Errettung erfahren. Wir bitten Dich auch, dass sie für Dein Reich Frucht bringen. Amen.

29. MÄRZ

Errettung

So spricht der Herr: „Kommt, wir wollen miteinander verhandeln, wer von uns im Recht ist, ihr oder ich. Eure Sünden sind blutrot, und doch sollt ihr schneeweiß werden. Sie sind so rot wie Purpur, und doch will ich euch reinwaschen wie weiße Wolle."

JESAJA 1,18

Ich bin Gott so dankbar, dass er uns in der Bibel Bilder gibt, mit denen wir gleich etwas anfangen können – Bilder wie Licht und Dunkelheit, Feuer und Wasser. Auch Farben gebraucht er, um etwas deutlich zu machen.

Wie Gott in der Bibel Farben einsetzt, war eines der Samenkörner, die in mir schon als Kind die Saat des Glaubens aufgehen ließen. Für die meisten Menschen, die sich für Christus entscheiden, vollzieht sich diese Entscheidung über einen Zeitraum, in dem ganz verschiedene solcher Samenkörner in ihr Herz gelegt werden. Bei mir war das genauso. Meine Eltern hatten mir immer erzählt, dass ich Christus brauchte, und ich wusste aus der Bibel vom Tod und der Auferstehung Jesu. Das Samenkorn, bei dem es um Farben ging, wurde ausgesät, als eine meiner Sonntagschullehrerinnen ein ganz einfaches Lied vorstellte, zu dem sie ein Buch ohne Worte umblätterte.

Mein Herz war schwarz vor Sünde – nun bin ich Gottes Kind.
(Dabei zeigte sie eine schwarze Seite.)
Denn sein vergoss'nes Blut macht allen Schaden gut.
(Dazu gehörte die rote Seite.)
In Gottes Wort ich seh: Es wäscht mich weiß wie Schnee.
(Hier kam die weiße Seite.)
Ich geh zur goldnen Stadt, die Gott gebaut schon hat.
(Dazu zeigte sie die goldene Seite.)

Wir wollen als Mütter den Samen der Wahrheit Gottes ins Denken unserer Kinder säen, während wir gleichzeitig für ihre Herzen beten. Unser Ziel ist es dabei immer, sie einen Schritt weiter zu Christus hinzuführen. Ich bin so froh, dass Gott so einfache Bilder verwendet, um uns seine Errettung begreiflich zu machen, dass auch Kinder sie verstehen können.

Vater, danke, dass Jesus sein Leben gegeben hat, damit wir von der Macht der Sünde befreit werden konnten, wie es Deinem Plan entsprach. Hilf uns, die Gelegenheiten, die Du uns gibst, weise zu nutzen, dass wir den Samen des Glaubens in andere Menschen hineinlegen können. Amen.

30. MÄRZ

Errettung

Wenn du jedes Vergehen gnadenlos anrechnest, wer kann dann vor dir bestehen? Doch bei dir finden wir Vergebung. Ja, du vergibst, damit wir dir in Ehrfurcht begegnen.

PSALM 130,3-4

In Spanien gab es einmal einen Vater, der mit seinem Sohn Paco schwere Probleme hatte. Irgendwann rannte der Jugendliche von zu Hause weg. Aber sein Vater begann nach seinem aufmüpfigen Sohn zu suchen. Er landete schließlich in Madrid, und in einem letzten verzweifelten Versuch, seinen Sohn ausfindig zu machen, setzte er eine Anzeige in die Zeitung. Da stand: „Lieber Paco, bitte komm am Mittag zur Redaktion dieser Zeitung. Ich habe dir alles verziehen. Ich habe dich lieb. Dein Vater." Am nächsten Mittag standen achthundert Pacos vor dem Büro, die darauf hofften, dass ihre Väter sie liebten und ihnen vergeben hatten.

Die Bibel lehrt uns, dass Gott Sünden vollständig vergibt. Obwohl Schuld Strafe nach sich zieht, weil Gott heilig ist und keine Sünde dulden kann, ist Gott gleichzeitig ein Gott der Gnade und Vergebung, der selbst Versöhnung und Errettung möglich macht.

Bevor Gott allerdings Sünde vergeben kann, müssen zwei Vorbedingungen erfüllt sein. Ein Opfer muss gebracht werden, und der Mensch, der Vergebung empfangen möchte, muss zur Umkehr bereit sein. Zu Zeiten des Alten Testaments wurden immer wieder Tiere geschlachtet, die auf das wahre Opfer, Christus, hinwiesen, selbst aber keine Schuld wegnehmen konnten. Und als Jesus schließlich auf die Welt kam, wurde er ein für alle Mal zum Opfer für die Menschen – der Gerechte für die Ungerechten.

Bis wir Christus begegnen, geht es uns allen wie den Pacos, die dort vor dem Redaktionsbüro warteten. Aber das Großartige an der Vergebung, die wir durch Christus bekommen, ist, dass wir sie jederzeit und überall empfangen können. Wir müssen nur unsere Schuld bekennen und uns auf sein Blut verlassen.

Vater, wir danken Dir von Herzen für die vollständige Vergebung, die Du für uns bereithältst. Bitte hilf uns, dass unser Leben Zeugnis davon ablegt, wie hoch wir Dein erstaunliches Geschenk der Vergebung einschätzen. Amen.

31. MÄRZ

Errettung

*„Mit mir ist der Geist des Herrn, weil er mich berufen hat.
Er hat mich beauftragt, den Armen die frohe Botschaft zu bringen. Den Gefangenen soll ich die Freiheit verkünden, den Blinden sagen, dass sie sehen werden, und den Unterdrückten, dass sie bald von jeder Gewalt befreit sein sollen.
Jetzt erlässt Gott alle Schuld.“*

LUKAS 4,18-19

Als Jesus in seiner Heimatstadt lehrte, wählte er einen Abschnitt aus dem Propheten Jesaja (vgl. Kapitel 61), wobei er auf das Gleichgewicht von Gnade und Wahrheit hinwies. Weil wir unsere Kinder ja auch auf Christus hinweisen wollen, tun wir gut daran, dieses Gleichgewicht selbst nie aus den Augen zu verlieren.

1. Die Wahrheit ist, dass wir alle arm sind, Gnade aber ist, dass wir in Gott reich gemacht werden.
2. Die Wahrheit ist, dass wir eigentlich Gefangene der Sünde sind, Gnade aber ist, dass wir in Christus Freiheit haben können.
3. Die Wahrheit ist, dass wir geistlich blind sind, Gnade aber ist, dass Gott uns die Augen öffnen kann.
4. Die Wahrheit ist, dass wir unterdrückt werden, Gnade aber ist, dass wir von der Unterdrückung frei werden können, wenn wir glauben, dass Christus für uns gestorben ist.

Stellen Sie sich mal ein Waisenkind vor, das plötzlich herausfindet, dass seine Eltern ihm ein besonderes Bankkonto hinterlassen haben. Es ist genug Geld darauf, dass es für das ganze Leben reichen wird. Oder stellen Sie sich ein Kind vor, das eingeschlossen ist und dann von dem einen Menschen befreit wird, der den Schlüssel hat. Oder ein Kind, das von einem Pausenhoftyrann aus einer höheren Klasse verfolgt und geärgert wird, bis der Lehrer einschreitet und ein Machtwort spricht. Wir alle sind wie dieses Kind.

Die Wahrheit ist, dass uns sehr viel fehlt, die Gnade aber ist, dass Jesus uns so geliebt hat, dass er uns durch seinen Tod am Kreuz alles geben kann, was wir brauchen. Gottes Errettung macht uns unermesslich reich.

Vater, danke für das großartigste Geschenk, das es auf der Welt überhaupt geben kann – das Geschenk der Errettung durch das Blut Jesu. Danke, dass Du uns geistlich reich segnest, wenn wir unser Leben Dir anvertrauen, und dass Du uns Freiheit gibst, uns die Augen öffnest und uns aus aller Unterdrückung befreist. Amen.

1. APRIL

Errettung

Denn Gott wollte mit allem, was er ist und hat, in seinem Sohn wohnen. Alles im Himmel und auf der Erde sollte durch Christus wieder mit Gott versöhnt werden und Frieden mit ihm finden. Das ist geschehen, als am Kreuz sein Blut floss.

KOLOSSER 1,19-20

Ich habe in meiner Kommode eine Schublade für Notizen und Unterlagen reserviert, die mir besonders viel bedeuten. Kürzlich bemerkte ich, dass diese Schublade immer unordentlicher wurde, und so begann ich mich durch meinen Papierstapel zu wühlen. Ich wollte wegwerfen, was ich nicht mehr brauchte, und den Rest neu sortieren.

Sie können sich wahrscheinlich vorstellen, dass ich nicht besonders schnell vorwärtskam. Ständig stieß ich wieder auf Dinge, die mir irgendwann einmal wichtig gewesen waren, und ich rief mir die Zeiten, in denen ich sie bekommen oder angefertigt hatte, wieder ins Gedächtnis. Ein Blatt Papier fiel mir wieder in die Hände, welches mein ältester Sohn Chad mir geschenkt hatte, als er sechs war. Er hatte aus verschiedenen kleinen Notizzetteln ein Kreuz zusammengestellt und auf ein größeres Blatt geklebt. Auf das Kreuz hatte er Jesus als Strichmännchen gemalt, mit Nägeln in Händen und Füßen – und einem breiten Lächeln im Gesicht.

„Im Kreuz", so Dietrich Bonhoeffer, „zeigt sich Gottes Wahrheit über uns, und deswegen ist es auch die einzige Kraft, die uns selbst wahrhaftig machen kann. Wenn wir das Kreuz kennen, haben wir keine Angst mehr vor der Wahrheit." Weil er verstanden hat, worum es bei Christi Kreuz geht, haben sich Chads Prioritäten im Leben verschoben. Weil es das Kreuz gibt, findet er es wichtiger, anderen Menschen zu helfen, als viel Geld zu verdienen. Weil es das Kreuz gibt, sind ihm andere Menschen wichtig und er möchte, dass sie Frieden finden. Ich bin so froh, dass Chad das Kreuz schon im Alter von sechs Jahren so wichtig geworden ist, und dass es sein Leben noch jetzt weiter prägt.

Vater, danke, dass wir durch Christi Tod am Kreuz mit Dir Frieden haben können. Danke, dass die Wahrheit des Kreuzes Leben verändern kann. Amen.

2. APRIL

Friede

Ich kann ruhig schlafen, auch wenn kein Mensch zu mir hält, denn du, Herr, beschützt mich.

PSALM 4,9

Als ich Anfang dreißig war, musste mein Mann beruflich ziemlich viel reisen. Ich war es nicht gewöhnt, nachts allein zu sein, und schlief in solchen Zeiten nicht besonders gut. Als ich das einmal einer Freundin gegenüber erwähnte, erzählte sie mir eine Geschichte aus ihrer Zeit in Afrika, die ich nie vergessen werde.

Dora, meine Freundin, und ihr Mann waren als Missionare in Westafrika – die einzigen Amerikaner in einer völlig fremden Kultur. Selbst wenn ihr Mann da war, mussten sie immer sehr auf ihre Sicherheit achten, aber wenn er gelegentlich wegmusste, hatte Dora nachts immer Angst. Einmal wachte sie morgens auf und merkte, dass sie eine Tür zum Hof nicht nur unverschlossen, sondern offen stehen gelassen hatte. Sie ging besorgt im ganzen Haus herum um festzustellen, ob alles in Ordnung war. Niemand war im Haus gewesen, und nach einer Weile ging ihr auf, dass Gott sie offensichtlich auch dann sehr gut bewahren konnte, wenn sie selbst vergaß, die Tür zu schließen. Umso weniger musste sie sich Gedanken machen, nur weil ihr Mann nicht da war. Von dieser Nacht an dachte sie immer, wenn ihr Mann unterwegs war, an Psalm 4,9, und schlief friedlich durch.

In Markus 4 wird uns erzählt, dass Jesus und seine Jünger in einem Boot auf dem See Genezareth unterwegs waren, als plötzlich ein gewaltiger Sturm losbrach. Mitten in diesem Sturm schlief Jesus in einer Ecke des Bootes. Warum? Weil er wusste, dass Gott für ihn sorgen würde.

Erleben Sie in Ihrem Leben auch gewaltige Stürme? Haben Ihre Kinder in der Schule zu kämpfen oder gibt es Schwierigkeiten mit ihren Freunden? Denken Sie immer daran, dass Gott will, dass wir unsere Zuflucht bei ihm suchen. Er ist unser Friede. Bei ihm sind wir in Sicherheit.

Vater, hilf uns, zu Dir zu kommen, wenn wir Angst haben. Lass nicht zu, dass wir uns von Sorgen und Angst auffressen lassen. Danke, dass Du uns Frieden geben willst. Amen.

3. APRIL

Friede

Auch wenn ich nicht bei euch bin, sollt ihr doch Frieden haben.
Es ist mein Friede, den ich euch gebe; ein Friede, den sonst keiner geben kann.
Seid deshalb ohne Sorge und Furcht.

JOHANNES 14,27

H. G. Spafford, ein überzeugter Christ, lebte im 19. Jahrhundert. Er war eigentlich ein gewöhnlicher Geschäftsmann, aber wir kennen ihn aufgrund einer bekannten Strophe, die er in einer außergewöhnlich schweren Zeit niederschrieb. Er hatte gerade einen finanziellen Rückschlag erlebt und wollte mit seiner Familie nach England zurückkehren. Seine Frau und die vier Töchter fuhren schon vor, sie nahmen die *Ville du Havre.* Das Schiff stieß mitten im Atlantik mit einem anderen Schiff zusammen und sank sofort. 230 Menschen kamen dabei um. Spaffords vier Töchter ertranken, aber seine Frau konnte gerettet werden. Sie sandte ihm ein Telegramm mit den Worten: „Alleine überlebt." Spafford wurde vom Kummer regelrecht überwältigt. Gerade hatte er seine vier Töchter verloren, und seine Frau befand sich alleine am anderen Ende des Ozeans. Aber mitten in diesem Schmerz schrieb er diese erstaunliche Strophe, die uns bis heute Mut macht:

Wenn Friede mit Gott meine Seele durchdringt,
ob Stürme auch toben von fern,
mein Herze im Glauben doch allezeit singt:
„Mir ist wohl, mir ist wohl in dem Herrn."

Vater, danke, dass Du uns Deinen Frieden oft auf so andere Weise gibst, als wir das erwarten. Er steht uns immer zur Verfügung – selbst in den schwersten Zeiten. Hilf uns, unser Leben zu jeder Zeit so konsequent für Dich zu leben, dass wir zu jeder Zeit Deinen Frieden empfinden können. Amen.

4. APRIL

Friede

Vom Bösen soll er sich abwenden und das Gute tun.
Er setze sich unermüdlich und mit ganzer Kraft für den Frieden ein.

1. PETRUS 3,11

Weil unser Sohn Nate immer schon fast nichts anderes im Kopf hatte als Baseball, gingen Jim und ich davon aus, dass er seine ganze Schulzeit hindurch in der Schulmannschaft mitspielen würde. Irgendwann in der Mittelstufe ging ihm aber alle Begeisterung verloren. Sein Trainer beschimpfte die Jungs und schrie sie viel an, und so verlor Nate nach und nach den Mut. Wir merkten es, und so hörten wir ihm viel zu und beteten für ihn. Wir machten ihm Mut, das Gespräch mit seinem Trainer zu suchen. Das war nicht einfach, aber er schaffte es doch. Er ging so vor, wie wir es in unserer Familie bei ähnlich schwierigen Gesprächen halten: das Positive nennen, das Negative nennen, Verbesserungsvorschläge machen.

Also ging Nate zu seinem Trainer und sagte ihm zuerst, was er an ihm gut fand. Dann erklärte er, wie sehr ihn der rüde Ton und das Anschreien belastet, und zum Schluss bat er den Trainer freundlich, sich dieses Verhalten abzugewöhnen. Der Trainer dankte Nate, dass er ihm das alles gesagt hatte, und entschuldigte sich sogar für sein bisheriges Verhalten, aber in der Folge änderte sich doch nichts. Nate blieb noch die Spielzeit über im Team, beschloss aber, danach nicht weiter im Team der Schule mitzuspielen.

Die Entscheidung fiel ihm schwer. Baseball bedeutete ihm unheimlich viel, und er wollte nicht einfach als „Sensibelchen“ erscheinen, das vorschnell aufgibt. Aber manchmal ist es gut und dient dem Frieden letzten Endes mehr, wenn man eine Sache aufgibt, die einen entmutigt. Gottes Weisheit und Hilfe zeigen uns, welchen Weg wir einschlagen sollen: „Denke bei jedem Schritt an ihn; er zeigt dir den richtigen Weg und krönt dein Handeln mit Erfolg.“ (Sprüche 3,6)

Vater, in manchen Situationen sind wir unruhig und verwirrt. Bitte gib uns Weisheit, wie wir in Frieden leben können. Amen.

5. APRIL

Friede

Wer gelassen und ausgeglichen ist, lebt gesund. Der Eifersüchtige wird von seinen Gefühlen innerlich zerfressen.

SPRÜCHE 14,30

In diesem Vers wird ein Gegensatz aufgestellt, der uns eigentlich gleich ins Auge springen müsste – der Unterschied zwischen Leben und Verwesung, je nachdem, ob man nun gelassen lebt oder voller Neid ist.

Die ganze Bibel hindurch wird Friede als Hoffnung, Vertrauen und eine Ruhe der Seele beschrieben, die sich darauf gründet, dass wir durch den Glauben an Christus mit Gott versöhnt sind. Das genaue Gegenteil davon ist der Neid. Wer neidisch ist, wird unzufrieden, ärgerlich auf alle und jeden und hat immer das Gefühl, zu kurz zu kommen.

Kürzlich ist mir ein Zeitungsartikel untergekommen, in dem eine aktuelle Studie zitiert wurde, die zu dem Schluss gekommen ist, dass gläubige Menschen gesünder leben als ungläubige. Diese Studien berufen sich natürlich nicht auf Gottes Wort, sondern auf Umfrageergebnisse, die eigentlich nur das belegen, was Gläubige längst wissen, nämlich dass uns der persönliche Glaube an Christus hilft, in Frieden zu leben. Je weiter wir im Glauben kommen, desto gelassener werden wir auch. Das heißt natürlich nicht, dass wir niemals krank werden, nie als Familie ernsthaft in Schwierigkeiten geraten oder uns zu keiner Zeit Sorgen machen – aber wir haben einen Anker unserer Seele. Manchmal haben wir den Eindruck, dass das Schiff unseres Lebens auf einem Meer von Schwierigkeiten hin und her geworfen wird, wir wissen nicht mehr, wo wir eigentlich sind. Dann ist es tröstlich zu wissen, dass, egal was uns passiert, wir einen sicheren Hafen bei Gott haben, an dem wir ewig vor Anker gehen werden. Das ist wahrer Friede!

Haben Sie das Gefühl, dass Sie Ihr Leben nicht mehr im Griff haben? Fehlt Ihnen ein Kompass in den Stürmen Ihres Lebens? Jesus ist gekommen, um Verlorene zu suchen und zu retten. Rennen Sie zu ihm hin. Bringen Sie sich bei seinem Wort in Sicherheit. Mit ihm in Beziehung zu leben bedeutet, wahren Frieden zu erfahren.

Vater, danke, dass wir durch die Beziehung mit Dir Frieden erleben können. Bitte hilf uns, Deinen Frieden in unserem Zuhause vorzuleben. Amen.

6. APRIL

Friede

Dies habe ich euch gesagt, damit ihr durch mich Frieden habt. In der Welt werdet ihr von allen Seiten bedrängt, aber vertraut darauf: Ich habe die Welt besiegt.

JOHANNES 16,33

Viele Menschen würden Frieden definieren als die Abwesenheit von Krieg, aber Jesus hat ein ganz anderes Konzept von Frieden vorgestellt. Er hat nie behauptet, dass wir nur Frieden erleben könnten, wenn alles um uns herum friedlich ist, denn als Christen leben wir eigentlich in einem andauernden Kriegszustand. Unser Feind, der Teufel, versucht, unseren Glauben aufzuweichen und zu zerstören, und solange wir leben, kämpfen wir mit aller Kraft dagegen an.

Der Friede, den uns Jesus bietet, ist vielmehr ein Friede in *ihm,* und dieser Friede ist ganz anders als der, den man *in der Welt* finden kann. Römer 5,11 erklärt: „Schon jetzt sind wir durch unseren Herrn Jesus Christus mit Gott versöhnt." Der Friede, den Jesus für uns bereithält, ist eine Mischung aus Hoffnung, Vertrauen und Ruhe in unserem Denken und Empfinden, und er lässt sich auch dann erleben, wenn die äußeren Umstände alles andere als friedlich sind.

Vater, danke für die Hoffnung, das Vertrauen und den Frieden, den nur Du in unser Herz und in unser Denken geben kannst. Hilf uns, dass wir uns ganz auf Dich verlassen. Amen.

7. APRIL

Friede

Macht euch keine Sorgen! Ihr dürft Gott um alles bitten. Sagt ihm, was euch fehlt, und dankt ihm. Gott wird euch seinen Frieden schenken, einen Frieden, der all unser Verstehen, all unsere Vernunft übersteigt, der unsere Herzen und Gedanken im Glauben an Jesus Christus bewahrt.

PHILIPPER 4,6-7

Der Fluss der Sorge schwillt Tropfen für Tropfen – oder Gedanke für Gedanke – an. Er wird von vielen kleinen sorgenvollen Gedanken gespeist. Es ist nicht genug, dass wir uns immer wieder sagen: „Hör endlich auf, dir solche Sorgen zu machen!" Wenn wir so vorgehen, holen unsere Ängste uns immer wieder ein. Aber Gottes Wort gibt uns hilfreiche Ratschläge, was wir tun können, wenn wir uns Sorgen machen. Er empfiehlt uns, ihm unsere Bitten über alles vorzutragen, und dabei haben wir drei Möglichkeiten:

1. Gebet – wir können mit Gott über die Situation reden.
2. Bitte – wir können dem eine Bitte vortragen, der alles in der Hand hält.
3. Dank – wir können unsere Dankbarkeit ausdrücken.

Wenn wir jemandem etwas präsentieren – beispielsweise ein Geschenk –, ist das meistens mit einer Art feierlicher Übergabe verbunden. Und genauso sollen wir unsere Sorgen Gott buchstäblich übergeben, damit wir sie los sind. Wir gehen also einfach zu Gott hin und sprechen ihn als den an, der alles in seiner Hand hält. Wir danken ihm für all das, was er schon in unserem Leben getan hat, und sagen ihm, dass wir ihm auch für die Zukunft vertrauen wollen.

Wenn wir unsere Sorgen so „präsentieren", kommt es zu einem Austausch. Wir geben die Sorge an Gott ab und er gibt uns dafür Frieden ins Herz. Das Wort, das hier als „bewahren" wiedergegeben wird, stammt eigentlich aus der Militärsprache. Wir können uns also richtig einen Wächter vorstellen, der über unsere Herzen und Gedanken wacht.

Wie es bei Gott immer ist, kommen wir bei diesem Tausch natürlich besser weg. Wir geben ihm unsere Sorgen, unsere Bitten und unseren Dank – und bekommen dafür seinen Frieden.

Gott, der Du alles in Deiner Hand hältst, du weißt, dass ich mir viele Sorgen mache. Ich möchte sie Dir abgeben. Danke, dass Du über allem stehst und dass Du mir zuhörst. Bitte gib mir Deinen Frieden, damit er über mein Herz und meine Gedanken wacht. Danke für alles, was Du in der Vergangenheit schon getan hast, und danke für alles, was Du in Zukunft tun wirst. Amen.

8. APRIL

Friede

Herr, du gibst Frieden dem, der sich an dir festhält und dir allein vertraut! Ja, vertraut dem Herrn für immer, denn er, unser Gott, ist ein starker Fels für alle Zeiten.

JESAJA 26,3-4

Vor einigen Jahren haben wir eine Hütte abseits der Zivilisation gemietet. Man musste einen schmalen Kiesweg hinunterfahren, dann in einen noch schmaleren Pfad einbiegen, und dann stand man vor der Hütte, zwischen wunderbar duftenden Pinien. Die Hütte war auf eine kleine Anhöhe gebaut, und so konnte man von ihr aus einen kleinen Fluss sehen. Vor der Hütte war direkt ein großer Baum, von dem ein dickes Seil hing, sodass man hin und her schwingen und sich dann in den Fluss plumpsen lassen konnte. Es war der ideale Ferienort für unsere drei Jungs.

Im Dämmerlicht ganz früh am Morgen schien der Fluss immer besonders ruhig. Manchmal spiegelten sich in ihm sogar die Bäume, der Himmel und alles, was sonst noch darüberlag. Es war ein ideales Bild davon, wie wir uns den Frieden vorstellen.

Manchmal gleicht unser Leben allem anderen, nur nicht einem stillen Fluss. Die Stürme unseres Lebens wühlen das Wasser auf, wir werden regelrecht überwältigt und haben das Gefühl, dass wir jeden Moment von der starken Strömung mitgerissen werden.

Aber Jesus hat gesagt: „Auch wenn ich nicht bei euch bleibe, sollt ihr doch Frieden haben. Es ist mein Friede, den ich euch gebe; ein Friede, den sonst keiner geben kann. Seid deshalb ohne Sorge und Furcht.“ (Johannes 14,27) Kurz zuvor hatte er Philippus noch versichert, dass jeder, der ihn sah, damit auch den Vater sah. Jesus machte damit deutlich, dass er sich mit dem großen Gott Jahwe, Gott dem Vater, gleichsetzte.

Wenn der Strom unseres Lebens aufgewühlt und unruhig ist, erinnert uns Jesus immer wieder daran, dass wir uns auf ihn konzentrieren sollen – auf seine Stärke, seine Liebe und seine Treue. Wir sollten uns fest vornehmen, uns ganz in seine Fürsorge zu geben, und ihm vertrauen, dass er mit uns nur das Beste vorhat.

Herr, danke für den Frieden, den Du uns versprichst, wenn wir Dir vertrauen. Hilf uns, mit all unserem Denken und Empfinden auf Dich ausgerichtet zu sein. Amen.

9. APRIL

Sicherheit

Wer Gott ehrt, lebt sicher und geborgen; sogar seine Kinder leben noch in dieser Geborgenheit.

SPRÜCHE 14,26

Haben Ihre Kinder je in Ihrem Haus und um Ihr Haus herum Burgen gebaut? Meine Jungs haben sich aus Decken, die sie mit Klebeband an Tischen und Stühlen festmachten, regelrechte Festungen errichtet. Im Winter gab es draußen Schneeburgen. Und das größte Projekt, das sie je in Angriff nahmen, war eine dreistöckige Burg in dem großen Baum auf unserem Hof; sie brauchten drei Sommer, um sie fertigzustellen.

Eine Burg, die unsere Kinder bauen, kann ein großartiger Spielplatz und sehr gemütlich sein, aber eine wirkliche Festung im militärischen Sinn hat doch weitaus mehr zu bieten – sie ist der Inbegriff von Stärke und Sicherheit. Gott sagt uns, dass wir, wenn wir ihn achten und ehren, in *ihm* eine Festung finden. Weil Gott in uns lebt, können wir die Stärke und Sicherheit, die wir bei ihm haben, immer und überall erleben.

Corrie ten Boom war eine Holländerin, deren Eltern gläubig waren. Als ihr Land im Zweiten Weltkrieg von den Nazis besetzt wurde, versteckte Corries Familie in ihrem Haus Juden, um sie vor dem Konzentrationslager zu bewahren. Schließlich landeten sie alle selbst im KZ. Corries Festung – ihre Zuflucht bei Gott – ließ sich manchmal im Uhrengeschäft ihres Vaters finden, manchmal in einem überfüllten Zug, manchmal in einem verborgenen Raum in Corries Haus und manchmal auch im Stockbett eines Konzentrationslagers. Ihre Festung war kein materieller Ort. Sie bestand in der Sicherheit, die ihre Beziehung zu Gott ihr bot.

Wir bringen viel Zeit und Geld auf, um unsere Behausungen wohnlich zu machen, und das ist ja auch richtig so. Aber viel wichtiger ist es, dass wir unseren Kindern beibringen, Gott zu achten und zu ehren, der uns die sicherste Festung bietet, die wir im Leben je erfahren können – unsere Festung, wo wir auch sind.

Vater, danke, dass die Sicherheit, die wir in Dir haben, nicht davon abhängig ist, wo wir leben oder wo wir gerade sind. Danke, dass Du sie in unsere Seele hineingibst. Amen.

10. APRIL

Sicherheit

Ich sehe immer auf den Herrn. Er steht mir zur Seite, damit ich nicht falle. Darüber freue ich mich so sehr, dass ich es nicht für mich behalten kann. Bei dir, Herr, bin ich in Sicherheit.

PSALM 16,8-9

Welche Mutter kennt wohl *nicht* dieses Gefühl von Unzulänglichkeit und Unsicherheit? Ich bin inzwischen gut über fünfzig, und trotzdem erlebe ich gelegentlich immer noch Tage, an denen ich mich schrecklich unsicher fühle. Als junge Erwachsene hatte ich solche Phasen viel öfter, und manchmal dachte ich, dass ich bestimmt die einzige Mutter war, die so an sich zweifelte. Jetzt bin ich älter und weiß es besser. Und ich glaube, dass jede Mutter, die sich selbst gegenüber ehrlich ist, zugibt, solche Momente der nagenden Zweifel auch zu kennen. Um wirkliche Sicherheit erleben zu können, sollten wir zwei Wahrheiten, die uns Gottes Wort vermittelt, nicht aus den Augen verlieren:

1. Gerade weil unsere Sünde so schwer wiegt, war der Tod Christi erforderlich.
2. Gott hat uns so sehr geliebt, dass er seinen Sohn geschickt hat, um für uns zu *sterben*.

Wenn wir immer nur einen dieser Aspekte bedenken, geraten wir aus dem Gleichgewicht – und werden entweder von Stolz oder von Gefühlen der Unzulänglichkeit eingeholt.

Sicherheit beginnt dort, wo wir mit dem Dichter der oben zitierten Psalmverse sagen können: „Ich sehe immer auf den Herrn (und nicht auf mich)." Wenn wir uns zu sehr um uns selbst drehen, geraten wir in Schwierigkeiten. Wenn wir zu viel von uns halten, werden wir selbstzufrieden und stolz; wenn wir uns andererseits ständig selbst in Gedanken abwerten, sind wir bald entmutigt. Wenn wir uns dagegen ins Gedächtnis rufen, was Gott für uns getan hat, bekommen wir wieder eine gesunde Sicht der Dinge.

Gladys Hunt hat geschrieben: „Gott hat uns erlöst; wir können erhobenen Hauptes Freudenrufe ausstoßen. Gottes Liebe ist eine Trotz-allem-Liebe – die Art unwandelbare Liebe, in der wir uns so sicher fühlen können, dass wir all unsere Lasten ehrlich bei ihm abladen können."

Wenn das kein guter Ausgangspunkt für wirkliche Sicherheit ist.

Gott, danke, dass wir unsere Sicherheit nicht finden, wenn wir in uns hinein-, sondern wenn wir zu Dir aufblicken. Danke, dass wir Dir so wichtig waren, dass Du für uns gestorben bist und uns auf ewig zu Freunden machen möchtest. Du bist „Gott mit uns". Amen.

11. APRIL

Sicherheit

Kann eine Mutter ihren Säugling vergessen? Bringt sie es übers Herz, das Neugeborene seinem Schicksal zu überlassen? Und selbst wenn sie es vergessen würde – ich vergesse dich niemals! Unauslöschlich habe ich deinen Namen auf meine Handflächen geschrieben, deine zerstörten Mauern habe ich ständig vor Augen!

JESAJA 49,15-16

Diejenigen von Ihnen, die ihre Kinder gestillt haben, haben damit bestimmt ein ganz besonders ansprechendes Bild von Sicherheit vor Augen. Ich kann mich noch gut an Momente erinnern, als meine Babys einfach durch nichts zufriedenzustellen waren – sie waren müde, hatten Hunger oder einfach nur schlechte Laune. Das Einzige, das dann half, war, sie anzulegen. Oft schliefen sie friedlich nuckelnd ein. Selbst wenn der ganze Raum voller Mütter gewesen wäre, so hatte doch nur ich das, was dieses Baby brauchte.

Wenn wir uns das Bild einer Mutter vor Augen stellen, die die Macht hat, ihr Kind zu versorgen und ruhig zu machen, verstehen wir ein kleines bisschen die Bedeutung des Gottesnamens *El Shaddai*, die uns im Alten Testament vorgestellt wird. *El* steht für Macht oder Kraft, und *Shaddai* beschreibt grenzenlose Großzügigkeit. Das hebräische Wort *Shad* hat die gleiche Wurzel wie „Brust".

Es war natürlich eine Mutter, die eine Erklärung dafür gefunden hat, was eine Brust mit Allmacht zu tun hat. Kay Arthur erklärt: „Ein Baby schreit – es ist ruhelos, und nichts kann es zur Ruhe bringen. Oder doch? Ja, die Mutterbrust schon ... Die Brust gibt Nahrung, spendet Leben. Die Mutter hat mit ihrer Brust fast unbegrenzte Macht über ihr Kind."

Viel mehr Sicherheit bietet uns Gott, unser El Shaddai, der uns umgibt, wenn wir zu ihm gehen oder ihn um Hilfe anschreien.

El Shaddai, die Milch jeder Mutter versiegt irgendwann, aber Du versorgst uns immer und unbegrenzt mit allem, was wir brauchen. Danke, dass es bei Dir genug für alle gibt. Amen.

12. APRIL

Sicherheit

Ich sehe immer auf den Herrn. Er steht mir zur Seite, damit ich nicht falle.

PSALM 16,8

Auch Stars und Sternchen sind nicht davor gefeit, sich bedeutungslos und unzulänglich zu fühlen. Erscheint Ihnen das wie ein Widerspruch in sich? Aber es ist wahr – auch Berühmtheiten sind unsicher.

Ein berühmter Mann der Bibel hatte mit solchen Unsicherheitsgefühlen zu kämpfen. Saul kam aus einer wohlhabenden und einflussreichen Familie und die Bibel beschreibt ihn als einen der attraktivsten Männer Israels. (vgl. 1. Sam 9,1-2) Und dann lesen Sie einmal, wie Saul sich selbst beschreibt, als er Samuel kennenlernt: „Ich bin doch nur ein Benjaminiter, ich gehöre zum kleinsten und unbedeutendsten Stamm Israels, und meine Sippe ist die kleinste von ganz Benjamin." (1. Sam 9,21)

Auch als Saul der erste König Israels wurde, war er zwischen seinen Gefühlen und Überzeugungen hin- und hergerissen, und sein Minderwertigkeitskomplex gewann oft die Oberhand. Ich frage mich manchmal, ob er wirklich an einem Minderwertigkeitskomplex *litt* oder ob er sich dafür nicht vielmehr *entschied*. So etwas geht ganz einfach. Wir können genau wie Saul sehr leicht dazu übergehen, auf uns selbst zu blicken und nicht auf Gott. Wenn wir das mit einer gewissen Regelmäßigkeit machen, drehen sich alle unsere Pläne und Gedanken nur noch um uns und wir vergessen, dass das Ziel unseres irdischen Lebens ist, Gott zu dienen und ihm Ehre zu machen.

Je mehr Saul sich um sich selber drehte, desto arroganter, eifersüchtiger und unsicherer wurde er auch. Wir können uns ja einmal auszumalen versuchen, wie anders sein Leben verlaufen wäre, wenn Saul sich wie David stärker auf Gott konzentriert hätte. Heilung für unsere Gefühle von Unzulänglichkeit finden wir nicht in uns selbst. „Die beste Therapie gegen einen Mangel an Selbstsicherheit", so behauptet Betsy Childs, „ist nicht mehr Selbstbewusstsein, sondern mehr Gottes-Bewusstsein."

Herr, danke, dass Du so spürbar anwesend bist, dass wir uns sicher fühlen können, wenn wir Dir vertrauen. Amen.

13. APRIL

Sicherheit

Denn jedes Mal, wenn ihr dieses Brot esst und aus diesem Kelch trinkt, verkündigt ihr den Opfertod des Herrn. Und daran sollt ihr festhalten, bis er wiederkommt.

1. KORINTHER 11,26

Fast jedes Jahr laden meine Eltern für die Tage nach Weihnachten ihre vier Kinder und alle Enkel in ein nahe gelegenes Hotel ein. Jede Familie hat ihr eigenes Appartement und meine Eltern haben eine Suite mit einem Konferenzraum. Bei ihnen geht es immer besonders laut zu und es gibt jede Menge Essen und Spiele. Wir Erwachsenen haben Zeit, uns gemütlich hinzusetzen und zu plaudern, während die Kinder miteinander spielen, das Hotel erkunden oder sich im Swimmingpool vergnügen. Wir alle empfinden so viel Geborgenheit bei diesen Treffen. Je älter ich werde, desto mehr beginne ich die Großzügigkeit meiner Eltern zu schätzen. Sie bieten unserer Familie so die Gelegenheit, miteinander verbunden zu bleiben.

Heute Morgen habe ich eine ähnliche Geborgenheit und Wärme empfunden, als ich am Abendmahl teilnahm. Zusammen mit den übrigen Gläubigen in meiner Gemeinde – einem winzigen Teil des großen Leibes Christi – nahm ich Brot und Wein (in diesem Falle Traubensaft), um mich an Christus zu erinnern, von ihm neue Kraft zu empfangen und mich ihm neu zur Verfügung zu stellen.

Das Wort *Kommunion*, das manche Kirchen für das Abendmahl benutzen, beinhaltet Dinge wie *Gemeinschaft*, *Teilnehmen* und *Teilen*. Wie sicher und geborgen können wir uns fühlen, wenn wir uns gemeinsam daran erinnern, dass wir durch Christi Tod von der Sünde freigekauft worden sind. Und wir können uns gemeinsam ins Gedächtnis rufen, dass er in unserem Leben wirkt und die Macht hat, uns zu helfen. Wie viel Vorfreude empfinden wir schon bei dem Gedanken an den Tag, an dem wir die bedeutendste aller Sicherheiten erleben werden – mit Christus selbst im Himmel Abendmahl zu feiern und Gemeinschaft zu genießen.

Vater, danke für die Geborgenheit, die wir erleben können, wenn wir zusammen mit anderen Gläubigen, mit unseren Brüdern und Schwestern, wie in einer großen Familie Abendmahl feiern. Lass uns das nie gering schätzen und erinnere uns immer wieder an Deine große Liebe zu uns und an Deine Macht, mit der Du uns immer wieder zu Hilfe kommst. Amen.

14. APRIL

Sicherheit

Die Nachkommen deines Volkes werden in Sicherheit wohnen,
unter deinem Schutz werden sie geborgen sein.

PSALM 102,29

Sicherheit umfasst Schutz, Fürsorge und Zuflucht.

Einer der Pastoren unserer Gemeinde, Todd Augustine, war kürzlich zu einem evangelistischen Kurzzeit-Einsatz in Japan. Während der zwei Wochen seiner Abwesenheit fuhr Cindy, seine Frau, mit den beiden kleinen Töchtern nach Georgia, um Cindys Mutter zu besuchen.

Auf einer Landstraße hörten Cindy, ihre Mutter, die sechsjährige Eleah und die vierjährige Katie plötzlich einen lauten Knall auf dem Autodach. Sie fuhren gerade durch einen dichten Wald in einer gebirgigen Gegend, und offensichtlich war gerade in dem Moment ein Baum genau auf ihr Auto gefallen. Wenn das auch nur den Bruchteil einer Sekunde früher passiert wäre, hätte der Stamm wahrscheinlich die Windschutzscheibe durchbrochen. *Gottes Schutz!*

Cindy brachte das Auto zum Stehen und sah nach ihrer Mutter und den Kindern. Sie war so dankbar, dass niemandem ernstlich etwas passiert war – abgesehen von ein paar kleinen Kratzern und Schnitten von den Glasscherben. Es hätte alles viel schlimmer kommen können.

Die erste Autofahrerin, die vorbeikam und ihre Hilfe anbot, war so außergewöhnlich warmherzig und freundlich, dass Eleah sie mit großen Augen anschaute und fragte: „Gehörst du auch zu Jesus?“ – „Das kannst du laut sagen, Schätzchen“, sagte die Frau fröhlich, „und ich bete ganz feste für euch.“ *Gottes Fürsorge!*

Rund elftausend Kilometer entfernt wachte Todd morgens um vier Uhr auf und hatte den ganz starken Eindruck, dass er zu Hause anrufen sollte. Als er bei seiner Schwiegermutter anklingelte, kam Eleah ans Telefon und erzählte ihm die ganze Geschichte. Todd erzählte später: „Ich fühlte mich schrecklich hilflos, weil ich nicht dort sein und meine Frau und die Kinder trösten konnte. Ich musste mich einfach darauf verlassen, dass Gott das Wohl der Menschen, die mir mehr als alle anderen auf der Welt bedeuteten, weiter am Herzen lag. Ich habe einen kleinen Eindruck davon bekommen, was unsere Missionare ständig durchmachen, wenn sie von ihrer Familie getrennt leben.“ *Gott, unsere Zuflucht!*

Vater, danke für die Sicherheit, die wir als Deine Kinder genießen dürfen. Danke für den Schutz und die Fürsorge, die wir bei Dir erleben, und danke, dass Du unsere Zuflucht bist – gerade auch dann, wenn wir uns dessen noch nicht einmal bewusst sind. Amen.

15. APRIL

Sicherheit

Wenn Vater und Mutter mich verstoßen, nimmst du, Herr, mich doch auf.

PSALM 27,10

Wenn Sie beschreiben müssten, was Sicherheit ist, und zur Illustration Kinder hinzuziehen könnten, was würde Ihnen so einfallen? Ich würde wahrscheinlich einen kleinen Jungen beschreiben, der in die Arme seines Vaters springt und ganz sicher darauf vertraut, dass Papa ihn schon auffangen wird. Oder ich sähe eine Mutter vor mir, deren Baby sich an ihren Bauch kuschelt. Sicherheit bedeutet die Abwesenheit von Gefahr, Risiko, Sorgen oder Angst, und wir Mütter möchten natürlich, dass unsere Kinder sich sicher fühlen.

Manchmal hören oder lesen wir allerdings von Eltern, denen die Sicherheit ihrer Kinder nicht besonders am Herzen zu liegen scheint. Kürzlich las ich von einem Pärchen, das nach einem Streit im Auto ihr zehn Monate altes Baby einfach am Straßenrand einer viel befahrenen Straße abstellte. Zum Glück fiel einem gerade vorbeifahrenden Arzt das Kind auf. Er brachte das kleine Mädchen ins Krankenhaus, wo man erleichtert feststellte, dass ihm nichts fehlte. Man sucht nun nach Pflegeeltern für das Kind.

Was fällt Ihnen spontan ein, wenn Sie an Sicherheit denken? Ich bin alt genug, um zu wissen, dass meine Sicherheit nicht in meinem Wohlstand liegt, in Haus, Beruf, Partner oder Gesundheit. Ich sehe mich selbst vor meinem inneren Auge, wie ich in Gottes Arme renne. Ich weiß, dass ich ihm wichtig bin, obwohl er für jeden anderen Menschen auf der Welt genauso zur Verfügung steht, der mit ihm Zeit verbringen möchte. Egal, welche Art Enttäuschung oder Zurückweisung jeder von uns erfahren hat wir dürfen wissen, dass Gott uns nie zurückstößt, wenn wir zu ihm kommen. Eine größere Sicherheit kann es nirgends geben.

Herr, danke, dass Du uns jederzeit aufnimmst, wenn wir zu Dir kommen. Danke, dass wir uns immer und mit all unseren Anliegen an Dich wenden können, weil Du unser Schöpfer bist und uns bis in die Tiefen unserer Seele kennst. Danke, dass Du uns nie verlässt und verstößt. Amen.

16. APRIL

Tiere

Der Herr ist mein Hirte. Nichts wird mir fehlen. Er weidet mich auf saftigen Wiesen und führt mich zu frischen Quellen. Er gibt mir neue Kraft. Er leitet mich auf sicheren Wegen, weil er der gute Hirte ist. Und geht es auch durch dunkle Täler, fürchte ich mich nicht, denn du, Herr, bist bei mir. Du beschützt mich mit deinem Hirtenstab. Du lädst mich ein und deckst mir den Tisch vor den Augen meiner Feinde. Du begrüßt mich wie ein Hausherr seinen Gast und gibst mir mehr als genug. Deine Güte und Liebe werden mich begleiten ein Leben lang, in deinem Haus darf ich für immer bleiben.

PSALM 23

Das Tier, das in der Bibel am häufigsten vorkommt, ist das Schaf. Schafe sind im Grunde genommen ziemlich hilflose Tiere, die in Bezug auf Nahrung, Unterkunft und Schutz auf ihren Hirten angewiesen sind. Obwohl sie in Herden eingebunden sind, haben manche Schafe die Angewohnheit, sich abzusetzen – was dann dazu führt, dass sie in Schwierigkeiten geraten. Wir geben es vielleicht nicht gerne zu, aber wir Menschen sind Schafen ziemlich ähnlich. Wir sind stur, tun am liebsten das, was die breite Masse auch tut, wir geraten leicht in Panik und lassen uns manchmal auf Dinge ein, von denen wir uns besser ferngehalten hätten. Und wie Schafe brauchen auch wir jemanden, dem wir folgen können – jemanden, der für uns sorgt und uns beschützen möchte.

Es ist interessant, dass in diesem kurzen Psalm 23 die sieben Namen aufleuchten, die Gott im Alten Testament trägt: Der Herr versorgt, der Herr heilt (oder: stellt wieder her), der Herr unser Friede, der Herr unsere Gerechtigkeit, der Herr ist hier, der Herr unser Feldzeichen, der Herr mein Hirte.

Wenn wir merken, dass wir als Familie finanziell an unseren Grenzen ankommen, können wir Gott danken, dass er uns versorgt. Wenn wir merken, dass Spannungen zwischen Familienangehörigen wachsen, können wir ihm danken, dass er unser Friede ist. Wenn wir verwirrt und verunsichert sind, können wir Gott danken, dass er unser Hirte ist. Er ist nicht nur der Gott, der mich kennt, sondern gleichzeitig auch der Gott, der mir alles gibt, was ich brauche.

Guter Hirte, danke, dass Du siehst, was wir brauchen, und dass Du für uns sorgst. Hilf uns, gleich zu Dir zu gehen, wenn wir den Eindruck haben, dass uns etwas fehlt. Amen.

17. APRIL

Tiere

Und sie erzählten den Israeliten die schlimmsten Geschichten über ihre Reise: „Wir haben das Land durchzogen, wir wissen, wie es dort aussieht. Glaubt uns, dort herrschen Mord und Totschlag! Alle Menschen, die wir gesehen haben, sind groß und kräftig. Die Anakiter, die wir getroffen haben, sind Riesen. In deren Augen waren wir klein wie Heuschrecken, und so haben wir uns auch gefühlt."

4. MOSE 13,32-33

Mose sandte auf Gottes Anordnung hin zwölf Kundschafter in das Land Kanaan, das Gott den Israeliten verheißen hatte. Diese Spione hatten den Auftrag, das Land zu erkunden und dann Bericht zu erstatten. Außerdem sollten sie Kostproben von den Dingen mitbringen, die dort wuchsen. Bei ihrer Rückkehr beschrieben die Kundschafter das Land als großartig. Schon eine einzige Weintraube war so groß, dass zwei Männer sie an einem Stock zwischen sich tragen mussten. Aber sie bemerkten auch die Stadtmauern und die Riesen. Zwei der Spione, Josua und Kaleb, rieten dem Volk: „Lasst uns losziehen!" Die anderen zehn sagten: „Nein, doch nicht gegen Menschen dieser Größenordnung! Wir kommen uns im Vergleich mit denen wie Heuschrecken vor!"

Was für ein Gegensatz. Die beiden Kundschafter, die darauf vertrauten, dass Gott seine Versprechen hält, hatten Mut. Sie gingen ganz selbstverständlich davon aus, dass sie die Kanaaniter besiegen würden. Die zehn, die Gott nicht glaubten, bekamen Angst. Deshalb schwor Gott, dass von den zwölf Kundschaftern nur zwei lange genug leben würden, um letzten Endes doch noch in das Verheißene Land einzuziehen.

Ich habe mich manchmal gefragt, was ich wohl gedacht hätte, wenn ich einer dieser zwölf Kundschafter gewesen wäre. Wäre ich mir auch wie eine Heuschrecke vorgekommen? Ich stehe oft in der Gefahr, auf meine Angst zu schauen statt auf Gott.

Manchmal kommen wir uns angesichts riesiger Problemberge wirklich wie Heuschrecken vor. Wir tun gut daran, uns in solchen Momenten Mut zu machen wie Josua und Kaleb und uns Gottes Verheißungen wieder ins Gedächtnis zu rufen: „Der Herr liebt uns, er hält seine Versprechen, er ist auf unserer Seite. Habt keine Angst!"

Vater, hilf uns, dass wir uns auf Deine Verheißungen konzentrieren und nicht auf unsere Angst, wenn sich Probleme vor uns auftürmen. Amen.

18. APRIL

Tiere

Welchen Wert hat schon ein Spatz auf dem Dach? Und doch vergisst Gott keinen einzigen von ihnen. Selbst die Haare auf eurem Kopf sind alle gezählt. Ihr braucht wirklich keine Angst zu haben! Ihr seid mehr wert als ein ganzer Spatzenschwarm!

LUKAS 12,6-7

Spatzen sind ziemlich alltägliche Vögel. Wer sich nicht die Mühe macht, genauer hinzusehen, für den sieht ein Spatz wie der andere aus. Aber einmal habe ich doch in einem Tierlexikon nachgeschaut, ob es nicht doch mehrere Arten von Spatzen gibt, und ich war ganz überrascht, dass allein in Nordamerika siebzehn leben. Weil ich Musikerin bin, interessierte mich die Singammer am meisten, von der es wieder dreißig Unterarten gibt. Ihre Lieder beginnen mit ein paar einzelnen Tönen in regelmäßigem Abstand, dann kommt ein Triller und zum Schluss noch ein ungeordneterer Schwall an Lauten. Was mich besonders erstaunte, war, dass keine zwei Spatzen genau gleich singen.

Jesus hat uns gelehrt, dass Gott jeder einzelne Spatz wichtig ist. Und er hat gleich hinzugefügt, dass jeder Einzelne von uns Menschen ihm noch viel wichtiger ist. Allzu oft messen wir uns nur den Wert zu, den andere Menschen uns zugestehen, und es ist uns ungemein wichtig, was andere von uns denken. Dieses Denken führt in eine Sackgasse, denn dann hängt unser Wert davon ab, wie wir aussehen, was wir leisten oder wie geschickt wir uns bei irgendetwas anstellen. Wenn wir dagegen auf Gott schauen und unseren Wert aus seiner Sicht auf uns ableiten, gibt er uns Geborgenheit und das Bewusstsein, dass wir bei ihm zu Hause sind. Ich finde es sehr tröstlich zu sehen, dass Gott sich so liebevoll um die allergewöhnlichsten Tiere kümmert. Wie viel wichtiger muss ich ihm da erst sein.

Gott, danke, dass alles, was Du geschaffen hast, unendlich wertvoll ist. Bitte hilf uns, nie zu vergessen, wie viel wir Dir bedeuten und wie sehr Dir auch das Wohl unserer Kinder am Herzen liegt. Amen.

19. APRIL

Tiere

Ein guter Mensch sorgt für seine Tiere, der Gottlose aber behandelt sie grausam.

SPRÜCHE 12,10

Jordan, mein Jüngster, kam einmal aus der Schule – damals war er in der Mittelstufe – und stellte fest, dass Ethel, sein Lieblingshamster, vierzehn Junge bekommen hatte. Sie können sich die Aufregung, die sich in den nächsten Stunden und Tagen im Haus Elwell ausbreitete, vielleicht vorstellen. Und ob wir von Menschen oder Hamstern reden – alles, was Gott geschaffen hat, ist ein riesiges Wunder.

Ein paar Wochen später begannen die Hamster aus dem Nest zu krabbeln und wir konnten sie endlich aus der Nähe betrachten. „Mama!", schrie Jordan eines Tages aus dem Keller. „Komm mal ganz schnell! Mit einem von Ethels Babys ist was nicht in Ordnung." Ich rannte nach unten. Ich sah genauer hin und merkte, dass ein Faden aus dem Nest sich um den winzigen Zeh gewickelt hatte. Die Durchblutung war gestört, und der Zeh dieses kleinen Hamsters war auf die Größe seines Kopfs angewachsen. „Da rufen wir besser den Tierarzt", sagte ich. Ich bin nicht besonders geschickt, wenn es um medizinische Notfälle geht, ob nun bei Kindern oder Hamstern.

Es geht aber nichts über einen echten Notfall, um die Fähigkeiten schätzen zu lernen, die andere Leute haben. Die Tierärztin schnitt den Faden mit einer winzigen Schere durch, strich eine Salbe mit Antibiotika auf die betroffene Stelle und schrieb – was mich besonders überraschte – auf die Rechnung: „ohne Gebühr". „Ich hab's einfach nicht übers Herz gebracht, Ihnen dafür etwas zu berechnen", sagte sie, als ich sie darauf ansprach. „Diese Hamsterbabys sind einfach so süß!"

Gott hat seine Kinder vor dem Ertrinken im Roten Meer bewahrt und sich um sie gekümmert, wie eine besonders mitfühlende Mutter. Und in seinem Wort erklärt er uns, dass wir uns verhalten wie er, wenn wir uns um das Wohl unserer Tiere sorgen. Wir haben so einen guten Gott.

Vater, danke für das Mitgefühl und die Zärtlichkeit, mit dem uns Deine Liebe immer wieder umgibt. Bitte hilf uns, es Dir gleichzutun und Menschen und Tiere freundlich zu behandeln. Amen.

20. APRIL

Tiere

Beobachte die Ameisen, du Faulpelz! Nimm dir ein Beispiel an ihnen: Kein Vorgesetzter treibt sie an; trotzdem arbeiten sie den ganzen Sommer über fleißig, und im Herbst haben sie einen Vorrat für den Winter angelegt.

SPRÜCHE 6,6-8

Ameisen mögen kleine, unscheinbare Tiere sein, aber sie sind ganz schön weise. Wir sehen im Vergleich mit ihnen ziemlich faul aus. Sie arbeiten Tag und Nacht, legen Futtervorräte an, und sie bauen Ameisenhaufen, die, im Verhältnis gesehen, drei- bis viermal so hoch sind wie die Pyramiden in Ägypten für uns. Wenn eine Ameise krank wird, sorgen die anderen für sie, und im Winter essen alle, was sie im Sommer angesammelt haben.

Ameisen haben das ausgeklügeltste soziale Netz, das sich in der Tierwelt findet. Tausende Ameisen leben in Haufen zusammen, und jede hat dabei ihre ganz spezielle Aufgabe. Alle Arbeiterameisen sorgen dafür, dass genug Futter für die ausgewachsenen Tiere und die Larven vorhanden ist.

Die Ameisen, die in Sprüche 6 beschrieben werden, sind Ernteameisen, die in der Nähe von Feldern leben und Korn für Korn in ihre Vorratskammern schaffen. Wenn die kalte Jahreszeit hereinbricht, strömen die Ameisen zum Überwintern zusammen. Sie haben genug Vorräte, um durch den Winter zu kommen und bis zur nächsten Ernte durchzuhalten. Gott hat den Ameisen eine ganz erstaunliche Gabe gegeben, vorauszudenken und Probleme zu lösen. Wenn das Getreide, das sie angesammelt haben, feucht wird, schleppen sie es nach draußen, damit es an der Sonne trocknen kann.

Diese winzigen Geschöpfe werden uns in der Bibel als Beispiele gegeben. Sie haben viel zu tun, sie planen im Voraus und arbeiten im Team. Das nächste Mal, wenn Sie mit einem Ihrer Kinder einen Spaziergang machen und auf eine Ameise stoßen, nutzen Sie doch einfach die Gelegenheit und erklären Sie, was wir von diesen Winzlingen alles lernen können.

Gott, danke, dass wir so wichtige Dinge, die wir im Leben brauchen, von einigen Deiner kleinsten Geschöpfe lernen können. Hilf uns, fleißig wie die Ameisen zu sein, wenn wir für Dich in Deinem Reich arbeiten. Amen.

21. APRIL

Tiere

Den Erschöpften gibt er neue Kraft, und die Schwachen macht er stark. Selbst junge Menschen ermüden und werden kraftlos, starke Männer stolpern und brechen zusammen. Aber alle, die ihre Hoffnung auf den Herrn setzen, bekommen neue Kraft. Sie sind wie Adler, denen mächtige Schwingen wachsen. Sie gehen und werden nicht müde, sie laufen und sind nicht erschöpft.

JESAJA 40,29-31

Adler sind wirklich majestätische Geschöpfe, und obwohl manche Arten zu den bedrohten Tierarten gehören, kennt Gott doch den genauen Ort jedes Adlers, der gerade lebt. Adler bauen ihre Horste in Bäume oder auf Klippen – ganz hoch oben, wo niemand sonst hinkommt – und sie bauen Jahr für Jahr an ihrem Nest weiter. Dazu benutzen sie Stöckchen, allerlei Gestrüpp und Erde. Manchmal wiegt so ein Nest fast eine halbe Tonne, und es sind schon einige gefunden worden, deren Wände über vier Meter hoch waren. In diesem tiefen Nest brütet das Adlerweibchen zwei Eier aus; von den Jungen überlebt aber für gewöhnlich nur eins.

Die Adlermutter trägt das Junge so lange auf dem Rücken, bis es selbst fliegen kann. Mose benutzte auch dieses Bild aus der Natur, um uns daran zu erinnern, wie Gott für sein Volk sorgt: „Er ging mit ihnen um wie ein Adler, der seine Jungen das Fliegen lehrt: Der wirft sie aus dem Nest, begleitet ihren Flug, und wenn sie fallen, ist er da, er breitet seine Schwingen unter ihnen aus und fängt sie auf." (5. Mose 32,11) Wahrscheinlich hat Gott uns aus mehr schlimmen Gefahren gerettet, als wir es uns überhaupt vorstellen können.

Ein Adler kann auf der Suche nach Beute stundenlang durch die Luft gleiten. Er macht sich die Windströmung zunutze und muss die Flügel kaum bewegen. Gott verspricht uns, dass wir auch Zeiten des „Gleitflugs" erleben werden, wenn wir unsere Hoffnung auf ihn setzen. Es wäre natürlich angenehm, wenn wir immer so friedlich durchs Leben gleiten könnten, aber so ist das Leben bekanntermaßen nicht. Manchmal gleiten wir, manchmal rennen wir, manchmal gehen wir gemütlich, und manchmal stolpern wir und fallen hin. Aber der Herr sagt uns zu, dass er unsere Kraft immer wieder erneuert, wenn wir auf ihn vertrauen.

Gott, wie gut ist es, dass Du den Aufenthaltsort jedes einzelnen Adlers auf dieser Welt kennst. Wir wollen ganz auf Dich hoffen; gib uns bitte Zeiten, in denen wir durchs Leben gleiten können, und hilf uns auch in den anderen Zeiten, wenn wir uns müde und abgekämpft fühlen, von Dir Kraft zu erwarten. Amen.

22. APRIL

Tiere

Der Herr sprach zu Mose: „Geh zum Pharao, und sag ihm: Der Herr befiehlt dir: Lass mein Volk ziehen, es soll mir dienen! Wenn du dich weigerst, werde ich dein ganzes Reich mit einer Froschplage strafen. Der Nil wird von Fröschen wimmeln. Sie werden an Land kriechen und in deinen Palast kommen; bis in dein Schlafzimmer und auf dein Bett werden sie hüpfen. Sie werden in die Häuser deiner Hofbeamten und deines ganzen Volkes eindringen, in Backöfen und Schüsseln werdet ihr sie finden. Du, deine Beamten und dein ganzes Volk – ihr alle werdet unter ihnen leiden!"

2. MOSE 7,26-29

Als ich in der fünften Klasse war, musste ich einmal einen Bericht über ein Tier meiner Wahl schreiben. Ich entschied mich für den Frosch. Diese Aufgabe weckte bei mir ein solches Interesse für Frösche, dass ich begann, Frösche aller Art zu sammeln. Als ich mit der Schule fertig war, verfügte ich über mehr als fünfundsiebzig Frösche in Form von Stofftieren, Salz- und Pfefferstreuern, Glasfiguren und so weiter.

In der Bibel lesen wir, dass Gott manchmal Tiere benutzt, um zu seinem Ziel zu kommen – sogar Frösche. Weil der Pharao nicht auf Gottes Aufforderung hören wollte, sein Volk ziehen zu lassen, ließ Gott zehn Plagen über das ganze Land Ägypten kommen – und die zweite waren Frösche. Obwohl es mehr als zweitausendfünfhundert verschiedene Frösche und Kröten gibt, vermuten die meisten Bibelgelehrten, dass es sich bei den Fröschen in 2. Mose 8 um Sumpffrösche der Gattung *Rana ridibunda* handelt. Diese Frösche treten in Massen auf, sind ungefähr fünfzehn Zentimeter lang und werden als besonders laut beschrieben. Sie fressen kleine Vögel und Säugetiere, und im Frühjahr vermehren sie sich wie wild – das ist auch ungefähr die Zeit, in der die Plagen Ägyptens begannen.

Für die alten Ägypter waren Frösche Symbole für die Göttin des Lebens und der Fruchtbarkeit. Aber Gott benutzte ausgerechnet eine Froschplage – und schließlich die stinkenden Haufen *toter* Frösche –, um seine Macht unter Beweis zu stellen. „Wenn ich meine Hand gegen die Ägypter erhebe und Israel aus ihrem Land befreie, werden sie erkennen, dass ich der Herr bin." (2. Mose 7,5)

Die Froschsammlung, die ich vor vielen Jahren angelegt habe, existiert längst nicht mehr. Aber ich bin immer noch begeistert, dass Gott Frösche benutzt hat, um seine Pläne zu verwirklichen.

Vater, danke für die gewaltige Macht, die darin zum Ausdruck kommt, wie Du Tiere für Deine Ziele gebrauchst. Danke, dass wir an so vielen Stellen mit unseren Kindern ins Staunen geraten können. Amen.

23. APRIL

Einstellung

Der Herr segne dich und bewahre dich! Der Herr wende sich dir in Liebe zu und zeige dir sein Erbarmen! Der Herr sei dir nah und gebe dir Frieden!

4. MOSE 6,24-26

Was wir über die Zukunft unserer Kinder denken und wie wir darüber mit ihnen reden, wird einen gewaltigen Einfluss darauf haben, was sie über sich selbst denken und wie sie sich verhalten, wenn sie im Jugend- und Erwachsenenalter sind.

Wenn ein Kind von seinen Eltern immer Worte hört, die ihm Mut machen, die ihm Zuversicht geben und Wohlwollen ausdrücken, prägt sich ihm das ein und hilft ihm über die unausweichlichen Fragen der Pubertät hinweg, was es eigentlich wert ist.

Das Gegenteil stimmt natürlich auch. Wenn Kinder herablassend behandelt werden, wenn ständig an ihnen herumgenörgelt und kritisiert wird, prägen sich auch diese Worte ein – und manchmal bleiben sie bis ans Lebensende. Was wir unseren Kindern jetzt darüber vermitteln, wer sie sind und was in Zukunft bestimmt einmal aus ihnen werden wird, hat auf sie mehr Einfluss, als uns wahrscheinlich bewusst ist.

Hier kommen ein paar Ratschläge, wie wir unseren Kindern Mut machen und ihnen vermitteln können, wie sehr Gott sie segnen möchte:

- Wenn ein Kind in der Schule nicht zurechtkommt, beten Sie jeden Tag zusammen mit ihm. Beten Sie, dass Gott ihm in der Schule einen besonderen Segen oder eine besondere Ermutigung schenkt. Und danken Sie ihm auch gemeinsam, wenn er das dann auch tut.
- Wenn Ihr Sohn oder Ihre Tochter Charaktereigenschaften an den Tag legt, die ihm oder ihr später in der Ehe, als Vater oder Mutter einmal zugutekommen werden, sprechen Sie Ihr Kind darauf an. Und sagen Sie ihm auch, dass Sie jetzt schon für seinen zukünftigen Ehepartner – wer auch immer es sein wird – beten.
- Sprechen Sie Ihrem Kind den Segen zu, der in 4. Mose 6 steht, wenn Sie es ins Bett bringen oder auf eine Reise schicken.

Vater, der Segen am Abschluss eines Gottesdienstes gibt uns so viel Hoffnung und Ermutigung. Bitte hilf uns, auch unseren Kindern zu vermitteln, wie viel Segen und Hoffnung Du in ihr Leben hineingeben willst. Amen.

24. APRIL

Einstellung

Ihr plant so großartig und wisst nicht einmal, was morgen geschieht! Was ist denn schon euer Leben? Nichts als ein leiser Hauch, der – kaum ist er da – auch schon wieder verschwindet. Darum sollt ihr immer nur sagen: „Wenn der Herr will und wir leben, wollen wir dieses oder jenes tun."

JAKOBUS 4,14-15

In Jakobus 4 warnt Jakobus die Gläubigen, dass Prahlerei und Selbstsicherheit gefährlich sind. Eine Gruppe Christen gab offensichtlich mit ihren großen Plänen an und mit dem Erfolg, den sie erwarteten. Sie verkündeten lautstark, dass sie in die Stadt gehen, ein Unternehmen gründen und als sehr reiche Menschen zurückkommen wollten. Ihre Einstellung war alles andere als demütig. Sie war ausgesprochen stolz, und Gott sind Stolz und Hochmut zuwider.

Jakobus warnte diese Gläubigen, dass ihre Arroganz aus zwei Gründen töricht war. Wie konnten sie nur wissen, was morgen passieren würde? Nur Gott kennt die Zukunft, und wer auch immer behauptet, die Zukunft zu kennen, macht sich damit letzten Endes zu Gott. Jakobus erinnert uns Christen daran, dass unser Leben ein bloßer Nebelschleier oder Hauch ist – kurzlebig und spurlos. So ein Nebelschleier ist schon wieder vergangen, bevor man ihn überhaupt richtig wahrgenommen hat.

Unser Leben ist so kurz, dass wir es uns nicht leisten können, gedanken- oder ziellos zu leben. Wer Christus folgt, sollte vielmehr die folgende Einstellung haben: „Wenn der Herr will und wir leben, wollen wir dieses oder jenes tun." Vielleicht geben wir unseren Kindern das bei Gelegenheit so wörtlich weiter. Viel wichtiger ist aber, dass an unserem Leben und Handeln sichtbar wird, dass wir Gott vertrauen. Wir können diese Haltung immer weiter ausbauen, indem wir beten und Gott bitten, dass *sein* Wille in unserem Leben zum Tragen kommt. Ein gutes Beispiel, wie das aussehen kann, hat er uns im Vaterunser gegeben.

Vater, manchmal preschen wir einfach voran und schmieden Pläne, ohne Dich um Weisheit und Führung zu bitten. Wir wissen, dass Du – im Gegensatz zu uns – über allem stehst und alles in Deiner Hand hältst. Bitte hilf uns, ständig auf Dich zu schauen, damit uns das wichtig wird, was Dir wichtig ist. Amen.

25. APRIL

Einstellung

Wer gelassen und ausgeglichen ist, lebt gesund. Der Eifersüchtige wird von seinen Gefühlen innerlich zerfressen.

SPRÜCHE 14,30

Meine Schwester Gail hat mit dreißig geheiratet. Heutzutage ist das ja nichts Besonderes, aber als sie so Mitte, Ende zwanzig war, waren die meisten ihrer Freundinnen und Freunde schon verheiratet. In dieser Zeit fungierte Gail als Brautjungfer bei den Hochzeiten diverser Freundinnen. Ich fand ihre positive Einstellung dabei immer stark. Sie beschloss einfach, sich mit ihren Freundinnen zu freuen, anstatt der Eifersucht und Unzufriedenheit Raum zu geben. Sie hatte sich für Gelassenheit entschieden.

Genauso gelassen blieb Gail auch, als sie ihren Mann Rick heiratete. Sie beauftragten extra ein Fotogeschäft, das die Trauung und anschließende Feier auf Video aufnehmen sollte. Also tauchte eine Kamerafrau schon früh am Hochzeitsmorgen auf und nahm sogar von den Vorbereitungen noch eine ganze Menge auf Band auf. Den ganzen Tag über war sie zu besonderen Momenten mit ihrer Kamera zugegen, und vom kleinsten Blumenmädchen bis zur Uroma fanden alle, die zur Feier kamen, irgendwie ihren Platz im Hochzeitsfilm.

Als Rick und Gail aus den Flitterwochen zurückkamen, rief das Fotogeschäft allerdings mit schlechten Nachrichten an. Ihre Angestellte hatte den Film versehentlich in der Kamera gelassen, und so war das ganze Band mit der kompletten Hochzeit überspielt worden. Als meine Schwester und ihr Mann das hörten, waren sie schrecklich enttäuscht. Aber ihnen war natürlich klar, dass die Kamerafrau ihnen nicht absichtlich hatte schaden wollen, und schließlich hatten sie ja auch noch eine Fülle schöner Erinnerungen – und Fotos, die andere Leute geschossen hatten. Sie beschlossen, nicht ärgerlich zu sein, und ihre reife Art, mit einem solchen Missgeschick umzugehen, war für uns alle ein großartiges Vorbild.

Im Buch der Sprüche geht es darum, dass wir sehr viel gesünder – und wahrscheinlich auch länger – leben, wenn wir das Leben gelassen nehmen. Das ist ein ziemlich einleuchtender Grundsatz, der nicht nur für Gläubige gilt. Unsere Lebensqualität lässt sich jedenfalls entscheidend verbessern. Und der Grundsatz, gelassen zu bleiben, hat noch einen positiven Nebeneffekt: Wir sind auch angenehmere Zeitgenossen!

Vater, es ist so leicht, uns zu beklagen und eine negative Einstellung zu entwickeln, wenn alles anders kommt, als wir gehofft haben. Bitte hilf uns, Unzufriedenheit zu vermeiden und uns bewusst für Gelassenheit zu entscheiden. Amen.

26. APRIL

Einstellung

Dennoch achte ich auf die Menschen, die in Not sind.
Ja, ich kümmere mich um die Verzweifelten und um alle, die voll
Ehrfurcht auf meine Worte hören.

JESAJA 66,2b

In den einleitenden Versen von Jesaja 66 verurteilt Gott alle Anbetung, die nach außen zur Schau getragen wird. Er sagte, dass er auf Tempel, die von Menschenhänden gebaut waren, nicht angewiesen war und auch keine Opfertiere zum Überleben brauchte. Ihm kam es vielmehr darauf an, dass Menschen ihm vertrauten und zur Umkehr bereit waren. Wer ein Tier opferte, ohne dabei die richtige Einstellung, Umkehr und Glauben zu besitzen, beging damit ein Verbrechen, das vor Gott so schwer wog wie Mord.

Eine moderne Bibelübersetzung, die ich manchmal der Deutlichkeit halber hinzuziehe, beschreibt grundsätzlich zwei Arten von Menschen: „Es gibt demütige Menschen, die Gottes Botschaft wirklich achten und ihr Leben danach ausrichten wollen, und stolze Menschen, die ihr Leben nach ihren Wünschen gestalten. Gott gibt den Demütigen Gnade, aber die Hochmütigen und Selbstzufriedenen verflucht er."

Ein Mensch, den Gott segnen möchte, ist also „elend", hat einen „zerbrochenen Geist" und „erzittert" vor Gottes Wort. Heutzutage dagegen werden wir in unserer Kultur dazu erzogen, energisch und selbstbewusst aufzutreten und unser Leben selbst in die Hand zu nehmen. Wir brauchen Gottes Weisheit und seine Hilfe, um ein Gleichgewicht zu finden, zwischen der Verantwortung für unser Leben, die uns Gott ja auch, zusammen mit dem Verstand, anvertraut hat, und unserer Abhängigkeit von ihm.

Demut wird die ganze Bibel hindurch groß geschrieben. Im Lobgesang der Maria (Lukas 1,46ff.) wird die gleiche Wahrheit verkündigt: Gott zerstreut die Hochmütigen, aber er erhebt die Demütigen. „*Zerschlagen*" oder, besser noch, „*zerknirscht*" sind Wörter, die aus unserem Vokabular fast gestrichen sind. Ein zerknirschter Mensch empfindet Kummer und Reue über eine Sünde, die er in seinem Herzen entdeckt. Und was das „*Erzittern*" vor Gottes Wort betrifft – hat es uns je die Tränen in die Augen getrieben oder uns bis ins Mark getroffen? Was für eine wichtige Erinnerung – Gott segnet die Demütigen.

Vater, vergib wir meinen Stolz. Manchmal treffe ich Entscheidungen, die mich von Demut und Zerknirschung immer weiter wegbringen. Hilf mir, Dich immer wieder um Vergebung dafür zu bitten und immer wieder auf Dein Wort zurückzukommen, sodass das, was Dir wichtig ist, auch mir immer wichtiger wird. Amen.

27. APRIL

Einstellung

Bei allem, was ihr tut, hütet euch vor unzufriedenem Murren und misstrauischem Zweifeln. Dann wird euer Leben hell und makellos sein, und ihr werdet als Gottes vorbildliche Kinder mitten in dieser verdorbenen Welt wie Sterne in der Nacht leuchten.

PHILIPPER 2,14-15

Diese Verse über Unzufriedenheit und Murren scheinen sich auf das Alte Testament, genauer das 5. Buch Mose, zu beziehen. Im Kapitel 32 betet Mose, wobei er zunächst einmal Gottes Größe aufführt – Gott ist der Fels, seine Wege sind vollkommen, er ist gerecht, und er ist ein treuer Gott, der nichts falsch macht.

Leider muss Mose im Anschluss die Verdorbenheit seines eigenen Volkes diesem großartigen Gott gegenüber beklagen. Die Israeliten verhielten sich nicht länger wie Gottes Kinder, sondern begannen zu nörgeln, und so wurden sie am Ende korrupt. Und Gott lässt Mose fragen: „Soll das der Dank sein für all das Gute, das er für euch tat? Wie dumm und blind ihr seid! Ist er nicht euer Vater? Hat er euch nicht geschaffen? Ja, er ist euer Schöpfer, euer Leben kommt aus seiner Hand." (5. Mose 32,6)

Haben Sie mit Ihren Kindern schon einmal ein ähnliches Gespräch geführt? Vielleicht haben Sie so in etwa gesagt: „Ich habe so viel Zeit und Mühe aufgewendet, damit es dir gut geht. Ich habe für dich gesorgt, habe dir dein Essen gekocht, deine Wäsche gewaschen, dich in der Gegend herumgefahren – und da denkst du, du kannst so mit mir umspringen? Das gibt es bei mir nicht!" Gott hatte in die Kinder Israel noch viel mehr investiert. Er war nicht nur ihr Vater – er war ihr Schöpfer, und er war Gott!

Obwohl wir natürlich nicht begeistert sind, wenn unsere Kinder herumnörgeln oder uns Widerworte geben, ertappen wir uns selbst doch oft bei genau den gleichen Verhaltensweisen. Und wenn wir das tun, geben wir nicht nur unserer Familie, sondern unserer ganzen Umgebung ein ziemlich schlechtes Beispiel. Gott bewahre uns vor Unzufriedenheit und Kritiksucht, damit wir umso besser widerspiegeln können, wie Christus ist.

Vater, bitte vergib uns, wo wir unzufrieden werden und herumzunörgeln beginnen. Erinnere uns immer wieder daran, dass das ein schlechter Weg ist, der uns nicht weiterbringt. Hilf uns vielmehr, Dich zu preisen, sodass unsere Kinder in uns noch besser sehen können, wie Du bist. Amen.

28. APRIL

Einstellung

Ihr habt gehört, dass es im Gesetz des Mose heißt:
„Du sollst nicht töten! Wer aber einen Mord begeht, muss vor ein Gericht."
Doch ich sage euch: Schon wer auf seinen Bruder zornig ist, den erwartet das Gericht. Wer zu seinem Bruder „Du Idiot!" sagt, der wird vom Obersten Gericht abgeurteilt werden, und wer ihn verflucht, dem ist das Feuer der Hölle sicher.

MATTHÄUS 5,21-22

Ich habe diesen Abschnitt jahrelang nur überflogen, weil ich immer dachte, dass er mich nicht betraf. *Schließlich*, so sagte ich mir, *habe ich ja noch nie jemanden umgebracht.*

Vor einigen Jahren jedoch brachte ein junger Mann, der zum erweiterten Bekanntenkreis meiner Familie gehörte, seine Schwägerin um. Als mein Mann und ich die tragische, wirklich schockierende Neuigkeit erfuhren, dachte ich plötzlich: *In meinem Gehirn gibt es gar keinen Ort, der mit einer solchen Information angemessen umgehen könnte. Ich verstehe das einfach nicht.* Manchmal verleitet uns der Schreck über solche Nachrichten, uns überlegen zu fühlen – bis wir dann Bibelverse wie den oben angegebenen lesen. Jesus hat gesagt, dass jeder, der einen Mord begeht, verurteilt wird. Das wissen wir alle. Aber Jesus geht noch weiter und erklärt, dass ich, wenn ich mich über jemand anderen so sehr ärgere, dass ich ihn verfluche oder auch nur „Idiot" oder „Blödmann" nenne, selbst in Gefahr stehe, in der Hölle zu schmoren. Oh je! Da zucke ich doch ganz schön zusammen. Ich belege andere Menschen für gewöhnlich nicht lautstark mit Schimpfwörtern, aber in Gedanken wünsche ich ihnen oft genug das Schlimmste.

Manchmal ist Ärger gerechtfertigt. Jesus hat das in Johannes 2 demonstriert, als er den Tempel reinigte. Aber die Gefahr, die Jesus hier anspricht, ist, dass sich unser ungerechtfertigter Ärger auf andere Menschen dazu steigert, dass wir schlecht über sie denken und regelrecht gehässig werden. Diese Verse fordern mich heraus, mein Gefühl geistlicher Überlegenheit als Sünde zu bekennen und mich zu Jesus zu flüchten. Bei ihm liegt meine einzige Hoffnung auf Rettung, Gerechtigkeit und Gnade.

Vater, Dein Wort dringt durch all unseren Stolz und lässt uns wieder neu sehen, was in unserem Herzen ist. Bitte vergib uns, wo wir gehässig über andere denken, und hilf uns, sie so zu lieben wie Du. Amen.

29. APRIL

Einstellung

Gottes Geist wird euch mit einer völlig neuen Gesinnung erfüllen. Ihr sollt den „neuen Menschen" anziehen, wie man ein Kleid anzieht. Diesen neuen Menschen hat Gott selbst nach seinem Bild geschaffen; er ist gerecht und heilig, weil er sich an das Wort der Wahrheit hält.

EPHESER 4,23-24

In der Bibel wird oft das Bild von einem Kleidungsstück verwendet, das man ablegt, um ein anderes anziehen zu können. Ein Christ kann durch die Wiedergeburt ein neuer Mensch geworden sein und trotzdem gelegentlich auf die „schmutzigen Klamotten" zurückgreifen, die er vorher angehabt hat. Gott hat uns mit einem ganzen Wandschrank neuer Kleidung ausgestattet, aber es liegt an uns, diese auch anzuziehen.

Wenn wir zum Glauben kommen, beginnt ein Abenteuer, das uns komplett umkrempelt und unser ganzes Leben lang anhält. Die Umgestaltung unserer Einstellungen geschieht nicht von heute auf morgen. Wir verändern uns ganz allmählich, wenn wir Christus folgen. Das Gleiche gilt für unsere Kinder. Wir sollten es uns zur Gewohnheit machen, sie zu bestärken, wo sie gute Entscheidungen treffen und richtig handeln.

Erst vor Kurzem habe ich allen meinen drei Söhnen (selbst den beiden, die noch zu Hause leben) kleine Briefe geschrieben, in denen ich ihnen einfach einmal eine Rückmeldung über Dinge gab, die ich an ihnen bemerkt hatte und über die ich mich freute. Einer hatte begonnen, einen Teil seines Einkommens zu spenden – was Großzügigkeit zeigt. Einer hatte seinen kleinen Bruder zum Essen ausgeführt – eine Geste der Freundlichkeit. Einer hatte treu und ausdauernd für einen Menschen zu beten begonnen, der in großen Schwierigkeiten steckte – womit er viel Mitgefühl zum Ausdruck brachte.

Unsere Einstellung wird sich immer mehr ändern und Gottes Maßstäben anpassen, je mehr wir uns mit seinem Wort beschäftigen. Seine Wahrheit wird unser Denken immer mehr füllen, und wir sollten immer dafür beten, dass wir diese Wahrheit auch in unserem Leben verwirklichen. Ohne Zweifel müssen wir an manchen Stellen, wenn das Licht Christi in die dunklen Ecken unseres Herzens fällt, Schuld vor Gott bekennen. Wenn es uns damit ernst ist, dass wir umgewandelt werden wollen, wird man unsere veränderte Haltung und unser erneuertes Denken an unserem Leben sehen können.

Vater, danke, dass Du uns nicht lässt, wie wir sind. Danke, dass unser Denken und unsere Einstellung sich immer mehr verändern, je mehr wir uns auf Dein Wort einlassen und um Deine Hilfe bitten. Amen.

30. APRIL

Worte

Überlege deine Worte, und dir bleibt viel Ärger erspart.

SPRÜCHE 21,23

Im Mittelalter kam einmal ein junger Mann zu einem Geistlichen, um die Beichte abzulegen. Er bekannte: „Ich habe böse Gerüchte über einen anderen Menschen in die Welt gesetzt. Was soll ich tun?" Der Beichtvater antwortete: „Lege eine Feder auf die Türschwelle zu jedem Haus in dieser Stadt." Also ging der junge Mann hin und tat, wie ihm aufgetragen wurde. Dann kam er wieder zurück und fragte: „Und gibt es sonst noch etwas, das ich machen soll?" Der Geistliche antwortete: „Ja. Zieh noch einmal los und sammle all die Federn wieder ein." Der junge Mann war zutiefst bestürzt und rief: „Aber das ist unmöglich! Der Wind hat die Federn bestimmt durch die ganze Stadt verteilt." „Und genau so", sagte der fromme Mann, „wirst du deine Verleumdungen nicht zurücknehmen können."

Einen Menschen verleumden bedeutet, etwas Falsches über ihn zu behaupten und seinen Ruf zu schädigen. Das kann ganz verschiedene Formen annehmen. Manchmal ziehen wir zum Beispiel die falschen Schlüsse über ihn (oder bestärken unsere Kinder in ihren falschen Schlüssen über andere Menschen). Wenn das, was wir über andere verbreiten, sich als falsch herausstellt, haben wir uns des Rufmords schuldig gemacht.

Wir vergessen allzu leicht, dass üble Nachrede im neunten Gebot ausdrücklich verboten wird. Die Bibel bringt das auf den Punkt: „Sag nichts Unwahres über deinen Mitmenschen!" (2. Mose 20,16) Die Gebote über Mord, Ehebruch oder Diebstahl sind uns vertrauter, aber Gott hasst Verleumdung. Der Teufel ist die Verleumdung in Person – er versucht, uns vor Gott in ein schlechtes Licht zu rücken. Er ist der große Ankläger der Christen.

Weil wir es selber nicht besonders mögen, verleumdet zu werden, sollten wir darauf achten, den Ruf anderer Menschen zu wahren. Wenn die Federn erst einmal durch die Stadt verteilt sind, lassen sie sich nicht so einfach wieder einsammeln.

Vater, hilf mir, meine Zunge im Zaum zu halten und andere nicht zu verleumden. Amen.

1. MAI
Worte

Mit unserer Zunge loben wir Gott, unseren Herrn und Vater, und mit derselben Zunge verfluchen wir unsere Mitmenschen, die doch nach Gottes Ebenbild geschaffen sind. Segen und Fluch kommen aus ein und demselben Mund. Aber genau das, meine lieben Geschwister, darf es bei euch nicht geben! Fließt denn aus einer Quelle gleichzeitig frisches und ungenießbares Wasser? Kann man Oliven von Feigenbäumen pflücken oder Feigen vom Weinstock? Ebenso wenig kann man aus einem stinkenden Tümpel frisches Wasser schöpfen.

JAKOBUS 3,9-12

Kennen Sie auch diese Anrufe von Menschen, die Ihnen über das Telefon irgendetwas verkaufen wollen? Ich bekomme manchmal an einem Tag vier oder fünf solcher Anrufe. Manche dieser Leute sind ganz schön aufdringlich, und so versuche ich sie freundlich, aber bestimmt abzuwimmeln.

Ich habe festgestellt, dass die Telemarketing-Leute oft regelrecht überrumpelt sind, wenn ich nach dem ersten Klingeln gleich den Hörer abnehme. Gerade letzte Woche nahm ich den Hörer ab, als das Telefon gerade erst zu klingeln begonnen hatte, und meldete mich wie üblich mit: „Hallo!“ Am anderen Ende der Leitung entstand eine kurze Pause, und dann fluchte eine Stimme angenervt irgendetwas, bei dem Gottes Name nicht besonders freundlich ausgesprochen wurde. Etwas irritiert sagte ich noch einmal: „Hallo?“, woraufhin der Mann, offenbar immer noch ein wenig verwirrt, seine Telefonberaterstimme wiederfand, mich freundlich mit „Guten Morgen, Frau Elwell“ grüßte und seinen Text aufzusagen begann.

Vielleicht war er ein sehr erfolgreicher Verkäufer, aber bei mir hatte er schon verspielt, als er Gottes Namen auf so verächtliche Weise aussprach. Als er eine kurze Pause machte, um Atem zu schöpfen, erklärte ich ihm deshalb freundlich, dass ich erstens keinen Bedarf für das hatte, was er mir zu verkaufen versuchte, und dass ich zweitens an seinem Fluchen zu Beginn des Telefonats Anstoß genommen hatte. Er schaltete auf eine zuckersüße Stimme um, sagte „Gott segne Sie“ in den Hörer – und legte auf. Der Ton, den er zu Ende des Gesprächs verwendete, passte nicht zu den Worten ganz zu Anfang.

Unsere Kinder hören uns jeden Tag zu; ihnen entgeht nicht, wie konsequent wir sind. Was wir reden, macht deutlich, was in unserem Herzen ist – was sagen unsere Worte über den Zustand unseres Herzens aus?

„Herr, hilf mir, den Mund zu halten, wenn ich schweigen soll.“ (Psalm 141,3) Amen.

2. MAI

Worte

Beschütze mich und mach mich stark, wie du es zugesagt hast!
Lass nicht zu, dass das Böse über mich Macht gewinnt!

PSALM 119,133

Ein junger Mann hatte sich um eine Stelle als Kapitän auf einem Mississippi-Dampfer beworben und war zum Vorstellungsgespräch geladen worden. Er hatte sich tapfer geschlagen und das Gespräch war schon fast zu Ende, als der Personalchef noch eine letzte Frage stellte. Er wollte wissen, ob dem jungen Mann die Gefahren des Flusses bewusst waren, und so fragte er ihn, ob er wüsste, wo all die Felsen waren. Die Antwort des jungen Manns war weise: „Nein, Sir, ich weiß nicht, wo die Felsen sind – aber ich weiß, wo sie *nicht* sind." Er bekam die Stelle.

Als Mütter sind wir oft auf Hilfe von außen angewiesen, wenn wir sicher durch den Strom der Herausforderungen, die auf uns zukommen, steuern wollen. Obwohl wir alle unterschiedliche Wege vor uns haben, steht uns die Weisheit, wo die Felsen *nicht* sind, zur Verfügung. Sie findet sich in Form von Worten – Gottes Worten. „Er allein gibt Weisheit, und nur von ihm kommen Wissen und Urteilskraft." (Sprüche 2,6)

Gottes Wort hilft uns, klar zu unterscheiden, was wahr, richtig und von bleibendem Wert ist. Seine Worte sind mehr wert als Gold und Silber. Und es ist wichtig, dass wir sein Wort jeden Tag neu hören, solange unsere Kinder im Haus sind – und auch, wenn sie längst ausgezogen sind.

Genau wie wir Rezepte brauchen, um Kuchen richtig backen zu können, und eine Wegbeschreibung, um den Fußballplatz zu finden, auf dem unser Jüngster gerade ein wichtiges Spiel bestreitet, brauchen wir die Bibel in allen Situationen, denen wir als Mütter begegnen. Wir brauchen sie, um gefährliche Felsen wie Eifersucht, falschen Ehrgeiz und Wutanfälle zu umschiffen. Und vor allem brauchen wir sie, um uns immer wieder zu Christus führen zu lassen, der die Quelle aller Weisheit ist.

Vater, danke, dass Du uns in Deiner Treue sicher durchs Leben führst. Danke, dass Du uns Dein Wort gegeben hast. Ohne es wären wir rettungslos verloren. Amen.

3. MAI
Worte

Ein unverbesserlicher Starrkopf verrät sich durch hochmütiges Gerede, ein verständiger Mensch überlegt, was er sagt.

SPRÜCHE 14,3

Ich kann mich noch gut an das besonders aufregende Weihnachtsfest erinnern, an dem eine meiner kleinen Schwestern eine sprechende Puppe geschenkt bekam. Wenn man an einem Seil an ihrem Rücken zog, sprach sie einige vorgegebene Sätze. Wir hatten eine Menge Spaß damit. In Wirklichkeit hat Gott uns mit sehr viel mehr als der Fähigkeit ausgestattet, einige wenige Sätze unser Leben lang immer und immer wieder zu sprechen (obwohl unsere Kinder uns manchmal vorwerfen mögen, dass wir uns wiederholen). Er hat uns Sprache gegeben und Wörter, die wir immer wieder neu miteinander kombinieren können. Wir können so viel Kreatives und Gutes mit ihnen machen und sollten sie nicht einsetzen, um anderen zu schaden. Damit wir immer besser lernen, die richtigen Worte zu wählen, können wir uns ja einmal ansehen, was Gottes Wort über unsere Sprache zu sagen hat:

Wer Gott missachtet, schadet anderen mit seinen Worten; wer Gott gehorcht, hilft anderen durch sein Wissen. (Sprüche 11,9)
Wer Gott gehorcht, dessen Worte sind wohltuend und hilfreich; aber was der Gottlose von sich gibt, richtet nur Schaden an. (Sprüche 10,32)
Ein freundliches Wort ist wie Honig: angenehm im Geschmack und gesund für den Körper. (Sprüche 16,24)
Ohne Holz geht ein Feuer aus, und ohne Verleumder legt sich der Streit. (Sprüche 26,20)
Wer einen anderen zurechtweist, wird letzten Endes mehr Dank bekommen als jemand, der den Leuten nur nach dem Mund redet. (Sprüche 28,23)
[Die tüchtige Frau] redet nicht gedankenlos, und ihre Anweisungen gibt sie freundlich. (Sprüche 31,26)
Wer klug ist, überlegt sich, was er sagt; aber ein Narr spricht vorschnell und richtet Schaden an. (Sprüche 10,14)
Wer klatschsüchtig ist, wird auch anvertraute Geheimnisse ausplaudern; ein zuverlässiger Mensch schweigt. (Sprüche 11,13)

Vater, danke, dass Du uns in Deinem Wort so viele Anregungen gibst und dass Du uns auch hilfst, sie umzusetzen. Hilf uns, unsere Sprache heute so zu gebrauchen, dass sie unseren Kindern guttut und nicht schadet. Amen.

4. MAI

Worte

Eine freundliche Antwort vertreibt den Zorn,
aber ein kränkendes Wort lässt ihn aufflammen.

SPRÜCHE 15,1

Bevor unser dritter Sohn geboren war, machten mein Mann, ich und unsere beiden Söhne eine Woche lang Urlaub. Schon am zweiten Tag hatte ich schwer mit einer Allergie zu kämpfen und landete für drei Tage im Krankenhaus, während mein Mann versuchte, Chad und Nate – damals sieben und fünf – bei Laune zu halten. Es war nicht gerade der erfreulichste Urlaub, den wir als Familie hatten. Ich war einsam, verunsichert und außerdem enttäuscht, dass unsere schönen Pläne sich so zerschlagen hatten. Jetzt musste Jim auch noch Mama spielen. Aber aus jedem Erlebnis, egal wie unangenehm es uns in diesem Moment vorkommen mag, können wir auch etwas Gutes mitnehmen – und meine Zeit im Krankenhaus war da keine Ausnahme.

In meinem Zimmer lag außer mir noch eine ältere Dame, die, um es vorsichtig auszudrücken, geistig etwas verwirrt war. Obwohl zwischen unseren Betten ein Vorhang war, der die ganze Zeit über geschlossen blieb, hörte ich über drei Tage und Nächte hinweg doch immer wieder das Kommen und Gehen von Ärzten und Schwestern. Und ich werde nie vergessen, wie sich die Worte dieser Mediziner immer auf meine Zimmerkollegin auswirkten, obwohl sie so verwirrt war. Freundliche, leise Worte – auch wenn sie sehr direkt und bestimmt gesprochen wurden – nahm die Dame sehr viel eher an, als barsche und unfreundliche.

Dieses Prinzip gilt für uns als Mütter erst recht. Im täglichen Umgang mit unseren Kindern kommen wir sehr viel weiter, wenn wir Worte und einen Tonfall wählen, die von Rücksicht und Mitgefühl geprägt sind. Mit schrillen und schroffen Worten dagegen werden wir kaum Erfolg haben.

Vater, lass unsere Worte freundlich und niemals barsch sein. Amen.

5. MAI

Worte

Preist den Herrn, denn er ist gut, und seine Gnade hört niemals auf!
Dies sollen alle bekennen, die der Herr gerettet hat.
Ja, er hat sie aus der Gewalt ihrer Unterdrücker befreit.

PSALM 107,1-2

Kleine Kinder bringen Wörter oft durcheinander. Meine Kinder haben manchmal *Koschopudding* statt *Schokopudding* gesagt, oder *Schkabetti* statt *Spaghetti*. Noch besser im Gedächtnis geblieben ist uns die Version eines Kinderliedes, die Chad uns präsentierte, als er etwa zwei Jahre alt war. Statt „Praise him, praise him, all ye *little* children" – also „Lobt ihn, all ihr *kleinen* Kinder" – trällerte er fröhlich, was ganz ähnlich klang: „Praise him, praise him, *naughty* little children" – „Lobt ihn, ihr *ungezogenen* Kinder". Einer unserer Freunde hörte Chad in der Kirche singen und meinte trocken: „Na ja, seine Theologie ist jedenfalls ziemlich realistisch."

Erst im Himmel wird Gott vollkommenes Lob zu hören bekommen. Diesseits des Himmels kann es so etwas gar nicht geben. Wenn wir warten wollten, bis wir „gut genug" sind, Gott zu preisen, würden wir niemals damit beginnen. Aber geht es nicht genau darum? Loben wir ihn denn nicht genau deshalb? Keiner von uns ist je gut genug. Wir loben Gott ja gerade, weil er Jesus gesandt hat, um für unsere Sünden am Kreuz zu sterben, und weil damit Vergebung, Heilung und Hoffnung für uns alle möglich geworden ist. Wenn ich merke, wie Gott sich um mich kümmert und mir mitten in meine Bedürftigkeit hinein so viel Gutes tut, beginne ich ganz automatisch, ihn zu loben. Mehr noch, ich habe gemerkt, dass das Lob umso größer wird, je größer die Schwierigkeiten sind. Wenn ich mir neu bewusst mache, wie stark und wie gerecht Gott ist – und wie schwach und hilflos ich dagegen bin –, kann ich das kaum für mich behalten; ich muss anderen davon erzählen.

Vater, danke, dass Du uns so lieb hast, dass Du auch unser unvollkommenes Lob hören möchtest. Gib uns die Bereitschaft und die Freude, Dich zu loben und anderen zu erzählen, was Du für uns getan hast. Amen.

6. MAI

Worte

Die Worte eines gedankenlosen Schwätzers verletzen wie Messerstiche; was ein weiser Mensch sagt, heilt und belebt.

SPRÜCHE 12,18

Ich habe mal eine hochinteressante Geschichte über Spinnen gelesen. Darin wird beschrieben, dass weibliche Spinnen manchmal aus einem ganz erstaunlichen Grund Witwen werden: Sie fressen andere Spinnen, die ihnen über den Weg laufen, einfach auf. Wenn ein Möchtegern-Ehemann bei ihr aufkreuzt, wird er zur Leiche und ihr Esszimmer zum Leichenkeller. Dieses Bild der Spinne, die andere Spinnen frisst, stellt auf ziemlich ernüchternde Weise dar, wie zerstörerisch böse Worte sein können.

Wir wissen, dass Worte töten können; die meisten von uns sind selbst auf diese Weise schuldig geworden und auch sehr verletzt worden. Ich möchte als Mutter darauf achten, wie ich mit meinen Kindern rede – und auch, wie ich über sie mit anderen rede. Meine Worte können die Kinder ermutigen oder vernichten. Es sind zwei ganz verschiedene Dinge, ob man behutsam und diplomatisch über eine Sache berichtet oder voller Ärger und Kritik darüber schimpft. Wenn wir einander verurteilen, stellen wir uns, so sagt Gott, damit über ihn – was für eine Anmaßung. Und niemandem ist damit geholfen. Wir wollen doch, dass unsere Worte anderen Menschen Mut machen und sie nicht zerstören.

Vater, bitte vergib mir all die Male, wo ich andere Menschen mit Worten verletzt habe. Hilf mir, dass ich mich nicht über Dich und Dein Gebot stelle, indem ich andere verurteile und kritisiere. Amen.

7. MAI

Ehefrau und Mutter

Eine Jungfrau wird schwanger werden und einen Sohn bekommen. Den wird man Immanuel nennen. Das bedeutet: „Gott ist mit uns!“

MATTHÄUS 1,23

Vor allem an Muttertagen und Weihnachten habe ich mich immer für die Tatsache begeistern können, dass Jesus eine Mutter hatte. Wenn wir die Berichte über das Leben Jesu im Neuen Testament nachlesen, merken wir schnell, was für eine wichtige Rolle sie für ihn spielte. Aber mit der Zeit änderte sich diese Rolle, und die Art und Weise, wie sie damit umging, kann uns allen zum Vorbild dienen.

Es war ganz offensichtlich, dass Maria Jesus sehr liebte. Sie hatte ihn in Bethlehem geboren und in Windeln gewickelt. Sie war mit Josef und ihm nach Ägypten geflohen. Die beiden beobachteten, wie er immer weiser und immer unabhängiger von ihnen wurde. Als er erwachsen war – an dem Tag, als sie ihn auf der Hochzeit zu Kana Wasser in Wein verwandeln sah –, scheint sich ihre Mutterrolle verschoben zu haben. Sie trat immer mehr hinter ihrem Sohn zurück und erkannte die Vollmacht an, die ihm von Gott verliehen worden war. In den darauf folgenden Jahren, in denen er den Menschen diente und zu ihnen sprach, folgte sie ihm weiter nach. Einmal erklärte Jesus, dass seine Mutter und seine Brüder nicht die waren, die tatsächlich mit ihm verwandt waren, sondern alle, die mit zur Familie der Gläubigen gehörten. (vgl. Lukas 8,21) Wieder musste sich Maria auf eine neue Rolle einstellen: Sie war nun nicht mehr nur seine Mutter, sondern auch eine Jüngerin. Offensichtlich hat sie dies akzeptiert, denn sie folgte Jesus bis zum Tod und stand unter dem Kreuz. Und nach der Auferstehung wartete sie mit den anderen Jüngern im Obergeschoss eines Hauses auf den Heiligen Geist.

Wenn wir als Mütter zu kämpfen haben, wenn wir nicht so recht wissen, was diese Rolle mit sich bringt, wenn wir für einen neuen Abschnitt in unserem Leben oder in dem unserer Kinder Weisheit brauchen, ist es tröstlich zu wissen, dass der, zu dem wir beten, selbst auch eine Mutter hatte.

Jesus, danke, dass Du verstehst, wie es uns geht – sowohl aus göttlicher als auch aus menschlicher Sicht. Hilf uns, Dich um Hilfe und Weisheit zu bitten, wenn Schwierigkeiten vor uns liegen, die Du selbst auch beobachtet und durchlebt hast. Danke, dass Du „Gott mit uns“ bist. Amen.

8. MAI

Ehefrau und Mutter

[Die tüchtige Frau] kennt und überwacht alles, was in ihrem Haus vor sich geht – nur Faulheit kennt sie nicht.

SPRÜCHE 31,27

Immer wenn ich vor einer Gruppe von jungen Müttern rede, betone ich, dass ich die ersten Jahre mit meinen Kindern mit Abstand am schwierigsten fand. Sie steckten einfach voller Herausforderungen, und jeder Tag erschien mir wie ein Abenteuer. Ich glaube, dass ich das aus verschiedenen Gründen so empfand. Einer war, dass das Leben mit kleinen Kindern viele, viele Unterbrechungen mit sich bringt. Ein anderer lag wohl darin, dass ich am Ende eines langen, anstrengenden Tages nicht wirklich vorweisen konnte, was ich eigentlich gemacht hatte. Wenn Ihnen das irgendwie bekannt vorkommt, gefällt Ihnen die folgende Geschichte bestimmt:

> *Allzu oft haben Frauen das Gefühl, dass sie sich irgendwie rechtfertigen müssen, wenn sie „nur" Hausfrau und Mutter sind. Dabei ist das in Wirklichkeit eine ausgesprochen ehrenvolle Aufgabe. Als ich an der Universität von Pennsylvania unterrichtete, gab es gelegentlich diese Veranstaltungen, zu denen Mitarbeiter ihre Ehepartner mitbrachten. Es war nur eine Frage der Zeit, bis irgendeine Soziologin oder Juristin meine Frau fragte: „Und was machen Sie eigentlich, meine Liebe?" Meine Frau, die eine brillante Denkerin und einer der eloquentesten Menschen ist, die ich kenne, hatte darauf eine gute Antwort parat: „Ich sozialisiere zwei Individuen der Gattung Homo Sapiens in der Erwartung, sie mögen die dominanten Tugenden der judäo-christlichen Tradition so weit internalisieren, dass sie an der Transformation der Sozialstruktur gemäß der im Eschaton inhärenten Utopie partizipieren können." Und wenn sie dann ihre eigene Frage „Und was machen Sie so?" anschloss, klang das „Ich bin Rechtsanwältin", das sie zur Antwort erhielt, gar nicht mehr so eindrucksvoll.*

Ich finde diese Geschichte einfach herrlich. Wir sind die alltäglichen kleinen Aufgaben oft so leid, dass wir darüber glatt vergessen, was für ein gewaltiges Vorrecht uns Gott damit gegeben hat – wir können noch ungeformte Menschen prägen und ihnen auf ihrem Weg zu Gottes Reich eine unersetzliche Hilfe sein.

Herr des Lebens, danke für das Geschenk, das Du uns mit unseren Kindern gemacht hast. Du hast uns mit ihnen so ungeheuer reich gemacht. Bitte statte uns mit Deiner Liebe, Kraft und Weisheit aus, sodass wir unseren Kindern helfen können, brauchbare Mitarbeiter in Deinem Reich zu sein. Amen.

9. MAI

Ehefrau und Mutter

Gott aber kann viel mehr tun, als wir von ihm erbitten oder uns auch nur vorstellen können. So groß ist seine Kraft, die in uns wirkt.

EPHESER 3,20

Vielleicht lesen Sie heute in diesem Andachtsbuch, während Sie Ihr Kleinstes stillen. Sie halten dieses winzige Geschenk Gottes im Arm und können sich kaum vorstellen, dass es in einem Jahr vielleicht schon läuft. Und noch viel unvorstellbarer scheint, dass dieses Kind in etwas mehr oder etwas weniger als zwanzig Jahren selbst berufstätig sein wird. Aber das ist natürlich die Regel, nicht die Ausnahme, und eine Mutter kann gar nicht früh genug damit beginnen, für die Zukunft jedes ihrer Kinder zu beten.

Als unser Ältester, Chad, in seinem letzten Jahr auf dem College war, waren mein Mann und ich ganz gespannt, wie Gott ihm einen Arbeitsplatz besorgen würde. Eine seiner Studienfreundinnen, Rachel, kam häufig mit einem der Gesellschafter eines Konstruktionsbüros zur Kirche, der sie eines Tages fragte: „Kennst du eigentlich einen zuverlässigen Studenten mit Hauptfach Maschinenbau, der dieses Jahr fertig wird?" Einige Wochen und ein Bewerbungsgespräch später trat Chad seinen erste Stelle an.

Während Nates letztem Jahr auf dem College lud sein Freund Nate Zacharias ihn ein, für ein Wochenende mit zu ihm nach Hause in Atlanta, Georgia, zu kommen. Nates Vater, Ravi Zacharias, hält überall in der Welt Vorträge über das Christentum und ist auch durch seine Bücher bekannt geworden. Zu der Zeit, als Nate da war, suchte Ravi gerade einen Assistenten, um ihn auf seinen Reisen zu begleiten. Am Ende des Wochenendes bot Ravi Nate den Job an, und er sagte zu. Seither hat Nate in vielen Ländern der Welt Erstaunliches mit Gott erlebt.

Wenn wir heute daran zurückdenken, wie Gott für Chad und Nate gesorgt hat, sind wir noch immer genauso dankbar wie damals. Wir preisen Gott, weil seine gewaltige Macht im Leben unserer Kinder immer wieder Großartiges bewirkt – und wir beten weiter für sie.

Vater, danke, dass wir an vielen Stellen einen kleinen Eindruck von Deiner Größe bekommen können. Wir bitten Dich, dass Du auch weiter Deinen Plan mit uns und mit unseren Kindern erfüllst. Amen.

10. MAI

Ehefrau und Mutter

Eine Frau, die ständig nörgelt, ist wie ein tropfendes Dach bei Dauerregen! Sie zum Schweigen zu bringen, ist so sinnlos, wie den Wind zu fangen oder Öl mit den Händen zu halten.

SPRÜCHE 27,15

Wir kennen alle Fernsehserien oder Karikaturen, in denen besonders dominante Mütter und Frauen gezeigt werden, und vielleicht kennen wir auch ein paar sehr reale Musterexemplare dieser Gattung. Es überrascht deswegen nicht, dass auch in der Bibel immer wieder von herrschsüchtigen Frauen die Rede ist, mit denen man nur schlecht auskommen konnte. Auch von diesen Negativbeispielen können wir eine Menge lernen.

In 1. Mose 27 lesen wir von Rebekka, die ihren Mann Isaak manipulierte und ihren Sohn Jakob anstiftete, seinen Vater zu betrügen. Jakob erschlich sich den Segen Isaaks, der eigentlich für seinen älteren Bruder Esau bestimmt war. Eine Generation später lesen wir von Potiphars Frau, die Josef zu verführen suchte. (vgl. 1. Mose 39) Als er flüchtete, schrie sie und dichtete eine Geschichte zusammen, in der sie um ein Haar Opfer des „hebräischen Sklaven" wurde.

Eine andere Frau, die für ihren schlechten Einfluss bekannt geworden ist, ist Delila, die sich überreden ließ, Samson zu betrügen. So wurde er seiner Kraft beraubt und konnte von seinen Feinden, ihren Mitverschwörern, überwältigt und gefangen genommen werden. (vgl. Richter 16) Und dann war da noch Isebel, die ihren Mann zu Götzendienst und allerlei heidnischen Praktiken verführte. (vgl. 1. Könige 16)

Und auch rein zahlenmäßig fallen die Frauen Salomos ins Gewicht. Sie sind ein gutes – oder vielmehr schlechtes – Beispiel dafür, wie Frauen ihren Männern schaden, anstatt ihnen weiterzuhelfen. In 1. Könige 11,4 lesen wir, dass Salomos 700 Frauen und 300 Nebenfrauen ihn im Alter dazu verführten, auch ihre Götter anzubeten.

Eine Frau, welche die Macht, die sie über einen Mann hat, missbraucht, um zu betrügen, zu schaden und zu zerstören, gibt kein besonders erbauliches Bild ab. Und doch können wir nur allzu leicht in unserer eigenen Familie in die gleichen Verhaltensmuster verfallen. Nur mit Gottes Weisheit und Kraft werden wir es je schaffen, uns anders zu verhalten. Wir sollten Gott jeden Tag demütig um seine Hilfe bitten.

Vater, „lass dir meine Worte und meine Gedanken gefallen! Bei dir bin ich geborgen, du bist mein Retter". (Psalm 19,15) Amen.

11. MAI

Ehefrau und Mutter

So wie wir uns Christus unterordnen, sollen sich auch die Frauen ihren Männern unterordnen. Auch ohne viel Worte sollt ihr Frauen allein durch euer Vorbild eure Männer für Christus gewinnen, die bisher nicht an sein Wort glaubten. Ein vorbildlicher Lebenswandel und Achtung ihnen gegenüber wirken überzeugender als viele Worte.

1. PETRUS 3,1-2

Manche finden, dass Frauen hier die Rolle von Fußabtretern zugeteilt wird, aber wenn wir genauer hinschauen, merken wir, dass dem keineswegs so ist. Eine Ehefrau ist nicht machtlos; ganz im Gegenteil – sie hat sehr viel mehr Macht, als ihr meistens bewusst ist. In diesen Versen schreibt Petrus an Frauen in der römischen Gesellschaft.

In meiner Bibel findet sich dazu eine Fußnote: „Nach römischem Gesetz hatte der Ehemann und Vater absolute Herrschaftsgewalt über alle Mitglieder seines Haushalts, die Ehefrau eingeschlossen. Wenn er mit ihrem neuen Glauben nichts anfangen konnte, gefährdete die Frau möglicherweise ihre Ehe, wenn sie auf ihrer neuen Freiheit in Christus beharrte." Deswegen möchte Petrus den gläubigen Frauen Mut machen. Ihre Verantwortung, so machte er deutlich, lag *nicht* darin, ihren Männern lange Predigten zu halten, sondern ihnen in Liebe zu dienen – genauso, wie Christus die Gemeinde liebt und ihr dient.

Die Frau, die glaubt, ihren Mann mit *Worten* überzeugen zu können, irrt. Viel mehr Einfluss hat die Art und Weise, wie sie sich verhält – ihre Wertvorstellungen, ihre Gewohnheiten, die Sorgfalt, mit der sie ihre Arbeit verrichtet, und ihre Beziehungen zu anderen Menschen. Ein „vorbildlicher Lebenswandel" – die Lutherbibel redet an dieser Stelle von *Reinheit* – bedeutet, dass man sich nicht verunreinigen, missbrauchen oder vom Bösen anstecken lässt. „Achtung vor ihnen" – bei Luther mit *Gottesfurcht* wiedergegeben – umfasst Ehrfurcht vor Gott, ein respektvoller Umgang mit den Mitmenschen und das Bewusstsein, dass wir alle vor Gott ungemein wertvoll sind.

Ehefrauen werden aufgefordert, ihre Männer zu unterstützen, Missbrauch aber nicht zu dulden. Wenn Frauen ihren Männern gestatten, sie auszunutzen und – auf welche Weise auch immer – zu missbrauchen, vernachlässigen sie dabei Gottes Gebot, „rein" zu sein, sich also nicht direkt oder indirekt am Bösen zu beteiligen. Ob der Ehemann nun gläubig ist und sich wie ein Ungläubiger verhält oder auch nicht gläubig – Taten reden in jedem Fall lauter als Worte.

Vater, hilf uns zu begreifen, wie viel Einfluss wir auf unsere Männer nehmen können. Bitte lass unser Leben von Reinheit und Achtung vor Dir und anderen geprägt sein, und lass uns immer bedenken, dass gerade unser Verhalten andere zu Dir hinziehen kann. Amen.

12. MAI

Ehefrau und Mutter

Nicht wir sind der Mittelpunkt unserer Predigt, sondern Christus, der Herr! Wir sind nur eure Diener, und das aus Liebe zu Jesus. Denn so wie Gott einmal befahl: „Es werde Licht!", so hat er auch die Finsternis in uns durch sein helles Evangelium vertrieben. Durch uns sollen alle Menschen Gottes Herrlichkeit erkennen, die in Jesus Christus sichtbar wird.

2. KORINTHER 4,5-6

Folgende Geschichte beeindruckt mich tief:

Nach dem Zweiten Weltkrieg halfen deutsche Studenten freiwillig beim Wiederaufbau einer Kathedrale in England mit, die im Krieg schwer zerstört worden war. Unklar war, was mit einer Christus-Statue zu tun sei. Sie hatte die Arme weit ausgestreckt und trug die Aufschrift „Kommt her zu mir". Zum großen Teil ließ sich die Statue reparieren – nur die Hände waren, von Bombensplittern zerschmettert, nicht wiederherzustellen. Sollte man versuchen, neue Hände zu gestalten? Die Restaurateure entschieden sich die Statue ohne Hände zu belassen und änderten die Inschrift: „Christus hat keine Hände als unsere."

Wir nutzen im Lauf der Jahre ständig unsere Hände, um unseren Kindern irgendetwas zu zeigen oder vorzumachen. Wenn wir mit einem Kleinkind ein Bilderbuch anschauen, zeigen wir mit dem Finger auf eine Kuh und fragen: „Und was für ein Tier ist das?" Wenn wir mit der Tochter Schokoplätzchen backen, deuten wir auf das Rezept, um ihr zu zeigen, wie viel Zucker sie abwiegen soll. Wenn wir im Auto neben einem Fahranfänger sitzen, zeigen wir auf das Ausfahrtsschild und legen ihm nahe, sich allmählich rechts einzuordnen.

Unter all den Dingen, die Mütter ihren Kindern im Lauf ihres Lebens zeigen, ist nichts so wichtig, wie sie auf Christus hinzuweisen, und nichts hat so weitreichende Auswirkungen. Wir zeigen ihnen das Licht der Welt, weil wir nicht möchten, dass sie im Finstern herumtappen. Wir weisen sie auf das Brot des Lebens hin, weil wir nicht wollen, dass sie geistlich hungern. Wir zeigen ihnen Christus, den Erlöser, weil wir nicht wollen, dass sie als Sklaven der Sünde ein unerquickliches Leben führen. Es gibt kein größeres Vorrecht als das, unsere Kinder auf Christus hinzuweisen.

Gott, danke, dass Du mit Christus das Licht in die Welt gesandt hast – und danke, dass wir Deine Hände in dieser Welt sein dürfen. Es ist ein solches Vorrecht, unseren Kindern Dich zu zeigen – statte uns dazu mit Deiner Weisheit und Kraft aus. Amen.

13. MAI

Ehefrau und Mutter

Was wir gehört und erfahren haben, was schon unsere Väter uns erzählten, das wollen wir auch unseren Kindern nicht verschweigen. Jede Generation soll von den mächtigen Taten Gottes hören, von all den Wundern, die er vollbracht hat.

PSALM 78,3-4

In New York lebte einmal ein Mann mit Namen Max Jukes. Er glaubte nicht an Gott und fand es völlig sinnlos, sich mit der Bibel zu beschäftigen. Er ließ seine Kinder nicht in die Kirche gehen, selbst wenn diese darum baten. Von seinen 1026 Nachkommen sind 300 im Gefängnis gewesen, und zwar durchschnittlich dreizehn Jahre lang. 190 verdienten sich ihren Lebensunterhalt mit Prostitution und 680 waren als Alkoholiker bekannt. Bislang hat der Staat über 420.000 Dollar für diese Familie ausgegeben, die ihrerseits keinen nennenswerten Beitrag zur Gesellschaft geleistet hat.

Zur gleichen Zeit lebte nicht weit entfernt Jonathan Edwards, ein bekannter Prediger. Er liebte Gott und achtete darauf, dass seine Kinder jeden Sonntag in die Kirche gingen. Die Aufgaben, die Gott ihm auftrug, versuchte er sorgfältig und verantwortungsvoll wahrzunehmen. Er hat 929 Nachkommen, und von ihnen sind 430 Pfarrer geworden, 86 Universitätsprofessoren und 13 sogar Präsidenten einer Universität. 75 haben gute Bücher geschrieben, und sieben wurden in den Kongress der USA gewählt. Einer wurde Vizepräsident. Seine Familie hat den Staat nicht einen Cent gekostet, aber unabsehbar viel zum Gemeinwohl beigetragen und ungezählte Menschen zum Guten beeinflusst.

Was für ein geistliches Erbe geben wir unseren Kindern mit? Natürlich möchten wir ihnen alle ein bisschen Geld hinterlassen oder das eine oder andere Möbelstück, mit dem wir schöne Erinnerungen verbinden. Aber wir tun gut daran, ihnen auch eine andere Art Erbe mitzugeben. Ein Erbe, das weit mehr Wert hat, als es sich materiell ausdrücken ließe.

Werden wir unseren Kindern eine Liebe zu Gott und seinem Wort hinterlassen, ein Vorbild an Liebe, Wahrheit und Barmherzigkeit, an dem sie sich orientieren können? Dankbarkeit und Zufriedenheit? Das sind die wertvollsten „Erbstücke", die wir ihnen geben können.

Vater, manchmal rennt der Alltag regelrecht an uns vorbei. Hilf uns bitte, an die Zukunft zu denken und daran, was für einen „Nachlass" wir weitergeben sollen. Gib uns die richtigen Worte – und Taten, die diesen Worten entsprechen. Amen.

14. MAI

Gott

Ein Anwalt der Witwen und ein Vater der Waisen ist Gott in seinem Heiligtum.

PSALM 68,6

Die Bibel lehrt uns, dass wir Gottes Kinder werden und dass Gott unser Vater wird, wenn wir unser Vertrauen auf ihn setzen. Das Wörterbuch beschreibt einen Vater als jemanden, der ein Kind zeugt, großzieht oder versorgt, und Gott achtet in seiner Treue auf all diese Dinge. Er hat uns geschaffen und sein Wesen in uns hineingelegt, er sorgt für uns und liebt uns grenzenlos. Manche Frauen, ich eingeschlossen, haben all diese Dinge auch von ihren irdischen Vätern erhalten, aber nicht alle Frauen können von ihren Vätern sagen, dass sie sie liebevoll versorgt und großgezogen haben. Manche haben den Tod des Vaters erlebt, andere sind vernachlässigt oder gar missbraucht worden.

Für solche Frauen ist es oft sehr schwierig, den Gott der Bibel zu verstehen, der sich als Vater offenbart. Aber wir alle erleben von Zeit zu Zeit Ungerechtigkeit, ob im kleineren oder im größeren Rahmen. Und wir alle sollten uns bewusst dafür entscheiden, unseren Glauben von Gottes Wort her formen zu lassen und nicht von unseren Erfahrungen.

Gott der Vater kann auch unsere kaputten und unvollkommenen Vorstellungen davon, wie ein Vater zu sein hat, heilen.

Je mehr wir in Gottes Wort lesen, desto mehr merken wir, dass wir uns immer an Gott wenden können, weil er als Vater absolut verlässlich ist. (Wenn Sie es schwierig finden, die Vaterliebe, die Gott für Sie hat, zu verstehen, macht Ihnen Johannes 10,1-30 vielleicht Mut.)

Vater, danke, dass Dein Wort unsere Vorstellungen von Dir immer mehr prägt, je mehr wir uns damit beschäftigen. Danke, dass wir in Dir einen so wunderbaren Vater haben dürfen. Amen.

15. MAI

Gott

Josef, du bist wie ein fruchtbarer Baum, der an einer Quelle wächst und dessen Zweige eine Mauer überragen. Feindliche Gruppen greifen dich an, verfolgen dich mit Pfeil und Bogen, aber dein Bogen bleibt unzerbrechlich. Deine Arme und Hände sind stark, weil Jakobs mächtiger Gott dir hilft. Er sorgt für Israel wie ein Hirte, gibt dem Volk Sicherheit wie ein starker Fels. Der Gott, dem schon dein Vater gedient hat, wird dir beistehen. Er ist allmächtig und wird dir seinen Segen schenken: Regen bewässert dein Land von oben, and das Wasser aus den Tiefen der Erde macht deine Felder fruchtbar; Menschen und Tiere vermehren sich und breiten sich aus.

1. MOSE 49,22-25

Wir alle finden es vermutlich nicht besonders schwierig, Gott als allmächtigen und überreichen Segensspender zu begreifen, wenn die Sonne scheint, wir gesund sind, genug Geld auf unserem Konto haben und bei den Kindern alles in Ordnung ist. Aber wie ist es an schwierigen Tagen, wenn wir den Eindruck haben, dass uns buchstäblich der Boden unter den Füßen weggezogen wird?

Josef wurde in eine Grube geworfen und dann als Sklave verkauft, in ein fremdes Land verschleppt, zu Unrecht beschuldigt und ins Gefängnis gesteckt. Und doch wusste er die ganze Zeit, dass Gott mächtig ist, und später erlebte er seinen Segen im eigenen Leben – Weisheit, eine einflussreiche Position im Staat Ägypten, Verantwortung, die Fähigkeit der Traumdeutung, eine Frau und Kinder, die Milderung einer Hungersnot und ein Wiedersehen mit seinen Brüdern und seinem Vater, wie es nur Gott einfädeln konnte.

Ruth hatte es auch nicht gerade leicht. Ihr Mann und ihr Schwiegervater starben, und so blieben ihre Schwiegermutter und sie als Witwen zurück, die um das tägliche Überleben kämpfen mussten. Aber nachdem Ruth beschloss, bei ihrer Schwiegermutter zu bleiben, segnete Gott sie. Er schenkte ihr einen Mann und später einen Sohn, der schließlich der Großvater von König David wurde.

Das nächste Mal, wenn wir einen schwierigen Tag vor uns haben und es nicht gerade einfach finden, Gott als überreich und mächtig anzusehen, sollten wir uns die Geschichten von Josef und Ruth vielleicht noch einmal anschauen und uns von ihren Erfahrungen mit Gott neu Mut machen lassen.

Vater, danke, dass wir so viel von Leuten lesen und hören, die es im Leben alles andere als leicht hatten und doch Deine Macht immer wieder erlebten. Du hast sie überreich gesegnet – und uns auch. Amen.

16. MAI

Gott

Ich schaue hinauf zu den Bergen – woher kann ich Hilfe erwarten?
Meine Hilfe kommt vom Herrn, der Himmel und Erde gemacht hat!

PSALM 121

Was machen wir eigentlich, wenn wir etwas „machen"? Wenn wir einen Kuchen mit unseren Kindern „machen", werfen wir alle erforderlichen Zutaten zusammen, vermischen das Ganze gut und backen es dann. Wenn wir etwas aus Ton „machen", bringen wir das Material mit der Hand oder mit einer Maschine in die gewünschte Form. Wenn wir Gesetze „machen", legen wir sie fest.

Als Gott Himmel und Erde „machte", hat er die Kreativität eingeführt. Er hat dafür gesorgt, dass Dinge hervorgebracht wurden, er hat geformt und festgelegt. Er hat das Leben geschaffen. Er hat Materie auf eine Weise zusammengefügt und gestaltet, dass sie verschiedene Funktionen wahrnehmen und sich auf verschiedene Weisen „verhalten" konnte.

Aber es gibt einen großen Unterschied zwischen dem, was wir machen, und dem, was Gott macht. Wenn wir einen Kuchen backen oder töpfern, nehmen wir dazu Zutaten und Rohmaterialien, die es schon gibt. Gott dagegen schuf alles aus dem Nichts heraus. Die Fragen, die Gott an Hiob stellt, haben mir immer gefallen (vgl. Hiob 38,4-7): „Wo warst du, als ich das Fundament der Erde legte? Sag es doch, wenn du so viel weißt! Wer hat ihre Maße festgelegt und wer die Messschnur über sie gespannt? Du weißt es doch, oder etwa nicht? Worin sind die Pfeiler der Erde eingesenkt, und wer hat ihren Grundstein gelegt?" Es wird hier unmissverständlich klar: Gott ist Gott, und wir sind es nicht.

Ist es nicht ungemein ermutigend und tröstlich, dass wir uns direkt an unseren Schöpfer – an den, der aus nichts etwas machte – wenden können, wenn wir in unserem Leben vor Herausforderungen und Schwierigkeiten stehen? Wir können ihn bitten, dass er Ordnung in unser manchmal doch ganz schön chaotisches Leben bringt.

Vater, danke, dass Himmel und Ehre voll von Deiner Ehre sind. Danke, dass Du uns selbst auch schöpferisch tätig sein lässt mit den Dingen, die Du geschaffen hast. Wir wissen, dass Du allein unser Leben ordnen und uns Ruhe bringen kannst. Amen.

17. MAI

Gott

Am letzten Tag, dem Höhepunkt des Festes, trat Jesus wieder vor die Menschenmenge und rief laut: Wer Durst hat, der soll zu mir kommen und trinken! Wer an mich glaubt, wird erfahren, was die Heilige Schrift sagt: Wie ein Strom wird lebensschaffendes Wasser von ihm ausgehen.

JOHANNES 7,37-38

Was kommt Ihnen beim Gedanken an das Wort „Durst" in den Sinn? Ich muss immer an das Springkraut denken, das vor unserer Haustür wächst und sich bester Gesundheit erfreut. Es muss ziemlich robust sein, denn ich bin als Gärtnerin nicht gerade eine Leuchte.

Wenn ich meinem Springkraut jeden Tag zwei bis vier Liter Wasser gebe, geht es ihm gut und es grünt fröhlich vor sich hin. Wenn ich es dagegen an einem oder zwei Tagen zu gießen vergesse, vor allem im Sommer, schmollt es, lässt sich hängen und sieht aus, als würde es jeden Moment das Zeitliche segnen. Im letzten Sommer ist uns das einmal passiert, als meine Familie und ich übers Wochenende wegfuhren. Als wir heimkamen, konnte ich mein armes Springkraut regelrecht nach Wasser schreien hören. Ich gab ihm also reichlich zu trinken, und innerhalb weniger Stunden hatte es sich wieder erholt.

Das Bild dieser durstigen Pflanze hat sich mir unauslöschlich eingeprägt. Mein ausgetrocknetes Herz hat verzweifelt Durst nach Gott. Im Laufe der Jahre habe ich die erfrischende Angewohnheit entwickelt, jeden Morgen meinen geistlichen Durst nach Gott zu stillen, indem ich Zeit mit seinem Wort verbringe. Wenn ich das aus dem ein oder anderen Grund verpasse, beginnt meine Seele zu welken und zu verkümmern. Aber mein Herz erholt sich immer wieder, wenn ich dann Zeit mit Gott verbringe, in seinem Wort lese und mit ihm spreche.

Vater, danke, dass Dein lebendiges Wasser den Durst unserer Seele stillt. Amen.

18. MAI

Gott

Heute ist für euch in der Stadt, in der schon David geboren wurde, der lang ersehnte Retter zur Welt gekommen. Es ist Christus, der Herr.

LUKAS 2,11

In Filmen, die in der Vergangenheit spielen, werden Menschen, die einer bestimmten Bevölkerungsschicht angehören oder sich sonst verdient gemacht haben, mit „mein Herr" angeredet. Das Wort *Herr* ist so kurz, und doch hat es in der Bibel eine herausragende Bedeutung. Die Bezeichnung, die das Alte Testament für Gott hat, wird in unseren Bibeln als „der Herr" wiedergegeben, weil die Juden den heiligen Namen Gottes aus Ehrfurcht nicht aussprechen wollten und stattdessen lieber „mein Herr" sagten. Weil Jesus seinen Nachfolgern beigebracht hat, dass sie mit Gott vertraut reden können wie mit ihrem Vater, sprechen wir ihn heute, wenn wir beten, auf unterschiedliche Weise an – als Herr, guter Hirte, Vater, Erlöser, Heiland oder anders, und einige dieser Bezeichnungen finden sich auch schon im Alten Testament.

Der vermutlich wichtigste Name Gottes im Alten Testament ist Jahwe, das bedeutet: „Ich bin, der ich bin." Eines meiner Nachschlagewerke schreibt dazu: „Dieses *Ich bin* drückt aus, dass er der grenzenlose Gott, der Anfang und das Ende allen Seins ist, der hinter allem steht und auf den letzten Endes alles hinausläuft."

Andere Ehrennamen Gottes, die sich im Alten Testament finden, sind *Jahwe-Jireh* („der Herr wird versorgen"), *Jahwe-Nissi* („der Herr mein Banner"), *Jahwe-Schalom* („der Herr unser Friede"), *Jahwe-Schammah* („der Herr ist gegenwärtig") und *Jahwe-Zebaoth* („der Herr der Heerscharen").

Wenn wir Gott als Herrn anreden und auch unseren Kindern beibringen, sich so an ihn zu wenden, sprechen wir ihn damit als den Allmächtigen an, als den Einzigen, der uns so unbegrenzt viel Kraft, Frieden und Sicherheit geben kann, wie er es im Leben der Menschen im Alten Testament gezeigt hat.

Vater, danke für die Herrlichkeit, die schon in Deinen Namen zum Ausdruck kommt. Hilf uns, unseren Kindern Ehrfurcht vor Dir beizubringen, und lass sie Dich selbst als den Herrn, den Hirten, Versorger und Erlöser kennenlernen. Amen.

19. MAI

Gott

Nachdem wir durch den Glauben von unserer Schuld freigesprochen worden sind, steht nun nichts mehr zwischen uns und Gott. Wir haben Frieden mit ihm. Wem verdanken wir das? Allein Jesus Christus. Er hat uns die Tür zu diesem neuen Leben geöffnet. Voller Freude danken wir Gott dafür, dass wir an seiner Herrlichkeit teilhaben werden.

RÖMER 5,1-2

Wir können Gott kennenlernen und verehren, indem wir an seinen Sohn glauben, an Jesus Christus. Manchmal sind wir versucht zu glauben, dass eine ganze Menge Menschen auf der Welt Gott kennen – wenn es danach ginge, wie oft sie seinen Namen im Mund führen. Wie oft hören wir Leute ausrufen „Gott sei Dank! Endlich Freitag!" oder „Um Gottes Willen!" Ich frage mich manchmal, ob Menschen, die so reden, eigentlich wissen, dass wir Gott nur durch Jesus kennenlernen können.

Christus hat uns den Weg zu Gott gebahnt, sodass wir mit ihm in Beziehung treten können. Die Bibel ist im Prinzip eine einzige große Erzählung darüber, wie Gott auf uns zukam, um uns durch Christus zu sich zu ziehen. Dieser Plan wurde schon im Alten Testament angekündigt, und im Neuen Testament fand er dann seine Erfüllung. Wenn wir uns das Leben, die Lehre, die Person und das Werk Christi anschauen, merken wir, dass ihm viele Namen zugeschrieben werden unter anderem Wunderbarer Ratgeber, Starker Gott, Ewiger Vater und Friedefürst. (vgl. Jesaja 9,5) Aber die drei Aufgaben, die er am meisten wahrnimmt, sind die als Prophet, Priester und König.

Als Prophet offenbart er allen Gottes Wesen und seinen Willen. Als Priester opfert er nicht immer wieder Tieropfer, sondern er opferte sich selbst ein für alle Mal für die Sünden der Welt. Und als König wird er eines Tages im Triumphzug zurück auf die Erde kommen, um seine Herrschaft aufzurichten. Gott wird uns bekannt – nicht weil wir uns so anstrengen, ihn kennenzulernen, sondern weil er sich uns in Jesus Christus offenbart hat.

Vater, danke, dass wir mit Dir versöhnt sind, wenn wir an Jesus glauben. Wir sind so dankbar, dass Jesus auf die Erde gekommen ist und uns den Weg zu Dir gezeigt hat. Hilf uns, unseren Kindern – durch unsere Worte, aber auch durch unser Leben – eine Hilfe dabei zu sein, selbst auch mit dir versöhnt zu werden. Amen.

20. MAI

Gott

Mit deiner Kraft hast du dir Berge gebildet, deine Macht ist allen sichtbar. Du besänftigst das Brausen der Meere, die tosenden Wellen lässt du verstummen; ja, auch die tobenden Völker bringst du zum Schweigen.

PSALM 65,7-8

Ruthie, meine Freundin, ist gerade aus dem Urlaub zurückgekehrt. Als sie mir ihre Bilder zeigte – schneebedeckte Bergkuppen, wilde Blumen in allen Farben, kristallklare Seen, kamen mir die Worte *prächtig* und *majestätisch* in den Sinn.

Wenn Jim und ich mit unseren Söhnen zum Urlaub ans Meer fahren, fallen uns zu unseren Bildern immer Ausdrücke wie *gewaltig* oder *gigantisch* ein.

Wir Menschen haben eine Schwäche für das Gewaltige und Wunderbare. Wir sind fasziniert, wenn sich uns ein außergewöhnliches Schauspiel bietet. Aber wir begrenzten Menschen brauchen auch immer wieder eine kleine Erinnerung daran, wie wunderbar Gott ist – und die Schöpfung hilft uns dabei. Ich denke, dass die Bibel deshalb Gott oft mit denselben Begriffen beschreibt wie sonst Berge oder Meere. Wenn die Berge und das Meer schon so großartig sind, und wir gleichzeitig lesen, dass Gott diese Berge und das Meer geschaffen hat, muss Gott unbegreiflich viel wunderbarer sein als irgendetwas, das wir uns auch nur vorstellen können!

Gerade wenn wir mit unseren Kindern die Berge oder das Meer betrachten, fangen wir immer wieder neu an, Gott für seine Macht und Herrlichkeit zu loben. J. I. Packer hat es treffend ausgedrückt: „Vor der Welt stehen wir alle klein da, aber vor Gott steht die Welt klein da."

Gott, Schöpfer der Berge und Meere, wir danken Dir für die viele Schönheit, die Du in der Welt geschaffen hast. Sie verweist auf Deine Größe und Macht. Hilf uns, dass wir uns immer wieder daran erinnern, dass Du noch viel größer und gewaltiger bist als alles Sichtbare um uns herum. Amen.

21. MAI

Gnade

Oder meint ihr, die Heilige Schrift sagt ohne jeden Grund: „Gottes Geist, der in uns wohnt, will uns ganz allein besitzen.“? Gott wird allen, die ihm treu sind, noch mehr Gnade schenken. Darum heißt es auch: „Die Stolzen und Hochmütigen weist Gott von sich, aber er hilft denen, die wissen, dass sie ihn brauchen.“

JAKOBUS 4,5-6

Irgendjemand hat einmal gesagt: „Wir werden kaputt geboren. Unser Leben lang flicken wir an uns herum. Die Gnade Gottes ist der Kleber.“

Wir alle sehnen uns sehr nach Gnade, oder? Wir möchten gerne, dass uns Barmherzigkeit, Liebe, Mitgefühl und Geduld entgegengebracht werden. Die emotional gesündesten Menschen sind Menschen, die die Gnade Gottes am eigenen Leib erfahren und gelernt haben, diese Gnade auch an andere Leute weiterzugeben. Ich vermute, dass das auch bedeutet, dass die gesündesten Menschen nicht stolz, sondern von Herzen demütig sind. Stolze Menschen denken nämlich, dass sie keine Gnade brauchen, und natürlich können sie erst recht keine Gnade an andere weitergeben, da sie sie nie selbst erlebt haben.

Dem Teufel ist Gnade zuwider. Er sieht uns lieber stolz und hochmütig. Er versucht uns ständig zu Fall zu bringen: „Warum bleibst du eigentlich auf diesem schmalen Weg? Warum so bescheiden? Sei doch mal ein bisschen selbstbewusster. Schöpfe deine Möglichkeiten doch aus und tu, was du willst. Du wirst Macht und Freude erleben, wenn du dir gestattest, deinen eigenen Weg zu gehen.“ Solche Worte könnten von ihm stammen. Er weiß, dass wir kaputte Menschen bleiben werden, wenn wir Gott nicht beim Wort nehmen und uns ihm in Demut unterordnen.

Und so merken wir, dass der Weg zur Gnade durch den Glauben führt, der dem Teufel widersteht. Wenn wir unser Vertrauen auf Christus setzen, ist das ein Zeichen von Demut, und Gnade wird nur dem Demütigen zuteil.

Vater, bitte vergib mir meinen Stolz. Hilf mir, dass ich mich täglich neu unterordnen und dem Teufel widerstehen kann. Es ist kein leichter Weg, dem Teufel zu widerstehen. Aber Du hast den Kampf gegen das Böse bereits am Kreuz gewonnen. Hab Dank dafür! Amen.

22. MAI

Gnade

Denn nur durch seine unverdiente Güte seid ihr vom Tod errettet worden. Ihr habt sie erfahren, weil ihr an Jesus Christus glaubt.

EPHESER 2,8

Gnade bedeutet, dass Gott sich uns in Freundlichkeit zuwendet und reich beschenkt, obwohl wir es nicht verdienen. Gnade kann man nicht kaufen und man kann sie sich nicht verdienen, weil sie ein *Geschenk* ist. Aber wie jedes Geschenk, so können wir auch dieses erst erfahren und richtig schätzen lernen, wenn wir es zuerst annehmen. Wenn wir Gottes Gnade im Glauben annehmen, erleben wir Christi Sieg und werden selbst großzügig, freundlich und stark.

Wir siegen mit Christus, weil wir das Grab der Sünde schon hinter uns gelassen haben und mit dem Auferstandenen auferweckt worden sind. Wir müssen uns von unserer sündigen Natur nicht mehr beherrschen lassen. Leider vergessen wir oft, dass wir dieses Geschenk von Gott bekommen haben.

Wir können großzügig sein, weil Gott uns seine Gnade geschenkt hat und wir seinem Beispiel folgen wollen. Ich kann mich noch an ein Jahr erinnern, als mein Vater eine Zusatzzahlung, die er für seine Arbeit erhalten hatte, mit uns vier Kindern teilte. Das musste er nicht tun, aber seine Großzügigkeit veranlasste ihn dazu. Wenn wir Gottes Gnade erleben, geht es uns genauso.

Gottes Gnade macht uns *freundlicher*. Weil Gott uns nicht lieblos oder herablassend behandelt, gehen wir mit anderen Menschen auch nicht so um.

Ein weiterer Punkt ist, dass Gottes Gnade uns stark macht. Das Schöne an Gottes Stärke ist, dass sie in unserer Schwachheit am besten zum Ausdruck kommt. Gottes Stärke zeigte sich, als er einem Blinden das Augenlicht verlieh, aber auch in Davids Steinschleuder. Sie wird auch in unserer Schwachheit unter Beweis gestellt, wenn wir zu Gefäßen werden, die seine Gnade in sich tragen.

Weil Gott uns in seiner Gnade so reich beschenkt hat, können wir diesen Sieg, die Großzügigkeit, Freundlichkeit und Stärke auch in unserem täglichen Miteinander mit unseren Kindern, Männern oder Freunden zum Ausdruck bringen. Gottes Gnade macht uns wirklich *reich!*

Vater, je mehr wir Dich kennenlernen, desto mehr sind wir von Deiner Gnade überwältigt. Du willst uns segnen mit Großzügigkeit, Freundlichkeit und Stärke. Wir sind überreich beschenkt. Danke für Deine unbeschreiblich großzügige Gabe! Amen.

23. MAI

Gnade

Lasst euch nicht fortreißen durch verschiedenartige und fremde Lehren! Denn es ist gut, dass das Herz durch Gnade gefestigt wird, nicht durch Speisen, von denen die keinen Nutzen hatten, die danach wandelten.

HEBRÄER 13,9

Ich habe diesen Vers im Lauf meines Lebens schon oft gelesen, aber als ich vor Kurzem wieder darauf stieß, blieb ich an dem Punkt hängen, dass ein Christ durch Gnade gefestigt wird. Ausdrücke wie „erstaunliche Gnade", „überreiche Gnade" oder „heilende Gnade" kennen wir eher, aber dass man „durch Gnade gefestigt" wird, war mir bislang immer entgangen. Wenn man etwas festigt, gibt man ihm Sicherheit und baut es aus.

Unser Herz braucht auch Sicherheit, es muss weiter ausgebaut und gestärkt werden, weil es so oft entmutigt, kleingläubig und schwach ist. Durch die ganze Bibel hindurch werden wir aufgefordert, Gott um Hilfe und Kraft zu bitten, und nichts treibt uns stärker dazu als das Bewusstsein unserer eigenen Hilflosigkeit. Gott will nicht, dass wir voller Stolz vor ihn treten – seine Gnade gilt den Demütigen.

Kent Hughes, mein Pfarrer, hat Gottes Gnade einmal mit der Schwerkraft verglichen, die das Wasser auf der Erde verteilt. Er hat das als die „Schwerkraft der Gnade" bezeichnet. Stellen Sie sich mal Wasser vor, das einen großen Wasserfall hinunterstürzt und sich unten als Fluss fortsetzt. Der Fluss fließt weiter abwärts, weiter und immer weiter, er bewässert unterwegs Weiden und Wiesen und landet irgendwann im Meer. Und mit Gottes Gnade ist es ähnlich: Die „Hohen" und Stolzen erreicht sie nicht, aber je niedriger und bedürftiger Menschen sind, desto mehr fließt Gottes Gnade in ihre Herzen, wo sie Wachstum und Segen bewirkt. In Jakobus 4,6b lesen wir: „Die Stolzen und Hochmütigen weist Gott von sich, aber er hilft denen, die wissen, dass sie ihn brauchen."

Kent Hughes hat das so erklärt: „Der ungebeugte Mensch, der stolz und hochaufgerichtet vor Gott steht, kann Gottes Gnade nicht aufnehmen, weil sie sich nach unten ergießt. Sie prasselt vielleicht auf ihn nieder, aber sie durchdringt ihn nicht. Sie tropft einfach an ihm herunter wie der Regen von einem Denkmal aus Stein. Aber die Seele, die vor Gott liegt, wird von Gnade überspült – sie taucht ein und schwimmt geradezu in einem Meer von Gnade."

Gnade, die festigt, wird denen gegeben, die sich ihre Bedürftigkeit eingestehen.

Vater, danke, dass Du uns stärkst und unsere Herzen durch Deine unendliche Gnade fest machst, wenn wir zugeben, dass wir Dich brauchen. Erst dann kann Deine Kraft in unserem Leben sichtbar werden. Amen.

24. MAI

Gnade

Denn in der Person Christi ist jetzt Gottes Barmherzigkeit sichtbar geworden, mit der er alle Menschen retten will. Sie bringt uns dazu, dass wir uns von aller Gottlosigkeit, allen selbstsüchtigen Wünschen trennen, dafür aber besonnen und rechtschaffen leben, so wie es Gott gefällt. Denn wir warten darauf, dass sich bald erfüllt, was wir sehnlichst erhoffen, dass unser Herr und Erlöser Jesus Christus in seiner ganzen göttlichen Herrlichkeit und Größe erscheinen wird. Er hat sein Leben für uns gegeben und uns von allem Bösen und von aller Schuld befreit. So sind wir sein Volk geworden, bereit, ihm dankbar zu dienen.

TITUS 2,11-14

Gnade bringt Errettung.

Alle Versprechen, die Gott den Menschen gab, seit er die Erde schuf, und all seine Taten haben seine Gnade offenbar gemacht. Er hat so viel Segen gegeben und die Menschen so reich beschenkt, um sie zur Umkehr zu bewegen. Eines der Ziele von Jesu Tod am Kreuz war es, uns von unserer Ungerechtigkeit zu befreien, aber Paulus schreibt hier an Titus, dass es um mehr als das ging. Gott wollte uns reinigen und freisetzen zu guten Werken.

Gnade lehrt uns, zur Gottlosigkeit nein zu sagen.

Im tiefsten Herzen gottgefällig, „fromm“ zu leben, umfasst auch Selbstbeherrschung. Unser Wille steuert nur dann unsere Gefühle und Taten, wenn wir uns darauf stützen, dass Gottes Geist in unserem Leben herrscht. (vgl. Galater 5,22-23) Wir erfahren Gottes Gnade in unserem Leben, und so können wir auch nach außen hin ehrlich, zuverlässig, verbindlich und vertrauenswürdig sein, sodass es auch die Menschen um uns herum sehen können. Frömmigkeit kommt nicht nur durch Worte zum Ausdruck, sondern gerade durch die Kraft und Dynamik einer lebendigen Beziehung zu Gott.

Gnade macht Hoffnung möglich.

Das Wissen, dass Jesus wiederkommen wird, ist ein großer Anreiz, gottgefällig zu leben. Er hat uns von seinem Reichtum viel gegeben, das wir jetzt schon genießen dürfen, aber wir wissen, dass wir in alle Ewigkeit an seinem Reichtum und an seinem Reich Anteil haben werden.

Was für ein Vorrecht ist es, Gottes Gnade zu erleben, die uns in so vielen Bereichen unseres Lebens verändert.

Vater, danke, dass Deine Gnade uns Rettung und Hoffnung gibt und uns hilft, so zu leben, wie Du es willst. Lass uns nie den Preis vergessen, den Du dafür bezahlt hast. Amen.

25. MAI

Gnade

Bleibt besonnen und wachsam! Denn der Teufel, euer Todfeind, schleicht wie ein hungriger Löwe um euch herum. Er wartet nur auf ein Opfer, das er verschlingen kann. Stark und fest im Glauben sollt ihr seine Angriffe abwehren. Und denkt daran, dass alle Christen in dieser Welt diese Leiden ertragen müssen. Gott aber, von dem ihr nichts als Gnade und Liebe erfahren habt, hat euch durch Jesus Christus zugesagt, dass er euch nach dieser kurzen Leidenszeit in seine ewige Herrlichkeit aufnimmt. Er wird euch ans Ziel bringen, euch Kraft und Stärke geben, sodass ihr fest und sicher steht.

1. PETRUS 5,8-10

Alle, die das Gefühl der Verzweiflung kennen, werden in den Worten von Lewis B. Smedes bestimmt Trost finden. Er schreibt:

„Gnade bringt nicht einfach alles in Ordnung. Ihre Eigenart ist es vielmehr, dass sie uns dankbar macht, dass wir leben ... Gnade ist kein Freifahrtschein in das Land unserer Träume. Gnade ist auch kein Zaubertrank, der unser Leben so verzaubert, wie wir es gerne hätten; solche Dinge gehören mehr ins Reich der Märchen. Gnade heilt uns nicht von all unseren Krebserkrankungen, macht unsere Kinder nicht zu Fußballweltmeistern und lässt uns auch nicht in die schwindelnden Höhen von Sex und Erfolg aufsteigen. Gnade ist vielmehr die erstaunliche Fähigkeit, der Wirklichkeit voll ins Gesicht zu blicken, all das Schlimme und Schwierige zu sehen, den Schmerz und die Trauer selbst zu erleben, die schreiende Ungerechtigkeit unseres ganzen irdischen Daseins zu empfinden – und doch im tiefsten Grunde unseres Herzens zu wissen, dass es gut ist, auf der Erde zu leben, die Gott gut gemacht hat. Gnade ist, würde ich sagen, die Kraft, das Leben sehr realistisch zu sehen, zu wissen, dass manchmal alles kaputt und falsch ist, und sich trotzdem bewusst zu sein, dass alles gut wird. Darin liegt einer der Gründe, warum wir von der „erstaunlichen Gnade" reden ... Gnade drückt mit einem Wort aus, was Gott in der Person Jesu Christi für uns ist, und dass er für uns da ist."

Gnade löst nicht unsere Probleme, aber sie lässt uns Gott erleben, wenn wir mitten in den größten Schwierigkeiten stecken. Und er verspricht, dass er uns neue Kraft geben, dass er uns stützen und stärken wird.

Vater, manchmal haben wir das Gefühl, dass das ganze Leben ein schrecklicher Irrtum ist. Danke, dass Du weißt, in welcher Situation sich jede einzelne Mutter befindet, die diese Zeilen liest. Danke, dass Du uns in Deiner Gnade zu Hilfe kommen wirst, wenn wir nicht mehr weiterwissen und verzweifelt nach Dir rufen. Amen.

26. MAI

Gnade

Nach diesem Essen fragte Jesus den Simon Petrus: „Simon, Sohn des Johannes, liebst du mich mehr als die anderen hier?" – „Ja, Herr", antwortete ihm Petrus, „du weißt, dass ich dich lieb habe." – „Dann hüte meine Lämmer", sagte Jesus. Jesus wiederholte seine Frage: „Simon, Sohn des Johannes, liebst du mich?" – „Ja, Herr, du weißt doch, dass ich dich liebe", antwortete Petrus noch einmal. „Dann hüte meine Schafe!" Und zum dritten Mal fragte Jesus: „Simon, Sohn des Johannes, hast du mich wirklich lieb?" Jetzt wurde Petrus traurig, weil Jesus ihm nicht zu glauben schien und zum dritten Mal gefragt hatte: „Hast du mich lieb?" Deshalb antwortete er: „Herr, du weißt alles. Du weißt doch auch, wie sehr ich dich liebe!" Darauf sagte Jesus: „Dann hüte meine Schafe."

JOHANNES 21,15-17

Diese Verse machen jeder Mutter Mut, die sich manchmal fragt: *Wie kann ich meinen Kindern geistlich weiterhelfen, wenn ich selbst so oft im Glauben zu kämpfen habe?* Die Szene, von der uns Johannes hier berichtet, quillt fast über mit der Gnade, die Jesus für seine Jünger bereithielt – und für uns.

Einige Tage bevor dieses Frühstück am Ufer des Sees Tiberias stattfand, hatte Petrus Jesus dreimal verleugnet und anschließend bittere Tränen darüber geweint. Ihm war bewusst, dass er versagt hatte – und natürlich wusste Jesus es auch. Nun erschien Jesus seinen Jüngern zum dritten Mal nach seinem Tod und seiner Auferstehung. Es war ein Ausdruck von Gnade, dass Jesus Petrus hier mit dem Ziel ansprach, ihn wiederherzustellen – aber für Petrus waren seine Fragen bestimmt alles andere als angenehm. Wahre Freunde reden die Wahrheit in Liebe, und das ist auch eine Art Gnade.

Genau wie Petrus Jesus dreimal verleugnet hatte, fragte Jesus Petrus nun auch dreimal: „Hast du mich lieb?" Er wollte damit herausfinden, ob es Petrus mit seiner Liebe zu ihm wirklich ernst war. Und dann gab er ihm in seiner grenzenlosen Gnade die Chance, diese Liebe im Dienst unter Beweis zu stellen.

So wie Petrus versagte, versagen wir auch als Mütter manchmal. Auch wir müssen über unsere Schuld trauern, wir müssen umkehren (also buchstäblich die entgegengesetzte Richtung einschlagen, mit dem festen Vorsatz, nicht wieder zum Alten zurückzukehren) und uns dann auf das Wichtigste konzentrieren – unsere Liebe zu Jesus. Wenn wir ihn lieb haben, wird sich aus dieser Liebe ganz automatisch ergeben, dass wir ihm freudig dienen.

Gnädiger Gott, wir alle versagen oft und machen Dich traurig. Danke, dass Du uns in Deiner Liebe und Gnade immer wieder nachgehst, uns mit der Wahrheit konfrontierst und uns Wiederherstellung anbietest. Amen.

27. MAI

Gnade

Barmherzig und gnädig ist der Herr, groß ist seine Geduld und grenzenlos seine Liebe!

PSALM 103,8

Es war Samstag, und im Haus Elwell war eine Menge los, als der zwölfjährige Jordan fragte, ob er ein paar Freunde und ihre Musikinstrumente für eine „Jamsession" einladen könnte. „Wir üben oben auf dem Dachboden", erklärte er. Ich war von der Idee nicht besonders begeistert und schlug vor, sie sollten lieber in den Keller gehen, aber mein Mann meinte: „Ach komm, wir lassen sie da hochgehen. Da oben können sie ja nicht viel kaputtmachen."

Die Jungs legten also oben lautstark los, und ich ging los, um noch eine Besorgung zu machen. Als ich zurückkam, fing mich mein Mann schon an der Haustür ab. „Es gab hier ein kleines Problem, während du weg warst", sagte er. „Was ist denn passiert?", fragte ich besorgt. „Also, die gute Nachricht ist, dass niemand verletzt ist", meinte er. „Die schlechte, dass einer der Jungs auf dem Dachboden ausgerutscht und halb durch die Sparren gekracht ist. Jetzt hat die Decke zu unserem Schlafzimmer ein riesiges Loch."

Ich war stinksauer. Auf der Zunge lag mir: „Ich hab ja gleich gewusst, dass das eine blöde Idee ist." Ich sagte es nicht, aber man sah mir wahrscheinlich an, was ich dachte. Die nächste Stunde über arbeitete ich in der Küche leise vor mich hin, während Jim sich die Schlafzimmerdecke vornahm, um sie zu reparieren. Nach einer Stunde hatte ich mich endlich so weit beruhigt, dass ich mich mit ihm hinsetzen und über das alles reden konnte. Ich konnte es sogar mit ein bisschen Humor nehmen. Und natürlich lachen wir heute darüber – aber damals habe ich schon eine Weile gebraucht, bis ich meinen Ärger verarbeitet hatte.

Die Bibel berichtet, dass Gott gnädig, geduldig und überreich an Gnade und Barmherzigkeit ist, obwohl wir halsstarrig und aufmüpfig sind. Meine eigene Haltung dagegen ist seiner überhaupt nicht ähnlich. Ich merke immer wieder, dass ich diese Eigenschaften nicht aus mir selbst heraus produzieren kann. Was Gnade betrifft, so kann ich ihm nur ähnlicher werden, wenn ich mich ganz auf Christus stütze und seine Hilfe in Anspruch nehme.

Gnädiger Vater, bitte vergib mir all die Male, bei denen ich alles andere als gnädig und geduldig war. Danke, dass Du mir von Deiner Gnade etwas abgibst und ich es nicht alleine schaffen muss, mich zu verändern. Amen.

28. MAI

Reinheit

Niemand hat ein Recht, auf dich herabzusehen, weil du noch so jung bist. Allerdings musst du in jeder Beziehung ein Vorbild sein, in allem, was du sagst und tust; in der Liebe, im Glauben und in deiner ganzen Gesinnung.

1. TIMOTHEUS 4,12

Rein ist etwas, das nicht schmutzig oder mit etwas anderem vermischt ist. Es ist gleichförmig. Wie können wir unseren Kindern diese Art Reinheit vermitteln, sodass sie auch anderen als Beispiel dienen können? Psalm 119,9 stellt diese Frage und beantwortet sie gleich selbst: „Herr, wie kann ein junger Mensch leben, ohne schuldig zu werden? Indem er sich nach deinen Geboten richtet."

Um rein zu sein, müssen wir auch gesäubert, „gereinigt" werden. Wir bitten Gott, dass er den Teil übernimmt, der mit der Reinigung direkt zu tun hat; der andere Teil fällt dann in unseren Zuständigkeitsbereich.

Wir wenden uns an Gott mit der Bitte, uns ein neues und reines Herz zu geben. (vgl. Psalm 51) In 1. Johannes 1,9 verspricht er uns, dass er das auch tun wird: „Wenn wir aber unsere Sünden bereuen und sie bekennen, dann dürfen wir darauf vertrauen, dass Gott seine Zusage treu und gerecht erfüllt: Er wird unsere Sünden vergeben und uns von allem Bösen reinigen."

Aber was danach kommt, ist unsere Verantwortung. Wir müssen die Dinge aus unserem Leben entfernen, die uns zur Sünde anreizen. Es gibt Gedanken, Orte, Filme oder Zeitschriften, die unserer Reinheit und der unserer Kinder alles andere als förderlich sind; daher sollten wir all diese Dinge selbst meiden oder wegschaffen. Es hat keinen Zweck, dass wir uns einfach im Sessel zurücklehnen und darauf warten, dass Gott all diese Sachen aus unserem Leben entfernt, wenn wir das genauso gut auch selbst tun können.

Wenn wir uns für Reinheit entscheiden, indem wir Zeit mit Gottes Wort verbringen und ihn immer wieder bitten, dass er uns reinigt, erfahren wir, dass wir immer mehr in der Lage sind, andere zu lieben. Es ist wunderbar, unseren Kindern so Gottes Reich näherzubringen.

Vater, danke für das Versprechen, dass wir andere lieben können, wenn wir ein reines Herz, ein gutes Gewissen und einen unverfälschten Glauben haben. Bitte gib uns die Kraft, unseren Kindern immer wieder neu Mut zu machen, sich mit Dir zu beschäftigen und von Dir reinigen zu lassen, sodass sie andere zu Dir einladen. Amen.

29. MAI

Reinheit

Er aber, der Gott des Friedens, heilige euch durch und durch und bewahre euren Geist samt Seele und Leib unversehrt, untadelig für die Ankunft unseres Herrn Jesus Christus.

1. THESSALONICHER 5,23-24

Was ist Heiligung?

Mein Bibellexikon definiert Heiligung als den „durch die Gnade Gottes angestoßenen Prozess, bei dem der Gläubige immer mehr von der Sünde abgesondert und immer mehr von Gottes Gerechtigkeit bestimmt wird. Heiligung wird bewirkt durch das Wort Gottes und den Heiligen Geist. Ihr Ergebnis ist Heiligkeit, die Reinigung von Schuld und die Erlösung von der Macht der Sünde."

Wie findet Heiligung statt?

Heiligung ist Gottes Werk, und er gebraucht dabei sein Wort und seinen Geist. Wir können das nicht selbst bewirken, aber eine Mitverantwortung haben wir doch. Unseren Beitrag zur Heiligung leisten wir, wenn wir von ganzem Herzen beschließen, dass wir die Sünde hinter uns lassen und uns Gott ganz hingeben wollen. Wenn ich geheiligt werden möchte, muss ich vor Gott treten und mich auf seinen Veränderungsprozess mit mir einlassen. Und wenn Gott mein Leben heiligen soll, muss er mich ganz haben.

Dieser Prozess geschieht nicht von heute auf morgen – er beginnt, wenn wir uns Gott ganz zur Verfügung stellen, und endet erst, wenn wir im Himmel ankommen. Aber Gott verspricht, dass er treu sein und uns heiligen wird, wenn wir uns darauf einlassen.

Vater, ich gebe mich Dir mit allem, was ich habe, hin – mit Leib und Seele, Herz und Verstand. Ich möchte Dir zur Verfügung stehen, damit Du mich gebrauchen kannst. Verändere und heilige mich. Amen.

30. MAI

Reinheit

Vor dir, Herr, kann ich nichts verbergen, prüfe meine geheimsten Gedanken und Gefühle! Deine Liebe habe ich ständig vor Augen, und deine Treue bestimmt mein Leben.

PSALM 26,2-3

Wir müssten nicht mehr geprüft werden, wenn wir sündlos wären. Dass David, der diesen Psalm geschrieben hat, Gott aufforderte, seine geheimsten Gedanken zu prüfen, zeigt, dass ihm seine eigene Schuldhaftigkeit sehr wohl bewusst war. Hätte David Gottes Wahrheit nicht wertgeschätzt und hätte er sich nicht nach einer tiefen Beziehung mit seinem Schöpfer gesehnt, so hätte er nicht darum gebeten, dass Gott ihn einer solchen Prüfung unterzog – vielmehr hätte er gerade das vermieden und wäre ihm ausgewichen. Wenn wir Gott bitten, uns auf Herz und Nieren zu prüfen und unser Innerstes in Augenschein zu nehmen, ist das nicht gerade angenehm, aber trotzdem gut und richtig. Wir machen damit deutlich, dass wir dem Vater näher kommen und die Beziehung zu ihm vertiefen wollen. Nachdem er ihn um eine eingehende Untersuchung gebeten hatte, bat David Gott, sein Herz und sein Denken zu reinigen. Unsere Gedanken und Gefühle beginnen im Denken, und dann wandern sie in unsere Herzen und setzen sich dort fest. Wenn sie gereinigt werden, bleibt nichts Anstößiges oder Schmutziges zurück.

Davids Wunsch – seine Bitte, dass Gott ihn prüfte, reinigte und von allem Schlechten befreite, um Gott ganz nahe sein zu können –, ist ein wunderbares Vorbild für uns. Und wie gut ist es, wenn unsere Kinder mitbekommen, wie wir Gott darum bitten, dass er unsere Herzen und unser Denken reinigt.

Vater, danke, dass Du ein Gott der Gnade bist, groß an Güte. Wir haben Deine Güte an so vielen Stellen schon erlebt; lass uns immer wieder mit offenem Herzen vor Dich treten. Wir möchten so gerne Mütter mit gereinigten Gedanken und Gefühlen sein. Amen.

31. MAI

Reinheit

Schließlich, meine lieben Brüder, orientiert euch an dem, was wahrhaftig, gut und gerecht, was anständig, liebenswert und schön ist. Wo immer ihr etwas Gutes entdeckt, das Lob verdient, darüber denkt nach.

PHILIPPER 4,8

Ich erinnere mich noch an einen Tag aus meiner Kindheit, an dem wir mit einigen Freunden aus unserer Kirche in die Dünen fahren wollten. Mama hatte ein besonders raffiniertes Mittagessen vorbereitet: Hühnchenbrust, Kartoffelsalat und sogar einen Kuchen zum Nachtisch. Als wir aus dem Haus gingen, bat meine Mutter meinen Vater, ob er bitte noch den Müll in die Garage bringen konnte, bevor wir losfuhren. Pflichtschuldig nahm mein Vater also die Tüte auf, von der er *dachte*, dass sich darin der Müll befand, und deponierte sie in der großen Mülltonne in unserer Garage.

Als wir ein paar Stunden später in den Dünen angekommen waren, merkten wir schnell, dass sich in der Tüte im Kofferraum nicht die Vorräte befanden, die wir darin vermutet hatten. Es war einfach nur eine Tüte voller Müll. Meine Mutter war todtraurig, als sie die Verwechslung bemerkte, obwohl sie heute natürlich darüber lachen kann und die Geschichte immer wieder gern erzählt.

Ich kann mir nicht wirklich vorstellen, mich an einen gedeckten Tisch zu setzen und Müll zu verspeisen. Dafür achten wir alle viel zu sehr auf Gesundheit und Hygiene. Aber sind wir genauso vorsichtig, wenn es um das geht, was unsere Augen, Ohren und Gehirne täglich aufnehmen – und die unserer Kinder? Achten wir überhaupt darauf, was wir an uns heranlassen, verbannen wir den Müll aus unseren Herzen und sehen, hören und denken wir nur an das, was uns nützt? Achten wir darauf, den Müll nicht mit dem guten Essen zu verwechseln!

Vater, wir wollen gerne das in unser Leben aufnehmen, was uns nützt, und keinen Müll. Danke, dass Du uns an Deiner Gerechtigkeit teilhaben lässt, wenn wir Dir vertrauen. Hilf uns bitte, das Gute zu sehen und aufzunehmen und vor dem Schlechten zu fliehen. Amen.

1. JUNI

Reinheit

Wendet euch Gott zu, dann wird er zu euch kommen. Wascht die Schuld von euren Händen, ihr Sünder, und lasst Gott allein in euren Herzen wohnen, ihr Unentschiedenen!

JAKOBUS 4,8

Viele Dinge in unserem Leben kann nur Gott bewirken, zu anderen dagegen fordert Gott *uns* auf. In Jakobus 4,8 werden wir aufgefordert, uns Gott zuzuwenden – die Verheißung dahinter ist, dass er dann zu uns kommen wird. Aber wie können wir uns ihm zuwenden? Wir sprechen mit ihm, hören auf ihn und empfangen seine Kraft und Liebe. Kent Hughes, mein Pfarrer, hat das so ausgedrückt: „Wenn du dich nur ein paar Zentimeter auf ihn zubewegst, geht er einen Schritt auf dich zu. Wenn du einen Schritt auf ihn zugehst, rennt er dir entgegen. Und wenn du ihm entgegenrennst, fliegt er zu dir."

Jakobus mahnt uns auch, in unsere Herzen zu blicken. Ob wir nun etwas gelesen haben, das uns nichts anging, eines unserer Kinder ungeduldig angefahren oder über eine Bekannte hergezogen haben – unser Herz muss jeden Tag gereinigt werden. Weil unsere Seele den ganzen Tag über mit Sünde in Kontakt kommt, tun wir gut daran, unsere Herzen vor Christus offenzulegen und bei ihm „in die Reinigung" zu geben.

Was denken Sie, wie oft Sie sich jeden Tag die Hände waschen? Achtmal? Zehnmal? Zwölfmal? Händewaschen ist eine dieser Gewohnheiten, die wir den ganzen Tag über ständig wiederholen, um uns von dem alltäglichen Schmutz und den Krankheitserregern in unserem Umfeld zu befreien. Ob wir ein Baby mit Brei gefüttert, mit einem Kleinkind im Sand gespielt oder mit einem älteren Kind Tulpenzwiebeln gepflanzt haben – an unseren Händen finden sich hinterher Essensreste oder Dreck, und wir wollen das gerne loswerden. Wenn wir unsere Seele reinhalten wollen, sollten wir sie auch öfters „waschen". Um die Hände zu waschen, gehen wir zum Waschbecken, um die Seele zu waschen, wenden wir uns an Christus.

Und wenn wir uns auf ihn zubewegen, kommt er uns entgegen. Er zeigt uns Dinge in unserem Leben, die dort nicht hingehören, und seine Kraft hilft uns auch, diese Dinge wirklich loszulassen.

Vater, wir waschen unsere Hände so oft jeden Tag, und wir ermahnen unsere Kinder auch ständig, das zu tun. Lass uns auch jeden Tag, sobald es nötig ist, zu Dir kommen, sodass du unsere Herzen reinigen kannst. Schenk uns die Kraft, die Dinge dann loszulassen. Amen.

2. JUNI

Reinheit

Wie kann ein junger Mensch leben, ohne schuldig zu werden?
Indem er sich nach deinen Worten richtet.

PSALM 119,9

Ist uns manchmal die Reinheit unseres Trinkwassers wichtiger als die Reinheit unseres Herzens? Wir achten doch sehr darauf, dass unser Leitungswasser gut und frisch ist; manchmal filtern wir es sogar noch extra, bevor wir Tee oder Kaffee kochen. Wenn wir ins Ausland fahren, trinken wir nur Wasser aus der Flasche, und es würde uns nie in den Sinn kommen, dort Leitungswasser zu trinken. Aber wie besorgt sind wir eigentlich, wenn es um die Reinheit unseres Herzens geht – und um die Reinheit der Herzen unserer Kinder?

Sprüche 4,23 ermahnt uns, auf unsere Herz mehr als auf alles andere zu achten. Und wie können wir das tun? Gottes Wort schlägt uns vier Schritte vor.

1. *Gebet.* In Hebräer 4,14-16 werden wir daran erinnert, dass Jesus unsere Versuchungen versteht, weil er selbst genauso versucht worden ist wie wir. Aber er starb für uns, überwand die Sünde und den Tod und tritt nun bei Gott für uns ein. Wir können ihn ganz ohne Scheu bitten, uns zu helfen, dass wir der Versuchung nicht nachgeben.
2. *Verbindlichkeit.* Wir können eine gläubige Freundin bitten, mit uns und für uns zu beten und immer wieder einmal nachzufragen, wie wir zurechtkommen – vor allem, wenn wir gerade zu kämpfen haben. (vgl. Galater 6,2)
3. *Flucht.* Halten Sie sich fern von Situationen und Dingen, bei denen Sie versucht sind zu sündigen (Bücher und Zeitschriften, Leute, Aktivitäten usw.). Lesen Sie dazu auch 1. Timotheus 6,11.
4. *Gottes Wort.* Begegnen Sie der Versuchung mit der Schrift, genau wie Jesus das tat, als er vom Teufel versucht wurde. Wenn wir zum Beispiel immer wieder versucht werden zu nörgeln und uns zu beklagen, können wir Philipper 2,14 auswendig lernen.

Reines Trinkwasser ist eine feine Sache, aber viel wichtiger ist ein reines Herz.

Vater, bitte hilf uns, unsere Herzen – und die unserer Kinder – in Ordnung zu halten. Begegne uns im Gebet und beim Lesen Deines Wortes. Und lass uns dadurch lernen, unseren Versuchungen zu widerstehen. Amen.

3. JUNI

Reinheit

Jesus antwortete: Wie recht hat Jesaja, wenn er von euch Heuchlern schreibt: „Diese Leute können schön über Gott reden, aber mit dem Herzen sind sie nicht dabei. Es ist alles nur Geschwätz."

MARKUS 7,6

Diese Worte sprach Jesus zu einer Zeit seines öffentlichen Wirkens, zu der die religiösen Anführer der Juden ihm schon in offener Feindschaft begegneten. Sie hielten regelrecht Ausschau nach irgendetwas, das sie an ihm kritisieren konnten. Die Verse, um die es heute geht, sind Jesu Antwort auf eine Frage der Pharisäer, warum sie nicht die rituelle Handwaschung vollzogen, die für die Ältesten der jüdischen Gemeinde schon lange zu einer Tradition geworden war. Diese Handwaschungen waren im mosaischen Gesetz nicht vorgeschrieben, und es ging dabei auch nicht um Hygiene. Die Pharisäer nutzten dieses Ritual vielmehr, um sich vom „unreinen" gewöhnlichen Volk abzusetzen und besonders religiös zu erscheinen. Vermutlich war diese Tradition irgendwann einmal aus der besten Motivation heraus entstanden – dass das jüdische Volk daran erinnert werden sollte, dass es eigentlich für Gott und seine Ziele abgesondert war –, aber mit der Zeit war es zu einem leeren Ritual geworden, das nur noch Hochmut und Verachtung ausdrückte.

Jesus spricht hier zwei Themenbereiche an, die wir uns einmal genauer anschauen sollten. Sie sind für unser Leben – und das unserer Kinder – noch genauso wichtig, wie sie es damals für die Zeitgenossen Jesu waren.

1. Menschliche Traditionen sind nie wichtiger als Gottes Wahrheit. Leider halten wir Menschen oft an solchen „selbstgebastelten" Wertvorstellungen fest und sind dabei blind für Gottes Weisheit.
2. Reinheit lässt sich daran festmachen, was im Herzen eines Menschen ist, und nicht an Regeln, die man rein äußerlich befolgt. Und egal wie oft wir unser Äußeres reinigen – nur das Blut Jesu kann unsere Herzen erreichen und uns innerlich rein machen. Genau deswegen ist Jesus für uns gestorben.

Gott, Du siehst unser Herz und weißt genau, wie es in uns aussieht. Danke, dass das Blut Deines Sohnes unsere Herzen reinigen und uns von innen nach außen makellos sauber machen kann. Bitte hilf uns, auch unseren Kindern beizubringen, dass die Reinheit des Herzens wichtiger ist als das Befolgen menschlicher Gebote. Amen.

4. JUNI

Vorbild

Wer seine Gefühle beherrscht, hat Verstand. Der Jähzornige stellt nur seine Unvernunft zur Schau.

SPRÜCHE 14,29

Als Mütter, die an Jesus Christus glauben und ihm nachfolgen wollen, möchten wir unseren Kindern natürlich Geduld vorleben. Und gleichzeitig ist uns natürlich allen klar, dass wir täglich um Geduld ringen müssen.

Ich habe einmal die Geschichte eines Mannes gehört, dessen Auto mitten im dicksten Verkehr vor einer Ampel stehen blieb. Es wurde grün, er versuchte mehrmals erfolglos anzufahren, und das wütende Hupkonzert hinter ihm machte alles nur noch schlimmer. Schließlich stieg er aus, lief zum nächsten Auto und sagte freundlich zu dem Fahrer: „Tut mir leid, aber ich krieg mein Auto nicht gestartet. Wenn Sie nach vorne gehen und es selbst einmal versuchen, bleibe ich so lange hier und hupe an Ihrer Stelle!"

Die hupenden Autofahrer verhielten sich unbeherrscht und dumm. Geduldige Leute dagegen legen mehr Verstand an den Tag. Weil sie nicht nur den eigenen Vorteil im Blick haben, sind sie für gewöhnlich nicht voreilig oder unbedacht. Wenn sie auf Schmerzen, Schwierigkeiten oder auch kleinere Unannehmlichkeiten stoßen, schaffen sie es, die ganze Sache ruhiger und mit einem gewissen Abstand zu betrachten.

Jähzornige oder launische Menschen dagegen reagieren leicht wütend oder gereizt, wenn etwas nicht so läuft, wie sie es sich vorgestellt haben. Weil sie kein Gespür für andere Menschen und deren Bedürfnisse haben, sehen sie nur, was unmittelbar vor ihnen liegt, und können Situationen oft nicht richtig einschätzen.

Je mehr wir im Glauben wachsen, desto geduldiger werden wir auch. Denn Geduld ist eines der Anzeichen, dass Gottes Geist in uns lebt und wirkt.

Vater, bitte lass uns lernen, was Geduld ist. Hilf uns, unseren Kindern darin ein gutes Vorbild zu sein. Lass uns lernen Situationen mit Geduld anzugehen, um dadurch anderen Dein Wesen zu zeigen. Amen.

5. JUNI

Vorbild

Als Jesus nun seine Mutter sah und neben ihr den Jünger, den er lieb hatte, sagte er zu ihr: „Er soll jetzt dein Sohn sein!" Und zu dem Jünger sagte er: „Sie ist jetzt deine Mutter." Da nahm der Jünger sie zu sich in sein Haus.

JOHANNES 19,26-27

Im Gegensatz zu den römischen Soldaten, deren Anwesenheit unter dem Kreuz aus Dienstgründen erforderlich war, waren Johannes und Maria, die Mutter Jesu, aus Liebe dort. Johannes und Jesus waren gute Freunde gewesen, und Maria und Jesus verband eine Liebe, die nur wenige begreifen konnten. Ihre Beziehung ging über die, die viele Mütter zu ihren Söhnen haben, weit hinaus; sie wussten beide, dass sie Teil von Gottes Heilsplan mit der Welt waren – jenem Plan, eine Beziehung zwischen Gott und den Menschen möglich zu machen.

Selbst als er unter großen Schmerzen dem Tod nahe war, war Jesus noch ein großartiges Vorbild für uns und die Art und Weise, wie wir Beziehungen leben. Er *nahm wahr*, was in anderen vorging, *sprach es an* und *traf Vorkehrungen* für die Menschen, die er liebte. Obwohl er kurz vor dem Tod stand und seit Stunden am Kreuz hing, hatte er einen Blick für andere. Diese selbstlose Liebe ist wirklich erstaunlich! Ich dagegen merke oft nicht einmal, wie es anderen geht, wenn ich ein bisschen müde bin.

Und obwohl es ihn große Anstrengungen gekostet haben und mit enormen Schmerzen verbunden sein musste, sprach Jesus. Er sagte zu Maria: „Er soll jetzt dein Sohn sein!", und zu Johannes: „Sie ist jetzt deine Mutter." Es muss Maria sehr bewegt haben, dass Jesus von den wenigen Worten, die ihm noch blieben, einige für sie nutzte. Er machte ihr deutlich, dass er bis zum letzten Atemzug an sie dachte.

Und Jesus sorgte dafür, dass Maria gut versorgt wurde, indem er Johannes aufforderte, sie mit nach Hause zu nehmen. Jesus zeigte seine Liebe und sein Verantwortungsgefühl, als er darauf achtete, dass sie bekam, was zum Leben notwendig war.

Wie Jesus hier für andere sorgte, indem er ihre Situation sah und sie benannte, kann uns in der Gestaltung unserer Familienbeziehungen und Freundschaften wirklich eine große Hilfe sein.

Herr Jesus, danke, dass Du andere Menschen auch dann noch im Blick hattest, als Du dem Tode nahe warst. Danke, dass Du bis zum Schluss um ihr Wohlergehen besorgt warst. Lass uns Deinem Beispiel folgen und die Menschen um uns herum auch dann noch sehen, wenn es uns selbst schlecht geht. Amen.

6. JUNI

Vorbild

Vor allem sei du ... in jeder Hinsicht ein gutes Vorbild. Das gilt für alles, was du lehrst, aber auch für dein persönliches Leben.

TITUS 2,7

Nachdem ich meine Jungs viele Jahre lang ermahnt habe, dass sie ihre Zähne putzen, Bitte und Danke sagen und beim Essen ihre Servietten benutzen sollen, kann ich nun stolz melden, dass ich sie daran heute nicht mehr erinnern muss – mit sechsundzwanzig, vierundzwanzig und achtzehn Jahren tun sie all diese Dinge ganz automatisch.

Wir sehen es mit Dankbarkeit und nicht ohne einen gewissen Stolz, wenn unsere Kinder andere zu dem gleichen Verhalten auffordern, das wir uns von ihnen wünschen. Ich kann mich noch erinnern, wie ich das einmal bei Chad beobachtete, als er drei oder vier war. Wir kamen gerade vom Einkaufen zurück und Chad hatte noch ein Stück Brot in der Hand. Als ich in der Küche die Einkäufe in diversen Schränken verstaute, hörte ich, wie Chad draußen zu weinen begann. Ich rannte nach draußen und sah gerade noch, wie sein Stück Brot, das er auf seinem Leiterwagen abgelegt hatte, im Schnabel einer großen schwarzen Krähe gelandet war und nun auf Nimmerwiedersehen davongetragen wurde. Als ich zu ihm hinüberging, um ihn zu trösten, stemmte er die Fäuste in die winzigen Hüften und schrie zu der Krähe hinauf: „Und wie sagt man, Vögelchen?" Ich weiß bis heute nicht, ob er ein „Danke" oder „Entschuldigung" erwartete, aber irgendetwas sollte diese Krähe ja doch sagen.

Wir dienen unseren Kindern als Vorbilder und sind ihr häufigstes Anschauungsmaterial. Die Verhaltensweisen, die wir ihnen gegenüber an den Tag legen – ob sie nun gut oder schlecht sind –, werden von ihnen mit großer Wahrscheinlichkeit übernommen. Und sie werden wiederum anderen zu Vorbildern werden und diesen die gleichen Verhaltensweisen vermitteln. Wir können unseren Kindern ein goßes Geschenk machen, indem wir ihnen gute Vorbilder sind.

Gott, unser Vater, danke, dass Du uns in der Bibel zeigst, wie wir richtig leben können. Hilf uns, Dich immer mehr nachzuahmen und unseren Kindern damit auch gute Vorbilder zu sein. Amen.

7. JUNI
Vorbild

Denkt an die Leiter eurer Gemeinden, die euch Gottes Wort weitersagten! Vergesst nicht, wie sie Gott bis zu ihrem Lebensende die Treue gehalten haben. Nehmt euch ihren Glauben zum Vorbild.

HEBRÄER 13,7

Dieser kurze Vers enthält drei Aufforderungen, die sich über Vergangenheit, Gegenwart und Zukunft erstrecken. Die erste Anweisung ist: „Denkt an die Leiter eurer Gemeinden" – alle, die uns in Gottes Wort unterwiesen haben. Ich bin heute noch dankbar für meine Kindheitserinnerungen, in denen unser Pastor und seine Frau, meine Eltern und viele andere eine große Rolle spielen. Auch in meinen Erwachsenenjahren kommen mir eine ganze Reihe Menschen in den Sinn, die mich Gottes Wort gelehrt haben. Sie sind alle nicht vollkommen, aber ich bin sehr dankbar, dass sie ihr Leben konsequent für Gott leben und seinem Wort in großer Treue verpflichtet sind, ob im Kindergottesdienst, im Jugend- oder Hauskreis oder im Gottesdienst am Sonntagmorgen. Wer hat Sie in Ihrem Leben geistlich geprägt?

„Vergesst nicht, wie sie Gott ... die Treue gehalten haben." Die Menschen, die ich oben erwähnt habe, sind immer noch hingegebene Christen. Leider kann man das nicht von allen Leitern im christlichen Bereich sagen, und wenn sie auf Abwege geraten und im Glauben scheitern, wirkt sich das auf die Menschen, die von ihnen unterwiesen worden sind, verheerend aus. Wenn das geistliche Leben eines Leiters sich in eine ungesunde Richtung entwickelt, hässliche Misstöne hervorbringt oder im totalen Ungehorsam endet, ist es schwierig, auch der dritten Anweisung zu gehorchen.

„Nehmt euch ihren Glauben zum Vorbild." Sich etwas zum Vorbild nehmen heißt, es zu imitieren, nachzuahmen, zu vervielfältigen oder widerzuspiegeln. Dieser Vers holt uns alle, die wir in irgendeiner Form Gottes Wort an andere Menschen weitergeben – ob wir nun als Mütter „einfach" unsere Kinder lehren, ob wir einen Jugendkreis, eine Sonntagschulklasse oder einen Hauskreis leiten –, auf den Boden der Tatsachen zurück. Lohnt es sich, unseren Glauben nachzuahmen? Alle unsere Kinder werden sich irgendwann an unseren Glauben erinnern, darüber nachdenken und ihn in welcher Form auch immer nachahmen. Und viele von ihnen tun es wahrscheinlich schon.

Vater, lass uns unseren Kindern und ihren Freunden und all denen, die wir mit Deinem Wort vertraut machen, ein gutes Vorbild sein. Verhilf uns zu einem Glauben, den es sich zu imitieren lohnt. Lass uns nie vergessen, dass sie sich an unseren Glauben zurückerinnern und ihn nachahmen werden. Amen.

8. JUNI
Vorbild

Gepriesen sei Gott, der Vater unseres Herrn Jesus Christus, der Gott, der uns in jeder Not tröstet! In allen Schwierigkeiten ermutigt er uns und steht uns bei, sodass wir auch andere trösten können, die wegen ihres Glaubens zu leiden haben. Wir trösten sie, wie Gott auch uns getröstet hat. Weil wir Christus gehören und ihm dienen, müssen wir viel leiden, aber in ebenso reichem Maße erfahren wir auch seine Hilfe.

2. KORINTHER 1,3-5

Einen Monat bevor meine Freundin Marty an Krebs starb, gab sie mir ein Exemplar des Buches *A Shepherd Looks at Psalm 23* – Psalm 23 aus der Sicht eines Schafhirten – von Phillip Keller. Als ich es las, wurde mir schnell klar, warum Marty so viel Zuversicht und Kraft aus diesem Buch schöpfte. Die Frau des Autors hatte zwei Jahre lang mit dem Krebs gerungen, bevor sie starb, und so waren seine Ausführungen nicht die eines Menschen, der nichts von den Tiefen und Schwierigkeiten des Lebens wusste. Er hatte am eigenen Leib erlebt, was Verlust und Schmerz bedeuten.

Er schreibt, dass er immer wieder erstaunt war, wie viel Kraft und Trost Gottes Geist in sein Leben hineinsprach, als seine Frau krank war, und selbst noch, als sie starb. Weil er selbst durch das finstere Tal, das „Tal des Todesschattens", gegangen war, konnte er mit anderen mitfühlen, die nun Ähnliches erlebten.

Wenn Sie dieses „finstere Tal" in der Vergangenheit auch durchwandert und dabei Gottes Trost erfahren haben, können Sie den Autor vermutlich umso besser verstehen. Und wenn Sie selbst gerade mittendrin stehen, beten Sie und bitten Sie Gott, Ihnen mit dem Trost beizustehen, den er allein geben kann. Und seien Sie nicht überrascht, wenn er Sie – irgendwann auf einer späteren Etappe Ihres Lebensweges – Ihrerseits benutzt, um anderen Menschen beizustehen, die dieses Tal gerade durchwandern.

Keller schreibt: „Nur wer solche dunklen Täler selbst erlebt hat, kann mit anderen fühlen, kann die trösten und ermutigen, die Ähnliches durchzumachen haben."

Wünschen wir uns diese dunklen Täler? Nein! Aber wenn wir Gottes Treue und seinen Trost auch dann erleben, wenn um uns herum alles finster scheint, können wir anderen darin ein Beispiel geben.

Gott, danke, dass Du auch in den Tiefen und in den dunklen Tälern des Lebens treu an unserer Seite bist. Danke, dass Du mit uns fühlst und dass Du uns tröstest, wenn es uns schlecht geht. Und danke, dass wir, wenn wir das erlebt und am eigenen Leib erfahren haben, Deinen Trost auch an andere Menschen weitergeben können. Amen.

9. JUNI

Vorbild

Richtet eure kraftlos und müde gewordenen Hände wieder auf zum Gebet, damit ihr stark werdet. Eure zitternden Knie sollen wieder fest werden, damit ihr sichere Schritte im Glauben tun könnt. Bleibt auf dem geraden Weg, damit die Verzagten und Schwachen nicht fallen, sondern neuen Mut fassen und wieder gesund werden.

HEBRÄER 12,12-13

Im Mai 2003 war ich auf der Beerdingung von Dr. Andrew Chong. Ich war sehr berührt, als vier seiner Kinder darüber berichteten, welch ein Vorbild er ihnen gewesen sei, und ich hätte mir so gewünscht, dass die ganze Welt diese Zeugnisse hören könne. Catherine, seine Frau, hat mir aber die Erlaubnis gegeben, einige der Aussagen hier wiederzugeben, die Andrews Kinder machten.

Karen: „Mein Vater hatte viel Freude an mir, und weil er mir seine Liebe immer so deutlich gezeigt hat, kann ich besser verstehen, wie Gott mich liebt. Papa hat gesagt: Stell dir Gott einfach als deinen Vater vor – nur dass er dich noch unendlich viel lieber hat als ich."

David: „Ich kann mich noch an einen Abend erinnern, als Papa betete: Danke, Jesus, dass Du mich erlöst hast, danke, dass Du in mir lebst, danke für meine Familie, danke für das Kreuz, danke, dass Du Deinen Sohn gesandt hast, um für mich zu sterben. Danke für das neue Leben."

Sarah: „Papa, wir werden uns immer an deine Bescheidenheit und Demut erinnern und an die Weisheit deiner Worte ... du hast unsere Herzen immer wieder zur Ruhe gebracht, wenn wir aufgewühlt waren, und hast uns gelehrt, dass wir Gottes Weisheit mehr brauchen als alles andere."

Paul: „Viele Sozialarbeiter haben meinen Eltern geraten, dass sie unsere behinderte Schwester Cindy in ein Heim geben sollten. Stattdessen hat Papa in sein Tagebuch geschrieben: Ich kann das einfach nicht tun. Ich kann doch mein eigenes Kind nicht weggeben, das Gott mir anvertraut hat, damit ich es versorge und ihm diene ... Cindy, du bist Teil des Amts, das wir von Gott haben. Gott gebe uns Gnade, dir zu dienen, wie wir Christus dienen."

Und er diente Christus wirklich. Seinen Kindern war er ein großartiges Vorbild.

Vater, danke für das Vorbild, das wir in Eltern wie Andrew haben. Bitte hilf uns, dass wir vor unseren Kindern keine krummen Wege einschlagen. Amen.

10. JUNI

Vorbild

An einer Frau ohne Anstand wirkt Schönheit wie ein Ring im Rüssel einer Sau.

SPRÜCHE 11,22

Ob Sie nun lieber Hosen tragen oder Röcke, ob Sie in Ihren Zwanzigern sind oder schon jenseits der vierzig – vermutlich finden Sie auch, dass bei Werbung für Damenbekleidung manchmal gewisse Grenzen überschritten werden. Wie viel Macht hat Werbung eigentlich, Kultur zu prägen? Jan Kurtz ist Direktor eines Museums, das sich speziell der Werbung annimmt: das *American Advertising Museum* in Portland, Oregon. Er meint zu diesem Thema: „Werbung ist der bewusste Versuch, eine Phantasie-Lebensweise zu entwerfen, was kulturelle Trends nur noch weiter verstärkt."

Wie viel Macht hat Werbung? Eine ganze Menge! Wie viel Macht hat Gottes Wort? Eine ganze Menge mehr! Werbung versucht, unser Äußeres zu verändern – was wir kaufen oder essen, wie wir uns kleiden und was wir in unserer Freizeit tun –, während Gottes Wort es darauf abgesehen hat, unser Inneres zu verändern – unser Denken und unsere Einstellung, die ein bestimmtes Verhalten nach sich ziehen. Und in Gottes Wort werden, im Gegensatz zu dem, was wir in der Werbung sehen, Anstand und Selbstbeherrschung groß geschrieben.

Selbstbeherrschung und *Anstand* sind bedeutende Wörter, an denen wir uns ausrichten sollten. Selbstbeherrschung beinhaltet verantwortliche Entscheidungen und eine gewisse Zurückhaltung in dem, was man sagt und tut. Eine Frau, die sich beherrschen kann, hat einen klaren Blick und kann abschätzen, welche Folgen ihr Handeln und Reden hat. Und Anstand? Werbemacher mögen sich für dieses Konzept nicht besonders begeistern können, gläubige Frauen sollten es aber. (vgl. 1. Timotheus 2,9) Anständig sind wir, wenn wir nicht versuchen, die Aufmerksamkeit anderer auf uns zu ziehen, und wenn wir auf unsere Kleidung, unsere Worte, Blicke und Gesten achten.

Auf wen wollen wir hören, wenn es darum geht, was eine Frau ausmacht – auf die Werbung oder auf Gottes Wort? Was wir zum Maßstab nehmen, wird das Beispiel sein, dem auch unsere Kinder folgen werden.

Vater, danke, dass Du Dich in Deinem Wort auch klar zu solchen Themen wie Selbstbeherrschung und Anstand äußerst. Hilf uns, Deine Anweisungen in unserem Leben zu verwirklichen, damit wir unseren Töchtern und Söhnen ein gutes Beispiel geben können. Bewahre uns vor den Lügen der Werbung und der Welt. Lass uns darauf vertrauen, dass Dein Wort der beste Maßstab ist. Amen.

11. JUNI

Gerechtigkeit

Der Gottlose besteht nicht in seinem Unglück, aber der Gerechte ist auch in seinem Tode getrost ... Gerechtigkeit erhöht ein Volk; aber die Sünde ist der Leute Verderben.

SPRÜCHE 14,32-34

Das Wort, das in unseren Bibeln oft mit *Gerechtigkeit* wiedergegeben wird, hat im Hebräischen die Bedeutung „Geradheit". Gerechtigkeit bedeutet, ein geradliniges, aufrichtiges Leben zu führen, das sich an Gottes Geboten ausrichtet. Gott ist vollkommen „gerade", gerecht, und alle Gerechtigkeit kommt von ihm her. Deswegen werden wir in Sprüche 3,5-6 aufgefordert: „Verlass dich nicht auf deine eigene Urteilskraft, sondern vertraue voll und ganz dem Herrn! Denke bei jedem Schritt an ihn; er zeigt dir den richtigen Weg und krönt dein Handeln mit Erfolg."

Wenn wir uns Christus anvertrauen, teilt er uns etwas von seiner Gerechtigkeit mit. Wir werden immer mehr wie er, und wir werden in einen anderen, unermesslich höheren Stand versetzt – wir werden Kinder Gottes. So *erhöht* Gerechtigkeit ein Volk. Wünschen wir uns für unsere Kinder nicht genau das? Wir können es nicht mit Geld kaufen, aber wenn wir uns für Christus entscheiden, gibt er uns von seiner Gerechtigkeit ab.

Gerechtigkeit erhöht uns nicht nur, sondern sie *beschützt* uns auch. Eltern und Kinder, die an Christi Gerechtigkeit einen Anteil haben, können sich bei Gott bergen. Er ist uns Schutz und Hilfe, Zuflucht und Trost in Zeiten der Unsicherheit, der Schwierigkeiten und Gefahren.

> *Ihr Menschen, vertraut ihm jederzeit, und schüttet euer Herz bei ihm aus! Gott ist unsere Zuflucht.* (Psalm 62,9)
> *Wer unter dem Schutz des Höchsten wohnt, der kann bei ihm, dem Allmächtigen, Ruhe finden. Auch ich sage zu Gott, dem Herrn: „Bei dir finde ich Zuflucht, du schützt mich wie eine Burg! Mein Gott, dir vertraue ich."* (Psalm 91,1-2)

Gerechtigkeit wertet uns auf und gibt uns Schutz, aber das ist nicht unser Verdienst. Wenn wir uns Christus anvertrauen, bekommen wir an *seiner* Gerechtigkeit Anteil, und sie ist es, die uns erhöht und schützt.

Gerechter Gott, danke, dass wir durch unsere Beziehung zu Dir an Deiner Gerechtigkeit Anteil haben können. Hilf uns, immer an Dir festzuhalten und diese Gerechtigkeit auch in unseren Familien immer mehr auszuleben. Amen.

12. JUNI

Gerechtigkeit

Glücklich der Mann, der nicht folgt dem Rat der Gottlosen, den Weg der Sünder nicht betritt und nicht im Kreis der Spötter sitzt, sondern seine Lust hat am Gesetz des Herrn und über sein Gesetz sinnt Tag und Nacht! Er ist wie ein Baum, gepflanzt an Wasserbächen, der seine Frucht bringt zu seiner Zeit, und dessen Laub nicht verwelkt; alles, was er tut, gelingt ihm. Nicht so die Gottlosen; sondern sie sind wie Spreu, die der Wind verweht. Darum bestehen Gottlose nicht im Gericht, noch Sünder in der Gemeinde der Gerechten. Denn der Herr kennt den Weg der Gerechten; aber der Gottlosen Weg vergeht.

PSALM 1

Psalm 1 spricht in wunderschönen Bildern. Da gibt es Wege und gesellige Runden, eine Bibel, einen Baum und einen Fluss, Früchte, grüne Blätter und Laub, das nicht verwelkt.

Der ganze Psalm ist wie das Verkehrsschild an einer Kreuzung, an der man sich entscheiden muss, welchen Weg man einschlagen möchte. Es gibt im Leben nur zwei Wege: Gottes Weg der Gerechtigkeit und den Weg der Auflehnung, der letztlich ins Verderben führt. Auf welchem gehen wir?

Die Bilder, die dem Menschen auf Gottes Weg zugeordnet werden, sind wirklich ansprechend. Wer viel Zeit mit Gottes Wort verbringt, wird mit einem gesunden Baum verglichen, der an einem Fluss steht, der gedeiht und Frucht bringt. Er wächst, steht fest und bringt auch anderen Leben. Dieser Mensch gewinnt die Bibel immer mehr lieb, weil er beim Lesen des Wortes Gottes lernt, wie er Gott am besten folgen kann. Er sinnt darüber nach, was er liest, und überlegt, wie er es im eigenen Leben umsetzen kann. In der Bibel finden wir unglaublich viel Hoffnung, und je mehr wir Gottes Wort kennen, desto mehr Weisheit werden wir auch haben für die Entscheidungen, die wir als Mütter täglich treffen müssen.

Der Weg der Gottlosen dagegen ist nicht besonders ansprechend. Die Spreu ist die leichte Hülle, die um ein Getreidekorn herumliegt. Sie wird entfernt, damit man an das wertvolle Korn herankommt.

Wir alle stehen vor einer Entscheidung. Wählen wir Gottes Weg oder den, der ins Verderben führt?

Vater, danke für Dein Versprechen, dass Du alle segnen möchtest, die auf Deinem Weg gehen. Lass uns den Weg der Gerechtigkeit gehen und nicht den Weg der Abkehr von Dir. Amen.

Gerechtigkeit

Wir haben vor niemandem etwas zu verbergen und wollen ein gutes, anständiges Leben führen; ohne üppige Gelage und Saufereien, ohne Ausschweifungen und Sittenlosigkeit, ohne Streit und Eifersucht. Stattdessen soll Jesus Christus in allem euer Vorbild sein. Hütet euch davor, euern Leib mit seinen Wünschen und Begierden zum Mittelpunkt eures Lebens zu machen.

RÖMER 13,13-14

Wir wissen als Christen natürlich, dass wir uns von Verhaltensweisen, wie sie in den Versen oben beschrieben werden, besser fernhalten. Aber wenn Menschen von Gott entfremdet werden, sind all diese Dinge unvermeidbar.

Was ist das Gegenmittel zu diesem sündigen Verhalten? Christi Gerechtigkeit! Seine Gerechtigkeit ist nichts, was wir uns mühsam erarbeiten müssten, indem wir Gutes tun oder das Schlechte zu vermeiden versuchen. Es ist eher so, dass wir unsere schmutzigen Kleider gegen ein Gewand der Gerechtigkeit eintauschen.

Wenn eines unserer Kinder von draußen vom Spielen kommt und von Kopf bis Fuß sandig und schlammig ist – geben wir ihm eine Kleiderbürste und sagen: „Na, dann bürste deine Klamotten mal ab, bis du auch den letzten Fleck weggebürstet hast!"? Natürlich nicht. Wir stecken unser Kind in die Wanne und geben ihm neue Kleider. Und genau das hat Jesus für uns getan. Er hat sündlos gelebt, ist am Kreuz gestorben, um den Preis für unsere Schuld zu bezahlen, und ist von Gott aus dem Tod auferweckt worden. In Jesaja 61,10 heißt es: „Ich freue mich über den Herrn und juble laut über meinen Gott! Denn er hat mir seine Rettung und Hilfe geschenkt. Er hat mich damit bekleidet wie mit einem schützenden Mantel. Nun stehe ich da wie ein Bräutigam mit festlichem Turban, wie eine Braut im Hochzeitsschmuck."

Wer sich Christus anvertraut, tauscht die eigenen Lumpen gegen die Gerechtigkeit Christi!

Vater der Gerechtigkeit, danke, dass Du uns mit Deiner Gerechtigkeit bekleidest, wenn wir an Dich glauben. Lass uns nie vergessen, dass Du für dieses Kleid mit Deinem Blut und Leben bezahlt hast. Amen.

14. JUNI

Gerechtigkeit

Mit einem Gleichnis wollte Jesus die Leute treffen, die sich gerecht vorkamen und hochmütig auf andere herabsahen: „Zwei Männer, ein Pharisäer und ein Zolleinnehmer, gingen in den Tempel, um zu beten. Selbstsicher stand der Pharisäer dort und betete: ‚Ich danke dir, Gott, dass ich nicht so bin wie andere Leute. Ich bin kein Räuber, kein Gottloser, kein Ehebrecher, und schon gar nicht wie dieser Zolleinnehmer dahinten. Ich faste zweimal die Woche, und von allen meinen Einkünften gebe ich den zehnten Teil für Gott.' Aber der Zolleinnehmer blieb verlegen am Eingang stehen und wagte kaum aufzusehen. Schuldbewusst betete er: ‚Gott! Vergib mir, ich weiß, dass ich ein Sünder bin!' Ihr könnt sicher sein, dieser Mann ging von seiner Schuld befreit nach Hause, nicht aber der Pharisäer. Denn der Stolze wird gedemütigt, und der Demütige wird erhöht werden."

LUKAS 18,9-14

Immer wenn wir stolz von unserer eigenen Gerechtigkeit überzeugt sind und auf andere Menschen herabsehen, begeben wir uns auf ausgesprochen dünnes Eis. Jesus hat dieses Gleichnis an die Selbstgerechten gerichtet und sie gelehrt, dass Stolz auf die eigene Leistung uns von Gottes Gerechtigkeit ausschließt. Gott allein legt fest, was gerecht und richtig ist, weil er die Gerechtigkeit *ist.*

Vollkommen und gerecht ist alles, was er tut. Er ist ein Fels – auf ihn ist stets Verlass. Er hält, was er verspricht; er ist gerecht und treu. (5. Mose 32,4)

Jesus deckt hier einen riesigen Gegensatz zwischen dem Pharisäer und dem Zolleinnehmer auf. Der Pharisäer baute sich mitten im Tempel auf, um möglichst von allen gesehen zu werden. Der Zolleinnehmer dagegen zog sich in eine Ecke zurück, als wollte er niemandem im Weg stehen. Der Pharisäer prahlte mit allem, was er tat, und die einzigen Sünden, die er aufzählte, waren die anderer Leute. Aber der Zolleinnehmer bekannte seine eigene Sünde. Der Pharisäer ging heim, ohne Gerechtigkeit empfangen zu haben. Sein eigener Hochmut verdammte ihn. Der Zolleinnehmer hingegen ging gerechtfertigt und erlöst nach Hause.

Jesus ging es hier nicht so sehr um das Verhalten des Pharisäers, sondern um seine Einstellung. Sein Herz war voller Selbstgerechtigkeit. Wir können daraus lernen, dass Gott nicht an lauten Proklamationen und Angeberei interessiert ist. Wenn wir auf unsere Selbstgerechtigkeit bauen, kann er damit gar nichts anfangen. Wenn wir uns selbst erhöhen, werden wir früher oder später erniedrigt werden; wenn wir dagegen demütig vor Gott kommen, werden wir erhöht werden.

Vater, vergib uns, dass wir oft nur die Sünden anderer Menschen sehen, anstatt Dir unsere eigenen zu bekennen. Hilf uns täglich neu, aus tiefstem Herzen demütig zu sein. Amen.

15. JUNI

Gerechtigkeit

Das Leben der Gottlosen ist finster wie die Nacht, im Dunkeln tappen sie umher; und wenn sie fallen, wissen sie nicht einmal, worüber sie gestolpert sind. Wer aber Gott gehorcht, dessen Leben gleicht einem Sonnenaufgang: es wird heller und heller, bis es lichter Tag geworden ist.

SPRÜCHE 4,18-19

In den Versen, die über dem heutigen Tag stehen, wird ein scharfer Kontrast gezeichnet zwischen dem Weg der Gottlosen einerseits und dem Pfad der Gerechten andererseits. Dass es hier um Wege bzw. Pfade geht, macht deutlich, dass es darum geht, von einem Punkt zum anderen zu kommen. Und genauso ist es, wenn man sich für ein Leben mit oder ohne Gott entscheidet – wie wir uns entscheiden, wird bestimmen, wo wir schließlich enden.

Gerechtigkeit bedeutet, heilig zu leben und uns an Gottes Gebote zu halten. Aus uns selbst heraus können wir das niemals. Weil Gott die Quelle aller Gerechtigkeit ist, setzt er selbst die Maßstäbe. Der Pfad der Gerechtigkeit ist nicht verborgen. Er liegt klar vor uns, denn Christus hat ihn uns gezeigt. Immer wenn wir Zeit mit ihm und mit seinem Wort verbringen, immer wenn wir uns dazu entscheiden gehorsam zu sein, erleben wir ein kleines Stückchen Sonnenaufgang – einen kleinen Vorgeschmack auf den hellen Tag, der vor uns liegt. Je mehr Zeit eine Mutter mit Christus verbringt, desto mehr strahlt das Licht Christi durch sie auch in ihre Familie hinein.

Die gottlosen Menschen werden in anderen Übersetzungen als „böse" bezeichnet. Wir benutzen dieses Wort mehr im Gespräch mit unseren Kindern („der böse Hund") oder haben es ins Reich der Märchen abgeschoben („die böse Hexe"). Aber in der Bibel findet sich das Wort sehr häufig, und es beschreibt Menschen, die aus Gewohnheit sündigen. Auf dem „Weg der Bösen" gibt es deswegen weder Licht noch klare Sicht, und die Menschen, die sich auf ihm befinden, stolpern und fallen ständig. Aber es gibt Hoffnung. Jesu Gegenwart kann in ein dunkles Herz, das auf einem finsteren Weg vor sich hin stolpert, Gerechtigkeit und Licht hineinlegen und es auf einen geraden, hellen Weg führen. Jesus ist unsere Gerechtigkeit.

Vater, danke, dass der Pfad der Gerechtigkeit nicht im Verborgenen liegt, sondern allen offen steht, die sich nach Deiner Gerechtigkeit ausstrecken. Dein Sohn hat uns diesen Weg gezeigt, und so bitten wir Dich, dass Du uns ebenfalls auf diesen Weg leitest, damit wir eines Tages bei Dir sein können. Amen.

16. JUNI

Gerechtigkeit

Denn Gott hat Christus, der ohne jede Sünde war, mit all unserer Schuld beladen und verurteilt, damit wir von dieser Schuld frei sind und Menschen werden, die Gott gefallen.

2. KORINTHER 5,21

An einem Samstag kam mein Sohn Jordan an einem Flohmarkt vorbei, wo er einen Verzerrer für E-Gitarren entdeckte. Er wusste, dass diese Dinger für gewöhnlich nicht ganz billig sind, und so gab er gerne vier Dollar aus, um ihn zu kaufen. Er ging nach Hause und surfte ein bisschen im Internet, und dabei fand er heraus, dass das Modell, das er gekauft hatte, zu den ältesten und hochwertigsten gehörte, die je hergestellt worden waren. Es war weit mehr wert, als er geahnt hatte. Er beschloss, es über das Internet anzubieten und schon am nächsten Tag hatte er es für 350 Dollar verkauft.

Vieles kann man kaufen und verkaufen. Gerechtigkeit nicht. Wir können niemals genug Geld verdienen, um Gerechtigkeit zu erwerben, und wir können nie genug leisten, um sie aufzuwiegen. Und doch hat auch Gottes Gerechtigkeit etwas mit Tauschen zu tun. Wie das? Diese Frage ist sehr einfach zu beantworten. Wir tauschen unsere Sünde gegen Gottes Gerechtigkeit ein. Einer meiner Bibelkommentare erklärt das so: „In unserem Kulturkreis tauscht man für gewöhnlich nur Dinge, die in etwa den gleichen Wert haben. Aber Gott bietet uns seine Gerechtigkeit im Tausch gegen unsere Sünde an – etwas unermesslich Wertvolles gegen etwas völlig Wertloses."

Indem wir an Christi Tod und Auferstehung glauben, bekommen wir einen Anteil an genau dieser Gerechtigkeit.

Vater, danke, dass Du Deinen Sohn gesandt hast, um für uns zu sterben. Danke, dass wir durch ihn gerecht werden. Wir wissen, dass wir nichts getan haben und nichts dafür tun können, um uns Deine Freundlichkeit zu verdienen, und loben Dich für dieses beispiellos große Geschenk. Amen.

17. JUNI

Gerechtigkeit

In deinen Augen sind wir unrein geworden, selbst unsere guten Werke sind bloß ein schmutziges Kleid. Wegen unserer Sünden sind wir wie verdorrtes Laub, das zu Boden fällt und vom Wind weggeblasen wird.

JESAJA 64,5

Was machen Sie aus alten Lumpen? Ich bewahre immer einige in der Küche unter der Spüle auf, um damit das Silber zu putzen. Andere warten im Badezimmerschrank auf ihren Einsatz als Putzlappen.

Wenn ich mir ein Bild ausdenken müsste, das gute Werke darstellt, würde ich vermutlich sagen: „Gute Werke sehen aus wie eine frisch gewaschene, gebügelte weiße Leinentischdecke" oder „Gute Werke sind wie das kristallklare Wasser eines reinen Stroms". Aber als Gott durch Jesaja beschrieb, wie er das sieht, was wir unter „gute Werke" verbuchen, verglich er es mit schmutzigen Putzlappen.

Das hässliche Bild, das hier gewählt wird, soll uns nicht zur Verzweiflung treiben. Jesajas Name bedeutet: „Bei Gott ist Rettung." Der Prophet war zum Volk Juda gesandt worden, um die Sünden der Menschen offenzulegen und die Rettung anzukündigen, die Gott in Gestalt des Messias schicken würde. Er wollte, dass sie begreifen, dass sie Gottes Zorn aufgrund ihrer Schuld nicht entkommen konnten – weder durch gute Taten noch durch ein anständiges Leben. Stattdessen sollten sie sich von ihrer Sünde abkehren und Rettung von Gott erwarten. Dann würde er seine Gerechtigkeit in ihre Herzen geben.

Aschenputtel, die wir alle aus dem Märchen kennen, hätte nie auch nur ein halbwegs passables Kleid für den großen Ball gehabt, wenn die gute Fee ihr nicht zu Hilfe gekommen wäre. Die einzigen Dinge, die das Mädchen bis dahin besaß, waren heruntergekommene Lumpen. Und uns geht es in diesem Punkt ganz ähnlich wie Aschenputtel. Ob wir nun Kinder oder Erwachsene sind – Gott erklärt, dass auch unsere besten Bemühungen nicht mehr wert sind als verdreckte Lappen. Aber von Christus bekommen wir die schneeweißen Kleider *seiner* Gerechtigkeit. Das ist reine Gnade.

Gerechter Vater, wir können gar nicht ermessen, wie weit wir von Deiner Gerechtigkeit entfernt sind. Danke, dass eine Beziehung zu Dir nicht von den „guten" Werken abhängt, die wir tun, sondern von unserem Glauben an Jesu Tod. Bitte schenke uns die schneeweißen Kleider Deiner Gerechtigkeit, damit wir rein vor Dir stehen können. Danke für Deine Vergebung! Amen.

18. JUNI

Demut

Da lobte Maria Gott: „Von ganzem Herzen preise ich den Herrn. Ich bin glücklich über Gott, meinen Retter. Er hat mich – eine geringe und unbedeutende Frau – zu Großem berufen. Zu allen Zeiten wird man mich glücklich preisen, denn Gott hat große Dinge an mir getan, er, der mächtig und heilig ist! Ohne Ende kümmert er sich in seiner Barmherzigkeit um alle, die ihn fürchten. Unübersehbar handelt Gott in der Welt. Die Stolzen bekommen seine Macht zu spüren. Er stürzt Herrscher von ihrem Thron, doch Unterdrückte richtet er auf. Die Hungrigen beschenkt er mit Gütern, und die Reichen schickt er mit leeren Händen weg. Seine Barmherzigkeit hat er uns zugesagt, ja, er wird seinem Volk Israel helfen. So hat er es unseren Vätern, Abraham und seinen Nachkommen, für immer verheißen."

LUKAS 1,46-55

Die Demut, mit der Maria hier spricht (oder singt), weil Gott sie zur Mutter des Messias machen will, springt uns aus dem Text regelrecht entgegen. Wir haben hier das Paradebeispiel eines demütigen Herzens. Merken Sie, was wir aus ihrem Lied schon alles über Demut lernen können?

1. Zur Demut gehört, dass man von sich weg und auf andere sehen kann. Maria lobt sich nicht selbst – sie lobt Gott. Sie bezeichnet ihn als ihren Herrn und Erretter und beschreibt ihn als mächtig, heilig und barmherzig.
2. Demut ist nicht zu vergleichen mit Unsicherheit. Maria ist sich bewusst, dass Gott mächtig und liebevoll ist. Sie hatte das in ihrem Leben selbst erlebt, und es gibt ihr Sicherheit.
3. Demut lässt uns sehen, wo wir unseren Platz im „Großen Ganzen" haben. Maria sieht sehr klar, dass sie in etwas eingebunden ist, das weit über ihre eigene Lebenszeit hinausreicht. Sie weiß, dass sie ein Teil des Planes ist, den Gott mit unserer Welt hat. Wir neigen allzu schnell dazu, in unserem Alltag gefangen zu sein und nur noch unsere eigenen Pläne zu sehen, und wir vergessen allzu leicht, dass wir auf der Welt sind, um Gott und anderen zu dienen.
4. Demut kommt aus der Tiefe unseres Herzens. Maria weiß, dass nicht alles so ist, wie es scheint. Was vor Gott zählt, ist nicht, wie angesehen wir in der Welt sind, sondern wie wir über ihn denken. Und genau dort beginnt Demut.

Vater, danke für den wunderbaren Lobgesang, den Maria uns hinterlassen hat. Lass uns ihre Demut zum Beispiel nehmen. Hilf auch uns, dass unsere Kinder uns als Mütter kennenlernen, die Dich aus einem übervollen, dankbaren Herzen preisen. Amen.

19. JUNI

Demut

So wurde [Nebukadnezar] immer hochmütiger. Doch sein Stolz und seine Vermessenheit brachten ihn zu Fall. Alle Macht und Anerkennung wurde ihm genommen.

DANIEL 5,20

Ein demütiger Mensch legt keine Arroganz und keinen Stolz an den Tag, sondern zeigt vielmehr Zurückhaltung in seinen Worten und seinem Verhalten. Nebukadnezar, der große Herrscher, war alles andere als demütig. Er hatte Jerusalem eingenommen, den Tempel zerstört und das Volk verschleppt. Und dann hatte er eine große goldene Statue von sich selbst errichtet und von all seinen Untertanen verlangt, dass sie sich davor niederwerfen! Obwohl der Prophet Daniel Nebukadnezar warnt, dass er umkehren und sein Verhalten ändern solle, hört der König nicht auf ihn.

In Daniel 4,27 hören wir eine ausgesprochen anmaßende Äußerung Nebukadnezars über sich selbst: „Da zu meinen Füßen liegt Babylon, die herrliche Stadt! Mir zu Ehren zeigt sie ihre ganze Pracht.“ Und er hatte kaum zu Ende gesprochen, als eine Stimme vom Himmel kam, die ihm erklärte, dass ihm seine Macht genommen, dass er bei den wilden Tieren leben und Gras essen würde. Sie können diese Geschichte ja einmal Ihren Kindern erzählen, wenn Sie das nächste Mal aufs Land fahren und an einer Weide mit Kühen vorbeikommen. Das muss für den alten Nebukadnezar eine ziemliche Umstellung gewesen sein. Weil der König sich nicht vor Gott demütigte, stellte Gott ihm die Demut so direkt in den Weg, dass er ihr nicht ausweichen konnte und eine weitere Möglichkeit zur Umkehr bekam.

Die gute Nachricht ist, dass er tatsächlich umkehrte. Der König begriff, dass er selbst nichts und Gott alles war. Wenn wir den richtigen Blick haben, wer wir sind und wer Gott ist, lösen sich Arroganz und Stolz in nichts auf. Nebukadnezar sah zum Himmel auf und sagte: „Nun lobe und preise ich, Nebukadnezar, den König, der im Himmel regiert. Ihm gebe ich die Ehre! Er ist zuverlässig und gerecht in allem, was er tut. Wer aber stolz und überheblich ist, den stürzt er.“ (Daniel 4,34) Wenn wir vor Gott demütig werden, stellt er unsere Würde und geistige Gesundheit wieder her, und wir können ihn durch ein verändertes Leben preisen.

Vater, Du bist ein barmherziger Gott! Obwohl sich Nebukadnezar an seinem eigenen Stolz fast verschluckte, hast Du ihn wiederhergestellt, als er von sich selbst wegsah und auf Dich zu sehen bereit war. Lass uns dasselbe tun! Lehre uns, demütig zu leben und anderen darin ein Vorbild zu sein. Amen.

20. JUNI

Demut

Ihr könnt sicher sein, dieser [Zöllner] ging von seiner Schuld befreit nach Hause, nicht aber der Pharisäer. Denn der Stolze wird gedemütigt, und der Demütige wird erhöht werden.

LUKAS 18,14

Wir sehen als Familie eigentlich selten fern, aber während der Olympischen Spiele machen wir gerne eine Ausnahme. Natürlich finden wir vieles spannend, aber besonders gerne beobachten wir die Sportler als Menschen. Manche scheinen zugänglich, freundlich und bescheiden, andere stolz und sogar arrogant. In der Zeitung las ich von einem Sportler, der gesagt hatte: „Ich zeig's allen – das macht mir einfach Spaß." Ich gebe zu, dass er mir nicht besonders sympathisch war.

In Lukas 18,9-14 erzählt Jesus die Geschichte von zwei Männern, die in den Tempel gingen, um zu beten. Einer gab damit an, wie gut er doch war, der andere bekannte seine Sünde und bat um Gnade. Interessanterweise war zwischen dem Pharisäer, der mit seinen guten Leistungen prahlte, und Gott hinterher ein noch größerer Abstand als vorher. Aber der Zöllner, der sich seiner Schuld bewusst war und einsah, dass er Gottes Gnade brauchte, wurde von Gott gerecht gesprochen. Er kam Gott *näher.*

Bei den Olympischen Spielen schaue ich mir lieber ein Interview mit einem bescheidenen Menschen an als mit einem stolzen. Und zu Hause ist es mir auch lieber, wenn mein Kind mit einer gewissen Zurückhaltung auftritt, als wenn es angibt und zu sehr von sich selbst überzeugt ist. Offensichtlich geht es Gott mit uns genauso. Wenn er unsere Gedanken, Worte und Werke genauer anschaut – sieht er dann Demut oder falschen Stolz?

Vater, es vergeht kaum ein Tag, an dem wir nicht auf die eine oder andere Weise mit unserem Stolz zu kämpfen haben. Wir wollen Dir das bekennen und Dich um Vergebung bitten. Danke für all die Bilder und Geschichten in der Bibel, an denen wir sehen können, wie wichtig Dir Demut ist. Amen.

21. JUNI

Demut

Ich bin der Weinstock und ihr seid die Reben. Wer bei mir bleibt, in dem bleibt mein Leben, und er wird viel Frucht tragen. Wer sich aber von mir trennt, kann nichts ausrichten.

JOHANNES 15,5

Søren Kierkegaard hat einmal einen Aufsatz über Demut geschrieben, in dem er einen Pfeil beschrieb, der sich gerade mitten im Flug befindet. Plötzlich hält dieser an, um zu sehen, wie weit er schon geflogen ist, wie hoch über der Erde er fliegt und wie schnell er im Vergleich zu anderen Pfeilen ist (oder wie viel eleganter er im Vergleich zu anderen seine Bahn zieht). Natürlich fällt er deshalb auf die Erde. Und genauso gefährlich, betont der Philosoph, ist unsere Beschäftigung mit uns selbst, die uns letzten Endes zerstören wird.

Wenn wir in Gedanken ständig mit uns selbst beschäftigt sind, tun wir das genaue Gegenteil von dem, wozu wir eigentlich berufen sind: in Christus zu bleiben. Mit mir selbst beschäftigt zu sein macht mich früher oder später engstirnig, schwach und immer kleiner, weil ich aus mir selbst heraus keine Stärke aufbringen kann. Wenn ich dagegen mit Christus beschäftigt bin – in ihm bleibe –, werde ich weitherzig, wachse über mich hinaus und gewinne an Kraft, weil mir Gott von seiner unbegrenzten Stärke abgibt. Ich möchte gerne in Christus bleiben, aber wenn ich es mir nicht zur Priorität mache, täglich Zeit mit ihm zu verbringen, falle ich wieder zurück in meine Dauerbeschäftigung mit mir selbst.

Gott fordert uns auf, unsere Gedanken auf ihn und sein Reich zu richten. Wenn wir ihn im Blick behalten und darüber uns selbst vergessen, merken wir, dass er uns einen Wert und eine Bedeutung zugemessen hat, die wir aus uns selbst heraus nie schaffen könnten. Diese Bedeutung gründet sich nicht auf unsere Leistung, Stärke, unseren Reichtum oder Status, sondern liegt in der Person des lebendigen Gottes, der durch Christus Raum in uns gewinnt.

Vater, vergib uns, dass wir oft so sehr mit uns selbst beschäftigt sind. Bitte schenke, dass unsere Kinder mit der Zeit beobachten können, wie wir immer mehr an Dich und Dein Reich denken und zunehmend demütiger werden. Lass uns auch darin ein gutes Vorbild sein. Amen.

22. JUNI

Demut

Jeder, der sich selbst ehrt, wird gedemütigt werden; aber wer sich selbst erniedrigt, den wird Gott ehren.

LUKAS 14,11

Die Geschichte von David und Goliath finden die meisten Kinder toll. Es gibt sogar eine ganze Reihe von Kinderliedern über David, und ich habe sie meinen Jungs gerne zum Einschlafen vorgesungen, als sie noch klein waren. Goliath, ein Riese aus dem Volk der Philister und der Inbegriff der Arroganz, hatte das Volk Gottes verhöhnt. Er war bis zu Israels Schlachtreihen vorgedrungen und forderte die Kämpfer heraus, es mit ihm aufzunehmen. Auf einem Hügel standen die Philister, auf dem anderen die Israeliten, und zwischen ihnen war ein Tal. Goliath wollte, dass Israel einen Kämpfer stellte, der gegen ihn antreten sollte, aber die ganze Armee hatte Angst vor dem Riesen.

An dieser Stelle kam David ins Spiel – der Inbegriff der Demut. David war ein einfacher Hirte, der im Hintergrund all seine Aufgaben treu erfüllt hatte. Es war noch nicht allzu lange her, dass Gott den Propheten Samuel ins Haus von Isai, Davids Vater, gesandt hatte, um einen von Isais Söhnen zum zukünftigen König zu salben. Man stellte Samuel die jungen Männer vor, die für eine solche Aufgabe geeignet schienen, aber alle sieben, die ihm da präsentiert wurden, musste Samuel ablehnen. Er fragte Isai, ob das alle seine Söhne waren, und es stellte sich heraus, dass der Jüngste noch draußen war und die Schafe hütete. Sie wissen ja, wie die Geschichte ausgeht – gerade diesen jungen Hirten sollte Samuel zum König salben.

Und eine ähnlich unwahrscheinliche Situation sehen wir im Kampf Davids gegen Goliath. Eigentlich hätte David gegen den Riesen keine Chance gehabt, aber David brachte ihn mit einer Steinschleuder zu Fall. Gott benutzte ihn, um Israel den Sieg zu geben. Wir leben in einer Gesellschaft, in der nur zählt, was größer, besser und schöner ist. Aber wir sollten uns nicht einreden lassen, dass Stärke und Stolz gut, Schwäche und Bescheidenheit schlecht sind. Gottes Wort erinnert uns wieder neu daran, dass eine demütige und dienende Haltung für uns angemessen ist.

Gott, danke für die Überraschungen, von denen wir so oft in Deinem Wort lesen. Danke, dass wir immer wieder daran erinnert werden, dass du unsere Treue belohnst – und nicht unsere Prahlerei. Lass uns Dir heute im Großen und im Kleinen treu sein. Lass uns lernen, nicht auf unsere Stärken zu sehen, sondern ganz auf Dich und Deine Kraft zu vertrauen. Amen.

23. JUNI

Demut

Aber er hat zu mir gesagt: Verlass dich ganz auf meine Gnade. Denn gerade wenn du schwach bist, kann sich meine Kraft an dir besonders zeigen.

2. KORINTHER 12,9

Wenn Schwierigkeiten und Probleme auf mich zukommen, ist mein erster Gedanke, an meiner Stärke zu arbeiten. Ich möchte mich gerne als Frau sehen, die körperlich, emotional und geistlich nicht so leicht unterzukriegen ist. Aber ich habe längst bemerkt, dass alle Stärke, die ich aufbieten kann, nicht ausreicht für das Schwierige und Belastende, das in diesem Leben auf mich wartet.

Ich bin auch geneigt, mich ganz in mich selbst zurückzuziehen, wenn es mir schlecht geht. Ich tue mir selbst leid, denke die ganze Zeit nur an mich und versuche mich zu schützen. Aber wenn ich zu viel Zeit damit verbringe, an mich zu denken, und keinen Gedanken für Gott übrig habe, komme ich nicht weiter.

Der Apostel Paulus ist für mich ein großartiges Vorbild, was Demut angeht. Gott konnte Paulus auf eine ganz besondere Weise gebrauchen, um sein Reich zu bauen. Er gebrauchte ihn nicht, weil er so stark war. Gott sagte ihm, wie wir im Vers oben schon gelesen haben, dass er nicht stark sein muss, weil Gottes Kraft gerade dann in ihm wirkt, wenn er selbst schwach ist.

In Hebräer 11 werden wir an Gideon, Barak, Simson, Jefta, David und die Propheten erinnert, die im Glauben sehen konnten, wie ihre Schwäche in Kraft verwandelt wurde. (vgl. Vers 32) Gott kann uns gebrauchen, wenn uns bewusst wird, dass wir aus uns selbst eben *nicht* stark sind, und wenn wir diese Schwäche auch vor ihm zugeben. Wir können ihn bitten, das Wenige zu nehmen, das wir haben, und es so zu gebrauchen, dass nicht wir etwas davon haben, sondern sein Reich.

Vater, in unserer Gesellschaft gilt es vor allem, stark zu sein. Aber Du lehrst uns etwas anderes: dass wir gut daran tun, uns unsere Schwächen einzugestehen. Wir können uns an Dich wenden, damit Deine Macht und Stärke in unserem schwachen Sein umso wirksamer werden kann. Lass unsere Kinder miterleben, wie wir Dich um Hilfe bitten, und lass sie sehen, wie Deine Kraft in uns wirkt. Amen.

24. JUNI

Demut

Weder Neid noch blinder Ehrgeiz sollen euer Handeln bestimmen. Im Gegenteil, denkt von euch selbst gering, und achtet den anderen mehr als euch selbst ... Orientiert euch an Jesus Christus: Obwohl er Gott in allem gleich war und Anteil an Gottes Herrlichkeit hatte, bestand er nicht auf seinen Vorrechten. Nein, er verzichtete darauf und wurde rechtlos wie ein Sklave. Er wurde wie jeder andere Mensch geboren und lebte als Mensch unter uns Menschen. Er erniedrigte sich selbst und wurde gehorsam bis zum Tod, ja, bis zum schändlichen Tod am Kreuz.

PHILIPPER 2,3.5-8

Die ganze Bibel hindurch werden wir immer wieder daran erinnert: „Der Herr richtet die Erniedrigten auf und tritt alle, die sie unterdrückt haben, in den Staub.“ (Psalm 147,6) Der gleiche Gedanke findet sich schon in Psalm 18,28: „Du hilfst denen, die sich helfen lassen und sich selbst nicht überschätzen. Die Überheblichen aber stößt du vom Thron.“ Gott verachtet also ganz offensichtlich Hochmut und schätzt Demut.

Wenn wir Rat bei der Kindererziehung brauchen, können wir auf Tausende Bücher zurückgreifen. Aber an wen wenden wir uns, wenn wir Demut lernen wollen?

Die Bibel erklärt uns, dass wir, um Demut zu lernen, am besten auf Jesus schauen. Es gibt für uns kein besseres Vorbild. In Philipper 2 geht es zunächst darum, dass Demut eine Frage der inneren Einstellung ist – man schaut zu Gott und zu anderen Menschen auf. Wenn wir an unseren heiligen, allmächtigen Gott denken, kann unser Blick natürlich nur eine Richtung haben: nach oben. Unser Problem ist, dass wir uns meist nicht genug Zeit nehmen, um auf ihn zu sehen. Und wenn wir auf andere Menschen blicken, sehen wir oft eher auf sie herunter – aber das ist die falsche Richtung.

Wenn sich in unserem Herzen eine Haltung der Demut ausbreitet, fordern wir nicht mehr, sondern beginnen zu dienen. Wir halten nicht an dem fest, was uns unserer Meinung nach zusteht, sondern machen uns immer mehr Gedanken darüber, wie wir anderen weiterhelfen können. Obwohl Jesus Gott war, hat er nicht eingefordert, dass er als Gott behandelt wurde. Stattdessen nahm er in der gesellschaftlichen Rangfolge den untersten Platz als Diener ein und erniedrigte sich immer weiter, bis er für uns einen schändlichen Tod auf sich nahm. Wenn wir die Einstellung Jesu und seine Taten betrachten, sehen wir darin ein vollkommenes Vorbild für Demut.

Vater, wir haben jeden Tag so viele Gelegenheiten, uns in Demut zu üben, aber Du siehst, wie schwer sie uns trotzdem fällt. Bitte hilf uns, dass wir es in Deiner Kraft schaffen, anderen wirklich zu dienen. Amen.

25. JUNI

Arbeit

Gott hat etwas aus uns gemacht: Wir sind sein Werk,
durch Jesus Christus neu geschaffen, um Gutes zu tun.
Damit erfüllen wir nur, was Gott schon immer mit uns vorhatte.

EPHESER 2,10

Arbeit. Manche werden schon ganz verlegen, wenn sie nur das Wort hören. In anderen weckt es Tatendrang. Ich glaube, dass der Blick, mit dem wir unser Leben und die Ewigkeit betrachten, auch unsere Einstellung zur Arbeit bestimmt.

Vor einigen Jahren las ich im Flugzeug in einer Zeitschrift einen Artikel über Millard Fuller, den Gründer von *Habitat for Humanity*, einer wohltätigen Organisation. Im Alter von neunundzwanzig hatte Fuller sich als Anwalt schon eine Million zusammengespart und lebte auf großem Fuß. Aber nach einer Ehekrise beschlossen er und seine Frau, auf einen schlichteren Lebensstil umzusteigen und für andere zu leben. Sie überlegten, wie sie ihr Leben so einsetzen konnten, dass es Gott ehrte.

Sie merkten schnell, woran es in Amerika mangelte: an bezahlbaren Häusern für einkommensschwache Familien. Also begannen die Fullers ein Konzept zu entwickeln, mit dem diese Menschen ein akzeptables Dach über den Kopf bekamen. Eine Menge Arbeit bei ihrer Organisation läuft über freiwillige Helfer, die als Motivation für ihren Einsatz religiöse Gründe angeben. Fuller nennt das „die Theologie des Hammers". Die Ehrenamtlichen setzen ihren Glauben in Taten um, und so wird der Hammer zum Werkzeug, mit dem sich Nächstenliebe ganz praktisch umsetzen lässt.

Ich muss als Mutter gar nicht lange suchen, bis ich merke, an welchen Stellen ich für Gottes Reich arbeite. Ich bereite täglich mehrere Mahlzeiten zu und bete gleichzeitig, dass Gottes Wort Nahrung für die Herzen meiner Kinder ist. Ich wasche schmutzige Wäsche und bete dafür, dass meine Kinder ein reines, heiliges Leben führen können. Ich mache ihnen Mut auf ihrem Weg mit Gott, versuche sie nach Gottes Maßstäben zu erziehen und bete, dass Gott ihnen selbst auch hilft, eine christliche Familie zu gründen. Entscheidend bei allem, was wir tun, ist, dass wir es als unseren Beitrag zum Wachstum von Gottes Reich sehen.

Gott, danke, dass wir Menschen kennen, die ihr Leben ganz für Dich leben wollen, und danke für das Vorbild, das Du uns mit ihnen gibst. Lass auch unser Leben brauchbar sein für Dich, ob wir zu Hause sind oder anderswo. Zeige uns Möglichkeiten, Dich für andere erfahrbar zu machen. Amen.

26. JUNI

Arbeit

Herr, unser Gott! Zeige uns deine Güte! Lass unsere Mühe nicht vergeblich sein! Ja, lass unsere Arbeit Früchte tragen.

PSALM 90,17

Ich war ganz überrascht, als ich in meinem Wörterbuch kürzlich unter *Arbeit* nachschlug – dem Thema waren eineinhalb Spalten gewidmet. Aber dann wiederum erschien es mir logisch, immerhin verbringe auch ich einen großen Teil meines Lebens mit Arbeit der einen oder anderen Art: ich strenge mich körperlich oder geistig an, um etwas herzustellen oder ein bestimmtes Ziel zu erreichen. Wie viele Stunden Arbeit habe ich schon in das Leben meiner Kinder investiert – ich habe sie gestillt, gefüttert, im Arm gehalten, ihnen Schlaflieder gesungen, sie angezogen, ihnen vorgelesen, mit ihnen gespielt, mit ihnen in der Kirche gesessen, sie zu irgendwelchen Veranstaltungen gefahren, ihre Freunde verköstigt und bei uns untergebracht, gekocht, gebetet, ihnen zugehört, mit ihnen geredet, ihre Wäsche gewaschen und ihnen Musikunterricht erteilt. All das gehört zum Arbeitsalltag einer Mutter. Wird dabei etwas hergestellt oder ein Ziel erreicht? Aber sicher! Was für eine große Freude ist es für eine Mutter, wenn die Kinder wachsen, reifer werden und immer mehr Dinge auch allein tun können.

Was meiner Arbeit noch mehr Bedeutung gibt, ist die Tatsache, dass sie weit über die Lebenszeit meiner Kinder hinaus angelegt ist. Weil ich mit dem lebendigen Gott in Beziehung stehe, soll alles, was ich tue, auf die Ewigkeit ausgerichtet sein. Als ich mit tiefer Dankbarkeit sehen konnte, welche Entscheidungen meine Jungs trafen, als sie um die zwanzig waren, habe ich angefangen zu begreifen, was es heißt, dass unsere Arbeit Früchte trägt, wie es im obigen Vers heißt. Das, was wir investiert haben, wird dutzend- und hundertmal vervielfältigt.

Egal, wie wir uns als Mutter im Moment fühlen, und egal, wie viele Fehler wir gemacht haben – wir können beten, dass Gott uns hilft, unsere Aufgaben im Licht der Ewigkeit zu betrachten.

Vater, lass uns sehen und verstehen, dass all unser Handeln und Unterlassen Auswirkungen hat, die bis in die Ewigkeit reichen. Lehre uns, mit dieser Verantwortung umzugehen und Dir mit allem die Ehre zu geben. Amen.

27. JUNI

Arbeit

Jesus fügte noch ein Gleichnis hinzu. Es war ihm nicht entgangen, dass viele in seiner Umgebung damit rechneten, bei ihrem Einzug in Jerusalem würde Gott seine Herrschaft sichtbar aufrichten. „Ein Fürst trat eine weite Reise an, um sich zum König krönen zu lassen. Bevor er abreiste, rief er zehn seiner Leute zu sich, gab jedem [zehn Minen] und sagte: ‚Setzt dieses Geld gewinnbringend ein! Ich komme bald zurück!'"

LUKAS 19,11-13

Als ich diese Geschichte von den zehn Leuten, denen Geld anvertraut wurde, wieder einmal las, fiel mir etwas auf, das mir bisher immer entgangen sein musste. Ich erinnerte mich bisher nur daran, dass hier von *drei* Angestellten geredet wurde, die aus ihrem Geld das meiste herausholen sollten. Ich hatte nie beachtet, dass es eigentlich um *zehn* Leute ging – nicht um drei. Merkwürdigerweise erfahren wir nie, was aus den anderen sieben wurde.

In dem Gleichnis teilte ein Fürst seinen Dienern mit, dass er für eine Weile weggehen würde, um König zu werden, dass er dann aber wiederkommen würde. Bevor er ging, gab er jedem dieser zehn Diener Geld, das sie möglichst gewinnbringend einsetzen sollten. Als er wiederkam, rief er die Diener zusammen und fragte, was aus seinem Geld geworden war. Im Gleichnis wird uns berichtet, dass die ersten beiden das Geld gut angelegt und Gewinn erwirtschaftet hatten, aber der Dritte hatte es versteckt, weil er Angst hatte, das Geld zu verlieren.

Der ganze Grundgedanke beim Geldanlegen ist, dass man etwas Geld einsetzt, um am Ende mehr Geld herauszubekommen. Ich habe einmal gelesen, dass ein Dreißigjähriger, der jeden Monat 150 Dollar spart und 10 % Zinsen darauf bekommt, mit fünfundsechzig eine Summe von 574.000 Dollar zur Verfügung hat.

Weil ich Christus nachfolge, ist auch mir ein „Anfangskapital" gegeben worden, das ich einsetzen soll, um an Gottes Reich mitzubauen. Gott hat mir Leben gegeben, Gesundheit, Energie, Zeit, Kinder, sein Wort, seine Kirche, seinen Geist, Gaben, die ich für ihn einsetzen soll. Was mache ich aus diesen Gaben? Wie gehe ich damit so um, dass sie sich vervielfältigen? Und welchen Ertrag wird Gott einmal für das bekommen, was er in mich investiert hat?

Vater, wir wollen Dir treu dienen. Bitte hilf uns, mit dem, was Du uns gegeben hast, sorgfältig umzugehen und es für Dein Reich einzusetzen. Lass uns auch das immer mehr schätzen lernen, was Du schon in uns hineingelegt hast. Hab Dank dafür! Amen.

28. JUNI

Arbeit

Rühmt sie für ihre Arbeit und Mühe! In der ganzen Stadt soll sie für ihre Taten geehrt werden.

SPRÜCHE 31,31

Wie wohl die Stellenbeschreibung für eine Mutter aussehen würde, wenn man so etwas je in der Zeitung fände?

Gesucht: Kreative, geduldige Frau für die Aufgabe als Köchin, Hausgeistliche, Zuhörerin, Stilberaterin, Innenarchitektin, Animateurin, Lehrerin, Taxifahrerin, Psychologin, Krankenschwester, Künstlerin, Gärtnerin, Wirtschaftsfachfrau, Kommunikationsberaterin, Alleinunterhalterin, Anlageberaterin, Anwältin und Buchhalterin. Keine Bezahlung, aber hohe Gewinne sind zu erwarten.

Eine andere Beschreibung dessen, was eine Mutter ausmachen kann, findet sich in Sprüche 31, wo sowohl Charaktereigenschaften als auch Tätigkeiten einer „tüchtigen Frau“ und Mutter aufgezählt werden. Es ist völlig unmöglich, den Standard zu erreichen, den diese Frau setzt, aber wir finden viele hilfreiche Anregungen für unser eigenes Selbstverständnis und unsere Arbeit. So sollten wir also sein:

- *Barmherzig.* Diese Frau hat keine Berührungsängste und hilft anderen gerne aus.
- *Aufmerksam.* Sie beobachtet genau, was in ihrem Haushalt vorgeht.
- *Vertrauenswürdig.* Ihr kann man vertrauen, und ihre Familie kann sich auf sie verlassen.
- *Hilfsbereit.* Sie gibt von dem ab, was sie erwirtschaftet hat.
- *Tatkräftig.* Sie kümmert sich selbst um ihre Belange.
- *Ehrfürchtig Gott gegenüber.* Sie ehrt Gott, verbringt Zeit mit ihm und gehorcht ihm.
- *Weise.* Sie gibt ihre Anweisungen freundlich und steht der Familie mit Rat und Tat zur Seite.
- *Würdevoll.* Sie verdient Respekt, denn die Grundlage all dessen, was sie tut, ist ihre Beziehung zu Gott.

Diese Frau ist so viel wert, dass man sie garantiert nicht mit Geld aufwiegen kann. Liebe Mütter, lassen Sie sich von dieser Frau nicht verunsichern – lassen Sie sich inspirieren! Mit Gottes Hilfe können wir alle wahre Schätze für unsere Familien sein.

Gott, manchmal werden wir von all unseren Aufgaben regelrecht überwältigt. Wir können es nie schaffen, halbwegs passable Mütter zu sein, wenn Du uns nicht zu Hilfe kommst. Lass uns nahe bei Dir bleiben und bei Dir die Kraft und Hilfe finden, die wir brauchen. Amen.

29. JUNI

Arbeit

Ich habe hier auf der Erde den Menschen gezeigt, wie herrlich du bist.
Ich habe den Auftrag erfüllt, den du mir gegeben hast.

JOHANNES 17,4

Niemand ist vollkommen und keine Mutter der Welt wird ihren Aufgaben je perfekt nachkommen. Aber werden Sie grundsätzlich zufrieden mit dem sein, was Sie geleistet haben, wenn Ihre Kinder älter werden und Sie nicht mehr so brauchen wie jetzt?

Als Jesus sich dem Ende seiner Zeit auf der Erde näherte, hatte er nichts zu bedauern; er wusste, dass er getan hatte, was ihm aufgetragen war. Er hat uns ein Beispiel gegeben, an dem wir uns unser ganzes Leben lang ausrichten können.

1. *Er hat den Menschen Gott gezeigt.*
   In Johannes 1,18 heißt es: „Kein Mensch hat jemals Gott gesehen. Doch sein einziger Sohn, der den Vater genau kennt, hat uns gezeigt, wer Gott ist."
2. *Er hat den Menschen Gerechtigkeit, Demut und Barmherzigkeit vorgelebt.*
   In Micha 6,8 lesen wir: „Der Herr hat euch doch längst gesagt, was gut ist! Er fordert von euch nur eines: Haltet euch an das Recht, begegnet anderen mit Güte, und lebt in Ehrfurcht vor eurem Gott."
3. *Er hat Menschen zu Jüngern gemacht.*
   Und es war ihm wichtig, dass auch diese Jünger seine Botschaft weitertrugen: „Geht hinaus in die ganze Welt und ruft alle Menschen in meine Nachfolge! Tauft sie und führt sie hinein in die Gemeinschaft mit dem Vater, dem Sohn und dem Heiligen Geist! Lehrt sie, so zu leben, wie ich es euch aufgetragen habe. Ihr dürft sicher sein: Ich bin immer und überall bei euch, bis ans Ende der Welt." (Matthäus 28,19-20)
4. *Er hat große Opfer gebracht, um den Menschen zu dienen.*
   Philipper 2,5-8 beschreibt das genauer: „Obwohl er Gott in allem gleich war und Anteil an Gottes Herrlichkeit hatte, bestand er nicht auf seinen Vorrechten. Nein, er verzichtete darauf und wurde rechtlos wie ein Sklave. Er wurde wie jeder andere Mensch geboren und lebte als Mensch unter uns Menschen. Er erniedrigte sich selbst und wurde gehorsam bis zum Tod, ja, bis zum schändlichen Tod am Kreuz."

Gott, danke, dass Jesus bereit war, den Auftrag auszuführen, den Du ihm gegeben hast. Danke, dass wir dadurch mit Dir in Beziehung treten können. Bitte gib uns Kraft für die wichtigste Aufgabe, die wir als Mütter haben: unsere Kinder auf Dich hinzuweisen. Hilf uns auch, ihnen Barmherzigkeit, Demut und Gerechtigkeit vorzuleben. Wir wollen sie richtig erziehen und selbst zu persönlichen Opfern bereit sein. Amen.

30. JUNI

Arbeit

Denkt bei allem daran, dass ihr für Gott und nicht für die Menschen arbeitet.

KOLOSSER 3,23

Beim Bau der St.-Pauls-Kathedrale in London arbeiteten drei Maurer zusammen. Ein interessierter Zuschauer fragte die drei, was sie da eigentlich machten. Der erste sagte: „Ich arbeite an einer Mauer – mit irgendetwas muss man ja sein Geld verdienen." Der zweite sagte: „Ich bin Maurer – schon in der dritten Generation. Mein Opa war Maurer, mein Vater war Maurer und jetzt bin ich es auch." Der dritte Maurer, der in größeren Dimensionen dachte, trat einen Schritt zurück, sah an der Mauer hoch, an der er gebaut hatte, und sagte: „Ich arbeite mit Sir Christopher Wren und wirke am Bau einer großartigen Kathedrale mit!"

Vielleicht können wir uns ein bisschen mit den Maurern identifizieren. Wenn uns einmal jemand fragte, was wir eigentlich als Mütter machen, würden wir vielleicht sagen: „Oh, ich wechsle Windeln und füttere das Baby", oder „Ich fahre meine Kinder in der Gegend herum, damit sie immer rechtzeitig zu all ihren Veranstaltungen kommen." Aber eine Mutter mit mehr Weitblick antwortet vielleicht: „Ich arbeite mit Gott und trage meinen Teil dazu bei, dass mein Kind ihn lieben und ihm gehorchen lernt."

Wenn wir manchmal frustriert sind, weil das Wechseln von Windeln und das Herumkutschieren unserer Kinder auf den ersten Blick nicht besonders spannend erscheinen, haben wir die größere Dimension aus den Augen verloren. Könnten wir doch ab und zu auch einen Schritt zurücktreten und uns sagen: „Ich wirke daran mit, dass mein Kind einer der Großen im Reich Gottes sein kann!"

Vater, vor allem an turbulenten Tagen verlieren wir oft das Gesamtbild aus den Augen. Bitte hilf uns, Dir in allem, was wir tun, Ehre zu geben, und lass uns unsere Kinder in Deinem Sinne gut erziehen. Amen.

1. JULI
Arbeit

Mose rief Bezalel, Oholiab und alle anderen Kunsthandwerker zu sich, denen Gott Weisheit und Geschick gegeben hatte. Sie waren bereit, ans Werk zu gehen, und nahmen entgegen, was das Volk für den Bau des Heiligtums herbeigebracht hatte.

2. MOSE 36,2-3

Als ich kürzlich wieder das 2. Buch Mose las, fiel mir vor allem eins auf: die gute Qualitätsarbeit. Gott sagte zu Mose: „Die Israeliten sollen mir aus diesen Materialien ein Heiligtum bauen, denn ich will bei ihnen wohnen. Fertigt das heilige Zelt und alles, was dazugehört, genau so an, wie ich es dir jetzt zeigen werde.“ (2. Mose 25,8-9)

Gott hat Menschen diese Arbeit, die viel Sorgfalt erforderte, anvertraut, und ihnen genaue Anweisungen gegeben. Hier nur eine Kostprobe: „Für das heilige Zelt sollst du zehn Bahnen Zelttuch weben lassen. Verwendet dazu violette, purpurrote und karmesinrote Wolle sowie feines Leinen. Auf den Zeltbahnen sollen Engelsfiguren dargestellt sein.“ (2. Mose 26,1)

Gott hatte Leute mit allen Fähigkeiten ausgestattet, die zur Ausführung seiner Anweisungen nötig waren, und nun forderte er Mose auf, sie anzuwerben. Er suchte nach zwei Charakteristika – Kunstfertigkeit und die Bereitschaft zur Mitarbeit.

Byron Janis, einer der bekanntesten Konzertpianisten des letzten Jahrhunderts, hat einmal gesagt: „Ich glaube, dass jeder, der etwas gut macht, ein Künstler ist. Mir ist egal, ob er Schuster, Klempner oder Koch ist. Um etwas außergewöhnlich gut machen zu können, braucht es Talent und die Liebe, die ein Künstler zu seinem Werk hat.“

Gott hat in jedem von uns eine ganze Reihe Talente angelegt. Es liegt an uns, diesen Grundbestand weiter auszubauen und zu verfeinern, damit wir bereitwillig auch anderen damit dienen können. Als Mütter sind wir auch aufgefordert, Talente in unseren Kindern zu entdecken und zu fördern. Wir sollten ihnen Mut machen, dass auch sie die Gaben weiterentwickeln, die Gott ihnen gegeben hat.

Vater, danke für all die Gaben und Fähigkeiten, die Du uns gegeben hast. Bitte hilf uns, diese Gaben weiter auszubauen und unseren Kindern vorzuleben, wie man sie zu Deiner Ehre weise einsetzen kann. Hab auch Dank dafür, dass Du uns Gaben gibst, die wir für den Bau Deines Reiches gebrauchen können. Du hast uns überreich beschenkt. Amen.

2. JULI

Denken

Aber nach dieser Zeit werde ich mit dem Volk Israel einen neuen Bund schließen. Und der wird so aussehen: Ich schreibe mein Gesetz in ihre Herzen, es soll ihr ganzes Denken und Handeln bestimmen. Ich will ihr Gott sein, und sie sollen mein Volk sein.

HEBRÄER 8,10

Im Alten Testament waren Gottes Gesetze auf steinerne Tafeln geschrieben worden, aber diese Steine konnten den Menschen nicht die Kraft geben, wirklich nach den Gesetzen zu leben und zu handeln. Gott versprach all denen Segen, die sein Gesetz auswendig lernten und es auch ihren Kindern vermittelten, und alle, die sich daran hielten, erlebten tatsächlich, wie Gottes Weisheit ihrem Leben Klarheit und Richtung gab. Aber dass Gott seine Gesetze in ihren Sinn – also ihr Denken – und in ihr Herz schrieb, konnten Menschen erst erleben, als Jesus durch seinen Tod einen neuen Bund zwischen Gott und den Menschen aufgerichtet hatte.

Gläubige Mütter verstehen dieses Prinzip für gewöhnlich recht gut. Uns ist natürlich bewusst, dass es unsere Verantwortung ist, unseren Kindern Gottes Weisheit nahe zu bringen und sie nach Gottes Maßstäben zu erziehen. Aber je älter und reifer sie werden, desto mehr beten wir auch, dass sie durch Christus eine persönliche Beziehung zu Gott aufbauen, sodass sein Geist ihre Herzen und ihr Denken verändern kann. Ein Gesetz, das von außen vorgegeben wird, kann einen Menschen wohl lenken, aber es kann ihn nicht verändern. Damit wir wirklich verändert werden können, muss Gottes Wahrheit Teil unseres Denkens und Fühlens werden, und das geht erst, wenn Gottes Geist in uns lebt.

Dieses Prinzip, dass unser Herz verändert wird, wird an einer Geschichte von zwei Raupen gut deutlich. Die zwei krochen so am Boden vor sich hin, als über ihnen ein Schmetterling vorbeiflog. Die eine Raupe stupste die andere in die Seite und sagte: „In so ein Ding kriegst du mich nie!"

Eine Raupe muss total verwandelt werden, bevor sie fliegen kann, und genauso müssen auch wir verändert werden. Veränderungen, die sich von außen nie erreichen ließen, finden statt, wenn Gottes Gesetz in unseren Sinn und unser Herz geschrieben ist!

Vater, danke, dass Du Dein Gesetz in unser Denken und in unsere Herzen schreibst, wenn wir durch Christus mit Dir eine Beziehung beginnen. Bitte mach uns bereit, Deiner Wahrheit auch zu gehorchen, und hab Dank, dass wir auch dabei auf die Hilfe Deines Heiligen Geistes vertrauen dürfen. Schenk uns Weisheit in der Erziehung unserer Kinder, auf dass sie eines Tages von Deinem Geist geleitet werden. Amen.

3. JULI

Denken

Der Mensch kann von sich aus, mit seinen natürlichen Fähigkeiten, nicht erfassen, was Gottes Geist sagt. Für ihn ist das alles Unsinn, denn Gottes Geheimnisse erschließen sich nur durch Gottes Geist. Der von Gottes Geist erfüllte Mensch beurteilt alles, was ihm Gott zeigt und sagt. Er selbst aber untersteht nicht dem Urteil anderer, wenn er in Gottes Auftrag redet. Denn hat nicht schon der Prophet Jesaja gesagt: „Wer kann die Gedanken des Herrn erkennen, oder wer könnte gar Gottes Ratgeber sein?" (Jesaja 40,13) Nun, wir haben seinen Geist und kennen seine Gedanken.

1. KORINTHER 2,14-16

Genauso wenig wie Menschen Ultraschallwellen hören können, kann ein Mensch, der Christus nicht kennt, die Weisheit Gottes erkennen – egal, wie intelligent oder gebildet er nach menschlichen Maßstäben ist. Es ist ein unglaubliches Geschenk, zu wissen, dass wir seinen Geist haben, wenn wir zum Glauben gekommen sind, dass wir an seinem Denken Anteil bekommen. Das bedeutet nicht, dass wir vollkommen wären – unsere Kinder sorgen schon dafür, dass wir uns an dieser Stelle nichts vormachen und zu einer gewissen Demut gezwungen sind ... Aber es bedeutet, dass wir anfangen das Leben so zu sehen, wie Gott es sieht, und dass seine Wahrheit uns immer tiefer prägt, sodass seine Wertmaßstäbe und Wünsche immer mehr auch zu unseren werden. Der Heilige Geist hilft uns durch das Wort Gottes, dass wir Jesus immer ähnlicher werden.

Erneure mich, o ewigs Licht, und lass in deinem Angesicht
mein Herz und Seel mit deinem Schein durchleuchtet und erfüllet sein.

Schaff in mir, Gott, den neuen Geist, der dir mit Lust Gehorsam leist',
und nichts sonst, als was du willst, will; ach Herr, mit ihm mein Herz erfüll.

Auf dich lass meine Sinne gehn, lass sie nach dem, was droben, stehn,
bis ich dich schau, o ewigs Licht, von Angesicht zu Angesicht.
(Johannes Friedrich Knopp)

Gott, wir sind so reich, weil Du so viel für uns getan hast. Danke, dass Du uns Dein Wort gegeben hast, das uns zeigt, wie Du bist. Und hab auch Dank dafür, dass Du uns Deinen Geist gegeben hast, der uns lehrt, so zu denken wie Du. Lass uns jeden Tag in unserem Handeln und Denken Deinem Sohn Jesus ähnlicher werden. Amen.

4. JULI

Denken

Nehmt nicht die Forderungen dieser Welt zum Maßstab, sondern ändert euch, indem ihr euch an Gottes Maßstäben orientiert. Nur dann könnt ihr beurteilen, was Gottes Wille ist, was gut und vollkommen ist und was ihm gefällt.

RÖMER 12,2

Vor vielen Jahren schrieb Dr. Maxwell Maltz, ein berühmter Facharzt für Plastische Chirurgie, einen Bestseller: *New Faces – New Futures.* Darin veröffentlichte er die Geschichten von Menschen, die durch eine Schönheitsoperation ein ganz neues Leben begonnen haben. Das Fazit des Buches war, dass sich die Persönlichkeit eines Menschen auf eine erstaunliche Weise ändern kann, wenn man sein Äußeres verändert.

Mit den Jahren begriff Maltz aber noch etwas anderes – und zwar nicht aus seinen Erfolgen, sondern aus seinen Misserfolgen. Er traf mehr und mehr Patienten, deren Persönlichkeit sich durch eine Schönheits-OP eben *nicht* verändert hatte. Sie waren jetzt nach herkömmlichen Standards schön, verhielten sich aber immer noch wie das hässliche Entlein. Sie hatten neue Gesichter erhalten, trugen aber immer noch die gleichen alten Persönlichkeiten.

„1960 schrieb Maltz daher einen weiteren Bestseller: *Psycho-Cybernetics.* Er versuchte immer noch, Menschen zu verändern, aber jetzt rückte er keine Kiefer mehr gerade und besserte keine Narben aus. Statt dessen half er den Menschen, das Bild, das sie von sich selbst hatten, zu verändern."

Die plastische Chirurgie kann zwar das Aussehen und die Funktion unserer Nase, unseres Kiefers oder unserer Ohren verändern, aber nur Gott kann unser Denken verwandeln. Das Wort „verändern", wie es im heutigen Bibeltext steht, lautet im Griechischen *metamorphosis*, was eine Veränderung von innen heraus beschreibt. Wenn wir Zeit mit Gottes Wort verbringen, verwandelt uns Gottes Geist von innen heraus. Er gibt uns einen Blick für das, was ewig ist, schreibt uns einen großen Wert und eine unermessliche Bedeutung zu. Warren Wiersbe schreibt: „Wenn die Welt dein Denken bestimmt, bist du ein ‚Konformator' – ein Anpasser. Wenn dagegen Gott dein Denken bestimmt, bist du ein ‚Transformator' – du wirst selbst verwandelt und veränderst gleichzeitig die Welt um dich herum."

Vater, danke für Dein Wort. Lass uns viel Zeit damit verbringen, damit Dein Heiliger Geist unser Denken von innen nach außen verwandeln kann. Danke, dass Du nicht das Äußere siehst, sondern uns tief ins Herz blickst und uns durch und durch kennst. Amen.

5. JULI

Denken

Die Botschaft, dass Jesus Christus unsere Rettung ist, bleibt nur für die dunkel, die verloren sind. Diese Ungläubigen hat der Satan so verblendet, dass sie das helle Licht des Evangeliums und damit die Herrlichkeit Christi nicht sehen können. Und doch erkennen wir Gott selbst nur durch Christus.

2. KORINTHER 4,3-4

Gottes Geist und Gottes Wort können einem Menschen, der noch nicht glaubt, die Botschaft von der Erlösung bringen. Die meisten von uns haben Verwandte und Bekannte, die das Licht Christi bisher noch nicht gesehen haben. Wir können als Gläubige nichts Größeres und Machtvolleres tun, als darum zu bitten, dass Gott ihren Sinn – ihr ganzes Denken – für seine Wahrheit öffnet.

Ich habe hier ein paar Verse zusammengestellt, mit deren Hilfe wir für Freunde und Verwandte beten können.

Römer 8,6: „*Was uns die alte, sündige Natur einbringt, sind Verzweiflung und Tod. Gottes Geist aber schenkt uns Frieden und Leben.*“
Gebet: Vater, bitte lass Deinen Heiligen Geist im Denken von ____ wirken!

Epheser 5,8: „*Früher war es auch in euch dunkel und finster wie bei ihnen; aber heute ist das anders: Durch Christus ist es licht und hell in euch geworden.*“
Gebet: Vater, wie Du mich aus der Dunkelheit ans Licht geführt hast, leuchte mit Deinem Licht auch in das Leben von ____.“

Epheser 4,21-23: „*Was Jesus wirklich von uns erwartet, habt ihr gehört und auch verstanden: Ihr sollt euch von eurem alten Leben, dem alten Menschen mit all seinen trügerischen Leidenschaften, endgültig trennen und euch nicht länger selbst zerstören. Gottes Geist will euch mit einer völlig neuen Gesinnung erfüllen.*“
Gebet: Vater, danke, dass ich Deine Wahrheit empfangen durfte. Ich bete, dass Du das Licht Deiner Wahrheit auch ____ gibst und dass Dein Geist ihn/sie davon überzeugt, dass Jesus der Weg, die Wahrheit und das Leben ist.

Vater, danke, dass Dein Wort Macht hat. Danke, dass es unseren Gebeten und den Gebeten unserer Kinder Vollmacht gibt. Lass uns nicht darin nachlassen, für die Menschen zu beten, die Dich noch nicht kennen. Amen.

6. JULI
Denken

Richtet eure Gedanken auf Gottes kommendes Reich und nicht auf das, was diese Welt zu bieten hat.

KOLOSSER 3,2

Wenn eine Mutter merkt, dass Depressionen im Anmarsch sind, kann sie verschiedene Wege einschlagen. Ein guter Anfang kann ein Arztbesuch sein, aber Wegweisung und Ermutigung finden wir zusätzlich auch in Gottes Wort. Die Bibel fordert uns auf, vor Gott ganz ehrlich zu werden, und sie macht uns Mut, das auszuleben, was Christus schon längst für uns getan hat. Christus hat seine Kinder reich beschenkt, und doch tun wir vieles, das diesen Reichtum, den wir haben, unterminiert.

In Kolosser 3 finden wir drei Schritte, die unser Denken gesund machen: wir sollen erstens rein werden, uns zweitens neu erfüllen lassen, und drittens Heilung erfahren. In Vers 5 und 8 werden wir aufgefordert, Sittenlosigkeit, Unmoral, Leidenschaft und Laster, egoistische Wünsche und alle Habsucht, Hass und Zorn, alle Bosheit, üble Nachrede und alles Fluchen hinter uns zu lassen. Aber wie? Wir können damit beginnen, dass wir unsere Herzen vor Gott ganz offenlegen und ihm alles übergeben, was dort eigentlich nicht hingehört.

Aber dass wir uns von allem Schädlichen freimachen, ist erst der Anfang. Die Lücke, die dadurch entstanden ist, dass wir so vieles ausgeräumt haben, muss neu gefüllt werden – und zwar mit Christus, der uns Barmherzigkeit, Güte, Demut, Nachsicht und Geduld, Vergebung, Liebe, Frieden und Dankbarkeit schenkt. (vgl. Verse 12-15) Und wie erlangen wir das alles? „Lasst das Wort Christi seinen ganzen Reichtum bei euch entfalten." (Vers 16) Genau wie unsere Kinder Nahrung brauchen, damit sie wachsen und gesund bleiben können, braucht unser Herz Zeit mit Gottes Wort.

Wir erfahren Heilung, je mehr wir uns von Christus füllen lassen. Seine Sicht der Dinge wird immer mehr auch zu unserer Sicht, und wir beginnen die Welt mit anderen Augen zu sehen. Mit der Zeit merken wir, dass das Leben mehr Schönes zu bieten hat, als wir das mit unseren ständigen Sorgen oft wahrnehmen. Wenn wir uns ganz von Christus füllen lassen, werden wir immer mehr zu Frauen, deren Leben von Dankbarkeit und Hoffnung geprägt ist.

Vater, danke, dass wir mit all unseren Sorgen und Lasten zu Dir kommen können. Danke für die Hilfe und die Hoffnung, die Du uns in Deinem Wort gegeben hast. Schenk uns, dass wir uns immer bewusster werden, was vor Dir wirklich zählt, und lass uns unsere Nöte und Bedürfnisse mit Deinen Augen sehen. Amen.

7. JULI

Denken

*Die Waffen, mit denen ich kämpfe, sind die Waffen Gottes.
Sie sind mächtig genug, jede Festung zu zerstören, jedes menschliche Gedankengebäude niederzureißen, einfach alles zu vernichten, was sich stolz gegen Gottes Wahrheit erhebt. Alles menschliche Denken nehmen wir gefangen und unterstellen es Christus.*

2. KORINTHER 10,4-5

Seit dem 11. September 2001 nimmt es Amerika mit Waffen sehr genau. Wenn Sie je am Flughafen in einer Schlange hinter jemandem gestanden haben, der ein Taschenmesser oder auch nur einen Nagelknipser mit ins Flugzeug zu nehmen versuchte, wissen Sie wahrscheinlich, wovon ich rede: Sicherheitsbeamte sind darauf getrimmt, Waffen jeder Art ausfindig zu machen.

Auch Paulus spricht in dem Bibelvers, um den es heute geht, von Waffen – allerdings sind die Waffen, mit denen wir die Bastionen des Bösen in unserem Leben bekämpfen sollen, unsichtbar, und wir tragen sie auch nicht mit uns herum. Unsere Schlachten werden im Inneren unseres Herzens ausgetragen, und in unserem Denken tobt der Kampf oft am heftigsten. In der Bibel werden wir immer wieder aufgefordert, auf unsere Herzen zu achten und unsere Gedanken einer ständigen Prüfung zu unterziehen. Wie oft haben wir täglich gegen Zorn, Angst, Stolz oder Sorge anzukämpfen. Manchmal schleichen sich diese Gedanken still und heimlich in unsere Gedanken, und wir nehmen sie zunächst nicht einmal wahr. Aber sie setzen sich dort fest und warten auf eine günstige Gelegenheit, um loszuschlagen, und allzu oft machen sie unsere guten Vorsätze, wie Christus zu leben, zunichte.

Paulus weiß, was für eine große Gefahr darin liegt, sich auf die Gedanken einzulassen, die uns der Teufel unterschieben möchte. Deswegen beschreibt uns der Apostel, welche übernatürlichen Waffen uns zur Verfügung stehen – Gebet, Gottes Wort und seine göttliche Kraft –, um diese Festungen des Feindes zu „zerstören". Wir müssen den Kampf in unserem Denken nicht alleine oder mit nutzlosen Waffen führen. Gott hat uns die besten Waffen gegeben, die man sich vorstellen kann.

Herr Jesus, danke, dass Du der Befehlshaber aller Armeen Gottes bist. Ich möchte mein Denken heute Dir und Deinem Wort unterstellen. Bitte kämpfe Du für mich und besiege den Feind. Und schenke mir in Situationen der Anfechtung Deine Waffen, die stärker sind als jede andere Macht. Amen.

8. JULI

Denken

Er gab Israel sein Gesetz, gab den Nachkommen Jakobs seine Gebote. Unseren Vorfahren befahl er, sie ihren Kindern bekannt zu machen. So soll jede Generation seine Weisung kennen lernen – alle Kinder, die noch geboren werden. Auch diese sollen sie ihren Nachkommen einprägen. Sie alle sollen auf Gott ihr Vertrauen setzen und seine Machttaten nicht vergessen. Was er befohlen hat, sollen sie tun.

PSALM 78,5-7

Ein wichtiger Aspekt unseres Denkens ist, dass wir ein Gedächtnis haben und uns an das, was wir einmal erlebt und gelernt haben, erinnern können. Wir erinnern uns beispielsweise an ganz besonders bewegende oder schwierige Zeiten, an Dinge, die wir in der Schule gelernt haben, oder an Personen, die uns viel bedeutet haben, inzwischen aber gestorben sind. Sich erinnern ist nichts anderes, als sich Dinge aus der Vergangenheit wieder ins Gedächtnis zurückzurufen – ob bewusst oder unbewusst. Aber hier im Psalm 78 geht es um eine Form der Erinnerung, die weit mehr bedeutet als das Zurückschauen auf Leute, Ereignisse oder Ideen der Vergangenheit. Eines meiner Bibellexika beschreibt Erinnerung als „in der Gegenwart leben mit dem Licht der Taten Gottes aus der Vergangenheit“. Was für eine großartige Vorstellung!

Wenn wir in der Gegenwart vor großen Hindernissen und Herausforderungen stehen, gibt uns ein Blick in die Vergangenheit oft die Kraft, uns ihnen mutig zu stellen. Gott hat immer für die Menschen gesorgt, die zu ihm gehörten. Wenn er das Wasser des Roten Meers zu einer festen Wand gestalten konnte (vgl. Psalm 78,13), wenn er Felsen in der Wüste spalten konnte, sodass Wasser aus ihnen hervorsprudelte (Vers 15), und wenn er Brot vom Himmel regnen lassen konnte, dann kann er heute auch für mich sorgen.

Diese Verse machen uns auch wieder bewusst, warum wir unseren Kindern von Gottes Wort erzählen – auch sie sollen ihr Vertrauen auf Gott setzen, seine Machttaten nicht vergessen und seinen Geboten gehorchen. Deshalb sollen wir unseren Kindern die Geschichten von Gottes Macht und seiner Sorge für alle, die ihm vertrauen, wieder und wieder erzählen.

Vater, danke, dass uns die Erinnerung, wie mächtig Du bist und wie gut Du die Gläubigen versorgst, immer wieder neuen Mut gibt, Dir zu vertrauen. Bitte hilf uns, dieses Vertrauen auch unseren Kindern zu vermitteln. Amen.

9. JULI

Herz

Was ich dir jetzt rate, ist wichtiger als alles andere:
Achte auf deine Gedanken und Gefühle, denn sie beeinflussen dein ganzes Leben.

SPRÜCHE 4,23

Eine Quelle ist der Ursprung eines Flusses, der Anfangspunkt, aus dem etwas entspringt. In unserem Herz formen sich Gedanken und Gefühle. Wie aus einer Quelle entspringen sie dort. Der heutige Vers beginnt mit einer Warnung: Mehr als auf alles andere sollen wir auf unsere Gefühle und Gedanken achten. Wir sollen unser Herz nicht verhätscheln oder verwöhnen, sondern es *schützen*. Wenn ich etwas schütze, achte ich gut darauf und treffe Vorsorge, dass ihm nichts passiert.

Unser Herz bestimmt unseren Charakter. Streben wir nach Reinheit oder haben wir Böses im Sinn? Sind wir auf dem Weg zu größerer Reife oder rebellieren wir gegen Gottes Wege? Die Bibel lehrt uns, dass es nichts Wichtigeres gibt, als Gott *von ganzem Herzen* zu lieben, mit einem ungeteilten Herzen, das ganz auf Jesus sieht. Und wir sollen darauf achten, dass uns nichts davon ablenkt. Merken Sie, was die folgenden Verse gemeinsam haben?

> *Achtet deshalb darauf, liebe Brüder, dass ihr nicht ebenso töricht und voller Unglauben seid und euch – wie eure Väter – von dem lebendigen Gott abwendet.* (Hebräer 3,12)

> *Wendet euch Gott zu, dann wird er zu euch kommen. Wascht die Schuld von euren Händen, ihr Sünder, und lasst Gott allein in euren Herzen wohnen, ihr Unentschiedenen.* (Jakobus 4,8)

> *Schließlich, meine lieben Brüder, orientiert euch an dem, was wahrhaftig, gut und gerecht, was anständig, liebenswert und schön ist. Wo immer ihr etwas Gutes entdeckt, das Lob verdient, darüber denkt nach.* (Philipper 4,8)

Wir behüten also unser Herz, wenn wir uns Gott *zu*- und von der Sünde *ab*-wenden. Dann sprudelt aus der Quelle unseres Lebens Gutes hervor!

Vater, hilf uns bitte, dass wir Deine Warnung, auf unser Herz zu achten, ernst nehmen. In Deiner großen Gnade reinigst Du unsere Herzen immer wieder, wenn wir uns an Dich wenden, und füllst sie neu – aber trotzdem liegt es an uns, uns von der Sünde abzuwenden. Danke, dass uns Dein Heiliger Geist dabei hilft. Amen.

10. JULI
Herz

Ich bitte Gott, dass er euch aus seinem unerschöpflichen Reichtum Kraft schenkt, damit ihr durch seinen Geist innerlich stark werdet und Christus durch den Glauben in euch lebt. In seiner Liebe sollt ihr fest verwurzelt sein; auf sie könnt ihr bauen.

EPHESER 3,16-17

Für welche Art von Herz entscheiden wir uns? Was unseren Körper betrifft, so haben wir da keine Wahl. Wir müssen mit dem Herzen leben, mit dem wir geboren sind, ob es nun stark oder schwach ist, einwandfrei funktioniert oder uns ständig Anlass zur Sorge gibt. Wir können nur versuchen, es gut zu pflegen und gesund zu halten. Geistlich gesehen werden wir mit einem sündigen Herzen geboren. In Römer 3,23 heißt es: „Denn darin sind die Menschen gleich: Alle sind Sünder und haben nichts aufzuweisen, was Gott gefallen könnte." Aber das ist nicht das letzte Wort. Das Gute ist, dass wir uns entscheiden können, in welche Richtung sich unser Herz entwickelt.

Wenn wir uns selbst überlassen bleiben, ist unser Herz eigensinnig und „verstockt", wie es in einigen Übersetzungen heißt. Die Bibel vergleicht uns sogar mit Schafen, die sich verlaufen haben und denken, dass sie auch alleine zurechtkommen. Ein Schaf, das dem Hirten nicht folgen möchte und seine eigenen Wege geht, bekommt Schwierigkeiten – es weiß nicht, wo es Wasser trinken kann, es kann sich Zecken und andere Schmarotzer nicht vom Hals halten und wird nur allzu schnell von wilden Tieren angefallen.

Wenn wir kein Herz wollen, das uns zu bösen Gedanken, Lügen, Unmoral oder Diebstahl verleitet, müssen wir dem entgegensteuern: Wir bitten Gott, unser Herz zu reinigen und mit seinem Geist zu füllen. (vgl. Römer 5,5) Das funktioniert allein durch den Glauben. Wir bitten im Glauben darum, dass Gott uns ein neues Herz gibt, und im Glauben wenden wir uns jeden Tag wieder neu an ihn. Wir legen unser Herz vor ihm offen und geben ihm die Möglichkeit, das Licht seiner Wahrheit dorthin scheinen zu lassen, wo sonst nur böse Gedanken wären.

Vater, danke, dass wir wählen können, was für ein Herz wir haben möchten. Danke, dass Du uns verändern möchtest, wenn wir Dir unser Leben anvertrauen. Du lässt uns nicht los und willst uns verändern, ja, sogar neu machen. Dafür sei Dir Dank. Hilf uns, auch unsere Kinder auf Dich aufmerksam zu machen. Amen.

11. JULI

Herz

Einige Samenkörner fielen zwischen die Disteln, in denen die junge Saat bald erstickte ... Der Boden, der mit Disteln bedeckt ist, entspricht einem Menschen, der die Botschaft zwar hört und anfängt, danach zu leben. Aber die Sorgen des Alltags und die Verführung durch den Wohlstand ersticken Gottes Wort. So bleibt alles beim Alten.

MATTHÄUS 13,7.22

Jedes Frühjahr bestellen mein Mann und ich vier oder fünf Stauden unserer Lieblingsblume, einer Art Zierspringkraut. Wir warten auf einen sonnigen Samstag im Mai, und dann pflanzt die ganze Familie sie an der Nordseite unseres Hauses an, wo wir bis zum ersten Frost im November unsere Freude an ihnen haben.

Als ich heute Morgen nach unserem Springkraut sah, merkte ich, dass es nicht besonders gesund aussah. Ich bückte mich, um genauer hinzusehen, und bemerkte kleine Pflänzchen, die ein bisschen wie Klee aussahen. Sie hatten sich um unser Zierspringkraut geschlungen und hinderten es nun am Wachsen. Mir war klar, dass ich das Unkraut ausrupfen musste. Natürlich weiß ich, dass man Unkraut erst gar nicht so weit wuchern lassen darf, aber über all den anderen Dingen vergesse ich es oft.

Als ich heute Unkraut rupfte, musste ich an das Bild denken, das Jesus seinen Jüngern gab, als er sie lehrte. Er erklärte, dass das Unkraut – „Disteln" oder „Dornen", je nach Übersetzung – in unseren Herzen alles Gute erstickt und uns von einem fruchtbaren, guten Leben abhält. Ich musste an mein eigenes Herz denken. Wenn ich herumnörgele, ersticke ich die Zufriedenheit. Wenn ich mir Sorgen mache, ersticke ich den Frieden. Wenn ich andere verurteile, ersticke ich die Barmherzigkeit. Dieses Unkraut wickelt sich unbemerkt um mein ganzes Leben und breitet sich immer weiter aus. Mein Wachstum im Glauben wird dadurch behindert, und Gott kann mich immer weniger so gebrauchen, wie er es möchte.

Ich bin Gott so dankbar, dass er in Bildern spricht, die ich auch verstehen kann. Dann wird mir auch klar, wie ich mein Herz pflegen kann: indem ich das Unkraut ausrupfe. Ich bin dankbar für die Kraft des Wortes Gottes. Wenn ich ihm gehorche, trägt mein Leben reiche Frucht und wird nicht vom Unkraut überwuchert.

Vater, lass Dein Wort in unserem Herz wohnen. Gib uns Deine Kraft, dass wir Dinge aus unserem Leben beseitigen können, die Deine Wahrheit ersticken. Lass uns erkennen, was das Unkraut in unserem Leben ist, und hilf uns dabei, es zu entfernen. Amen.

12. JULI
Herz

Glücklich sind, die ein reines Herz haben, denn sie werden Gott sehen.

MATTHÄUS 5,8

Es ist interessant, dass Jesus nicht gesagt hat: „Glücklich sind die Reinen." Es ging ihm vielmehr um die Reinheit unseres Herzen. Zur Zeit des Neuen Testaments waren die Pharisäer sehr besorgt um ihre zeremonielle Reinheit, aber um die Reinheit ihres Herzens scherten sie sich kaum.

Die Pharisäer praktizierten zum Beispiel die rituelle Handwaschung – nicht so sehr aus Gründen der Sauberkeit und Hygiene, sondern als eine von vielen, vielen Traditionen, die sie in ihr religiöses Regelwerk aufgenommen hatten. Eigentlich hatten diese Waschungen als Erinnerung daran begonnen, dass die Juden als Gottes Volk auserwählt waren und sich von der Sünde absondern sollten. Aber mit den Jahren waren sie zu einem bloßen Ritual verkommen, das die Pharisäer stolz und hochmütig machte. Die Waschungen waren inzwischen so gang und gäbe, dass die Pharisäer sich mehr darüber aufregten, wenn Jesu Jünger mit ungewaschenen Händen aßen, als die Ungerechtigkeiten oder die Unterdrückung anzuprangern.

Wenn wir über Reinheit nachdenken, fallen uns oft Dinge ein. Aber in der Bergpredigt machte Jesus unmissverständlich klar, dass Heiligkeit und Reinheit in unserem Innern beginnen. Wir sollten uns am besten einmal anschauen, was uns wirklich wichtig ist und was für eine Einstellung wir zu verschiedenen Dingen oder Leuten haben – manchmal ist ein solcher Blick nach innen nicht besonders erfreulich. Wir wissen alle, dass es leicht ist, nach außen hin zu lächeln, wenn es in unserem Innern eigentlich ganz anders aussieht. Wir können anderen Menschen vielleicht etwas vormachen, nicht aber Gott.

Zeremonielle Reinheit kann nie ein Ersatz sein für geistliche Reinheit. Die „Waschung", an der Gott wirklich etwas liegt, ist die Reinigung unserer Herzen. In 1. Johannes 1,9 versichert er uns: „Wenn wir aber unsere Sünden bereuen und sie bekennen, dann dürfen wir darauf vertrauen, dass Gott seine Zusage treu und gerecht erfüllt: Er wird unsere Sünden vergeben und uns von allem Bösen *reinigen*."

Vater, hilf uns, dass wir wirklich ehrlich werden und nicht versuchen, Dir und uns selbst etwas vorzumachen. Lass uns die eigenen Einstellungen und Gedanken einer kritischen Prüfung unterziehen. Wir wollen unsere Herzen rein halten, um dich und Deinen Willen zu erkennen. Amen.

13. JULI

Herz

Mein Herz ist bereit, Gott, mein Herz ist bereit, dass ich singe und lobe.

PSALM 57,8

Gott hat uns vor die Wahl gestellt, was wir an unser Herz heranlassen. Wir können uns dafür entscheiden, uns auf Gott zu konzentrieren und seine Botschaft voller Schönheit, Hoffnung, Freude und Ermutigung in uns aufzunehmen. Oder wir können beschließen, uns auf die Stimmen einzulassen, die die Welt zynisch und in düsteren Farben schildern. Welche Richtung wir einschlagen, wird letzten Endes bestimmen, wie es um unser Herz bestellt ist. Nur ein Herz, das Gott vertraut, kann ihn preisen und seine Herrlichkeit auch an andere weitergeben.

Gott ist der Urheber aller *Schönheit*. Wir haben das eigentlich jeden Tag vor Augen, aber wir bemerken es oft nicht. Wir sehen die Schönheit Gottes in Blumen, im Schnee, in Farben, in der Gestalt unseres Kindes, und wir hören sie in der Musik und in der Sprache von Gedichten und Liedern. Eigentlich haben wir täglich Anlass, die Schönheit von Gottes Schöpfung zu feiern.

Gott ist der Urheber aller *Hoffnung*. „Du bist meine Hoffnung, Herr", schreibt der Psalmist in Psalm 71. „Dir vertraue ich von Kindheit an! Ja, seit meiner Geburt bist du mein Halt. Vom ersten Tag an hast du für mich gesorgt. Darum will ich dich loben mein Leben lang." (Vers 5-6)

Gott ist der Urheber aller *Freude*. „Die Freude am Herrn gibt euch Kraft." (Nehemia 8,10)

Gott ist der Urheber allen *Mutes*. „Vertraue auf den Herrn!", ermutigt uns Psalm 27,14. „Sei stark und mutig, vertraue auf den Herrn!" Der Mut wird hier auf beiden Seiten vom Vertrauen eingerahmt wie von zwei Buchstützen.

Wenn wir für unsere Familie ein Herz haben wollen, das überfließt, können wir uns von Gott, der Quelle aller Schönheit, Hoffnung, Freude und Ermutigung, immer neu erfüllen lassen.

Vater, danke, dass Du all diese Dinge in unser Herz geben möchtest. Mach unsere Herzen weit, dass sie immer mehr von Dir und Deiner Größe aufnehmen können. Denn nur in Dir finden wir Hoffnung, Freude und Mut, was uns hilft, Deine Schöpfung zu feiern. Hab Dank für alles, was Du uns schenken willst. Amen.

14. JULI

Herz

Doch das ist jetzt vorbei. Lasst euch nicht mehr von Zorn und Hass beherrschen. Schluss mit aller Bosheit! Schluss mit dem gotteslästerlichen Reden und Fluchen! Hört auf, euch gegenseitig zu belügen. Ihr habt doch euer früheres Leben mit allem, was dazugehörte, wie alte Kleider abgelegt. Zieht jetzt neue Kleider an, denn ihr seid neue Menschen geworden! Lasst euch von Gott erneuern. So entsprecht ihr immer mehr dem Bild, nach dem Gott euch geschaffen hat.

KOLOSSER 3,8-10

Ich habe vor einiger Zeit dem Gerümpel in meinem Haus den Krieg erklärt. Ich versuche, so viel überflüssigen Kram wie möglich loszuwerden: Einige Sachen verschenke ich, andere werfe ich weg oder verstaue sie irgendwo, wo sie mich nicht ständig stören. Wenn ich einen Schritt von meiner Arbeit zurücktrete und all die Schubladen, Schränke und Kommoden betrachte, die ich schon aufgeräumt habe, fühle ich mich wieder zu neuen Großtaten beflügelt und habe das Gefühl, dass mir eine Last von der Seele genommen wurde.

Mein Gerümpel sammelt sich übrigens als Folge meiner Unentschlossenheit und meiner unrealistischen Erwartungen an. Ich lege zum Beispiel ein paar Unterlagen auf den Esszimmertisch, weil ich mir denke: *Heute Abend kümmere ich mich darum.* Aber fünf Tage später liegt der Stapel immer noch da.

Über die Jahre habe ich mir mit dem Gerümpel in meinem Herzen Ähnliches angewöhnt. Wenn ich in Gedanken einer Freundin oder jemandem aus meiner Familie böse bin, sitzen diese negativen Gefühle Tage später immer noch da, und sie sind in der Zwischenzeit nur noch schlimmer geworden. Wenn ich mich immer wieder daran erinnere, wie mich ein anderer Mensch verletzt hat, und ich nicht dazu bereit bin, die Sache loszulassen oder durch ein Gespräch aus der Welt zu schaffen, gebe ich der Bitterkeit Gelegenheit, sich in mir auszubreiten. Gottes Wort erinnert mich daran, dass ich auch all diese Sachen entsorgen soll.

Ich habe mir inzwischen angewöhnt, mein Gerümpel als Feind zu sehen. Ob es das Gerümpel in meinem Haus ist oder das in meinem Herzen – ich frage mich immer: „Was von diesen Sachen sollte ich besser wegwerfen?" Und genauso wie es in meinem Haus viel schöner aussieht, wenn ich den überflüssigen Kram wegwerfe, sieht es in meinem Leben viel schöner aus, wenn ich das Gerümpel aus meinem Herzen entferne.

Vater, danke, dass Du uns ein neues Herz gegeben hast und dass Du dieses Herz immer weiter erneuerst, je besser wir Dich kennenlernen. Lass uns mit Dir unser Herz danach durchforschen, ob es dort Dinge gibt, die uns daran hindern, Deinem Sohn ähnlicher zu werden. Decke diese Dinge auf und hilf uns, sie an Dich abzugeben. Amen.

15. JULI

Herz

Gehorcht euren Vorgesetzten! Begegnet ihnen ohne Anmaßung mit dem nötigen Respekt und dient ihnen so aufrichtig, wie ihr Christus dient. Bei eurer Arbeit geht es nicht darum, anderen zu imponieren. Ihr sollt euch vielmehr als Diener Christi betrachten, die bereitwillig und gern den Willen Gottes erfüllen.

EPHESER 6,5-6

Die Motivation für den eigenen Dienst sollte nicht in erster Linie von dem Bemühen herkommen, einem Vorgesetzten zu gefallen. Sie sollte in unserem Herzen liegen – in unserem Wunsch, Gott zu gefallen und seinen Willen zu tun.

Es tut mir leid um die vielen Situationen, in denen ich etwas getan habe, um anderen Menschen zu gefallen und ihre Anerkennung zu gewinnen. Wenn das meine Motivation ist, kann ich nicht gleichzeitig behaupten, dass es mir um Gott geht. Als Jesus auf der Erde lebte, drückte sein Dienst aus, wer er war. Er wusste, dass die Leute, für die er schließlich sterben würde, ihn und alles, was er für sie tat, ablehnten. Und damit hat er uns ein großartiges Beispiel hinterlassen: er war frei, Gott ganz zu dienen, ohne von der Anerkennung der Menschen abhängig zu sein. So konnte er seinen Jüngern dienen und ihnen zeigen, wie auch sie Gottes Willen tun konnten.

Wenn wir das Herz „am rechten Fleck" haben wollen – wenn wir also wollen, dass das Zentrum unseres Denkens und Wollens seine eigentliche Funktion erfüllen kann –, müssen wir so leben, wie es Jesus getan hat. Er hat immer in dem Bewusstsein seiner Herkunft und seiner Zukunft gelebt. Wenn wir uns täglich unsere Sünde bewusst machen (unsere Herkunft) und dann daran denken, dass er für uns sein Blut vergossen hat und dass er wiederkommen wird, um uns in den Himmel, in unsere wahre Heimat, mitzunehmen (unsere Zukunft), setzt das unser Herz frei, ihm unter allen Umständen zu dienen.

Jesus, danke, dass Dein Herz ganz rein und frei von jeder unlauteren Motivation war. Danke, dass Du dem Vater gedient hast, auch wenn das für Dich den Tod am Kreuz bedeutet hat. Bitte gib uns Kraft, dass wir, wenn wir unseren Familien dienen, damit auch Dir von Herzen dienen. Befreie uns von dem Gedanken, dass wir anderen Menschen gefallen müssen. Wir wollen allein zu Deiner Ehre leben. Amen.

16. JULI

Gottes Lob

Ich will den Herrn allezeit preisen; nie will ich aufhören, ihn zu rühmen.

PSALM 34,2

Es ist ganz wichtig, dass wir unseren Kindern vermitteln, dass sich Anbetung nicht nur am Sonntagmorgen in der Kirche abspielt. Wir können – und sollten – Gott jeden Tag preisen und loben. Wir können im Frühjahr einen Spaziergang machen und die Osterglocken und Krokusse bewundern, und das lässt uns Gott loben, ob wir es nun unmittelbar oder erst abends vor dem Einschlafen tun.

Mein Elfjähriger und ich priesen Gott eines Abends, als wir die Nachricht erhielten, dass eine neue Cousine in die Familie hineingeboren worden war. Als wir das Baby und seine Eltern besuchten, war das für mich eine Zeit der Anbetung. Überhaupt geht es mir immer so, dass ich Gott zu loben beginne, wenn ich ein Neugeborenes in den Armen halte. Ich freue mich einfach, dass er den Kreislauf des Lebens aufrechterhält.

Wenn wir mit unseren Kindern zusammen ein Buch über das Universum lesen, finden wir auch viel Anlass zum Lob Gottes. Ich war zum Beispiel ganz fasziniert von einem Bilderbuch, das Kindern erklärt, wie Gott das Weltall geschaffen hat. Wissen Ihre Kinder zum Beispiel schon, dass ...

- Gott die Erde mit einer Substanz bedeckt hat, die es sonst nirgendwo in unserem Sonnensystem gibt (Wasser in flüssiger Form)?
- die Erde eine Million Mal in die Sonne hineinpassen würde?
- Gott den Abstand zwischen Sonne und Erde so perfekt eingerichtet hat, dass wir genau so viel Wärme und Licht abbekommen, wie wir brauchen? Wenn wir ein bisschen näher an der Sonne wären, würden wir vor Hitze sterben; wenn wir ein bisschen weiter weg wären, würden wir vor Kälte umkommen.

Wenn wir uns angewöhnen, Gott für das zu loben, was er geschaffen hat, und dankbar aus seiner Hand nehmen, was er uns gibt, werden sich unsere Kinder daran bestimmt ein Beispiel nehmen.

Vater, wir werden heute wieder viele Dinge sehen, die Du wunderbar geschaffen oder die Du für uns getan hast. Erinnere uns dann daran, dass wir Dich dafür loben! Öffne unsere Augen immer mehr für die Schönheit Deiner Schöpfung. Lass uns in den Kleinigkeiten unseres Alltags Deine Größe und Macht sehen. Amen.

17. JULI
Gottes Lob

Herr, unser Herrscher! Groß und herrlich ist dein Name.
Himmel und Erde sind Zeichen deiner Macht.

PSALM 8,2

Stellen Sie sich einfach einmal vor, Sie hätten einen großen Partyservice gegründet, der für das Catering auf Festen, Konferenzen und Konzerten angefragt werden kann. Nicht nur dass Sie die Chefin dort sind; Sie haben auch die Rezepte für alle Gerichte, die gekocht und serviert werden, selbst erfunden. Sie haben Ihr Personal sorgfältig ausgewählt und selbst angelernt und Sie haben immer darauf geachtet, dass alles genau nach Ihren Wünschen organisiert und vorbereitet wird. Sie haben Erfolg mit Ihrem Unternehmen, und nun sind Sie gebeten worden, die Verpflegung bei einem Kongress zu übernehmen.

Ihre Mitarbeiter servieren also das Essen, und alle Teilnehmer des Kongresses rufen aus, wie appetitlich alles angerichtet ist und wie gut es schmeckt. In den Gesprächen nach dem Essen, die Sie zufällig mithören, tauschen sich alle aus, welche Zutaten wohl in welchem Gericht waren und wie wohl alles zubereitet wurde – aber Sie, die Sie hinter all dem stehen, werden gar nicht beachtet. Sie reisen vom Kongress ab, ohne dass irgendjemand ein Wort der Anerkennung oder Dankbarkeit für Sie geäußert hätte – nicht einmal Ihre Mitarbeiter! Vermutlich wären Sie ziemlich verletzt und würden sich nicht gerade wertgeschätzt fühlen.

Ich frage mich, ob sich Gott nicht manchmal genauso fühlt, wenn wir in den Zoo gehen und uns all die Tiere ansehen, die er geschaffen hat, ohne ihn auch nur eines Lobes zu würdigen. Ich frage mich, wie er sich fühlt, wenn wir spät in der Nacht noch nach draußen gehen, um den Mond und die Sterne anzuschauen, und wenn wir von all der Größe und Schönheit regelrecht überwältigt werden, für den Schöpfer und Erhalter des Universums aber keinen Dank übrig haben. Lassen Sie uns das nächste Mal, wenn wir mit unseren Kindern etwas bewundern, das Gott geschaffen hat, auf ihn als den Schöpfer verweisen und ihm die Ehre geben.

Vater, gib uns heute Augen für das, was Du an Wunderbarem geschaffen hast, und einen Mund, der Dich dafür lobt und preist. Vergib uns, wo wir Deine Schöpfung bewundert haben, ohne Dich dahinter zu sehen und Dir dafür zu danken. Lehre uns ganz neu, Dir für die Schönheiten des Lebens zu danken. Amen.

18. JULI

Gottes Lob

Halleluja – lobt den Herrn! Es ist gut, unserem Gott Loblieder zu singen; es macht Freude, ihn zu loben.

PSALM 147,2

In der letzten Zeit habe ich ziemlich viel über den Himmel gelesen. Und deshalb habe ich auch viel über das Lob Gottes gelesen – denn das findet im Himmel die ganze Zeit über statt, jetzt schon, aber darüber hinaus in alle Ewigkeit.

Manchmal denke ich mir den Himmel als einen Zufluchtsort nach all dem Schmerz, den Enttäuschungen, der harten Arbeit oder den Terminzwängen, um die man in diesem Leben einfach nicht herumkommt – und ich bin wirklich dankbar dafür, dass wir all das im Himmel dann endgültig hinter uns lassen können. Aber der Himmel ist so viel mehr als die Erlösung von allem Unangenehmen – wir werden in Gottes Gegenwart sein, wir werden auf ewig unsere Freude an ihm haben, ihn loben und preisen. „Ewig" ist unvorstellbar lang. Ich kann mich noch erinnern, dass ich mir das als Kind vorzustellen versucht habe und schließlich frustriert aufgab. Jedes Mal, wenn ich darüber nachdachte, musste ich denken: Das muss doch irgendwann mal zu Ende sein! Ist es aber nicht.

Wenn ich Gott im Himmel ewig preisen soll, brauche ich schon hier auf der Erde mehr Übung. Kürzlich bin ich in meiner Zeit mit Gott wieder auf Psalm 150 gestoßen:

> *Halleluja – lobt den Herrn! Lobt Gott in seinem Tempel! Lobt ihn, ihr Mächtigen im Himmel! Lobt ihn für seine gewaltigen Taten! Lobt ihn, denn seine Größe ist unermesslich! Lobt ihn mit Posaunen, lobt ihn mit Harfe und Zither! Lobt ihn mit Tamburin und Tanz, lobt ihn mit Saitenspiel und Flötenklang! Lobt ihn mit Zimbelschall und Paukenschlag! Alles, was lebt, lobe den Herrn! Halleluja!*

Als ich diesen Psalm las, veranlasste er mich zu zweierlei. Zunächst einmal las ich den Vers, in dem es darum geht, dass wir Gott mit Posaunen loben sollen, meinem Elfjährigen vor, der an diesem Tag eine Bandprobe hatte. Und dann machte ich, als die Kinder in Richtung Schule aufgebrochen waren, einen langen Spaziergang, auf dem ich Gott lobte. Als ich zurückkam, war mein Herz voll Freude, und ich merkte, dass wir ganz von Gott erfüllt werden, wenn wir ihn loben – und noch viel erfüllter werden wir in alle Ewigkeit im Himmel sein!

Gott der Ewigkeit, wir haben so viel Grund, Dich zu loben. Bitte hilf uns, schon hier auf der Erde regelmäßig zu üben, was wir im Himmel die ganze Zeit tun werden! Erfülle uns neu mit Deiner Freude über all das Gute, das Du uns jeden Tag aufs Neue schenkst. Amen.

19. JULI

Gottes Lob

Halleluja – lobt den Herrn! Ich will den Herrn loben, ich will ihn loben, solange ich lebe! Zur Ehre Gottes will ich singen mein Leben lang.

PSALM 146,1-2

Jedes Mal, wenn ich auf diesen Psalm stoße, muss ich an den Sommer 2003 denken. Mein Mann Jim war auf einem Kongress in Orlando, Florida, und ich war mitgefahren. Jeden Morgen, wenn er zu seinen Veranstaltungen ging, machte ich einen ausgedehnten Spaziergang auf dem International Boulevard.

Am ersten Morgen las ich, bevor ich losging, noch Psalm 146. Bei den ersten beiden Versen musste ich an meinen Schwager David denken, der gerade seinen Kampf gegen den Krebs verlor. Es blieb ihm nicht mehr viel Zeit. Und je mehr ich über ihn und seine Situation nachdachte, desto bedeutender erschien es mir, dass der Psalmist Gott „sein Leben lang" loben möchte.

Als ich den Psalm so durchging, kam mir eine Idee. Weil Psalm 146 zehn Verse hat und ich genau zehn Tage lang in Orlando sein würde, nahm ich mir vor, jeden Morgen auf meinem Spaziergang einen Vers auswendig zu lernen. Das klappte richtig gut, und ich lernte etwas über mich, das mir vorher gar nicht bewusst gewesen war: Ich kann im Laufen viel besser auswendig lernen als im Sitzen.

Manchmal rufe ich mir Psalm 146 immer noch ins Gedächtnis zurück. Und wenn ich zu Vers 9 komme („Er ... versorgt die Witwen und Waisen"), habe ich immer Tränen in den Augen. Ich trauere um David, der nicht mehr auf dieser Erde lebt, aber ich danke Gott auch, weil er sich seit Davids Tod so liebevoll um Davids Frau Joan und die drei Kinder gekümmert hat. „Ich will den Herrn loben!"

Vater, danke, dass Du so gut für uns sorgst und dass wir darin Deine Größe erkennen können. Bitte hilf uns, Dich an jedem Tag unseres Lebens zu loben und zu preisen. Lass uns mit Hilfe Deines Wortes lernen, Dich über allem anderen zu loben. Amen.

20. JULI

Gottes Lob

O Herr, welch unermessliche Vielfalt zeigen deine Werke!
Sie alle sind Zeugen deiner Weisheit, die ganze Erde ist voll von deinen Geschöpfen.

PSALM 104,24

Heute Morgen bin ich spontan in Gottes Lob ausgebrochen, als ich einen Krebs beobachtete. Ich hatte mir einen Spaziergang am Meer gegönnt, wo ich mit meiner Familie gerade Urlaub machte, und setzte mich zum Abschluss noch ein bisschen in den Sand. Aus den Augenwinkeln bemerkte ich, wie sich etwas neben mir bewegte, und als ich näher hinsah, entdeckte ich einen Krebs. Er maß vielleicht zehn oder zwölf Zentimeter im Durchmesser, und seine Kulleraugen standen vom Rest des Körpers ab. Er kam aus einem Loch, schob etwas Sand vor sich her und blieb dann sitzen. Er schien mich eine Weile lang zu betrachten und dann kroch er in sein Loch zurück. Das ganze Spiel wiederholte sich noch ein paar Mal, bis ich schließlich aufstand und ging.

Als ich diesen Krebs beobachtete, musste ich denken, wie viele faszinierende Geschöpfe Gott gemacht hat. Ich bin an Raum und Zeit gebunden, und so kann ich zu einer bestimmten Zeit immer nur an einem Ort sein, um Gottes Schöpfung zu bestaunen. An diesem Morgen beispielsweise konnte ich diesen Krebs, eine ganze Reihe Quallen und Möwen sehen. Aber Gott ist überall gleichzeitig, und so kann er sich an allem, was er geschaffen hat, auf einmal freuen.

Wenn ich Gott lobe, weil er so wunderbar und so unvorstellbar groß ist, wandelt sich mein Blick. Mir wird wieder neu klar, wie sehr ich von ihm abhängig bin, und ich bin trotzdem ganz beruhigt: Wenn er so gewaltig ist, dass er den Krebs in Alabama geschaffen hat, die Giraffe in Tansania und den Panda in China, dann steht es auch in seiner Macht, sich um mich zu kümmern.

Gott, danke, dass Du überall gleichzeitig bist und Deine ganze Schöpfung im Blick behältst. Schenke uns öfter Momente, in denen Deine Schöpfung uns begeistert und in den Lobpreis führt. Und danke, dass Du auch auf uns und unsere Familien achtest. Das macht uns immer wieder Mut, uns zu jeder Zeit und an jedem Ort an Dich zu wenden. Amen.

21. JULI

Gottes Lob

Jetzt sah ich eine Menschenmenge, so unübersehbar groß, dass niemand sie zählen konnte. Die Menschen kamen aus allen Nationen, Stämmen und Völkern; alle Sprachen der Welt waren zu hören. Sie standen vor dem Thron und vor dem Lamm. Als Zeichen ihres Sieges hatten sie weiße Gewänder an und trugen Palmenzweige in ihren Händen. Mit lauter Stimme riefen sie: „Heil und Rettung kommen allein von unserem Gott her, der alle Macht in seinen Händen hält, und von Christus, dem Lamm."

OFFENBARUNG 7,9-10

Jim, mein Mann, genießt es, dass er aus beruflichen Gründen oft die Gelegenheit bekommt, in der ganzen Welt herumzureisen. Als unsere Jungs ein bisschen älter waren, hat er sie auf einige seiner Reisen mitgenommen, weil er es wichtig fand, mit seinen Söhnen auch einmal Zeit allein zu verbringen. Kürzlich hat er unseren Jüngsten, Jordan, mit nach New York genommen. Am Freitagnachmittag hatte er alle geschäftlichen Termine hinter sich gebracht, und so hängten die zwei ein Wochenende an: Sie gingen ins Theater, schauten sich in der Wall Street um, nahmen die Fähre zur Freiheitsstatue und vieles mehr. Am Sonntag beschlossen sie, den Gottesdienst im Brooklyn Tabernacle, einer der bekanntesten Kirchen in New York, zu besuchen. Jim hat dieses eindrückliche Erlebnis so beschrieben:

Schon eine halbe Stunde bevor der Gottesdienst überhaupt losging, begann sich der Raum mit frohen Menschen unterschiedlichster Herkunftsländer zu füllen – Chinesen, Afroamerikaner, Latinos, Griechen, weiße Amerikaner und viele andere. Einige sahen sehr wohlhabend aus, andere ganz arm, manche schienen vor Gesundheit zu strotzen, andere waren behindert. Und ihnen allen sah man an, dass sie hergekommen waren, um den allmächtigen Gott zu loben und anzubeten.

Im Verlauf des Gottesdienstes fiel mir plötzlich auf, wie sehr diese bunte Menschenmasse dem nahekommt, was wir einmal im Himmel erleben werden. Dort wird es auch Menschen aus allen möglichen Ländern geben, aber wir werden alle denselben Gott preisen und den Namen Jesus loben.

Gott sieht nicht auf unseren Stammbaum und auch nicht auf unsere Staatsangehörigkeit, unser Einkommen oder unseren Gesundheitszustand. Er hält für alle Erlösung bereit, die ihr Vertrauen auf Christus setzen und sich von ihm retten lassen.

Herr, wir preisen Dich dafür, dass Deine Erlösung für alle Menschen auf der ganzen Welt ausreicht. Danke, dass Du alle Menschen erlöst, die auf das vollbrachte Werk Deines Sohnes Jesus Christus bauen. Amen.

22. JULI

Lob Gottes

Ja der Name des Herrn werde gepriesen – jetzt und in alle Zukunft!
Von dort, wo die Sonne aufgeht, bis dorthin, wo sie untergeht –
überall werde der Name des Herrn gelobt!

PSALM 113,2-3

Ich bin in Erdkunde nie eine Leuchte gewesen, aber wenn ich in ein Hotel komme, in dem mehrere Uhren anzeigen, wie spät es gerade in verschiedenen Teilen der Welt ist, fasziniert mich das immer. Und manchmal nehme ich mir unseren Weltatlas vor und mache mir bewusst: Wenn es in Chicago sechs Uhr morgens ist, ist es in Singapur sieben und in Sydney sogar schon neun Uhr abends.

Kürzlich las einer unserer Pastoren die oben angegebenen Verse im Morgengottesdienst vor, um uns alle zum Lob Gottes aufzufordern. Er betonte, dass Gott ständig von den Gläubigen gepriesen wird, weil irgendwo auf der Erde gerade immer die Sonne aufgeht. Ich bekomme eine richtige Gänsehaut, wenn ich mir das vorstelle. Da preist jemand Gott in Nairobi, dann in London, ein paar Stunden später in Rio de Janeiro, in New York und Chicago, und so überzieht das Lob Gottes die Welt wie eine Welle, die immer von neuem beginnt. Und natürlich loben die Engel Gott ganz unabhängig davon ohne Unterbrechung im Himmel.

Martin Marty hat einmal geschrieben: „Die Christen sind nicht die Einzigen, die die Welt ein bisschen gerechter machen können. Sie sind nicht die Einzigen, die zu Kunst und Kultur ihren Beitrag leisten können. Und sie sind bestimmt auch nicht die Einzigen, die Zeitungen austragen, zu Geschäftssitzungen gehen oder an Bowlingmeisterschaften teilnehmen können. Aber sie sind die Einzigen, die Jesus Christus loben."

Und das stimmt. Gotteslob ist das Vorrecht der Christen, und solange wir atmen, dürfen wir Jesus Christus, unseren Herrn, preisen und anbeten.

Vater, ich möchte Dich gerne mehr und öfter loben – wenn ich alleine bin, aber auch zusammen mit meinen Kindern. Bitte hilf mir, jeden Tag als eine neue Gelegenheit zu begreifen, Dich anzubeten. Danke für dieses Vorrecht, das wir als Christen haben. Amen.

23. JULI

Aufrichtigkeit

Der Ehrliche geht aufrecht und sicher seinen Weg; ein Unehrlicher zerstört sich selbst durch seine Falschheit.

SPRÜCHE 11,3

Als ich heute Morgen die Zeitung aufschlug, fiel mein Blick auf das Bild eines alten Schulgebäudes, das irgendwo auf dem Land mitten in einer Wiese stand. Der Artikel darunter beschrieb, dass ein bekannter Journalist die Schule und das umliegende Land für seine Geliebte gekauft hatte, mit der er neunundzwanzig Jahre lang zusammen war. In all diesen Jahren hatte er zu Hause, auf der anderen Seite des Kontinents, eine Ehefrau. Als er schwer krank wurde, schrieb er seiner Geliebten, dass sie nach seinem Tod die alte Schule und das dazugehörige Land haben sollte. Aber als er dann gestorben war, kam es zu einem Streit um die Rechte an diesem Land, und die beiden Frauen, die sich, wenn es nach ihm gegangen wäre, wohl niemals kennengelernt hätten, trafen vor Gericht aufeinander. Das Gericht sprach das Grundstück und die Schule schließlich der Ehefrau des Journalisten zu.

Dieser Mann wird vielen Menschen zu Recht als hervorragender Journalist in Erinnerung bleiben, aber sein Doppelleben hinterlässt doch einen hässlichen Flecken auf seinem Charakter. Nachdem ich die Zeitung gelesen hatte, schlug ich meine Bibel auf und las den Abschnitt, der für heute vorgesehen war. Der obige Vers aus dem Buch der Sprüche war auch darunter. Wieder einmal wurde ich daran erinnert, dass Gottes Wort Wahrheit und Reinheit in unser Innerstes bringt.

Wir wollen Mütter sein, die so sind wie Christus, und wir wollen unseren Kindern gegenüber unbedingt ehrlich und aufrichtig sein. Wenn unsere Kinder uns beobachten – sehen sie dann Aufrichtigkeit in unseren Worten und Taten? Beobachten sie Loyalität in unseren Beziehungen? Merken sie, dass wir sagen, was wir meinen, und meinen, was wir sagen? Wenn wir uns zur Aufrichtigkeit entschließen, werden wir immer mehr zu Frauen, die heil sind. Der Pfad der Aufrichtigkeit ist gut – für uns und unsere Kinder.

Vater, lass uns sensibel sein für die Wahrheit Deines Wortes und für die Kraft Deines Geistes, sodass wir unser Leben aufrichtig vor Dir und vor unseren Kindern leben können. Reinige unser Herz von aller Lüge und Falschheit, sodass wir gerecht vor Dir stehen können. Amen.

24. JULI

Aufrichtigkeit

Sage allen, die Vorgesetzte haben, dass sie sich ihnen in jeder Beziehung unterordnen, und zwar mit innerer Bereitschaft und nicht widerstrebend. Sie sollen ehrlich und zuverlässig sein, damit ihr Beispiel die Menschen davon überzeugt, wie wahr und gut das Evangelium von Jesus Christus ist.

TITUS 2,9-10

Ich kann mir nicht einmal ansatzweise vorstellen, wie viel Hass, Bitterkeit und Ärger sich im Lauf der Weltgeschichte zwischen Sklaven und ihren Herren angesammelt haben muss – Sklaven waren von ihren Familien getrennt, wurden viel zu oft schlecht behandelt und hatten kaum Rechte. Eine der wenigen Freiheiten, die einem Sklaven blieben, war, wie er in einer bestimmten Situation reagierte.

Im Alten Testament, im zweiten Buch der Könige, lesen wir von einem israelischen Sklavenmädchen, das unter sehr schwierigen und unerfreulichen Umständen aufrichtig und treu blieb. Das Mädchen war bei einem Raubzug gefangen genommen worden und diente nun Naaman, einem Hauptmann der Aramäischen Armee. Naaman hatte viel Macht und Einfluss, aber er hatte auch Aussatz. Das Mädchen erzählte Naamans Frau: „Wenn mein Herr doch einmal zu dem Propheten gehen würde, der in Samaria lebt! Der könnte ihn von seiner Krankheit heilen.“ (5,3) Und wenn Sie die Geschichte weiterlesen, werden Sie merken, dass genau das passiert ist.

Warren Wiersbe hat die Lage dieses Mädchens beschrieben: „Obwohl sie weit von zu Hause weg war, vergaß sie ihren Gott nicht und war gerne bereit, von seiner großen Macht zu zeugen. Wenn sie bei ihrer Arbeit im Haus nicht treu und gewissenhaft gewesen wäre, hätte man nie auf ihr Wort gehört, aber wegen ihrer Aufrichtigkeit wurde ihr Zeugnis belohnt.“

Sind Sie auch gerade an einem Punkt in Ihrem Leben angelangt, an dem Sie denken, dass Sie das Recht haben, bitter, wütend oder ärgerlich zu sein, weil die Situation einfach zu schwierig und ungerecht ist? Sie können sich, wie das kleine Mädchen, für den Weg der Integrität entscheiden und die Wahrheit der Bibel mitten in schwierigen Umständen bezeugen.

Vater, manchmal finden wir aus unseren negativen Emotionen einfach nicht heraus. Unser Herz braucht Heilung, wie sie nur Deine Gnade und Macht schenken kann. Bitte hilf uns, in allen Umständen aufrichtig und vertrauenswürdig zu bleiben, damit unser Verhalten auch denen Licht und Leben bringt, die Dich noch nicht kennen. Amen.

25. JULI

Aufrichtigkeit

Wer aufrichtige Eltern hat, die Gott dienen,
der kann sich glücklich schätzen!

SPRÜCHE 20,7

Ich gehe schrecklich gerne spazieren. Wenn ich so vor mich hinlaufe, beobachte ich oft ganz bemerkenswerte Dinge. Einmal bin ich sogar einem Fuchs begegnet. Ich war ganz erschrocken und blieb wie angewurzelt stehen, und der Fuchs rannte zum Glück gleich weg. Ein andermal habe ich eine Entenfamilie mit fünf kleinen Entenküken beobachten können.

Kürzlich kam ich an einer Kirche vorbei, deren Parkplatzbeschilderung mich ziemlich verwirrte. Als ich die Auffahrt entlangging, sah ich ein Schild: Einbahnstraße. Aber auf dem Asphalt unter meinen Füßen waren sowohl Pfeile eingezeichnet, die von mir weg- als auch Pfeile, die zu mir hinführten. Ich überlegte, was das Schild nun eigentlich besagen sollte, aber mir fiel dazu einfach nichts ein.

Als ich weiterging, fragte ich mich, wie viele Menschen wohl durch dieses Schild genauso verwirrt wurden wie ich. Und dann fragte ich mich, wie oft ich meinen Kindern auch solche mehrdeutigen Botschaften vermittle. Ich versuche ihnen beizubringen, dass wir einander lieben sollen, und dann hören sie mit an, wie ich über einen anderen Menschen schimpfe. Ich mache den Kindern Mut, ihren Freunden mit Geduld zu begegnen, und dann werde ich selbst ungeduldig mit ihnen.

Ich bin dankbar, dass Gott so viel Wert auf Aufrichtigkeit und Geradlinigkeit legt. Und ich bin auch dankbar für Gottes Gnade, die mir Vergebung zuspricht und mir hilft, umzukehren, wenn ich einen falschen Weg eingeschlagen habe. Ich möchte nicht, dass meine Kinder verwirrt werden, weil ich inkonsequent bin und Signale in verschiedene Richtungen aussende. Ich möchte geradlinig leben und auf dem Weg der Aufrichtigkeit bleiben.

Vater, wir möchten als Mütter so gerne konsequent leben. Bitte hilf uns, dass wir unseren Kindern gegenüber eine klare Linie vertreten können. Gebrauche uns als Vorbilder für unsere Kinder und für alle, die Dich noch nicht kennen. Vergib uns, wenn wir falsche Wege gehen, und hole uns zurück zu Dir. Amen.

26. JULI

Aufrichtigkeit

Du regst dich auf über die kleinen Schwächen deines Bruders und erkennst nicht deine eigene, viel größere Schuld.

MATTHÄUS 7,3

Was die Menschen von uns denken, nennt man Leumund; was Gott und die Engel von uns wissen, nennt man Charakter.

Thomas Paine

Ich habe einmal die Geschichte eines jungen Börsenmaklers an der Wall Street gehört, der sich in eine Schauspielerin verliebte. Sie war wunderschön, begabt und schien einen guten Ruf zu haben, aber der junge Mann wollte ganz sicher gehen. Er wollte wissen, ob es in ihrer Vergangenheit oder in ihrem jetzigen Leben irgendetwas gab, das sich als Gefahr für sein Vermögen oder für seinen Ruf erweisen würde, und so schaltete er einen Privatdetektiv ein, bevor er um ihre Hand anhielt. Er schärfte dem Detektiv ein, dass seine Freundin von den Ermittlungen nichts erfahren durfte. Schließlich erhielt er einen Bericht, in dem ihm mitgeteilt wurde, dass die junge Dame einen ausgezeichneten Ruf hatte und auch ihre Freunde sehr sorgsam wählte. Zum Schluss hieß es: „Das Einzige, was man ihr vorwerfen könnte, ist, dass sie in der Stadt oft in Begleitung eines jungen Geschäftsmanns von zweifelhaftem Ruf und fragwürdigem Geschäftsverhalten gesehen wird."

Vielleicht hätte besser die Schauspielerin den Privatdetektiv anheuern sollen. Die Geschichte zeigt, wie wichtig es ist, dass wir einen Blick in unser eigenes Herz werfen, bevor wir andere verurteilen. Es ist nur allzu leicht, uns mit den Problemen oder Fehlern anderer Menschen zu beschäftigen und darüber die eigenen glatt zu ignorieren. Jesus hat nie gesagt, dass es schlecht ist, einen klaren Blick auch für das Negative zu haben, aber er hat deutlich gemacht, dass dieser Blick zuerst bei uns ansetzen muss.

Vater, vergib uns, dass wir viel zu oft darauf schauen, was im Leben anderer Menschen schiefläuft. Hilf uns, zuerst in aller Demut und Ehrlichkeit einen Blick in unser eigenes Herz zu werfen. Lass uns dann vor Dir und vor uns selber ehrlich werden und reinige unser Herz. Amen.

27. JULI

Aufrichtigkeit

Wer mit Gott lebt, lebt gut; den Gottlosen aber stürzt seine Schuld ins Verderben.

SPRÜCHE 13,6

Aufrichtige Menschen sind ehrlich, vertrauenswürdig und geradlinig. Wie kommt es dazu, dass manche Menschen so leben können, und was hält andere davon ab? Wir wollen uns die beiden Gegensätze, die im oben genannten Vers aufgestellt werden, einmal genauer ansehen.

In Römer 3,10 werden wir an eine Tatsache erinnert, die schon im Alten Testament beschrieben wird: „Es gibt keinen, auch nicht einen Einzigen, der ohne Sünde ist." Wenn wir Römer 3 weiterlesen, erfahren wir auch, dass der Weg zur Gerechtigkeit nicht über das Befolgen äußerer Regeln und Gesetze funktioniert. Jesus hat die Pharisäer diesbezüglich scharf angegriffen: „Äußerlich seid ihr Pharisäer ohne Fehler, ihr glänzt wie die Becher, aus denen ihr trinkt. Aber innerlich seid ihr schmutzig und verkommen." (Lukas 11,39)

Was können wir gegen all die Bosheit und Sünde in uns unternehmen, damit wir imstande sind, „gerecht" und aufrichtig zu leben? Die Lösung liegt in einer Beziehung, in der „Gott jeden von seiner Schuld freispricht und jeden annimmt, der an Jesus Christus glaubt." (nach Römer 3,22) Das Blut Jesu Christi, das am Kreuz für uns vergossen wurde, macht Gerechtigkeit möglich – wir tauschen unsere Bosheit und Sünde gegen seine Gerechtigkeit ein. Und der ganze Prozess findet von Anfang bis Ende im Glauben statt. Genauso wie wir als gerecht *bezeichnet* werden, wenn wir uns Christus anvertrauen, *leben* wir gerecht, wenn wir unser Leben ganz ihm überlassen. Der Weg zur Aufrichtigkeit ist im Glauben an Jesus Christus zu finden.

Sie können den folgenden Vers für sich und die Menschen beten, an denen Ihnen liegt:

Ich bete darum, dass eure Liebe immer reicher und tiefer wird, je mehr ihr Gottes Willen erkennt und euch danach richtet. So lernt ihr entscheiden, wie ihr leben sollt, um am Gerichtstag Jesu Christi untadelig und ohne Schuld vor euren Richter treten zu können. Alles Gute, was Christus in einem von Schuld befreiten Leben schafft, wird dann bei euch zu finden sein. Und das alles zu Gottes Ehre und zu seinem Lob! (Philipper 1,9-11)

28. JULI

Aufrichtigkeit

Wer ehrlich ist, lebt gelassen und ohne Furcht; ein Unehrlicher aber wird irgendwann ertappt.

SPRÜCHE 10,9

Das Leben aufrichtiger Menschen ist von Ehrlichkeit, Offenheit und Konsequenz geprägt. Unaufrichtige Menschen dagegen gehen krumme Wege und leben in der ständigen Angst, dass die Wahrheit ans Licht kommt.

Beziehungen leben davon, dass man aufrichtig und offen miteinander umgeht. In einer Ehe, in der Mann und Frau dieser Aufrichtigkeit und Beständigkeit verpflichtet sind, entsteht Sicherheit. Auch Kinder, die mit wahrhaftigen Eltern aufwachsen, können sich sicher fühlen. Sicherheit ist einer der positiven Nebeneffekte von Aufrichtigkeit, von denen sowohl wir selbst als auch unsere Kinder profitieren.

Leider gibt es auch das Gegenteil. In Ehen, in denen es an Aufrichtigkeit mangelt, gibt es auch keine Sicherheit, und Kinder, die ihren Eltern nicht wirklich vertrauen können, haben im Leben besonders viel unter Unsicherheit zu leiden. Wer unehrlich ist, versucht sich einen Vorteil zu verschaffen, indem er andere verwirrt oder ablenkt. Aber obwohl unaufrichtige Menschen meistens glauben, dass sie etwas gewinnen, verlieren sie im Grunde genommen doch sehr viel mehr – nämlich Vertrauen.

Die meisten von uns kennen genügend Geschichten aus unserem eigenen Bekanntenkreis, um zu wissen, dass Unaufrichtigkeit unbeschreiblich viel Schmerz auslösen kann. Wenn die Familie, in der wir groß geworden sind, großen Wert auf Ehrlichkeit gelegt hat, ist das ein wirklicher Segen, von dem wir ein Leben lang zehren. Und wenn wir als Kinder keine Aufrichtigkeit erfahren haben, haben wir immer noch die Möglichkeit, der nächsten Generation etwas Besseres vorzuleben. Wenn wir Zeit in Gottes Wort verbringen und unsere Herzen für seine Wahrheit öffnen, wird es uns immer leichter fallen, gerade Wege einzuschlagen – und keine krummen.

Vater, bitte mach mich zu einer Frau, die Deine Wahrheit wirklich auslebt. Ich möchte so gerne auf Deinen geraden Wegen gehen. Ich möchte Teil einer Familie sein, in der Aufrichtigkeit und Ehrlichkeit gelebt werden. Damit auch meine Kinder mit dem Gefühl von Sicherheit durchs Leben gehen können. Amen.

29. JULI

Aufrichtigkeit

Denn eins ist klar: In Gottes Reich ist kein Platz für solche, die ein ausschweifendes, schamloses Leben führen oder von Habgier besessen sind; denn solche Menschen beten ihre eigenen Götzen an. Lasst euch von niemandem zur Sünde verführen, der euch durch sein leeres Geschwätz einreden will, dass dies alles harmlos ist. Gott nimmt unsere Sünde sehr ernst, und sein Zorn wird alle treffen, die ihm nicht gehorchen. Darum meidet solche Leute. Früher war es auch in euch dunkel und finster wie bei ihnen; aber heute ist das anders: Durch Christus ist es licht und hell in euch geworden. Darum lebt nun auch wie Kinder des Lichts! Ein solches Leben führt zu aufrichtiger Liebe, Gerechtigkeit und Wahrheit.

EPHESER 5,5-9

Wo ich lebe, gibt es keine Eidechsen, und so bekomme ich Echsen und Geckos aller Art immer nur auf Reisen zu sehen. In meinem letzten Urlaub gab es jede Menge Eidechsen, die in den Büschen neben dem Swimmingpool unseres Hotels herumhuschten. Und ich bin auch schon einmal einem Leguan begegnet, der fast einen halben Meter lang war. Er streifte auf dem Gelände herum, auf dem wir wohnten.

Als Kind hatten es mir immer Chamäleons angetan. Diese Echsenart lebt auf Bäumen, und von den rund fünfundachtzig Arten kommen die meisten in Afrika und Asien vor. Was mich an ihnen immer am meisten begeistert hat, war ihre Fähigkeit, die Hautfarbe zu wechseln. Für gewöhnlich heißt das, dass sie sich dem Hintergrund anpassen; durch diese Tarnung werden sie sowohl für die Tiere unsichtbar, die von ihnen gejagt werden, als auch für die, von denen sie selbst gejagt werden. Für das Chamäleon ist diese Tarnung – mit der es sich verstellt, versteckt und andere in die Irre führt – ungemein praktisch. Bei Christen dagegen ist sie ein ernstes Problem.

Epheser 5,6 warnt uns vor menschlichen Chamäleons, die sich als Christen ausgeben, gleichzeitig aber ihre Unmoral, Ausschweifung und Gier zu rechtfertigen versuchen. Wir sollen uns von ihnen nicht täuschen lassen. Der Abschnitt erklärt uns weiter, dass unser aller Herzen voller Dunkelheit waren, als wir Christus noch nicht kannten. Aber als wir unser Leben ihm übergaben, hat er unsere Herzen mit Licht erfüllt, und wir sollten uns auch dementsprechend verhalten. Unser Verhalten soll Gottes Gnade in unserem Leben widerspiegeln. Tarnung ist nicht für Christen gedacht, nur für Chamäleons.

Gott, Du allein hast die Macht, uns aus der Finsternis zum Licht zu führen. Bitte hilf uns, dass wir uns nicht täuschen lassen und finsteres Verhalten in unserem Leben und im Leben anderer immer als das sehen, was es ist. Wir brauchen Deine Weisheit und Hilfe. Amen.

30. JULI

Körper und Seele

Dann nahm er die Kinder in seine Arme, legte ihnen die Hände auf und segnete sie.

MARKUS 10,16

Von der Hand – oder von Händen – ist in der Bibel ungefähr 1800 Mal die Rede, und zwar meist in Verbindung mit Autorität und Macht, mit Gnade, Segen oder Fluch. Als Jesus auf der Erde lebte, waren seine Hände unermüdlich im Einsatz; er nutzte sie, um den Menschen zu dienen und ihnen seine Liebe zu zeigen. Mit den Händen segnete er Kinder, rührte die Augen eines Blinden an und heilte sie, mit den Händen brach er Brot für die Hungrigen. Schließlich übergab er seinen Geist in Gottes Hand, als er am Kreuz hing, und nach seiner Auferstehung ging er in den Himmel zurück, wo er zur rechten Hand des Vaters sitzt. Von manchen Händen in der Bibel wird dagegen nicht so viel Gutes gesagt. Von Judas beispielsweise wird gesagt, dass Jesus durch seine Hand verraten wurde.

Die Hände einer Mutter streicheln ihr Baby, wischen einem Kleinkind die Tränen aus dem Gesicht und halten die Kinderbibel fest, wenn zur Schlafengehenszeit die Geschichte von Daniel vorgelesen wird. Wenn die Kinder älter werden, klatschen die Hände der Mutter bei Schulaufführungen und Sportwettkämpfen, backen Pizza für die Geburtstagsparty oder falten sich im Gebet für das innere und äußere Wohlergehen der Kinder.

Unsere Hände können dazu beitragen, dass unser Kind im Leben weiterkommt. Wenn wir uns auf Gott verlassen, ihm gehorchen und weise Entscheidungen treffen, werden unsere Hände mit dazu beitragen, dass andere Menschen gesegnet werden und Gottes Reich in unserer Familie wächst.

Gott, wir danken Dir, dass wir mit unseren Händen so viel Gutes bewirken können. Zeig uns, dass wir mit den Werken unserer Hände Dir dienen und Deinen Willen tun. Amen.

31. JULI

Körper und Seele

Wie lieblich sind auf den Bergen die Füße der Freudenboten, die da Frieden verkündigen, Gutes predigen, Heil verkündigen, die da sagen zu Zion: Dein Gott ist König!

JESAJA 52,7 (LUTHER 1984)

Dieser Vers aus Jesaja liegt einer meiner Lieblingsarien aus Händels Messias zugrunde: „Wie lieblich ist der Boten Schritt, die uns verkünden den Frieden ..." In diesem Frieden ist so vieles enthalten: Harmonie zwischen Gott und dem Menschen, Heilung für die Seele und all der Segen, den ein Leben mit Gott mit sich bringt. Wenn ein Mensch einem anderen Menschen Gottes Frieden (oder Schalom) bringt, werden sogar seine Füße schön genannt.

Wie können wir unsere Füße auf dem geraden Weg halten, sodass wir Frieden in unserer Seele haben und auch unsere Kinder an Gottes Heilung und seinem Segen teilhaben lassen können? Indem wir seinem Wort folgen.

Psalm 119, das längste Kapitel der Bibel, enthält 176 Verse. In 171 von ihnen – also allen bis auf fünf – geht es um Gottes Wort. In dem ganzen Psalm geht es letztlich darum, dass Gott uns in seinem Wort alles gibt, was wir „zum Leben und zur Gottseligkeit" (2. Petrus 1,3, rev. Elb.) brauchen. Und wie das? Durch die Offenbarung, die uns im Neuen Testament gegeben wird, wissen wir die Antwort: weil Gottes Wort auf Christus verweist.

In dreien dieser Verse geht es auch um Füße:

> *Ich bedenke meine Wege und lenke meine Füße zu deinen Mahnungen.*
> Vers 59

> *Ich verwehre meinem Fuß alle bösen Wege, damit ich dein Wort halte.*
> Vers 101

> *Dein Wort ist meines Fußes Leuchte und ein Licht auf meinem Wege.*
> Vers 105

Wenn wir uns nach Frieden für unsere Seele sehnen, wenn wir unseren Kindern und den anderen Menschen um uns herum Freudenbotschaften bringen wollen, sollten wir deshalb beginnen, Zeit mit Gottes Wort zu verbringen.

Vater, danke für Dein Wort, das unsere Füße auf der richtigen Spur hält. Danke, dass Du es uns möglich machst, Deine frohe Botschaft auch an andere weiterzugeben. Amen.

1. AUGUST

Körper und Seele

Wer Gott missachtet, schadet anderen mit seinen Worten; wer Gott gehorcht, hilft anderen durch sein Wissen.

SPRÜCHE 11,9

In einer kleinen katholischen Dorfkirche ließ ein Ministrant während der Messe aus Versehen das Messkännchen mit dem Wein fallen. Der Priester gab ihm eine schallende Ohrfeige und brüllte schroff: „Verschwinde sofort und lass dich hier nie wieder blicken!" Der Junge, Tito, wurde später der Vorsitzende der Kommunistischen Partei in Jugoslawien. In der Kathedrale einer großen Stadt ließ ein anderer Ministrant am Sonntagmorgen aus Versehen das Messkännchen fallen. Der Bischof, der die Messe hielt, zwinkerte ihm freundlich zu und flüsterte ihm ins Ohr: „Eines Tages wirst du Priester sein." Der Junge, Fulton Sheen, wurde später Erzbischof. Wie viel Macht hat das gesprochene Wort!

In dem Vers aus dem Buch der Sprüche, um den es heute geht, wird ein großer Kontrast aufgestellt: Worte können zerstören oder befreien. Wir können mit unserem Mund Schaden anrichten, andere vernichten, ruinieren und niedermachen – oder wir können aufbauen, Form geben, gestalten, stärken und ermutigen.

Als ich in der Mittel- und Oberstufe war, nahm ich Geigenstunden. Mein Lehrer war Mitglied in einem Orchester. Einmal schaute während meines Unterrichts ein Kollege aus dem Orchester vorbei. Als er mich bemerkte, fragte er meinen Lehrer: „Und – spielt sie gut?" – „Sie spielt nicht nur gut", gab er zurück, „sie hat auch ein ausgezeichnetes Gespür für Tonhöhe." Sie können sich ja vorstellen, wie viel Bestätigung mir das gab. Inzwischen bin ich gut über fünfzig, aber was er damals sagte, macht mir bis heute Mut.

Den ganzen Tag über setzen wir unseren Mund ein und reden viele, viele Wörter und Sätze mit unseren Kindern. Zerstören und ruinieren wir sie, oder bauen wir sie auf und machen ihnen Mut?

Vater, vergib mir all die Male, bei denen die Worte aus meinem Mund zerstörerisch waren und Schaden angerichtet haben. Bitte schenke, dass alles, was ich zu meinen Kindern und den anderen Menschen um mich herum sage, ihnen Mut macht und weiterhilft. Amen.

2. AUGUST

Körper und Seele

Denn aus dem Inneren, aus dem Herzen der Menschen, kommen all die bösen Gedanken wie: Unzucht, Diebstahl, Mord, Ehebruch, Habsucht, Bosheit, Betrügerei, Begehrlichkeit, Neid, Verleumdung, Überheblichkeit und Leichtsinn. Dies kommt von innen heraus, und das ist es auch, was die Menschen von Gott trennt.

MARKUS 7,21-23

Wussten Sie eigentlich schon, dass unser Herz unser Blut jeden Tag mehr als tausendmal durch unseren gesamten Körper pumpt? Das Herz ist ein ungeheuer komplexes Organ, es schlägt jede Minute, Tag und Nacht, solange wir leben. Dieser kleine Körperteil, der eigentlich ein Muskel ist, hält uns am Leben, indem er das Blut durch unseren Körper pumpt und dadurch alle Zellen mit den Nährstoffen versorgt, die sie brauchen.

In der rechten Vorkammer kommt dunkles Blut an. Es ist voller Kohlendioxid, das die Zellen des ganzen Körpers als Abfallprodukt abgegeben haben. Das Blut wird weitergeleitet in die rechte Herzkammer, die es an die Lungen weitergibt. Dort nimmt es frischen Sauerstoff auf. Dann fließt das Blut zur linken Vorkammer und zur linken Herzkammer, und von dort aus wird frisches, helles Blut in den ganzen Körper gepumpt. So geht es immer weiter.

Genau wie das Herz in unserem Brustkorb unser Blut von Kohlendioxid und Abfallstoffen reinigt, muss unser geistliches Herz von der Sünde gereinigt werden. Gott weiß genau, wie es um unser Herz bestellt ist – ohne ihn und seine Macht, die uns verändern kann, ist es dunkel. Deswegen ist Jesus auf die Welt gekommen: um für unsere Sünde zu sterben.

Genau wie das Blut in unserem Körper zirkuliert, alle Zellen frisch mit Sauerstoff beliefert und Abfallprodukte wegschwemmt, muss auch das Blut Jesu unsere Seele reinigen. Der Geist Gottes füllt uns ganz mit frischem Leben und nimmt alle Unreinheit weg. Wir müssen unser Herz vor Gott immer wieder offenlegen und ihn bitten, dass er es neu füllt. Nichts anderes als das Blut Jesu kann unsere Herzen von der Sünde befreien.

Gott, ich bitte Dich darum, dass Du mich immer wieder mit Deinem Geist durchströmst. Gib mir ein Herz, das von Sünde gereinigt ist, damit ich nach Deinem Willen leben kann.

3. AUGUST

Körper und Seele

Du hast mich geschaffen – meinen Körper und meine Seele, im Leib meiner Mutter hast du mich gebildet. Herr, ich danke dir dafür, dass du mich so wunderbar und einzigartig gemacht hast! Großartig ist alles, was du geschaffen hast – das erkenne ich!

PSALM 139,13-14

An einem schulfreien, sonnigen Vormittag vergnügte sich Jordan, mein damals zehnjähriger Sohn, mit seinem Skateboard in der Sackgasse vor unserem Haus. Als ich plötzlich draußen einen dieser furchtbaren Schreie vernahm, die eine Mutter gleich in absolute Alarmbereitschaft versetzen, rannte ich nach draußen. Jordan lag mitten auf der Straße. Er war mit seinem Skateboard so unglücklich gestürzt, dass sein linker Oberschenkelknochen gebrochen war.

Jordan wurde mit dem Notarztwagen ins Krankenhaus gefahren, geröntgt, ausgiebig von einem Orthopäden untersucht, und dann operiert. Zwei Stäbe wurden benötigt, um die beiden Hälften des Knochens wieder miteinander zu verbinden. Alles wuchs wieder gut zusammen, und in diesen Wochen lernte ich sehr viel darüber, wie Gott den menschlichen Körper geschaffen hat.

Wenn es zu einem Knochenbruch gekommen ist, beginnt ein komplizierter Vorgang. Ein ganzes Heer von Zellen, die extra zu Ausbesserungszwecken bereitstehen, macht sich über die verletzte Stelle her. Innerhalb von zwei Wochen ist alles mit einer knorpelähnlichen Schicht bedeckt. Dann wandern neue Zellen zu dieser Stelle und sie geben ihr Festigkeit. Was diese Knochenbilderzellen tun, kann man mit dem Auffüllen von Schlaglochern vergleichen. Zwei oder drei Monate später liegt eine ganze neue Knochenschicht über dem Bruch, sodass die Stelle dicker ist und ein bisschen aussieht wie ein Gartenschlauch, bei dem man eine undichte Stelle mit Klebeband umwickelt hat. Je weiter die Heilung voranschreitet, desto mehr wird die Stelle geglättet und werden die Unterschiede ausgeglichen, sodass der Knochen schließlich fast genauso aussieht wie vor dem Bruch.

Bis zu diesem Sommer hatte ich Gott noch nie dafür gedankt, wie er unsere Knochen geschaffen hat.

Vater, Augustinus hat einmal gesagt: „Die Menschen reisen umher und bewundern die hohen Berge, die riesigen Wellen der Meere, die ausgedehnten Flüsse, das immense Ausmaß des Ozeans, die Kreisbewegung der Sterne – doch an sich selbst ziehen sie völlig unberührt vorüber.“ Danke, dass wir auf so erstaunliche und wunderbare Weise geschaffen sind! Amen.

4. AUGUST

Körper und Seele

Unser Körper besteht aus vielen Teilen, die ganz unterschiedliche Funktionen haben. Ebenso ist es mit uns Christen. Gemeinsam bilden wir alle den Leib Christi – die Gemeinde –, und jeder Einzelne ist auf die anderen angewiesen.

RÖMER 12,4-5

Wenn Sie die Andacht zu gestern gelesen haben, erinnern Sie sich vielleicht noch, wie viel ich durch den Skateboard-Unfall meines Sohnes über Knochen gelernt habe. Wie Gott unseren Körper geschaffen hat, sodass alles gut funktioniert, ist wirklich erstaunlich. Und wie Gott den „Gemeindekörper" geschaffen hat, dass alles gut funktioniert, ist genauso erstaunlich – das ist mir übrigens auch erst nach Jordans Unfall richtig bewusst geworden. Eine knappe Woche vor dem Vorfall waren mein Mann und ich Mitglieder einer neuen Gemeinde geworden, und wir ahnten wirklich nicht, dass wir so viel Unterstützung bekommen würden.

Ein paar Stunden nachdem Jordan mit seinem Skateboard verunglückt und ins Krankenhaus eingeliefert worden war, kam unser Hauptpastor vorbei, und an jedem der darauf folgenden fünf Tage schaute einer der anderen Pastoren bei Jordan vorbei. Unser Sohn bekam fünfzig Karten geschickt, der Großteil war von Leuten aus der Gemeinde. Interessanterweise hat er kürzlich, als er in seinem Wandschrank für Ordnung sorgte, all diese Karten wiedergefunden und beschlossen, sie weiterhin zu behalten – und dabei ist das alles schon sieben Jahre her! Die Freunde aus unserer Gemeinde haben damals für ihn gebetet, haben ihm leckere Sachen vorbeigebracht und immer wieder angerufen, um ihn zu fragen, wie es ihm ging. Eine Familie lieh uns sogar ein richtiges Krankenhausbett, als Jordan wieder zu Hause war, aber einen Monat lang noch keine Treppen steigen konnte.

Ich werde nie vergessen, wie die Leute aus unserer Gemeinde sich um uns kümmerten. Ihre Liebe machte uns deutlich, dass wir alle zu einem Leib gehören. Und wir haben auch selbst begriffen, dass man sich zugehörig fühlt, wenn man den anderen im Leib Christi dient. Dass Gott die Gemeinde so als Körper zusammengestellt hat, ist ein weiterer Ausdruck seiner Liebe zu uns.

Vater, Du hast die Gemeinde als Leib Christi geschaffen. Jedes Glied hat eine Funktion. Danke für all die Male, an denen andere Glieder am Leib Christi sich um uns gekümmert haben. Hilf auch uns, Dir zu dienen, indem wir auf andere zugehen und ihnen dienen. Amen.

5. AUGUST

Körper und Seele

Gottes Volk wartet also noch immer auf die Zeit der Ruhe, die ihm Gott zugesagt hat. Wer zu dieser Ruhe gefunden hat, wird von aller seiner Arbeit ausruhen können, so wie Gott am siebten Schöpfungstag von seinen Werken ruhte. Darum setzt alles daran, zu dieser Ruhe Gottes zu gelangen, damit niemand durch Ungehorsam das Ziel verfehlt. Unsere Väter sind uns darin ein warnendes Beispiel.

HEBRÄER 4,9-11

Als einer unserer Söhne in der Oberstufe einmal einen Aufsatz über die Zehn Gebote schreiben musste, fiel meinem Mann auf, dass eines fehlte – nämlich das vierte Gebot: „Achte den Sabbat als einen Tag, der mir allein geweiht ist." (2. Mose 20,8) Jim und ich schlossen daraus, dass wir offensichtlich in unserer Familie nicht besonders gut vorgelebt hatten, wie man den Ruhetag einhält. Wie oft starten wir schon erschöpft in die neue Woche, weil wir den Sonntag nicht zum Entspannen genutzt und uns keine „Sabbatruhe" gegönnt haben?

In unserer Gesellschaft scheint das Gebot, einen Ruhetag einzuhalten, völlig deplatziert zu sein. Aber bevor wir es einfach als eines dieser Gebote abtun, die sich mit dem Kommen Christi für uns erledigt haben, sollten wir uns ins Gedächtnis rufen, dass wir die anderen Gebote schließlich auch weiterhin ernst nehmen. Wir denken doch nach wie vor, dass Mord, Lüge und Ehebruch nicht in Ordnung sind. Und da das Sabbatgebot sich wie ein roter Faden durch die ganze Bibel zieht, scheint es Gott ganz offensichtlich viel zu bedeuten.

Warum sollten wir an einem Tag in der Woche ruhen? Unser Körper braucht eine Pause und muss sich nach der Anstrengung unseres Arbeitsalltags erholen. Unsere Seele braucht neue Kraft – und deshalb feiern wir mit anderen Gläubigen Gottesdienst und beten gemeinsam Gott an. Wir müssen auch emotional wieder auftanken – deswegen sollen wir uns mit anderen Dingen beschäftigen, als wir es den Rest der Woche über tun. Außerdem hat Gott angeordnet, dass wir uns ausruhen sollen, und wenn wir seinem Gebot folgen, zeigen wir damit, dass wir uns seiner Autorität beugen. Unser Ruhetag wird zum Zeichen unseres Glaubens, weil wir Gott vertrauen, dass er uns helfen wird, in sechs Tagen zu schaffen, wofür wir ansonsten vielleicht sieben brauchen würden.

Wenn wir den Sabbat – oder vielmehr den Sonntag – halten, verdienen wir uns damit nicht unsere Errettung. Aber es erinnert uns daran, dass auch Gott am siebten Tag von seiner Arbeit ausgeruht hat und dass er für uns noch eine „besondere Ruhe" bereithält. Wir werden sie an dem Tag erleben, wenn er uns am Ende der Zeit zu sich in den Himmel ruft.

Großer Schöpfer, du hast am siebten Tag von all Deiner Arbeit ausgeruht. Hilf uns, Deinem Beispiel zu folgen. Amen.

6. AUGUST

Gehorsam

*Dass wir nun Gottes Gebote halten, ist der Beweis dafür,
dass wir Gott kennen. Sollte allerdings jemand behaupten: „Ich kenne Gott",
seinen Geboten aber trotzdem nicht gehorchen, so ist er ein Lügner,
der Christus gar nicht kennt.*

1. JOHANNES 2,3-4

Gott zu kennen ist viel mehr als bloßes Kopfwissen – es hat immer auch damit zu tun, dass wir ihm gehorchen.

Wir bringen unseren Kindern beispielsweise bei, dass sie nicht auf der Straße spielen sollen, weil wir nicht möchten, dass sie überfahren werden. Also predigen wir ihnen immer und immer wieder: „Spiel nicht auf der Straße" oder „Schau nach links und rechts, bevor du über die Straße gehst." Und wir wissen, dass sie das hören, denn manchmal bekommen wir mit, wie sie ihren Puppen oder Stofftieren die gleichen Regeln beizubringen versuchen. Aber wissen sie wirklich, worum es geht? Das können wir erst mit Sicherheit sagen, wenn sie unseren Anweisungen gehorchen.

Genauso ist es auch mit dem Wissen, das wir als Christen über Gott haben. Wir können in der Bibel lesen, viele Verse auswendig lernen oder gar andere lehren, was Gottes Wort zu sagen hat. Aber wenn wir nicht tun, was wir lernen, ist unser ganzes Wissen nutzlos. In 1. Korinther 8,1 heißt es: „Die Erkenntnis bläht auf, aber die Liebe baut auf." Unser Handeln wird von der Liebe zu Gott und dem Gehorsam ihm gegenüber geprägt, wenn wir nicht nur seine Worte, sondern auch den Gott hinter den Worten kennen.

Was wir von Gott wissen und über ihn glauben, bestimmt, wie wir unser Leben gestalten. Wenn unser Leben wirklich Frucht bringen soll, müssen wir anfangen in der Bibel nachzuforschen, wer Gott ist.

Je mehr wir den Gott der Bibel kennenlernen und ihm gehorchen, desto mehr werden wir handeln wie Jesus, der uns ein wunderbares Beispiel für Demut und Opferbereitschaft gegeben hat. Wenn wir richtig leben und handeln – vor allem vor unseren Kindern –, ist das der beste Beweis, dass wir Gott kennen.

Vater, lass an dem Gehorsam, den wir Dir gegenüber zeigen, sichtbar werden, dass wir Dich kennen. Hilf dabei, dass Menschen, die Dich nicht kennen, durch unser Handeln ein Stück von Dir sehen. Lass uns würdige Stellvertreter Christi sein. Amen.

7. AUGUST

Gehorsam

Da warf sich Josua vor [dem Befehlshaber über das Heer Gottes] zu Boden und betete ihn an. „Ich gehorche dir, Herr", sagte er. „Was befiehlst du?"

JOSUA 5,14

Stehen Sie in Ihrem Leben gerade vor einer Situation, die Ihnen völlig aussichtslos erscheint? Sind Sie entmutigt und stehen Sie kurz davor, aufzugeben? Vor der Eroberung der Stadt Jericho mit ihren gewaltigen Mauern muss es Josua und den Israeliten ähnlich gegangen sein. Aber sie trafen trotzdem die richtigen Entscheidungen.

Das Erste, was Josua tat, war, dass er demütig vor Gott trat und sich verpflichtete, seinen Anweisungen Folge zu leisten. Allzu oft fange ich, wenn ich vor einem Problem stehe, selbst an, Pläne zu schmieden. Das *scheint* zu helfen, aber langfristig ist es genauso sinnvoll, wie ein Pflaster auf eine Wunde zu kleben, die eigentlich operiert werden müsste.

Josua nahm Gott beim Wort. Gott sagte, dass er Jericho mitsamt dem König und allen Kriegern in die Hand Josuas und der Israeliten gegeben hatte. Ob ich ihm das wohl geglaubt hätte, wenn ich an Josuas Stelle gewesen wäre? Josua und das Volk Israel beschlossen, Gott das Unmögliche zuzutrauen. Obwohl Gottes Plan ihnen einiges an Geduld abverlangte, würden die Israeliten die Stadt nicht einnehmen, indem sie sich bequem zurücklehnten und ausruhten – es gab einiges zu tun!

Ihre Ehrfurcht vor Gott und ihr Glaube ließen sie bis zum letzten Trompetenstoß gehorsam sein. Sie hielten sich mit erstaunlicher Genauigkeit an alle Anweisungen: wie oft sie in die Widderhörner zu stoßen, wie oft sie an welchem Tag die Stadt zu umrunden hatten, ob sie dabei leise oder unter lauten Rufen marschierten – es war einfach kein Platz für Faulheit oder Zynismus.

Wenn wir uns im Gebet vor Gott demütigen, ihm das Unglaubliche zutrauen und uns an seine Anweisungen halten, werden wir erleben, wie Gott uns in unserem Leben und in dem unserer Lieben den Sieg über den Feind schenkt.

Vater, danke für das Beispiel Josuas, der sich vor Dir demütigte, Dir vertraute und gehorchte. Bitte hilf uns, dass wir in allen schwierigen Situationen unseres Lebens dasselbe tun. Lass uns nicht auf die Lügen Satans hereinfallen, der sagt, dass wir selbst unsere Probleme lösen müssen. Du freust Dich, wenn wir uns in unserer Not an Dich wenden. Amen.

8. AUGUST

Gehorsam

Entsetzt euch darüber, ihr Himmel, zittert vor Schreck und Empörung! Denn mein Volk hat doppelte Sünde begangen: Erst haben sie mich verlassen, die Quelle mit frischem Wasser, und dann haben sie sich rissige Zisternen ausgehauen, die kein Wasser halten.

JEREMIA 2,12-13

Stellen Sie sich einen ruhigen Sommermorgen vor. Es ist Samstag und Ihre Kinder haben beschlossen, heute Limonade zu verkaufen. Sie möchten ihnen gerne helfen und so bereiten Sie einen Riesenbehälter mit frischer Limonade zu – hausgemachte Limo, wie sie nicht besser sein könnte. Außerdem backen Sie frische Kekse dazu.

Am Frühstückstisch hecken Sie gemeinsam mit den Kindern einen Plan aus, wie sie die Limonade und die Kekse am besten an den Mann bringen können. Weil Sie schon für Essen und Trinken gesorgt haben, schlagen Sie vor, dass die Kinder sich um die Hinweisschilder kümmern. Nach dem Mittagessen helfen Sie den Kindern, alles nach draußen an die Straße zu schaffen, und dann gehen Sie wieder nach drinnen, um Wäsche zusammenzulegen.

Als Sie einige Zeit später wieder nach draußen gehen, um nach den Kindern zu sehen, trifft Sie fast der Schlag: Statt der Limonade versuchen die Kinder, Dreckwasser zu verkaufen, das sie offensichtlich aus einer großen Pfütze geschöpft haben, und die Kekse sind einem merkwürdigen Unkraut gewichen, das am Straßenrand wächst. „Was habt ihr euch denn bloß dabei gedacht?“, fragen Sie die Kinder vermutlich.

Im Alten Testament, im Buch Jeremia, lesen wir, dass auch Gott erschrocken war, als seine Kinder seinen Plan, sie zu retten, missachteten. Jeremia benutzt hier eine sehr starke Sprache: Gott ist entsetzt, er weicht voller Abscheu und Bestürzung zurück. Gottes Volk hatte ihn, die Quelle des lebendigen Wassers, verlassen. Und als wäre das nicht schon schlimm genug, gruben sie sich zu allem Überfluss auch noch rissige unterirdische Wassergruben, die kein Wasser halten konnten. Zuerst lehnten sie Gott ab. Und dann wandten sie sich einem armseligen Ersatz zu. Was hatten sie sich dabei bloß gedacht?

Kinder und Erwachsene treffen manchmal unsinnige Entscheidungen, wenn sie sich von Gott abwenden, seinem Wort nicht gehorchen und sich nach einem Ersatz umschauen. Nur Gottes Wahrheit und seine Gnade können uns davon abhalten, die Wahrheit gegen eine Lüge einzutauschen. Und nur Gottes Wahrheit und seine Gnade können uns helfen, ihm zu gehorchen.

Vater, danke, dass Du die Quelle des Lebens bist. Bitte hilf uns, dass wir nicht nach einem Ersatz für Dich suchen. Wir wollen bei Deiner Wahrheit bleiben. Denn nur bei Dir finden wir das Wasser des Lebens, welches besser ist als alles andere im Leben. Amen.

9. AUGUST

Gehorsam

Was denkst du, worüber freut sich der Herr mehr: über viele Brand- und Schlachtopfer oder über Gehorsam gegenüber seinen Weisungen? Ich sage dir eins: Gehorsam ist wichtiger als das Schlachten von Opfertieren. Es ist besser, auf den Herrn zu hören, als ihm das beste Opfer zu bringen.

1. SAMUEL 15,22

Als unsere Kinder heranwuchsen, hat meinen Mann und mich kaum etwas so froh gemacht wie die Tatsache, dass unsere Kinder zu *tun* begannen, worum wir sie gebeten hatten – und besonders erfreut waren wir, wenn wir sie nicht noch extra jedes Mal erinnern mussten. Sie räumten ihre Zimmer von selber auf, brachten den Müll nach unten oder fütterten die Katze, ohne dass wir etwas sagten. Wir beobachteten sie dabei, wie sie etwas Richtiges taten, und freuten uns.

In 1. Samuel 15 wird uns die dramatische Auseinandersetzung mit einem Mann berichtet, der nicht tat, um was Gott ihn gebeten hatte. Saul, der erste König Israels, hatte von Gott den Auftrag erhalten, das Volk der Amalekiter „vollständig auszurotten". Saul hatte gut angefangen, verführte sein Volk dann aber zu großer Sünde, weil er den Leuten erlaubte, das Beste vom Vieh zu behalten – was im totalen Gegensatz zu Gottes ausdrücklichem Gebot stand.

Als der Prophet Samuel schließlich zu Saul kam, trieften seine Worte vor Sarkasmus. Saul behauptete allen Ernstes, die Anordnungen des Herrn ausgeführt zu haben. „Woher kommt dann das Gebrüll und Geblöke, das ich höre?", fragte Samuel bissig. (Vers 14) Selbst die Tiere schrieen ihre Anklage gegen Saul lautstark heraus. Saul versuchte sich damit herauszureden, dass seine Motive gut gewesen wären – schließlich wollte er das Vieh Gott opfern. Und doch enthüllte sein Eigenwille und Trotz, was in seinem Herzen war. Er sorgte sich vielmehr um sich selbst und darum, wie er vor den anderen dastand, als darum, Gott gehorsam zu folgen. Deswegen riss ihm Gott das Königtum aus den Händen, um es „einem Besseren" zu geben – David.

Wenn es uns Müttern schon Freude macht, zu sehen, dass unsere Kinder uns gehorchen – wie viel mehr Freude muss Gott erst haben, wenn wir beschließen, seinem Wort zu gehorchen.

Herr, sei mit uns und hilf uns, Dir gehorsam zu sein in allem, wozu Du uns im Lauf des heutigen Tages berufen hast. Hilf uns, im Großen und im Kleinen treu zu sein. Wir wollen Dir mit unserem Handeln und Reden die Ehre geben und Dir Freude machen. Amen.

10. AUGUST

Gehorsam

Wenn ihr das eingesehen habt, dann handelt danach,
und Gott wird euch segnen.

JOHANNES 13,17

Manchmal hören wir eine Mutter sagen: „Ich bin so gesegnet worden." Wie kommt es wohl, dass sie sich so fühlt? Ob sie den Bescheid vom Arzt erhalten hat, dass alles in Ordnung ist? Ob ihr Baby endlich geboren ist, auf das sie so lange gehofft hat? All das sind wunderbare Segnungen. Aber wir sollten uns davor hüten, Segen immer nur in dem zu sehen, was wir bekommen. In Johannes 13 lehrt Jesus seine Jünger, dass Gehorsam Segen bringt. Insbesondere schärft er ihnen ein, dass sie Segen zu erwarten haben, wenn sie in Demut einander dienen – wenn sie sich Gottes Anordnungen zum Dienst zu Herzen nehmen und in die Tat umsetzen.

Vor einigen Jahren starb eine Freundin von mir an Krebs. Ihre drei Söhne sind mit meinen Jungs gut befreundet. Einmal fragte ich sie, als ich aufstand, um zu gehen, ob es noch etwas gab, das ich für sie tun konnte. „Kümmere dich ein bisschen um meine Jungs", bat sie. Sie starb kurze Zeit später. Ich habe ihre Bitte ernst genommen und erlebt, wie viel Segen mir daraus erwachsen ist. Ob ich die Jungs im Auto mitgenommen oder ihnen Karten zu besonderen Anlässen geschrieben habe, ob ich für sie gebetet, sie mit Donuts versorgt, an ihren Geburtstagen Pizza-Partys für sie ausgerichtet oder am Muttertag ihre Geschenke geöffnet habe – ich habe bei all dem viel Freude erlebt, die in meinem Herzen ihren festen Platz gefunden hat.

Wir sind nicht gesegnet und erfüllt, weil wir etwas wissen, sondern weil wir das, was wir wissen, in die Tat umsetzen. Unsere größte Freude liegt darin, Christus zu gehorchen, indem wir anderen dienen.

Vater, danke für den Segen, den wir durch den Gehorsam Dir gegenüber erleben. Unsere Seele wird dabei zufrieden und satt. Lehre uns, anderen zu dienen und demütig zu sein, damit wir Deinen Segen empfangen. Amen.

11. AUGUST

Gehorsam

Während Jesus das sagte, rief plötzlich eine Frau aus der Menschenmenge: „Wie glücklich muss die Frau sein, die dich geboren und aufgezogen hat!" Darauf sagte Jesus nur: „Wirklich glücklich sind die Menschen, die Gottes Wort hören und danach leben."

LUKAS 11,27-28

Als die Frau in dieser Geschichte Maria glücklich pries, machte sie Jesus damit natürlich ein riesiges Kompliment. Aber in der Antwort Jesu sehen wir schnell, dass ihm Gehorsam wichtiger ist als Komplimente. Die Frau meinte es bestimmt gut und war aufrichtig, aber Aufrichtigkeit allein ist nicht genug.

Die Reihenfolge der Ereignisse in diesem Abschnitt der Bibel ist kein Zufall. Vielleicht ist Ihnen das beim Lesen schon aufgefallen: „Während Jesus *das* sagte ..." Was hatte er denn gerade gesagt? „Wer nicht für mich ist, der ist gegen mich. Und wer sich nicht ganz für mich einsetzt, der schadet meiner Sache." (Lukas 11,23) Jesus warnte die Leute mit aller Deutlichkeit, dass es in geistlichen Dingen keine Neutralität gibt. Er machte ihnen deutlich, dass wir uns fortwährend in einem geistlichen Krieg befinden und wählen müssen, auf welche Seite wir uns schlagen. Auf der einen Seite baut Jesus sein Reich auf, auf der anderen Seite versucht der Teufel es zu zerstören. Wir müssen uns zwischen den beiden entscheiden, und wenn wir keine bewusste Entscheidung *für* Christus treffen, läuft das letztlich auf das Gleiche hinaus, als wenn wir uns gegen ihn entscheiden. Warren Wiersbe hat dazu bemerkt: „Wir schlagen uns auf die Seite Christi, wenn wir sein Wort hören und ihm gehorchen."

Die ganze Bibel hindurch werden wir gelehrt, dass Gehorchen und Hören zusammenhängen – die Wörter sind ja offensichtlich miteinander verwandt – und sich der Gehorsam aus dem Hören ergibt. Gott hat uns seine Wahrheit offenbart, und er fordert uns auf, ihm aktiv und zustimmend zu begegnen. Und ist das nicht letztlich genau das, was wir uns auch von unseren Kindern wünschen? Wir wollen, dass sie hören, was wir sagen, und dass sie uns gehorchen; die beiden Dinge sind nicht voneinander zu trennen. Wir wollen nie vergessen, dass Jesus in der Antwort an diese Frau den wahren Segen im Gehorchen sieht: Er nennt die glücklich, die Gottes Wort hören und ihm gehorchen. Das gilt für uns heute genauso wie für die Zeitgenossen Jesu.

Vater, lass uns immer im Blick behalten, dass dir unser Gehorsam wichtiger ist als alles andere. Öffne unsere Ohren und Herzen, dass wir Dich hören und verstehen können. Lehre uns, immer mehr den Weg des Gehorsams zu gehen, auch wenn dieser nicht immer der bequemste ist. Aber Du bist da und wirst uns segnen. Amen.

12. AUGUST

Gehorsam

Zu diesen Juden, die nun an ihn glaubten, sagte Jesus:
„Wenn ihr an meinen Worten festhaltet und das tut, was ich euch gesagt habe, dann gehört ihr wirklich zu mir. Ihr werdet die Wahrheit erkennen und die Wahrheit wird euch befreien!"

JOHANNES 8,31-32

Wer sind die Jünger Jesu? Wer sind diese Menschen, die auf der Seite der Wahrheit stehen? Es sind die Leute, die Gott gehorchen, die an seinem Wort festhalten.

Wir halten an Jesus fest, wenn wir in ihm und bei ihm bleiben, indem wir unser Leben nach seinem Wort gestalten. Ein wahrer, gehorsamer Jünger wird die Wahrheit in dem finden, der sich selbst als die Wahrheit bezeichnet – Jesus selbst. Dieses Wissen befreit Menschen aus der Knechtschaft der Sünde.

Als Jesus davon sprach, dass man die Wahrheit erkennen kann, hatte er dabei Gottes Offenbarung für die Menschen im Sinn. Diese Offenbarung liegt in Christus, im menschgewordenen Wort Gottes. Die Wahrheit liegt nicht in der Freiheit, wie sie die Grundgesetze der meisten modernen Staaten formulieren. Sie liegt auch nicht im Verstandeswissen. Die Wahrheit zu „erkennen" bedeutet, sie anzunehmen, ihr zu gehorchen und sie höher zu werten als alle menschlichen Denkmuster. Wenn wir die Wahrheit erkennen, erleben wir die wahre geistliche Freiheit von Sünde und Tod.

Zum Glück werden wir nicht aufgefordert, all das aus uns selbst heraus zu tun. Wir könnten Gottes Wahrheit auch gar nicht herausfinden – und noch weniger könnten wir sie achten und ihr gehorchen. Als Gläubige besitzen wir den Heiligen Geist. Er lebt in uns und begleitet uns auf unserer Reise durchs Leben. In Johannes 16,13 beschreibt Jesus den Heiligen Geist sogar ausdrücklich als den ‚Geist der Wahrheit', der uns hilft, die Wahrheit vollständig zu erfassen.

Dass wir Gott immer besser kennenlernen, ist nicht Folge unserer intellektuellen Anstrengungen – es ergibt sich, wenn wir ihm immer mehr gehorchen.

Vater, wir müssen bekennen, dass wir manchmal mehr damit beschäftigt sind, alles Mögliche über Dich zu wissen, als Dich wirklich zu kennen. Danke, dass wir Dich wirklich kennenlernen dürfen, wenn wir Deinem Wort gehorchen. Bitte hilf uns, unseren Gehorsam Dir gegenüber auch unseren Kindern vorzuleben. Amen.

13. AUGUST

Glaube II

Haltet es für lauter Freude, meine Brüder, wenn ihr in mancherlei Versuchungen geratet, indem ihr erkennt, dass die Bewährung eures Glaubens Ausharren bewirkt. Das Ausharren aber soll ein vollkommenes Werk haben, damit ihr vollkommen und vollendet seid und in nichts Mangel habt.

JAKOBUS 1,2-4 (REV. ELB.)

Während meiner Zeit an der Bibelschule war ich eine der Gruppenleiterinnen im Wohnheim der Frauen. Der sechste Stock war mein Verantwortungsbereich. An einem Abend kehrte ich ziemlich spät zu meinem Zimmer zurück. Ich schloss auf, trat in den Raum – und war einen Moment lang überzeugt, im falschen Zimmer gelandet zu sein. Der Raum war total leer. Nachdem ich noch einmal auf die Zimmernummer geschaut und mich vergewissert hatte, dass ich in der Tat richtig war, bemerkte ich auch, dass der Raum nicht *total* leer war. An der Wand hing ein Bibelvers: Jakobus 1,2-4 (siehe oben).

Ich konnte mir ein Lächeln nicht verkneifen, als ich die letzten Wörter dieses Abschnitts las: „... damit ihr ... in nichts Mangel habt." Die Mädels aus dem sechsten Stock hatten mein Zimmer komplett leer geräumt. Eine Hälfte meiner Möbel hatten sie im Waschraum verstaut, die andere hoch auf den Dachboden geschleppt. (Immerhin waren sie so freundlich, mir beim Wiedereinräumen zu helfen ...) Dieses Ereignis war bestimmt keine besonders dramatische „Versuchung", aber es wirkte sich durchaus charakterbildend aus.

Wenn wir im Leben vor wirklichen Herausforderungen stehen und beschließen, Gott um seine Kraft und Weisheit anzuflehen, erleben wir, wie wir als Christen reifen und im Glauben wachsen. Als ich einmal eine besonders schwere Zeit durchmachte, schlug mir eine Freundin vor, eine Art Tagebuch zu führen, in dem ich alles aufschrieb, was meinen Glauben stärken konnte. Ich begann mir also zu notieren, an wie vielen Stellen in meinem Leben Gott mir zeigte, dass er mich liebte und für mich sorgte, und das gab mir an den Tagen Halt, an denen ich um meinen Glauben und meine Hoffnung regelrecht ringen musste. Ich weiß heute, dass schwere Zeiten mich geistlich weitergebracht haben, denn sie haben mich immer wieder daran erinnert, wie sehr ich Gott brauche und wie sehr ich mich auf ihn verlassen kann.

Gott, manchmal stellst Du uns in Situationen, die uns sehr viel abverlangen. Manchmal lässt Du zu, dass wir an Leib und Seele leiden und alles in uns schreit. Bitte gib uns Glauben und Ausdauer, wenn wir kurz davorstehen aufzugeben. Sei Du selbst unser Halt in den Zeiten, in denen wir jeglichen Halt verloren haben. Amen.

14. AUGUST

Glaube II

„Mit dem Reich Gottes ist es wie mit dem Samen, den ein Bauer auf sein Feld sät", erklärte Jesus weiter. „Nach der Arbeit geht er nach Hause, schläft, steht wieder auf, und das tagaus, tagein. Im Laufe der Zeit wächst die Saat ohne sein Zutun heran."

MARKUS 4,26-27

Wenn Sie zu den Müttern zählen, die gerne im Garten arbeiten, habe ich hier einen Vorschlag, wie Sie jüngeren Kindern etwas sehr anschaulich beibringen können. Nehmen Sie sie im Herbst mit zum Gartenbaumarkt und kaufen Sie Tulpen- oder Osterglockenzwiebeln. Auf der Packung sind meistens Bilder, welche Farben die Blumen einmal haben werden.

Dann legen Sie gemeinsam fest, welche Blumen an welcher Stelle im Garten stehen sollen. Kinder finden die Vorstellung ziemlich aufregend, dass nach fünf oder sechs Monaten aus der Zwiebel etwas Grünes hervorkommt, weiterwächst und schließlich zu blühen beginnt. Wenn Sie zusammen die Zwiebeln in die Erde setzen, müssen Sie wahrscheinlich ein paar Fragen beantworten: Warum dauert es so lange, bis die Blumen da sind? Woher wissen wir, dass sie wirklich rot sein werden?

Die Fragen, die Kindern in Bezug auf Pflanzen kommen, entsprechen oft denen, die wir in Bezug auf den christlichen Glauben haben. In beiden Fällen sind wir darauf angewiesen, bestimmten Regeln zu folgen und dann einfach abzuwarten, was passiert. Wenn wir Blumenzwiebeln in die Erde setzen, vertrauen wir den Anweisungen auf der Packung, warten ab, bis die Blumen heranwachsen, und erfreuen uns dann an ihnen. Dasselbe gilt auch für unseren Glauben. Wir vertrauen den Anweisungen, die Gott uns in seinem Wort gibt, gehorchen ihnen und leben so, wie Gott es sich wünscht – und dann warten wir auf all das Schöne, das zum Vorschein kommt. Und uns ist die ganze Zeit voll bewusst, dass Wachstum nicht von heute auf morgen passiert – es braucht Zeit.

Gott, danke für Dein Wort, das uns lehrt, wie wir Glauben und Gehorsam in unserem Leben anpflanzen können. Bitte gib uns Geduld zu warten, bis die Saat aufgeht. Lehre uns, darauf zu vertrauen, dass Du Deine Verheißungen wahr machst und nur das Beste für uns willst. Amen.

15. AUGUST

Glaube II

Durch Glauben kam die Hure Rahab nicht mit den Ungehorsamen um,
weil sie die Kundschafter freundlich aufgenommen hatte.

HEBRÄER 11,31

Wenn man drei Jungs aufzuziehen hat, die zu attraktiven jungen Männern heranwachsen, bringt das eine ganz schöne Verantwortung mit sich. Ich habe es immer als Herausforderung empfunden, ihnen ein Gespür für Reinheit und Anstand zu vermitteln. Vor vielen Jahren verkündete einer meiner Söhne, dass er mich heiraten und mit mir in unserem Haus wohnen wollte, wenn er erwachsen war. Ich war natürlich außerordentlich geschmeichelt, aber mir war doch klar, dass er früher oder später ein Auge auf junge Frauen aus anderen Familien werfen würde. Wir haben uns immer gefreut, wenn unsere Söhne sich für Mädchen interessierten, denen Reinheit etwas bedeutete. Und wir haben die drei immer ermutigt, sich von Mädchen fernzuhalten, die ihre Reize allzu sehr betonten.

Aber warum wird Rahab – eine Prostituierte – im Hebräerbrief für ihren Glauben gelobt? Was in aller Welt tut sie dort in der Liste der Glaubenshelden?

Als Josua von Gott den Auftrag bekam, das Verheißene Land einzunehmen (vgl. Josua 6), war die erste Stadt auf seiner Liste Jericho. Die Mauern dieser Stadt waren fast acht Meter hoch und gut sechs Meter dick. Als Josua zwei Spione nach Jericho schickte, fanden sie Unterkunft und Sicherheit in Rahabs Haus, das direkt an der Stadtmauer lag. Rahab war davon überzeugt, dass der Gott Israels ihre Stadt zerstören würde, sodass sie all ihre Hoffnung auf die Spione – und deren Gott – setzte und riskierte, als Landesverräterin hingerichtet zu werden.

Rahabs Glaube war deshalb aus Gottes Sicht so bemerkenswert, weil er zum Gehorsam führte. „Nur wer glaubt, gehorcht", schrieb Dietrich Bonhoeffer, „und nur wer gehorsam ist, glaubt."

Gott ist unsere Vergangenheit egal. Er kann unsere Sünden wegwaschen und uns ein Herz geben, das ihn mit ganzer Kraft lieben und ihm gehorsam sein kann. Er sucht nach Menschen, die wie Rahab daran glauben, dass Gott das Unmögliche tun kann und tun wird.

Herr Jesus, lass uns dir täglich vertrauen. Wir glauben daran, dass Deine gewaltige Macht uns dabei helfen wird, Dir gehorsam zu sein. Lass uns erkennen, wie viel Segen daraus erwächst, wenn wir Dir und Deinem Wort gehorchen und treue Nachfolgerinnen sind. Amen.

16. AUGUST

Glaube II

Als Jesus die vielen Menschen kommen sah, fragte er Philippus:
„Wo können wir für all diese Leute Brot kaufen?“ Er wollte aber nur sehen,
ob Philippus ihm vertraute; denn er wusste natürlich,
wie er die Menschen versorgen würde.

JOHANNES 6,5-6

Jesus saß mit seinen Jüngern auf einem Hügel, als er eine große Menschenmenge auf sich zukommen sah. „Wo können wir für all diese Menschen Brot kaufen?“, fragte er Philippus. Jesus stellte diese Frage, um Philippus auf die Probe zu stellen, denn natürlich war ihm durchaus klar, dass es menschlich gesehen keine unmittelbare Lösung für dieses Problem gab.

Philippus sah noch ein größeres Problem. Er versuchte logisch zu denken, und ihm wurde bewusst, dass an die acht Monatslöhne nötig waren, damit jeder auch nur einen Bissen abbekam.

In meinem Kommentar steht zu dieser Passage Folgendes: „Jesus stellt uns manchmal auf die Probe wie Philippus. Er stellt uns in schwierige Situationen, in denen es keine einfachen Antworten gibt. Und in solchen Zeiten fühlen wir uns enttäuscht und frustriert – genau wie Philippus. Diese Enttäuschung ist nicht Gottes letztes Wort. Ein weiser Jünger lässt jedoch in seinen Gedanken immer Raum für Gottes Wirken.“

An dieser Stelle schaltete sich Andreas ein und meldete zweierlei – ein Mittagessen und ein weiteres Problem. Ein kleiner Junge hatte fünf Brote und zwei Fische dabei, aber das Problem war, dass diese Mahlzeit nicht für alle reichte. Aber Jesus machte deutlich, dass das Mittagessen dieses Jungen, das im Glauben zu Jesus gebracht wurde, mehr als genug war. Bevor der Junge ein gewaltiges Wunder Gottes zu sehen bekam, musste er ein Opfer bringen und sich im Glauben an Jesus wenden.

Vor welcher schwierigen Situation stehen Sie gerade? Vielleicht haben Sie sich das Problem schon von allen möglichen Seiten angesehen und festgestellt, dass es menschlich gesehen keine Lösung gibt. Sind Sie bereit, über Ihre kleinen, beschränkten Möglichkeiten hinauszutreten und sich im Glauben an den Gott der unbeschränkten Möglichkeiten zu wenden?

Gott aller Fürsorge, danke, dass Du so viel Geduld mit Deinen Jüngern hattest, als sie nicht über ihre begrenzten Möglichkeiten hinausschauen konnten. Wir danken dir auch dafür, dass Du mit uns dieselbe Geduld hast. Hilf uns, immer daran zu denken, dass Deine Möglichkeiten unbegrenzt sind, und lass uns Dir voll vertrauen. Amen.

17. AUGUST

Glaube II

Darum auch wir: Weil wir eine solche Wolke von Zeugen um uns haben, lasst uns ablegen alles, was uns beschwert, und die Sünde, die uns ständig umstrickt, und lasst uns laufen mit Geduld in dem Kampf, der uns bestimmt ist, und aufsehen zu Jesus, dem Anfänger und Vollender des Glaubens, der, obwohl er hätte Freude haben können, das Kreuz erduldete und die Schande gering achtete und sich gesetzt hat zur Rechten des Thrones Gottes.

HEBRÄER 12,1-2

Peter Cameron Scott wurde 1867 in Glasgow in Schottland geboren. Er gründete die *Africa Inland Mission*, für die inzwischen mehr als 850 Missionare tätig sind.

Während seiner ersten Afrikareise erkrankte er schwer an Malaria und musste nach Hause zurückkehren. Nach seiner Genesung reiste er wieder nach Afrika, diesmal zusammen mit seinem Bruder John. Sie waren noch gar nicht lange dort, als John an Malaria erkrankte und starb. Peter musste seinen Bruder ganz allein begraben. In all dem Schmerz und der Einsamkeit, die er empfand, blieb Peter trotzdem seinem Ruf verpflichtet. Doch dann verschlechterte sich seine Gesundheit wieder und er musste nach England zurückkehren.

Obwohl er sein Leben ganz Gott zur Verfügung gestellt hatte, war ihm nicht klar, wie er je aus der Niedergeschlagenheit ausbrechen sollte, die er empfand. Er wollte so gerne zurück nach Afrika gehen, aber er hatte keine Ahnung, wie das möglich sein sollte.

Einmal besuchte er das Grab des schottischen Missionars David Livingstone in der Abtei von Westminster. Er kniete davor nieder und bemerkte die Inschrift: „Und ich habe noch andere Schafe, die sind nicht aus diesem Stall; auch sie muss ich herführen." (Johannes 10,16)

Dieser Vers spornte ihn neu an. Er erhob sich von den Knien und bereitete sich aufs Neue darauf vor, nach Afrika zu gehen. Auf dieser letzten Reise schließlich gründete er die Missionsgesellschaft, die bis heute bedeutend dazu beiträgt, dass in Afrika das Evangelium verkündet wird.

Fühlen Sie sich einsam und niedergeschlagen? Stehen Sie kurz davor aufzugeben? Sie können eine „Mutter des Glaubens" sein, die inmitten all des täglichen Trubels Gott nicht aus den Augen verliert und sein Reich weiterzubringen versucht. Heißt das, dass Sie nie entmutigt sein dürfen? Nein. Aber für die Ausdauer, die Sie brauchen, können Sie beten.

Vater, an manchen Tagen sind wir so müde und ausgelaugt, dass es schwierig ist, weiterzumachen. Danke, dass Du immer treu bist. Hilf uns, dass wir uns auf Dich konzentrieren und Dich um Deine Hilfe und Ermutigung bitten. Danke, dass Du uns zuhörst und dass wir Dir so wichtig sind. Amen.

18. AUGUST

Glaube II

Bleibt besonnen und wachsam! Denn der Teufel, euer Todfeind, schleicht wie ein hungriger Löwe um euch herum. Er wartet nur auf ein Opfer, das er verschlingen kann. Stark und fest im Glauben sollt ihr seine Angriffe abwehren. Und denkt daran, dass alle Christen in der Welt diese Leiden ertragen müssen.

1. PETRUS 5,8-9

Die Bibel lehrt uns, dass der Teufel unser Feind ist – ein Lügner und Mörder. Er verleumdet, klagt an und führt in die Irre, wen er kann. Lügen sind seine bevorzugten Waffen. Wenn wir seinem Betrug entgegentreten wollen, müssen wir Gottes Wahrheit kennen und an sie glauben. Wir können nicht widerstehen, indem wir einfach vor dem Feind weglaufen; wir widerstehen ihm, indem wir ihm mit dem Wort Gottes entgegentreten – durch den Glauben.

Als Jesus vom Teufel versucht wurde (vgl. Matthäus 4), hielt er jeder Versuchung ein Wort aus der Schrift entgegen – nicht seine göttliche Macht. Das kann uns Mut machen, denn auch wir können dem Teufel das Wort Gottes entgegensetzen. Als Satan Jesus vorschlug, seinem Hunger ein Ende zu setzen, zitierte Jesus nach 5. Mose 8,3: „Der Mensch lebt nicht vom Brot allein, sondern von allem, was aus dem Mund des Herrn geht." Wenn mir mein körperliches Wohlergehen wichtiger ist als Gottes Wille, ist das Sünde.

In der zweiten Versuchung ging es darum, dass der Teufel das Wort Gottes aus dem Zusammenhang riss und Jesus herausforderte, sich selbst in Gefahr zu begeben und dann auf Gottes Rettung zu vertrauen. Diesmal antwortete Jesus mit 5. Mose 6,16, wo es heißt, dass wir Gott nicht herausfordern sollen. Wir sollten uns nicht bewusst in Schwierigkeiten bringen und dann Gott nötigen, uns dort herauszuholen.

Beim dritten Mal bot der Teufel Jesus eine Abkürzung zur Macht an – im Gegenzug erwartete er Anbetung. Auch hier zitierte Jesus wieder aus dem fünften Buch Mose (6,13) und beharrte darauf, dass Gott allein anzubeten ist.

Wenn Jesus, der Sohn Gottes, dem Teufel widerstand, indem er Gott voll vertraute und sich seinem Wort ganz unterordnete – wie viel mehr haben *wir* das erst nötig!

Vater, hilf uns bitte, die Lügen des Teufels zu erkennen, wann immer sie uns begegnen, und hilf uns, ihnen Deine Wahrheit entgegenzuhalten. Danke für Dein Wort. Lass es tief in unser Herz einsinken, damit wir nicht sündigen. Lehre uns, Dein Wort als Waffe gegen alle Angriffe des Teufels zu gebrauchen. Denn Dein Wort ist schärfer als ein zweischneidiges Schwert. Amen.

19. AUGUST

Glaube II

Die Israeliten aber waren trockenen Fußes durchs Meer gezogen, während das Wasser wie eine Mauer zu beiden Seiten stand. So rettete der Herr die Israeliten an diesem Tag vor den Ägyptern; sie sahen, wie die Leichen ihrer Feinde ans Ufer geschwemmt wurden. Als die Israeliten erkannten, dass der Herr die Ägypter mit großer Macht besiegt hatte, wurden sie von Ehrfurcht ergriffen. Sie vertrauten ihm und seinem Diener Mose.

2. MOSE 14,29-31

In einem unserer Urlaube zogen drei Männer aus meiner Familie los, um sich im Golfen zu probieren. Mein Mann Jim, mein Schwager Rick und mein Sohn Nate waren losgegangen und hatten noch einen vierten Mann mitgenommen. Rick hatte nicht besonders viel Ahnung von Golf. *Hauptsache, der Ball fliegt irgendwohin!,* dachte er. Er holte weit aus, schlug den Ball in die Höhe, und als er ein lautes Geräusch hörte, war er einen Moment lang erleichtert. Aber dann sah er, wie der Ball von einer nahe stehenden Palme abprallte, wieder auf ihn zuflog und direkt hinter ihm zu liegen kam. Es entstand eine peinliche Stille, die der vierte Mann dann unterbrach: „Ich gebe dir hundert Dollar, wenn du das noch mal hinbekommst!"

Manchmal passieren in unserem Leben so merkwürdige Dinge, dass wir uns fragen: „Wie in aller Welt konnte das bloß passieren?" Aber in der Bibel lesen wir immer wieder, wie Gott Wunder wirkt – übernatürliche Ereignisse, die voller Überraschungen stecken –, um seine Macht und Herrlichkeit zu zeigen und um unmissverständlich klarzumachen, dass er allein Gott ist.

Viele kennen die Geschichte, wie Gott das Rote Meer geteilt hat. Die Israeliten flohen vor den Ägyptern. In einer bemerkenswerten Demonstration seiner Macht teilte Gott das Wasser des Rotes Meeres, sodass sein Volk trockenen Fußes auf die andere Seite ziehen konnte. Und außerdem ließ er das Wasser genau in dem Moment zurückfließen, als die Ägypter, die den Israeliten auf den Fersen waren, ihnen nachsetzten. Sie ertranken in den Fluten.

Auf erstaunliche und wunderbare Weise stellte Gott unter Beweis, dass er seine Kinder beschützt und für sie sorgt. Und er stellte seinen Zorn gegen alle unter Beweis, die ihr Herz ihm gegenüber verhärten. Die Botschaft, die dem Volk Gottes hier vermittelt wurde, schlug durch, und sie gilt auch noch für uns heute: Gott will, dass wir an ihn glauben und ihm vertrauen.

Starker Gott, danke für all die Berichte, in denen uns Deine Macht so deutlich vor Augen geführt wird; lass sie uns zum Ansporn werden, Dir zu vertrauen. Amen.

20. AUGUST

Vergebung

... und sie rufen zu mir, dann will ich im Himmel ihr Gebet erhören. Wenn dieses Volk, das meinen Namen trägt, seine Sünde bereut, von seinen falschen Wegen umkehrt und nach mir fragt, dann will ich ihnen vergeben und ihr Land wieder fruchtbar machen.

2. CHRONIK 7,14

Wenn eines meiner Kinder Probleme mit dem Knie hat – weil es zum Beispiel wehtut, kribbelt oder sich nicht richtig bewegen lässt –, bin ich froh, dass es Ärzte gibt. Sie können helfen, die Ursachen der Störung zu beseitigen. Mit unseren Herzen ist es ganz ähnlich, auch sie müssen in Ordnung gebracht werden. Gott gibt uns einige Hilfen, wie das Innerste unseres Wesens Heilung und Genesung erfahren kann.

Als Erstes fordert Gott uns auf, uns vor ihm zu *demütigen*. Wenn wir vor Gott diese Haltung einnehmen, machen wir uns wieder neu bewusst, dass er Gott ist – und nicht wir. Wir treten als bedürftige Menschen vor ihn hin und gestehen ein, dass wir an seine gerechten Maßstäbe nie heranreichen können.

Der zweite Schritt ist das *Gebet*. Wir bitten Gott um die Hilfe, die nur er geben kann. Ob wir ihn bitten, dass er uns vergibt, oder ob wir ihn bitten, dass er uns hilft, anderen zu vergeben – göttliche Gnade ist nur bei Gott selbst zu finden, nicht in uns selbst.

Gott fordert uns drittens auf, *nach ihm zu fragen*. Das bedeutet mehr, als ein flüchtiges Interesse an ihm zum Ausdruck zu bringen. Es entspricht eher einer Jagd – dass man ihm aus ganzer Kraft hinterherrennt. Am besten beginnen wir diese Jagd im Wort Gottes, wo er sich uns offenbart.

Wenn wir Gott ernsthaft suchen, veranlasst uns das auch, dass wir uns von all dem *abwenden*, das ihm nicht gefällt. Sein Geist tritt an unsere Seite und zeigt uns Bereiche in unserem Leben auf, an denen eine Kehrtwende angesagt ist.

Wenn wir all diese Dinge tun, wird Gott sein Versprechen halten. Er wird uns Vergebung und Heilung schenken.

Vater, lass uns Deine Vergebung und Heilung erfahren, wenn wir uns vor Dir demütigen, wenn wir beten, nach Dir fragen und uns von der Sünde abwenden. Hilf uns, das immer wieder neu zu tun und Dir Tag für Tag zu begegnen. Lehre uns, Sünden in unserem Leben zu erkennen, und reinige uns davon. Amen.

21. AUGUST

Vergebung

Glücklich sind alle, denen Gott ihre Sünden vergeben und ihre Schuld zugedeckt hat! Glücklich ist der Mensch, dem Gott seine Sünden nicht anrechnet, und der mit Gott kein falsches Spiel treibt.

PSALM 32,1-2

In der Bibel ist an über einhundert Stellen direkt von der Vergebung die Rede. Dass dieser Schwerpunkt gesetzt wird, zeigt, dass Beziehungen erst wiederhergestellt werden können, wenn Sünde ausgeräumt worden ist – sowohl unsere Beziehung mit Gott als auch mit anderen Menschen. Wir können unseren Kindern kaum etwas Wertvolleres mit auf den Lebensweg geben, als ihnen von Gottes Vergebung zu erzählen. Hier ein kurzer Überblick:

1. Wir Menschen tragen ein großes Bedürfnis nach Vergebung in unserem Herzen.
2. In Psalm 32 wird uns deutlich vor Augen gemalt, wie sehr wir leiden und wie wir regelrecht vor uns hinsiechen, wenn wir Vergebung brauchen. Es ist, als trügen wir eine schwere Last, die unsere ganze Kraft aufbraucht.
3. Gott lässt uns nicht zappeln. Wenn wir uns mit der Bitte um Vergebung an ihn wenden, tilgt er unsere Schuld direkt, denn das Blut seines Sohnes hat am Kreuz schon die Strafe für unsere Schuld bezahlt.
4. Gott nimmt unsere Schuld nicht nur weg, sondern entfernt sie so weit von uns, „wie der Osten vom Westen liegt". (Psalm 103,12)
5. Wenn wir aufhören, unsere Sünde zuzudecken, tritt Gesang an die Stelle unseres Stöhnens und Seufzens. Und selbst wenn wir nicht wirklich ein Lied anstimmen, werden unsere Herzen wieder froh, und die Freude kehrt zu uns zurück.
6. Gottes Gnade ist sehr weit. Psalm 103,13 beschreibt, dass Gott so viel Barmherzigkeit mit uns hat wie ein Vater mit seinen Kindern.
7. Wenn uns vergeben ist, müssen wir nicht mehr vor Gott weglaufen und uns nicht mehr vor ihm verstecken. Stattdessen wird er zu unserem Zufluchtsort, und wir bergen uns bei ihm, wenn wir Schutz suchen.

Kein Wunder, dass der Mensch glücklich gepriesen wird, dem vergeben worden ist.

Vater, nichts, was meine Hände tun könnten, kann meine Seele retten; egal, wie sehr ich mich abmühe, nur durch Deine Gnade wird mir vergeben. Jesus, durch Deine Tat am Kreuz kann ich leben. Danke. Amen.

22. AUGUST

Vergebung

Doch bei dir ist Vergebung. Ja, du vergibst,
damit wir dir in Ehrfurcht begegnen.

PSALM 130,4

Wenn wir die großen Religionen der Welt ein bisschen genauer unter die Lupe nehmen, merken wir schnell, dass es in den meisten darum geht, wie man Gottes Gunst am besten gewinnen kann. Dazu werden verschiedene Möglichkeiten angeboten. Aber die Bibel lehrt, dass Gott Sünde vollständig vergibt. Gott zeigt uns in seinem Wort, dass Sünde Bestrafung nach sich zieht, weil sie seiner Heiligkeit entgegensteht. Aber gleichzeitig erfahren wir, dass er ein Gott der Gnade und der Vergebung ist, und dass die Initiative zur Vergebung sogar von ihm ausgeht. Deswegen hat er Jesus geschickt, um uns zu erlösen.

Gott bietet uns Vergebung an, damit wir vor ihm keine Angst haben, sondern ihn stattdessen loben und anbeten. Er möchte, dass wir ihn als den erkennen, der er wirklich ist, dass wir ihn achten und ihm gerne gehorchen.

Einmal während meines letzten Jahrs am Moody Bible Institute verschlief ich ein Theologie-Seminar. Später schlich ich voller Sorge und Beklemmung zu Dr. Lucks Büro hinüber. Immerhin hatte ich schon vier Mal gefehlt, und mehr als drei Seminare durfte man eigentlich nicht versäumen. Wenn es nach der Studienordnung gegangen wäre, hätte Dr. Luck mich durchfallen lassen können. Aber er vergab mir, und auch danach noch empfand ich jedes Mal, wenn ich ihm über den Weg lief, ein Gefühl der Dankbarkeit.

Gottes Vergebung macht uns nicht nur dankbar, sie veranlasst uns auch, ihm gerne zu folgen und uns von allem fernzuhalten, das ihm missfällt. Gott vergibt uns nicht, damit wir ihn ausnutzen und einfach munter weitersündigen. Als Antwort auf seine Vergebung erwartet er von uns Ehrfurcht.

Liebevoller Vater, weil Du uns unsere Schuld so bereitwillig vergibst, wollen auch wir Dir bereitwillig und voller Dankbarkeit nachfolgen. Mach uns bereit, Menschen zu vergeben, die an uns schuldig geworden sind. Danke, dass wir dabei auf Deine Hilfe zählen können. Amen.

23. AUGUST

Vergebung

Wir alle irrten umher wie Schafe, die sich verlaufen haben;
jeder ging seinen eigenen Weg. Der Herr aber lud alle unsere Schuld auf ihn.

JESAJA 53,6

Wie stellen Sie sich eigentlich vor, wenn Sie auf neue Menschen treffen? „Hallo. Ich bin Ellen Elwell, die Mutter von Jordan“, ist meine Standardvorstellung, wenn ich an irgendeiner Veranstaltung in Jordans Schule teilnehme. Wenn ich auf einer Konferenz für Klavierlehrer bin, sage ich vielleicht: „Hallo, ich bin Ellen Elwell. Ich gebe in einem Vorort westlich von Chicago Klavierstunden.“

Aber ich habe mich noch nie so vorgestellt: „Hallo, ich bin Ellen Elwell. Ich bin ein sündiger Mensch.“ Das würde ausgesprochen merkwürdig klingen – und sowohl mir selbst als auch meinen Zuhörern wäre es sicherlich peinlich. Dennoch ist diese Aussage absolut korrekt. Es stimmt, dass wir alle Sünder sind, die Gottes Vergebung brauchen.

Ein Prediger namens Vance Havner sprach einmal an einem Sonntagmorgen über Sünde und über die Verderbtheit des Menschen. Nach dem Gottesdienst kam einer der Männer aus seiner Gemeinde auf ihn zu und sagte: „Herr Pfarrer, ich tue mich mit dem, was Sie über die völlige Verdorbenheit des Menschen gesagt haben, ziemlich schwer. Ich kann es einfach nicht schlucken.“ Der Pfarrer lächelte und sagte freundlich: „Das müssen Sie auch gar nicht. Sie tragen es schon in sich.“

Als mir meine Sünde mit aller Deutlichkeit bewusst wurde, begann ich, mich nach Gottes Vergebung auszustrecken. Seit dem Tag, an dem ich mein Vertrauen auf Christus gesetzt habe, bin ich in meiner neuen Identität gewachsen. Ich bin ein Kind Gottes und mein Vater hat mich – unter anderem – mit Heiligkeit, Freiheit und Weisheit gesegnet, weil Jesus für mich am Kreuz gestorben ist. Obwohl ich vieles schon gelernt habe und in manchen Punkten schon ein ganzes Stück weit gekommen bin, weiß ich, dass ich bis an mein Lebensende mit der Sünde zu kämpfen haben werde. Diese Kämpfe bringen mich dazu, mich jeden Tag ganz auf Christus zu verlassen, weil nur er die Macht hat, meine Schuld zu vergeben, damit ich richtig leben kann. „Ich weiß zwei Dinge“, hat Isaak Newton einmal gesagt, „dass ich ein großer Sünder bin, und dass Christus ein großer Erlöser ist.“

Vater, ich lobe Dich, weil Du ein Gott bist, der Vergebung verschenken will. Danke, dass Du all unsere Schuld wegnehmen und uns Freude ins Herz geben kannst. Benutze unsere Erkenntnis, dass wir Sünder sind, dazu, dass wir Dich suchen. Amen.

24. AUGUST

Vergebung

Wenn sie sich aber von dir abwenden – es gibt ja keinen Menschen, der nicht sündigt – und du zornig wirst und sie an ihre Feinde auslieferst, die sie als Gefangene in ihr Land verschleppen, sei es fern oder nah, dann höre sie doch im Himmel, wo du wohnst, wenn sie dort in der Fremde ihre Schuld bereuen und zu dir umkehren! Wenn sie dann zu dir um Hilfe flehen und dir bekennen: „Wir haben Schuld auf uns geladen und gegen dich gesündigt, als wir dir den Rücken kehrten", dann erhöre ihr Flehen, wenn sie sich wieder von ganzem Herzen dir zuwenden! Hilf ihnen, wenn sie im Gebiet ihrer Feinde zu dir beten und zum Land blicken, das du ihren Vorfahren gegeben hast, zur Stadt, die du für dich erwählt hast, und zum Tempel, den ich für dich gebaut habe. Vergib deinem Volk alles, was sie dir angetan haben, auch ihre Auflehnung gegen dich! Lass ihre Unterdrücker Erbarmen mit ihnen haben! Denn trotz allem sind sie noch dein Volk, dein Eigentum, das du aus Ägypten herausgeholt hast wie aus dem Feuer eines Schmelzofens.

1. KÖNIGE 8,46-51

Für den jungen Salomo war der Bau des Tempels zur Ehre Gottes eine gewaltige Herausforderung. Als der Tempel geweiht wurde, betete der König für die Herzen der Menschen, die viel wichtiger sind als ein Gebäude.

Salomo sprach hier nicht in „Falls-Sätzen", als er das Thema Sünde ansprach, sondern in „Wenn-Sätzen". Seine weisen Worte gaben dem Volk – und auch uns Gläubigen heute – ein Muster, wie Sünde, Umkehr und Vergebung zusammengehören.

1. Wir *werden* auf jeden Fall sündigen.
2. *Wenn* wir sündigen und *falls* wir umkehren, Buße tun und uns an Gott wenden, und *falls* wir von ganzem Herzen zu ihm zurückkehren und uns im Gebet an ihn wenden,
3. *dann* wird er unser Gebet erhören, uns alle Verfehlungen vergeben, derer wir uns ihm gegenüber schuldig gemacht haben, und sich uns voller Erbarmen zuwenden.

Wir müssen Gottes Muster für Umkehr und Vergebung folgen. Es sagt so viel über Gottes gewaltige Gnade aus, dass er uns unsere Schuld nicht alleine tragen lässt – Jesus hat sie für uns ans Kreuz getragen. Und wenn wir so zu ihm umkehren, wie er es vorgeschrieben hat, zeigt sich sein Erbarmen in unserem Leben – und auch unsere Kinder werden es bemerken.

Barmherziger Gott, danke, dass wir unsere Schuld nicht alleine tragen müssen, und danke, dass Du Erbarmen mit uns hast, wenn wir uns Dir mit ganzem Herzen und aus ganzer Seele zuwenden. Dein Erbarmen schenkt uns Leben. Wir preisen Dich dafür. Amen.

25. AUGUST

Vergebung

Vergib uns unsere Schuld, wie wir denen vergeben,
die uns Unrecht getan haben.

MATTHÄUS 6,12

Jeanne Zechmeister, eine Psychologin an der Loyola University, beobachtete einmal, während bei der Messe das Vaterunser gebetet wurde, eine Frau, die das gesamte Gebet mitsprach, den Satz über die Vergebung aber bewusst ausließ. Zechmeister war bestürzt: „Das Einzige, was Jesus von uns im Vaterunser erwartet, ist, dass wir anderen vergeben. Alles andere sind Bitten, die wir an ihn haben. Ich habe mich die ganze Zeit gefragt, warum diese Frau diese Zeile nicht mitsprach. Ich hätte mich so gerne mit ihr unterhalten."

Wenn wir jemandem vergeben, bedeutet das, dass wir ihm oder ihr keine Vorwürfe machen, dass wir das Kriegsbeil begraben und unser Bedürfnis nach Rache loslassen – was uns wiederum von unserem Ärger befreit. Wie funktioniert das? Es ist für uns, aber auch für die nächste Generation wichtig, dass wir eine Antwort auf diese Frage finden.

- Vergebung geschieht in mehreren Stufen: Wir machen uns wieder neu bewusst, dass die Person, die an uns schuldig geworden ist, ein ganz normaler Mensch mit Stärken und Schwächen ist. Dann verzichten wir auf die Rache, von der wir meinen, dass wir ein Recht auf sie hätten. Und schließlich wünschen wir dem anderen in Gedanken das Beste.
- Wir vergeben den Menschen immer nur das, was sie tun, nicht das, was sie sind.
- Wir können nicht vergeben, bevor wir uns nicht bewusst gemacht haben, dass wirklich jemand an uns schuldig geworden ist.
- Vergebung ist eine Reise; je tiefer die Wunde ist, desto länger dauert sie.
- Vergebung dient nicht dazu, Schmerz zu vermeiden, sondern Schmerz zu heilen.
- Menschen, die anderen vergeben, sind keine Fußabtreter. Jemandem zu vergeben, bedeutet nicht zwangsläufig, dass man weiter alles hinnehmen wird, was er oder sie tut.
- Wenn wir vergeben, handeln wir wie der vergebende Gott.
- Vergebung ist Schwerstarbeit, aber wir sind Gott vermutlich nie so ähnlich, wie wenn wir anderen vergeben.

Vater, wir alle empfinden es als sehr schwierig, Vergebung zu lernen. Bitte gib uns Deine Weisheit und Deine Stärke, damit wir Deinem Gebot gehorchen und anderen vergeben können. Denn wir möchten Dir ähnlich werden. Dazu lehre uns zu vergeben und um Vergebung zu bitten. Amen.

26. AUGUST

Vergebung

Das Gleiche wird mit euch geschehen, wenn ihr euch weigert, eurem Bruder wirklich zu vergeben.

MATTHÄUS 18,35

Die Geschichte in Matthäus 18 kann Leuten, die mit dem Vergeben so ihre Probleme haben, einen wirklichen Anreiz bieten. Ein Mann hatte Geld des Königs veruntreut, und als das aufflog, stand er plötzlich mit Schulden in Höhe von zehntausend Talenten da – möglicherweise um die 11 Millionen Euro nach heutigen Maßstäben. Er scheint ein ziemlich eingebildeter Mann gewesen zu sein, der sich mehr darüber ärgerte, dass man ihn geschnappt hatte, als darüber, dass er dem König nun so viel Geld schuldete. Er dachte tatsächlich, dass er diese Riesensumme zurückzahlen könnte, wenn man ihm nur genug Zeit ließe. Der Mann hätte ziemlich nah am Abgrund gesessen, wenn der König nicht so viel Barmherzigkeit an den Tag gelegt hätte. Er erließ seinem Mitarbeiter die Schulden und vergab ihm. Weil der König Gnade gezeigt hatte, wurde der Mann nicht ins Gefängnis geworfen.

Als der Mann, dem eine so große Summe erlassen worden war, vom König fortging, traf er auf einen Kollegen, der ihm einen verhältnismäßig kleinen Geldbetrag schuldete. Er packte und schüttelte ihn und verlangte sein Geld auf der Stelle zurück. Als sein Schuldner vor ihm auf die Knie fiel und um einen Aufschub bat, ließ er ihn ins Gefängnis werfen, bis er seine Schulden zurückbezahlt hätte.

Als der König hörte, was passiert war, wurde er zornig. Wie konnte ein Mann, dem so viel vergeben worden war, einem anderen nur die Vergebung vorenthalten. Er ließ seinen ungerechten Angestellten ins Gefängnis werfen und den Folterknechten übergeben, und behandelte den Knecht damit so, wie dieser seinerseits mit seinem Schuldner gehandelt hatte.

Jesus hat uns ermahnt, dass Gott uns nicht vergeben kann, wenn er in unserem Herzen keine Demut und Umkehrbereitschaft findet. Und wie es in uns aussieht, wird in der Art und Weise deutlich, wie wir andere behandeln. Wo Stolz und ein Wunsch nach Rache ist, kann es keine wahre Vergebung geben.

Vater, du gibst uns in Deinem Wort eine so drastische Beschreibung, was der Stolz aus uns machen kann! Hilf uns, uns vor Dir zu demütigen, damit wir selbst Gnade erfahren und in der Lage sind, diese Gnade auch an andere weiterzugeben. Amen.

27. AUGUST

Zeit

Falls jemand von euch nicht weiß, was der Wille Gottes in einer bestimmten Sache ist, soll er um Weisheit bitten. Ihr wisst doch, wie reich Gott jeden beschenkt und wie gern er allen hilft. Also wird er auch euer Gebet erhören.

JAKOBUS 1,5

Kürzlich fiel mir in einer Frauenzeitschrift eine Karikatur auf, in der ein kleiner Junge am Küchentisch saß. Seine Mutter war gerade dabei, einen Teller vor ihn zu stellen, und der Junge fragte: „Mama, wo hast du eigentlich gearbeitet, bevor du für Papa und mich gearbeitet hast?"

Ich muss beim Gedanken an diese Karikatur lächeln, aber irgendwie zucke ich auch innerlich zusammen. Lächeln kann ich, weil ich, wie die Mutter in dieser Karikatur, einen großen Teil meiner Zeit darauf verwende, für meine Familie zu arbeiten, und meistens habe ich dabei auch viel Freude. Und ich zucke zusammen, weil ich mir manchmal wie eine Sklavin vorkomme und unzufrieden werde, weil mir bei der vielen Arbeit oft so wenig Zeit für mich bleibt. Obwohl ich nun schon seit über zwanzig Jahren Mutter bin, muss ich zugeben, dass ich es immer noch schwierig finde, eine gute Balance zu halten. Ich kenne Zeiten, in denen ich mich auf eine ungesunde Weise für das Wohlergehen aller anderen verantwortlich gefühlt habe und meine eigenen Bedürfnisse total ignorierte. Und ich kenne Zeiten, in denen es so viel Gutes und Schönes außerhalb der Familie zu tun gab, dass ich vor lauter Geschäftigkeit meinen Mann und die Jungs zu vernachlässigen begann.

Seit einigen Jahren bete ich regelmäßig jeden Tag um Weisheit, wie ich meine Zeit einteilen soll, und das hat mir enorm geholfen. Ich kann natürlich nicht behaupten, dass ich den gesunden Mittelweg endgültig gefunden habe, aber wenn ich meine Pläne für den Tag schon morgens mit Gott durchgesprochen habe, fallen mir weise Entscheidungen im Lauf des Tages viel leichter, weil ich darüber schon nachgedacht und gebetet habe. Und wenn irgendetwas nicht so gut läuft, halte ich kurz inne, versuche, die Situation neu einzuschätzen, und bitte Gott um mehr Weisheit.

Vater, danke, dass wir Dich um Weisheit bitten können. Bitte hilf uns, die vielen Aufgaben und die Verantwortung, die wir als Mütter haben, gut unter einen Hut zu bringen. Schenke uns Weisheit, um den vielen Anforderungen gerecht zu werden. Lehre uns eine gute Zeiteinteilung und zeige uns, was wirklich wichtig ist. Amen.

28. AUGUST

Zeit

Mach uns bewusst, wie kurz unser Leben ist, damit wir endlich zur Besinnung kommen.

PSALM 90,12

Wenn wir mit unseren Kindern Plätzchen backen, bringen wir ihnen bei, wie man die richtige Menge unterschiedlicher Zutaten abmisst. Warum ist das wichtig? Wie wir Maß nehmen, entscheidet darüber, wie die Plätzchen schmecken. In Gottes Wort erfahren wir, dass die Art und Weise, wie wir unser Leben „abmessen", sich auf unser Herz auswirkt. In dem Vers oben werden wir aufgefordert, uns bewusst zu machen, wie kurz unser Leben ist. Dabei geht es nicht darum, dass wir uns bewusst machen, wie alt wir sind, sondern um viel mehr (Psalm 90,1-2):

1. Wir sollten uns bewusst machen, dass Gott außerhalb der Zeit existiert. Die Geschichte kommt und geht, aber Gott ist ewig, und er ist nicht an das gebunden, was sich auf der Erde abspielt. Egal, in welcher Zeit und unter welchen Umständen ein Mensch lebt, er kann immer Gott als seinen Zufluchtsort und seine ewige Sicherheit wählen.
2. Wir sollten uns bewusst machen, dass unser Leben nur vorübergehend währt. In den Versen 3-6 dieses Psalms wird das Menschenleben mit Staub verglichen, mit einer Nachtwache (üblicherweise drei oder vier Stunden lang) und mit Gras, das am Morgen wächst und am Abend schon wieder verdorrt.
3. Wir sollten uns bewusst machen, dass unser Leben nur dann Ewigkeitswert hat, wenn wir mit dem Gott der Ewigkeit in Beziehung treten. Weil Gott uns nach seinem Bild geschaffen hat, kann unser Leben Bedeutung erlangen und wir können Beachtliches erreichen, wenn wir Gott bewusst Ehre geben. Unser kurzes Leben auf der Erde kann mit dazu beitragen, dass an seinem Reich weitergebaut wird – vor allem durch die Kinder, die er uns anvertraut hat.

Wenn wir unsere Zeit *heute* weise nutzen, wirkt sich das *in Ewigkeit* auf unsere Herzen aus.

Vater, Psalm 90,12 ist wirklich ein angemessenes Gebet für jeden Tag unseres Lebens: „Mach uns bewusst, wie kurz unser Leben ist, damit wir endlich zur Besinnung kommen." Danke, dass wir, obwohl wir so zerbrechliche Wesen sind, durch den Glauben an Jesus Christus mit Dir, dem ewigen Gott, verbunden sein können! Amen.

29. AUGUST

Zeit

„Mit dem Reich Gottes ist es wie mit dem Samen, den ein Bauer auf sein Feld sät", erklärte Jesus weiter. „Nach der Arbeit geht er nach Hause, schläft, steht wieder auf, und das tagaus, tagein. Im Laufe der Zeit wächst die Saat ohne sein Zutun heran. Denn die Erde lässt die Frucht aufgehen und wachsen. Zuerst kommt der Halm, dann die Ähre und endlich als Frucht die Körner."

MARKUS 4,26-28

Vor einigen Jahren haben wir Jordan zwei Wüstenspringmäuse gekauft, um die er sich drei oder vier Jahre kümmerte und mit denen er viel Spaß hatte. Als die zweite Maus gestorben war, kauften wir ihm gleich zwei Hamster. Jordan erwies sich als Tierfreund und spielte oft mehrmals am Tag mit seinen Tieren.

Ich hatte mit den Tieren bei weitem nicht so viel zu tun wie er, und als ich sie mir zwei Wochen nachdem wir sie gekauft hatten, noch einmal anschaute, stellte ich fest, dass sie inzwischen fast doppelt so groß geworden waren. Ich war über das Wachstum der Hamster richtig überrascht. Mein Sohn dagegen hatte es kaum bemerkt, weil er sie jeden Tag mehrmals sah. So ist Wachstum; es braucht Zeit, und es ist nicht immer sofort sichtbar.

Markus 4,26-28 gibt uns einige interessante Hinweise, wie Wachstum geschieht. Es lässt sich nicht erzwingen. Aber wo Gottes Gnade, seine Wahrheit und ein bisschen Zeit vorhanden sind, bringt Gott Wachstum hervor.

Wir können Wachstum nicht erzwingen. Aber wenn wir Gottes Wort bereitwillig aufnehmen und ihm gehorchen, lehrt uns der Heilige Geist in der Wahrheit. Und wenn wir uns nach einer Beziehung mit Gott und seinem Leib, der Kirche, ausstrecken, werden wir seine Gnade erfahren. Mit der Zeit werden Gottes Gnade und Wahrheit im Leben des Gläubigen Wachstum bewirken.

Vater, danke, dass wir wissen dürfen, dass wir wachsen werden! Danke, dass Du den Samen Deiner Wahrheit und Gnade in unser Herz säst. Schenk uns die nötige Geduld, um abwarten zu können. Denn Du bestimmst den Zeitpunkt und die Schnelligkeit des Wachstums. Amen.

30. AUGUST

Zeit

Mose entgegnete: „Wenn ich zu den Israeliten komme und ihnen sage, dass der Gott ihrer Vorfahren mich zu ihnen gesandt hat, werden sie mich nach seinem Namen fragen. Was sage ich dann?" Gott antwortete: „Ich bin euer Gott, der für euch da ist. Darum sag den Israeliten: ‚Ich bin für euch da' hat mich zu euch gesandt."

2. MOSE 3,13-14

Zeit. Wir alle messen Zeit, wir alle wissen, dass die Zeit vergeht, und trotzdem ist es unmöglich, genau zu sagen, was Zeit eigentlich ist. Mein Wörterbuch definiert es als „nichträumliches Kontinuum, in dem sich Ereignisse in offensichtlich unumkehrbarer Reihenfolge von der Vergangenheit über die Gegenwart hin zur Zukunft abspielen".

Als Nächstes habe ich also *Kontinuum* nachgeschlagen: „Ein durchgehendes Gebiet, eine durchgehende Abfolge von Ereignissen, ein Ganzes." Mir scheint, dass Gott ein solches Kontinuum ist – dieser Gott, der seinen vollen Namen in der Bibel nur einmal nennt: „Ich bin für euch da" – oder auch: „Ich bin, der ich bin."

Gott nannte Mose seinen Namen, als Mose eines Tages mit den Schafen in der Wüste war und auf einen brennenden Busch stieß. Mose trat näher, weil er sich wunderte, dass der Busch zwar lichterloh brannte, aber nicht zu verbrennen schien. Daraufhin sprach Gott ihn aus dem Busch heraus an. Er forderte ihn auf, zum Pharao zu gehen und die Israeliten aus Ägypten zu führen.

Wenn wir in unserer Familie vor schwierigen Herausforderungen stehen, ist es gut, uns immer wieder an Gott als den „Ich bin für euch da" zu erinnern. Vor welchen schwierigen Situationen stehen Sie in Ihrem Abschnitt von Gottes großem Kontinuum? Es macht Mut, immer wieder an die Herrlichkeit und die Macht des „Ich-bin"-Gottes erinnert zu werden. Er bleibt immer gleich und er bringt uns zu seinem Ziel, wenn wir uns an ihm ausrichten.

Gott, als Mose darum rang, zu erkennen, wie Du ihn für Deine Pläne gebrauchen wolltest, hast du ihm gezeigt, wie stark und mächtig Du bist. Wir plagen uns oft mit ähnlichen Fragen und Kämpfen herum. Bitte mach uns mit Deinem Wort und Deiner Gegenwart Mut, dass wir, zunächst in unserer Familie, aber auch darüber hinaus, an Deinem Reich mitbauen können. Amen.

31. AUGUST

Zeit

„Herr, lass mich erkennen, wie kurz mein Leben ist und wie viel Zeit ich noch habe; wie vergänglich bin ich doch! Wie begrenzt ist das Leben, das du mir gegeben hast! Ein Nichts ist es in deinen Augen! Jeder Mensch, selbst der stärkste, ist nur ein Hauch, der vergeht – schnell wie ein Schatten verschwindet er. Sein Tun und Treiben ist viel Lärm um nichts! Er häuft sich Reichtümer an und weiß nicht, was daraus wird.“

PSALM 39,5-7

Wenn uns unsere eigene Sterblichkeit vor Augen gemalt wird, machen wir uns wieder neu bewusst, was im Leben wirklich zählt. Die Buchautorin Anne Lamott berichtet von Pam, einer Freundin, die Brustkrebs hatte. Als Anne sich einmal darüber beschwerte, dass sie keine Shorts in ihrer Größe finden konnte, erinnerte Pam sie sanft: „Annie, das ist nicht wirklich wichtig.“

Vor einigen Jahren erkrankte auch eine Freundin von mir an Krebs. Ich kenne viele Frauen, die gegen die Krankheit ankämpfen und sie überleben, aber Marty starb eineinhalb Jahre nachdem der Krebs bei ihr diagnostiziert worden war. Die Monate vor und nach ihrem Tod waren mit die ernüchterndsten und entscheidendsten Monate meines Lebens. Marty hatte drei Söhne, die mit meinen Jungs befreundet waren. Ich sah eine Freundin leiden, und ich bekam mit, wie sie sich darauf einstellte, vor ihren Schöpfer und Erlöser zu treten.

Als Marty und ich uns während des Anfangsstadiums ihrer Krankheit auf eine Tasse Kaffee verabredeten, und später, als der Krebs fortgeschritten war und ich an ihrem Krankenbett saß, hatte sie immer die Größe, mich zu fragen, wie es mir ging. Aber unsere Gespräche wandten sich dann oft gewichtigeren Themen, wie dem Tod oder dem Sinn des Lebens, zu. Einmal meinte Marty: „Die meisten von uns haben mal eine Ausbildung gemacht, geheiratet, gearbeitet, Häuser gebaut, Kinder bekommen und einen großen Teil der Zeit damit zugebracht, diese Kinder in der Gegend herumzukutschieren. Das ist alles gut und richtig, aber am Ende zählt doch nur unsere Beziehung zu Gott – etwas anderes nehmen wir ohnehin nicht mit.“ Martys bedächtige Worte zählen zu den überzeugendsten Predigten, die ich je gehört habe.

Gott, es ist so ernüchternd zu merken, wie kurz unser Leben auf der Erde ist. Bitte hilf uns, unsere Zeit weise zu nutzen und immer daran zu denken, dass unsere Hoffnung in Dir liegt. Zeige uns, was Bestand hat, und hilf uns, dass unsere Beziehung zu Dir immer tiefer wird und wir Dich Stück für Stück besser kennenlernen. Amen.

1. SEPTEMBER

Zeit

Denk schon als junger Mensch an deinen Schöpfer.

PREDIGER 12,1a

Jay Thomas, einer der Pastoren in meiner Gemeinde, hat kürzlich ein Bild gebraucht, das er von Alistair Begg gehört hatte. Stellen Sie sich einmal vor, jemand überweist jeden Tag 86.400 Euro auf Ihr Konto. Ihre Aufgabe ist es nun, dieses Geld auszugeben; alles, was Sie bis Mitternacht nicht ausgeben, verfällt. Vermutlich würden Sie ganz schön lange darüber nachgrübeln, was Sie jeden Tag mit so viel Geld anstellen sollen. Jay hat weiter ausgeführt, dass wohl die wenigsten von uns täglich 86.400 Euro überwiesen bekommen, aber jedem Einzelnen von uns stehen täglich 86.400 Sekunden zur Verfügung. Die Frage ist: Was machen wir mit all diesen Sekunden?

Ich bin sehr dankbar für all die Sonntagschullehrer und Jugendgruppenleiter, die mich ermutigt haben, Verse wie den oben angegebenen auswendig zu lernen. Ich bin auch meinen Eltern dankbar, die mir einerseits viel Freiheit gelassen, andererseits aber auch gesunde Grenzen gesetzt haben, sodass ich meine Zeit weise nutzen lernte. Jetzt, da ich erwachsen bin, muss ich meinen Eltern nicht mehr Rechenschaft darüber ablegen, wie ich meine Zeit verbringe – aber Gott gegenüber bin ich weiter verantwortlich. Und obwohl ich nicht mehr ganz jung bin, habe ich doch noch nicht mit all den Einschränkungen des Alters zu kämpfen, die in Prediger 12,1b-5 geschildert werden: schwache Augen, zitternde Gliedmaßen, ausfallende Zähne und Taubheit. Also habe ich, so Gott will, immer noch 86.400 Sekunden täglich, um an meinen Schöpfer zu denken und ihm Ehre zu machen.

Vater, bitte hilf uns, dass jede Sekunde unseres Tages Dir und Deinem Reich nützt. Hilf uns, auch unseren Kindern zu zeigen, wie wichtig es ist, schon in jungen Jahren mit Dir zu leben und Deine Gegenwart zu erleben. Amen.

2. SEPTEMBER

Zeit

Aber zu der von Gott festgesetzten Zeit sandte er seinen Sohn zu uns. Christus wurde wie wir als Mensch geboren und den Forderungen des Gesetzes unterstellt. Er sollte uns befreien, die wir Gefangene des Gesetzes waren, damit Gott uns als seine Kinder annehmen konnte. Weil ihr nun seine Kinder seid, schenkte euch Gott seinen Heiligen Geist, denselben Geist, den auch der Sohn hat. Deshalb dürft ihr jetzt im Gebet zu Gott sagen: „Lieber Vater!“ Ihr seid nicht länger Gefangene des Gesetzes, sondern Kinder Gottes. Und als Kinder Gottes seid ihr auch seine Erben, denen alles gehört, was Gott versprochen hat.

GALATER 4,4-7

Als unser Ältester, Chad, in seinem letzten Schuljahr war, bewarb er sich an verschiedenen Colleges und Universitäten. Schließlich entschloss er sich für ein College im Westen Pennsylvanias. Um zum Studiengang Maschinenbau zugelassen zu werden, musste er eine Aufnahmeprüfung machen. Den drei Kandidaten, die bei dieser Prüfung am besten abschnitten, sollten die Studiengebühren für ein ganzes Jahr erlassen werden. Chad legte die Prüfung im März ab, und schon bald erfuhr er, dass er unter den ungefähr hundert Leuten den vierten Platz belegt hatte. Wir waren natürlich ganz begeistert, dass er so gut abgeschnitten hatte, aber ein kleiner Wermutstropfen blieb, dass ihm das Stipendium so knapp entgangen war.

Am Abend vor Chads Schulabschluss, als wir gerade beim Essen saßen, klingelte das Telefon. Es war der Dekan der Abteilung Maschinenbau am Grove City College. „Einer der drei besten Prüflinge hat beschlossen, doch an ein anderes College zu gehen“, berichtete er uns, „und Chad bekommt deswegen doch eines der Stipendien.“ Der Zeitpunkt für diese Mitteilung konnte nicht besser gewählt sein.

In Galater 4,4 werden wir daran erinnert, dass Gott seinen Sohn genau zur rechten Zeit auf die Erde sandte. Weil Gott uns Jesus gab, können wir seine Kinder sein und sind nicht länger Sklaven des Gesetzes. Wir verstehen noch nicht, was das alles bedeutet. Aber als Kinder Gottes dürfen wir wissen, dass unser Vater uns in diesem Leben alles geben wird, was wir brauchen. Und darüber hinaus dürfen wir eines Tages unser geistliches Erbe antreten, das unbezahlbar ist.

Vater, danke, dass Du immer alles zur rechten Zeit tust und dass Du alles, was in unserem Leben passiert, in der Hand hältst. Wir sind so froh, dass wir Deine Kinder sein dürfen. Danke, dass Du uns alles geben willst, dessen wir bedürfen. Amen.

3. SEPTEMBER

Ermutigung

Seid liebevoll zu euren Kindern, damit sie nicht mutlos werden.

KOLOSSER 3,21

Ich habe einmal die Geschichte von einer Lehrerin gehört, die ihre Schüler fragte, was sie einmal werden wollten. „Präsident." „Feuerwehrmann." „Lehrerin." Sie gaben die üblichen Antworten, bis die Reihe an Billy kam. „Und was möchtest du werden, wenn du groß bist, Billy?", fragte die Lehrerin.

„Möglich", sagte Billy.

„Möglich?", fragte die Lehrerin verwirrt.

„Ja", erklärte Billy. „Meine Mama sagt immer, ich bin unmöglich. Also will ich *möglich* werden, wenn ich groß bin."

Zwischen Ermutigung und Entmutigung liegen Welten. Ermutigung bringt neuen Schwung, Trost, Fröhlichkeit, Zuversicht, Hoffnung, Optimismus und Vertrauen – Entmutigung dagegen Niedergeschlagenheit, Traurigkeit, Pessimismus und Misstrauen.

Ich muss nicht lange überlegen, was ich sein möchte: eine Mutter, die ihren Kindern Mut macht und sie nicht entmutigt. Wenn ich dabei Hilfe brauche, ist Gottes Wort genau die richtige Anlaufstelle.

> *Sorgen drücken einen Menschen nieder – aber freundliche Worte richten ihn wieder auf.*
> Sprüche 12,25

> *Ein freundliches Wort schenkt Freude am Leben, aber eine böse Zunge verletzt schwer.*
> Sprüche 15,4

Jedes Kind braucht Ermutigung. Jedes Kind muss hören, dass es im Leben viel erreichen kann. Jedes Kind muss wissen, dass ein großes Potential in ihm schlummert. Und auch wir als Mütter haben ein großes Potential – das Potential, unseren Kindern Mut zu machen. Welch ein Geschenk!

Vater, bitte vergib uns, wo wir unsere Kinder entmutigt haben. Hilf uns, uns dafür zu entschuldigen und uns immer wieder Dir und Deinem Wort zuzuwenden, wenn wir Kraft brauchen, anderen Mut zu machen. Amen.

4. SEPTEMBER

Ermutigung

Und wieder hörte ich Stimmen wie von einem gewaltigen Chor: mächtig wie Wassermassen, die zu Tal stürzen, und wie das Grollen des Donners. Sie sangen: „Halleluja! Lobt den Herrn! Denn der allmächtige Gott, unser Herr, ist der Sieger. Er hat seine Herrschaft angetreten.“

OFFENBARUNG 19,6

Mein Elfjähriger saß neben mir in unserem Familienbus und wir hörten beim Fahren Musik. Als das „Halleluja“ aus Händels *Messias* erklang, versuchte Jordan seinen Gurt zu lösen und aufzustehen. Wir mussten beide lachen. Man steht schließlich auf, wenn das Halleluja ertönt, das weiß doch jeder! Aber nicht jeder weiß, wie entmutigt Händel war, als er ausgerechnet dieses Stück komponierte.

Georg Friedrich Händels Vater war Barbier und er war fest entschlossen, dass sein Sohn Jurist werden sollte. Obwohl der junge Händel schon als Kind Musik liebte, verbot ihm der Vater, Unterricht zu nehmen. Das änderte sich erst, als ein Fürst den neunjährigen Knaben Orgel spielen hörte. Er legte dem Vater sehr ans Herz, seinem Sohn einen vernünftigen Musikunterricht zu gestatten.

Obwohl er als Organist und Komponist außerordentlich begabt war, hatte Händel es im Leben nicht leicht. Das Ansehen, das er genoss, stand und fiel mit den jeweiligen Monarchen, seine Zuhörerschaft war unberechenbar und manchmal hatte er so hohe Schulden, dass er befürchten musste, ins Gefängnis geworfen zu werden. Er war so entmutigt, dass er ernsthaft überlegte, sich ganz aus dem öffentlichen Leben zurückzuziehen, als ihm ein Libretto übergeben wurde, das ganz auf Bibeltexten beruhte. Um dieselbe Zeit bekam er den Auftrag einer Wohlfahrtsgesellschaft in Dublin, ein Stück für eine Benefizveranstaltung zu komponieren.

Händel machte sich an die Arbeit, und innerhalb von vierundzwanzig Tagen hatte er 260 Seiten eines Manuskripts fertiggestellt, das *Der Messias* hieß. Ein Händel-Spezialist hat einmal bemerkt, dass die Musik und der Text des Messias „vermutlich mehr Menschen überzeugt haben, dass es Gott gibt, ... als alle theologischen Abhandlungen, die je geschrieben wurden“.

Wenn wir entmutigt sind, heißt das nicht, dass Gott uns nicht brauchen könnte!

Gott, danke, dass Du alles im Blick hast und weiter siehst als wir. Wir verzagen und geben so schnell auf, wenn wir entmutigt sind. Und auch unsere Kinder möchten manchmal am liebsten alles aufgeben. Erinnere uns immer wieder daran, dass viele der Menschen, die du auf besondere Weise gebrauchen konntest, zum einen oder anderen Zeitpunkt entmutigt waren. Amen.

5. SEPTEMBER

Ermutigung

Ermahnt und ermutigt euch immer wieder, solange Gott zu euch redet. Nur so seid ihr sicher, dass ihr seine Stimme nicht überhört und die Sünde euch nicht betrügen kann.

HEBRÄER 3,13

Um die Art von Ermutigung ein bisschen besser zu verstehen, um die es hier geht, sollten wir uns ansehen, was der Autor des Hebräerbriefs ein paar Verse vorher geschrieben hat. „Verschließt eure Herzen nicht (vor Gott), wie es eure Väter getan haben; damals, als ich sie in der Wüste auf die Probe stellte und sie sich erbittert gegen mich auflehnten." (Vers 8) Die Kinder Israels hatten Gott verachtet, was an ihrer negativen Einstellung, an ihrem Murren und Nörgeln und an ihrem Ungehorsam deutlich wurde.

Vorher waren die Israeliten bereit, Gott überallhin zu folgen. Nach 430 Jahren Sklaverei hatten sie nun einen starken Führer, und sie hatten große Wunder erlebt. Sobald es ein bisschen schwierig wurde, begannen sie sich lautstark zu beschweren: „Kümmert sich der Herr um uns oder nicht?" (2. Mose 17,7) Wir Menschen reagieren auf Schwierigkeiten oft mit Nörgeln, Beschwerden und bitteren Vorwürfen, aber wir sollten dabei nicht stehen bleiben. Es ist gesund, wenn wir unsere Fragen und Gefühle ganz ehrlich vor Gott bringen, wie es der Psalmist tut (vgl. Psalm 77,8-10), aber dann sollten wir uns, ebenso wie der Psalmist, wieder an Gottes Größe und an seine Treue in der Vergangenheit erinnern. (vgl. Psalm 77,12ff.)

Wie können wir einander Mut machen? Zuallererst können wir einander unterstützen. Wenn wir auf einen Menschen treffen, der zu kämpfen hat oder nicht weiterkommt, können wir ihm zuhören, ihn zu verstehen versuchen und ihm ganz praktisch helfen. Außerdem können wir für ihn beten und ihm Gottes Wort weitergeben, damit er neue Hoffung und neuen Mut gewinnt. Wenn es meinen Kindern nicht gut geht, schreibe ich mir oft bestimmte Bibelstellen heraus, die ich dann für ihre konkrete Situation bete. Das geht natürlich auch für Ehemänner, Freunde und uns selbst. Bei aller Anteilnahme können wir immer beten, dass wir das Gleichgewicht zwischen Anliegen und Lob halten. Wie können wir heute jemanden ermutigen?

Vater, danke, dass Du uns zuhörst, wenn wir mit unseren Fragen zu Dir kommen. Danke für alle Ermutigung, die andere Gläubige uns vermittelt haben, wenn wir selbst mutlos waren und nicht weiterwussten. Danke, dass Dein Wort uns immer wieder hilft, die Welt mit anderen Augen zu sehen. Bitte lass auch uns zur Ermutigung für die Menschen um uns herum werden. Amen.

6. SEPTEMBER

Ermutigung

Christus ist für uns gestorben, damit wir – ganz gleich, ob wir nun leben oder schon gestorben sind – mit ihm ewig leben. Vergesst das nicht, und erinnert euch gegenseitig daran. So werdet ihr einander ermutigen und trösten, wie ihr es ja auch bisher getan habt.

1. THESSALONICHER 5,10-11

Ermutigende Worte beleben unseren Geist regelrecht. Sie verleihen uns neuen Schwung, lassen den Tag gleich viel freundlicher erscheinen und geben uns neue Kraft für unsere Aufgaben.

Kürzlich erzählte mein Mann mir, wie sehr etwas, was ich einige Wochen zuvor so im Vorbeigehen gesagt hatte, ihn ermutigt hatte. Ich hatte gesagt: „Ich weiß, dass es nicht selbstverständlich ist, dass wir über alles reden können. Ich fühle mich in unserer Beziehung wohl, wie in einem Paar alter, bequemer Pantoffeln." Ganz offensichtlich hatten diese wenigen Worte ihm mehr bedeutet, als mir bewusst war.

Als Moses Tage als Führer des Volkes Israel gezählt waren, forderte Gott ihn auf, Josua Mut zu machen. Gott hatte Josua als neuen Leiter vorgesehen. Diese Ermutigung, die Mose seinem Nachfolger mit auf den Weg gab, war Teil der Zurüstung, die Gott für den neuen Leiter angedacht hatte. Und Gott hat sich das für unsere Familien ähnlich gedacht. Wir haben so unendlich viele Möglichkeiten, unseren Männern und Kindern Mut zu machen. Ist Ihr Mann viel unterwegs? Stecken Sie ihm einige Karten mit ein paar Zeilen in den Koffer – eine für jeden Tag, den er weg ist. Und denken Sie nicht, dass Ihre Kinder irgendwann zu alt sind, um sich über ein paar witzige Zeilen in der Pausenbrotdose zu freuen. „Freundliche Worte", hat Mutter Teresa gesagt, „können kurz und schnell gesprochen werden, aber sie hallen ewig nach."

Vater, danke für all die Menschen, die uns in unserem Leben Mut gemacht haben. Lass auch uns richtige Ermutiger in unserem Familien- und Freundeskreis sein. Hilf uns, die richtigen Worte zu finden, wenn wir Menschen begegnen, die Ermutigung brauchen. Amen.

7. SEPTEMBER

Ermutigung

Sei mir gnädig, Herr, denn zu dir rufe ich den ganzen Tag.

PSALM 86,3

Kleine Kinder rennen schnell zu ihrer Mama, wenn sie verletzt, traurig, einsam oder verwirrt sind. Aber wohin rennen eigentlich wir Mütter, wenn *wir* verletzt oder traurig, einsam oder verwirrt sind?

Wenn Sie verletzt, traurig, einsam oder verwirrt sind, schreiben Sie sich die folgenden Verse auf Karteikarten und lesen Sie sie über den Tag verteilt immer wieder, um sich Mut zu machen:

> *Herr, wer dich kennenlernt, der wird dir gern vertrauen. Wer sich auf dich verlässt, der ist nie verlassen.*
> Psalm 9,11

> *Gepriesen sei der Herr! Ich war eingeschlossen in einer belagerten Stadt, doch auch dort habe ich deine wunderbare Liebe erfahren.*
> Psalm 31,22

> *Gott rettet mich, er steht für meine Ehre ein. Er schützt mich wie ein starker Fels, bei ihm bin ich geborgen. Ihr Menschen, vertraut ihm jederzeit, und schüttet euer Herz bei ihm aus! Gott ist unsere Zuflucht.*
> Psalm 62,8-9

> *Als quälende Sorgen mir Angst machten, hast du mich beruhigt und getröstet.*
> Psalm 94,19

Vater, danke, dass wir uns immer an Dich wenden können, wenn wir Ermutigung brauchen. Danke, dass Dein Wort und Deine Gegenwart uns immer wieder erfrischen und erneueren. Amen.

8. SEPTEMBER

Ermutigung

Warum nur bin ich so traurig? Warum ist mein Herz so schwer?
Auf Gott will ich hoffen, denn ich weiß: ich werde ihm wieder danken.
Er ist mein Gott, er wird mir beistehen.

PSALM 42,11

Was das Wort „niedergeschlagen“ bedeutet, das in meiner englischen Übersetzung in diesem Vers verwendet wird, ist mir erst richtig klar geworden, als ich mehr über Schafe und ihr Verhalten erfuhr. „Niedergeschlagen“ oder „niedergeworfen“ ist ein Schaf, wenn es auf dem Rücken liegt und nicht aufstehen kann. Es liegt einfach da und streckt die Beine in die Luft, und egal, was es versucht – es kommt einfach nicht wieder hoch. Vielleicht beginnt es verzweifelt zu blöken, aber auf jeden Fall wird es zunehmend verwirrter und unruhiger.

Ein Schaf wird niedergeschlagen, wenn es sich hinlegt und sich sein Schwerpunkt auf irgendeine Weise so unglücklich verlagert, dass die Füße des Schafes den Boden nicht mehr berühren. Sobald es feststellt, dass es von alleine nicht mehr aufstehen kann, gerät das Schaf in Panik. In der Sommerhitze kann ein niedergeschlagenes Schaf innerhalb weniger Stunden sterben. Wenn es ein bisschen kühler ist, überlebt es vielleicht ein paar Tage. Hirten haben immer ein Auge auf niedergeschlagene Schafe, und das ist auch einer der Gründe, warum sie abends die Schafe zählen und nachschauen, ob eins fehlt.

Auch wir werden manchmal niedergeschlagen, wenn sich „unser Schwerpunkt verlagert“ und wir keinen Boden mehr unter die Füße bekommen. Nur unser Hirte kann uns wieder aufrichten und unseren Kreislauf wieder in Schwung bringen. Er kommt nicht mit einer großen Rute angerannt, um uns hochzuprügeln, sondern stellt uns zärtlich wieder auf die Füße und hofft sehr, dass wir ihm gerne und freiwillig folgen. Was für einen guten Hirten wir doch haben!

Herr, danke, dass Du unser Guter Hirte bist, der sanft und liebevoll mit uns umgeht. Danke, dass Du uns nicht aufgibst, wenn wir niedergeschlagen sind. Hilf uns, Deinem Beispiel zu folgen und freundlich zu unseren Kindern zu sein. Amen.

9. SEPTEMBER

Ermutigung

„An deiner Stelle wird Josua hineingehen, der Sohn Nuns, der dir bei deinen Aufgaben geholfen hat. Ermutige ihn! Denn er soll Kanaan unter den Israeliten aufteilen."

5. MOSE 1,38

Wer hätte gedacht, wie viel Ermutigung ein roter Mantel schaffen könnte?

In den achtziger Jahren reisten meine Schwester Barbara und ihr Mann Jordon als Missionare nach Neu-Delhi in Indien aus, und Angehörige ihrer beiden Familien trafen am Flughafen O'Hare zusammen, um sie zu verabschieden. Es war sehr schwierig, sie ziehen zu lassen, denn wir wussten, dass wir sie mindestens drei Jahre lang nicht sehen würden.

Nachdem wir alle zusammen gebetet hatten, gab es einen tränenreichen Abschied, und als wir Barbara und Jordon ins Flugzeug steigen sahen, hatte mein Mann eine Idee. Er schlug vor, dass wir alle zur obersten Etage des großen Parkhauses gingen, neben dem das Flugzeug stand. Als wir dort oben ankamen, schlug jemand vor, dass meine Schwester Gail ihren knallroten Mantel ausziehen sollte, damit wir damit winken und Barbara und Jordon auf uns aufmerksam machen konnten.

Barbara erinnert sich noch: „Wir saßen da im Flugzeug und hatten uns gerade unter Tränen von allen verabschiedet, als Jordon über den Gang hinweg nach draußen schaute. Irgendetwas Rotes war ihm ins Auge gefallen. Er stupste mich an, als ihm bewusst wurde, dass es unsere beiden Familien waren, die sich auf diese auffällige Weise noch einmal verabschiedeten. Da mussten wir gleichzeitig lachen und weinen. Es war natürlich eine absolut verrückte und herrlich alberne Idee, mit einem roten Mantel zu winken, aber es hat mir so viel Mut gemacht, dass ich mich noch jahrelang daran erinnert habe."

Wen können wir auf eine kreative Weise ermutigen? Wessen Leben können wir heute ein kleines bisschen heller machen?

Vater, danke für all die Menschen, die Du uns in Zeiten geschenkt hast, in denen wir sie wirklich nötig hatten. Danke für die Ermutigung, die Du uns durch sie geschenkt hast. Lass uns für unsere Familien und Freunde heute eine Ermutigung sein! Amen.

10. SEPTEMBER

Gebet II

Während Ahab aß und trank, stieg Elia zum Gipfel des Karmel hinauf. Dort oben kniete er nieder, verbarg das Gesicht zwischen den Knien und betete.

1. KÖNIGE 18,42

Hier am Berg Karmel fand ein Kampf statt, aber nicht zwischen Elia und Ahab. Ahab hatte Gott den Krieg erklärt. Nach dreieinhalb Jahren hatte Gott Elia angewiesen, zu Ahab zu gehen und ihm zu sagen, dass Gott wieder Regen schenken würde. Als Elia diese Nachricht überbrachte, forderte er gleichzeitig 450 Propheten Baals zu einem Wettstreit auf dem Berg Karmel heraus. Beide Seiten sollten ein Opfer herrichten, aber kein Feuer daran legen. Der wahre Gott würde sich darin zeigen, dass er sein Opfer in Brand steckte. Die Gebete der heidnischen Propheten, die zu Baal beteten, blieben unerhört, aber als Elia betete, schickte Gott Feuer vom Himmel, das das Opfer verbrannte – obwohl vorher extra noch Wasser darüber geschüttet worden war. Das Volk Israel pries den Herrn, und die Baalspropheten wurden umgebracht.

Aber immer noch gab es keinen Regen. Während Ahab nach Hause ging, um zu essen und zu trinken, zog sich Elia alleine zum Gebet zurück und beugte sich mit dem Kopf zwischen den Knien zur Erde nieder.

Elia wusste, dass Gott Leute, denen er einen Auftrag gibt, nie ohne die notwendigen Hilfsmittel lässt, damit sie diese Aufgabe auch erfüllen können. Wir vergessen manchmal, dass er uns mit dem Gebet das wichtigste und größte Hilfsmittel an die Hand gegeben hat. Elias Gebet wurde erhört, und der Regen kam.

Welche Aufgaben türmen sich heute vor Ihnen auf? Haben Sie Rechnungen zu bezahlen? Haben Sie sich mit den Dauerschwierigkeiten eines Ihrer Kinder auseinanderzusetzen? Ob wir Weisheit brauchen, wie wir mit unseren Finanzen umgehen sollten, wie wir unsere Kinder großziehen, wie wir einander vergeben oder wie wir richtige, gottgefällige Entscheidungen treffen können – es ist immer angebracht, dass wir auf unsere Knie gehen und Gott mit aller Kraft um seine Hilfe anflehen.

Herr, Du bist unser Gott, wie Du Elias Gott warst. Bitte sei heute unser Helfer in allen Schwierigkeiten. Lass uns im Gebet zu Dir kommen, wenn wir nicht weiterwissen. Amen.

11. SEPTEMBER

Gebet II

Ihr Menschen, vertraut ihm jederzeit, und schüttet euer Herz bei ihm aus! Gott ist unsere Zuflucht.

PSALM 62,9

Was tun wir, wenn wir vor einem Problem stehen, das viel zu groß ist, als dass wir es in den Griff bekommen könnten? Für manche Probleme im Leben gibt es einfache Lösungen. Wie damals, als ich den Deckel meines Mixers nicht fest zumachte und das Gerät einschaltete. Es gab eine Riesenschweinerei in meiner Küche, aber eine Viertelstunde später hatte ich alles wieder sauber gemacht. Andere Probleme lassen sich weder schnell noch leicht lösen – zum Beispiel die Geburt eines Babys, das von Anfang an krank ist. Die Gefühle, die uns angesichts solcher Schwierigkeiten heimsuchen, können ganz schön überwältigend sein.

Ich kann mich noch an ein Ereignis in meinem Leben erinnern, das ich mir so nicht gewünscht hatte und das ich überhaupt nicht verstand. Ich konnte keinen klaren Gedanken fassen, weil in mir nur Traurigkeit und Schmerz zu sein schienen. Ich beschloss, mich für einen Tag alleine zum Gebet und zum Nachdenken zurückzuziehen. Aber natürlich war ich nicht alleine. Ich kann mich noch sehr gut erinnern, wie spürbar nah mir Gottes Gegenwart und seine Stärke an diesem Tag wurde, als ich mit meiner Bibel in der Hand auf und ab ging und die Geschichten von Menschen nachlas, die vor anscheinend unbezwingbaren Problemen standen. Was ich immer wieder feststellte, war, dass sie sich an Gottes Taten in der Vergangenheit erinnerten: Wie er das Rote Meer gespalten oder wie er Daniel in der Löwengrube beschützt hatte.

Auch wir tun gut daran, in unseren Gebeten zuerst an all das Gute zu denken, das Gott bisher getan hat. Die erste Frage, die uns normalerweise kommt, wenn wir vor Problemen stehen, erledigt sich damit meistens schon von selbst: „Hat Gott wirklich alles im Griff?" Wenn wir uns wieder ins Gedächtnis rufen, was er in der Vergangenheit schon alles gewirkt hat, und wenn wir ihn um Hilfe für die Gegenwart bitten, fassen unsere Herzen neu Vertrauen zu ihm.

Vater, danke für die Aufrichtigkeit der Psalmisten und anderer Menschen in der Bibel. Sie geben uns so ein gutes Beispiel, wie wir beten können, wenn uns das Herz schwer wird. Lass uns unsere Sehnsucht vor Dich hinschütten, und erinnere uns immer wieder an die Treue, die Du uns in der Vergangenheit erwiesen hast! Amen.

12. SEPTEMBER
Gebet II

Herr, ich schreie zu dir um Hilfe. Schon früh am Morgen klage ich dir mein Leid.

PSALM 88,14

Als ich einmal in einem Mütterbibelkreis darüber referieren sollte, wie wir unsere Kinder geistlich gesund ernähren können, fragte ich meine Söhne, ob sie sich noch an einzelne Dinge aus ihren Kindertagen erinnern konnten. „Klar, du hast mit uns gebetet“, war Jordans Antwort. Und er erklärte: „Ich kann mich noch genau erinnern, wie aufgeregt ich an meinem ersten Kindergartentag war, und ich war so froh, dass wir an der Haustür noch stehen geblieben sind und gebetet haben, bevor wir losgingen.“ Ich musste lächeln, und dann fragte ich ihn, ob er sich noch erinnerte, was danach geschehen war. Er sah mich nur fragend an, und ich war dankbar, dass er es offensichtlich vergessen hatte.

An diesem Morgen war Chad in das Gymnasium gekommen, Nate in die Grundschule und Jordan in den Kindergarten. Ich wollte, dass jeder meiner Jungs diesen Tag als etwas Besonderes erlebte, und so machte ich das Frühstück für Chad schon um sieben, betete mit ihm und fuhr ihn zur Schule, dann machte ich das Frühstück für Nate um acht, betete mit ihm und fuhr auch ihn zur Schule. Ich fand, dass ich das alles ja ganz gut im Griff hatte, als ich noch mit Jordan vor der Haustür stand und mit ihm betete. Als wir fertig waren, rief ich fröhlich: „Und los geht's!“, worauf Jordan mich mit großen Augen anschaute und fragte: „Mama, und was ist mit meinem Frühstück?“

Ich hatte bei all meinen Vorbereitungen vergessen, meinem Jüngsten Frühstück zu machen. Ich wäre am liebsten in Tränen ausgebrochen, aber stattdessen griff ich schnell nach einem Müsliriegel und einem Päckchen Saft, als wir gingen. Ich glaube, ich habe geweint, als ich zurückkam, aber heute kann ich über diese Geschichte lachen.

Ich bin froh, dass Jordan sich an mein Gebet erinnert und nicht an meine Vergesslichkeit. Und wissen Sie was? Wir beten immer noch – jeden Morgen im Auto auf dem Weg zur Schule.

Vater, danke für die wunderbaren Momente, die Du uns schenkst, wenn wir mit unseren Kindern beten. Wir alle brauchen Deine Hilfe jeden Tag. Danke, dass Du ein naher Gott bist, mit dem wir jederzeit reden dürfen. Du hast immer ein offenes Ohr für unsere Anliegen. Dank sei Dir dafür. In Jesu Namen. Amen.

13. SEPTEMBER

Gebet II

Seitdem haben wir nicht aufgehört, für euch zu beten und Gott darum zu bitten, dass ihr seinen Willen erkennt und sein Geist euch mit Weisheit und Einsicht erfüllt.

KOLOSSER 1,9

Mary, eine gute Freundin, hat einmal im Herbst ein Gebetstreffen für alle Mütter angesetzt, deren Kind gerade frisch in eine weiterführende Schule kam. Wir hatten eine sehr gesegnete Zeit, in der wir für die besonderen Bedürfnisse beteten, die unsere Kinder in einer solchen Umbruchszeit hatten. Was ich ganz besonders schön fand, war Marys Vorschlag, dass wir Bibelstellen beteten. Wir benutzten also die Worte, die Gott selbst uns gegeben hatte, um für die Dinge zu beten, die ihm wichtig waren: geistliches Wachstum, und dass wir alle ihm ähnlicher wurden.

Ich finde das bis heute sehr hilfreich, nicht nur im Gebet für meine Kinder, sondern auch für meinen Mann, für mich selbst, meine Freunde und die weitere Verwandtschaft einzustehen. Ich habe unten ein paar Verse angegeben, die wir im Gebet für unsere Kinder benutzen können. Aber je mehr Sie selbst Gottes Wort lesen, desto mehr werden Sie auch weitere Stellen finden, die sich als Gebete eignen. Für den Anfang sollen diese hier genügen:

> *Ich bete darum, dass eure Liebe immer reicher und tiefer wird, je mehr ihr Gottes Willen erkennt und euch danach richtet.*
> Philipper 1,9

> *Und nun vertraue ich euch Gottes Schutz an und dem Wort seiner Gnade. Er allein hat die Macht, euren Glauben wachsen zu lassen und euch das Erbe zu geben, das er seinen Kindern zugesagt hat.*
> Apostelgeschichte 20,32

Gott, hab Dank, dass wir Dich in der Bibel kennenlernen können. Und hab Dank, dass Dein Wort unseren Gebeten Macht verleiht. Lehre uns, jeden Tag neu zu beten, und lass uns treu im Gebet für andere und uns selbst sein. Amen.

14. SEPTEMBER

Gebet II

Ich möchte aufrichtig und weise regieren ...

PSALM 101,2

In der Andacht gestern habe ich einige Verse aufgeführt, die eine Mutter für ihre Kinder beten kann. Heute soll es um Bibelstellen gehen, die wir für uns selbst beten können.

Denn Gott hat uns keinen Geist der Furcht gegeben, sondern sein Geist erfüllt uns mit Kraft, Liebe und Besonnenheit.
2. Timotheus 1,7

Falls jemand von euch nicht weiß, was der Wille Gottes in einer bestimmten Sache ist, soll er um Weisheit bitten. Ihr wisst doch, wie reich Gott jeden beschenkt und wie gerne er allen hilft. Also wird er auch euer Gebet erhören.
Jakobus 1,5

Als quälende Sorgen mir Angst machten, hast du mich beruhigt und getröstet.
Psalm 94,19

Achte auf deine Gedanken und Gefühle, denn sie beeinflussen dein ganzes Leben.
Sprüche 4,23

Ja, Herr, du wirst dich auch in Zukunft um mich kümmern, deine Gnade hört niemals auf! Was du angefangen hast, das führe zu einem guten Ende!
Psalm 138,8

Herr, danke, dass Dein Wort uns Müttern so viel zu sagen hat. Lass uns ein Leben führen, das von Aufrichtigkeit und Weisheit geprägt ist. Hilf uns, immer wieder für uns selbst zu beten, damit wir weitergeben können, was Du uns schenkst. Amen.

15. SEPTEMBER

Gebet II

Dabei hilft uns der Heilige Geist in all unseren Schwächen und Nöten. Wissen wir doch nicht einmal, wie wir beten sollen, damit Gott uns erhören kann. Deshalb hilft uns der Heilige Geist und betet für uns auf eine Weise, wie wir es mit unseren Worten nie könnten.

RÖMER 8,26

Haben Sie auch schon einmal für etwas beten wollen, das sie verwirrend und schwierig fanden, und wussten einfach nicht, wie Sie das machen sollten? Ich kenne Momente, in denen ich von Traurigkeit und Verwirrung so überwältigt war, dass ich meine Gefühle einfach nicht in Worte packen konnte. In solchen Zeiten ist es sehr tröstlich zu wissen, dass Gott uns besser kennt, als wir uns selbst kennen. Und nicht nur kennt Gott *unsere* Gedanken, sondern *seine* Gedanken und Pläne für uns sind gut und dienen uns zum Besten.

Gott hat sehr viel mehr Interesse an der Reinheit unserer Herzen als an gut formulierten Gebeten. Wenn uns die Worte fehlen, bekommen wir oft nicht mehr als ein Seufzen heraus. Die Bibel lehrt uns, dass der Heilige Geist mit uns seufzt und die Last unserer Schwäche und unseres Leides mitträgt. Aber er bleibt nicht beim Seufzen – er betet auch für uns. Er betet, dass wir im Einklang mit Gottes Willen reden und handeln – auch mitten im Leid.

Wenn in meinem Leben oder in dem meiner Kinder Schwierigkeiten auftauchen, die ich mit dem Verstand kaum erfassen und für die ich im Gebet keine angemessenen Worte finden kann, macht es mir Mut zu wissen, dass einfach nur seufzen und Gott um Hilfe anflehen erlaubt ist. Und es ist so befreiend zu wissen, dass die Gebete, die der Heilige Geist an unserer Stelle betet, vollständig mit Gottes Plänen übereinstimmen.

Vater, danke, dass die Worte, die wir beten, für Dich nicht so wichtig sind wie der Zustand unserer Herzen. Selbst wenn uns die Worte fehlen, steht uns Dein Geist in seiner Gnade bei und betet für uns. Danke, dass wir Dir so wichtig sind! Amen.

16. SEPTEMBER

Gebet II

Hier kniete [Daniel] nieder, betete zu seinem Gott und dankte ihm, wie er es auch sonst dreimal am Tag tat.

DANIEL 6,11b

Es macht mir unheimlich viel Freude, mit anderen Frauen zu zweit etwas zu unternehmen. Manchmal machen wir einen Spaziergang, manchmal sitzen wir mit einer Tasse Kaffee oder einem Glas Wasser in der Küche oder im Wohnzimmer und unterhalten uns. Und ich kann mich auch noch gut an einen Tag erinnern, an dem ich mit einer guten Freundin zum Mittagessen ausging.

Als uns unser Essen gebracht wurde, neigten wir kurz die Köpfe und ich dankte Gott für das Essen und für unsere Freundschaft, und dann saßen wir eine gute Stunde zusammen, genossen das Essen und unsere Freundschaft. Als wir uns zum Abschluss noch eine Tasse Kaffee bringen ließen, kam eine Frau, die gerade das Restaurant verließ, an unserem Tisch vorbei und sprach mich an: „Sind Sie zufällig Pastorin?" Ich musste lächeln: „Nein. Aber warum fragen Sie?" – „Na ja", erklärte sie, „ich habe beobachtet, wie Sie vor dem Essen gebetet haben, und da dachte ich mir, Sie sind bestimmt Pastorin." Ich erkläre ihr, dass wir einfach nur Freundinnen waren, die Gott für das Essen und die Gemeinschaft gedankt hatten.

Als die Frau uns verließ, wurde mir bewusst, dass unser Gebet für sie ein merkwürdiges, aber doch positives Phänomen gewesen war. Ich dachte über unser kurzes Gespräch nach, das mir wieder neu deutlich machte, dass gesenkte Köpfe und geschlossene Augen anderen Menschen signalisieren, dass Menschen hier mit Gott reden. Die Herausforderung für uns alle besteht darin, dass unsere äußere Haltung nichts weiter als ein Ausdruck der inneren Dankbarkeit ist, die wir Gott gegenüber empfinden. In Daniel 6,11, dem Vers, der oben angegeben ist, kommt das schön zum Ausdruck.

Gott, danke für Leute wie Daniel, die uns immer wieder anspornen, regelmäßig und oft zu beten. Wir brauchen Dich, und wir sind so froh, dass wir mit Dir reden können. Schenke uns Gelegenheiten, in denen andere Menschen erfahren, dass es ganz natürlich und gut ist, mit Dir zu reden. Amen.

17. SEPTEMBER

Erlösung

In ihm haben wir die Erlösung durch sein Blut, die Vergebung der Sünden, nach dem Reichtum seiner Gnade, die er uns reichlich hat widerfahren lassen in aller Weisheit und Klugheit.

EPHESER 1,7+8

Als meine Söhne zur Grundschule gingen, fuhren sie, sooft das Wetter es zuließ, mit dem Rad zur Schule. Einmal kam Nate zu Fuß von der Schule zurück. Er hatte glatt vergessen, dass er mit dem Rad hingefahren war. Erst beim Abendessen fiel es ihm wieder ein, aber als er dann zur Schule zurücklief, um sein Rad noch zu holen, war es nicht mehr da. Wir waren mit ihm traurig über den Verlust, und später unterhielten wir uns darüber, wie sinnvoll Fahrradschlösser waren und dass man Räder auch polizeilich registrieren lassen konnte.

Als Nate einige Zeit später stolzer Besitzer eines neuen Fahrrads war, achteten wir darauf, dass er immer ein Schloss benutzte, und außerdem beschlossen wir, das Rad auf der nächsten Polizeiwache registrieren zu lassen. An dem Samstag, als mein Mann deswegen mit Nate zur Polizei ging, fand gerade eine Versteigerung statt. Sie können sich bestimmt vorstellen, wie überrascht mein Mann und mein Sohn waren, als sie unter den Gegenständen, die versteigert werden sollten, Nates verschollenes Fahrrad entdeckten. Mein Mann sprach mit dem verantwortlichen Beamten, und der erklärte, dass Nate das Fahrrad mitnehmen konnte, wenn er irgendwie bewies, dass es seins war. Jim und Nate flitzten nach Hause, suchten die entsprechenden Dokumente zusammen und kehrten wenig später mit dem verloren geglaubten Fahrrad zurück.

Als wir an diesem Tag beim Abendessen zusammensaßen, benutzten wir dieses Beispiel, um unseren Söhnen Erlösung zu erklären. Wenn man etwas erlöst, „rettet“ man es und macht deutlich, dass man der Besitzer ist. Als Jesus am Kreuz starb, bewirkte er damit, dass wir von der Sünde erlöst werden konnten. Die „Erlösung“ unseres Fahrrads durch unsere Familie war eine tolle Sache – aber sie kostete uns nichts. Als Jesus uns erlöste, kostete es ihn das Leben. So sehr liebt er uns!

Großer Erlöser, wir stehen in Ehrfurcht vor Deiner großen Liebe für uns. Hilf uns, immer wieder daran zu denken, wie viel Du uns in Deiner Liebe geschenkt hast, wenn uns Glaube und Hoffnung fehlen. Amen.

18. SEPTEMBER

Erlösung

Darum richte den Israeliten aus: Ich bin der Herr! Ich will euch von eurer schweren Arbeit erlösen und euch von der Unterdrückung durch die Ägypter befreien. Mit starker Hand werde ich die Ägypter strafen und mein Urteil an ihnen vollstrecken. Euch aber werde ich retten.

2. MOSE 6,6

Das Volk der Hebräer lebte schon seit vierhundert Jahren in der Sklaverei, als Gott aus einem brennenden Dornbusch zu Mose sprach und ihm auftrug, die Hebräer aus Ägypten herauszuführen. In dem Auszug der Israeliten aus Ägypten lassen sich drei Elemente beobachten, die Erlösung ausmachen:

1. Befreiung aus der Knechtschaft,
2. die Zahlung einer Art Lösegeld,
3. ein Mittler, der die Erlösung sichert.

Als sie aus Ägypten wegzogen, wurden die Israeliten von der Sklaverei und von ihren Sklaventreibern befreit. Der Preis, der für ihre Erlösung bezahlt wurde, war das Blut des Lammes, das an die Türpfosten eines jeden Hauses gestrichen wurde. Und der Erlöser war eindeutig Gott; er führte sein Volk „mit starker Hand" aus Ägypten und vollstreckte sein Urteil an Israels Unterdrückern.

Diese Erlösungsgeschichte aus dem Alten Testament wirft schon einen Schatten voraus auf eine viel größere Erlösung, die noch anstand – eine Erlösung, die uns und unseren Kindern bis heute gilt.

Das Lamm, welches an diesem Abend in den israelitischen Haushalten getötet wurde, entsprach in einigen Punkten unserem Erlöser. Das Lamm starb für die Leute, und das Blut rettete sie. Genau das Gleiche geschah Jahre später, als Christus, der Erlöser, als Lamm Gottes in diese Welt kam, um für jeden von uns zu sterben.

Diejenigen von uns, die das Blut Jesu sozusagen an die Pfosten ihres Herzens gestrichen haben, müssen keine Angst mehr haben, wenn Jesus wiederkommt. Genau wie Gott an den Häusern der Israeliten vorbeiging, an denen er das Blut sah, wird er die Menschen verschonen, deren Herz mit seinem Blut gereinigt ist.

Vater, danke für das Bild, das Du uns in dem Lamm gibst, dessen Blut an die Türpfosten gestrichen wird. Es hilft uns, unseren Kindern zu erklären, was Erlösung bedeutet. Lass uns nie vergessen, dass wir nur deswegen von der Sünde frei sein können, weil wir auf das Blut Jesu vertrauen. Amen.

19. SEPTEMBER

Erlösung

Denn auch wir waren früher unverständig, ungehorsam, gingen in die Irre, waren mancherlei Begierden und Gelüsten dienstbar und lebten in Bosheit und Neid, waren verhasst und hassten uns untereinander. Als aber erschien die Freundlichkeit und Menschenliebe Gottes, unseres Heilands, machte er uns selig – nicht um der Werke der Gerechtigkeit willen, die wir getan hatten, sondern nach seiner Barmherzigkeit – durch das Bad der Wiedergeburt und Erneuerung im Heiligen Geist, den er über uns reichlich ausgegossen hat durch Jesus Christus, unseren Heiland, damit wir, durch dessen Gnade gerecht geworden, Erben des ewigen Lebens würden nach unserer Hoffung.

TITUS, 3,3-7

Als ich noch ein Kind war, sammelten meine Eltern Wertmarken, die es in verschiedenen Geschäften gab. Für jeden Einkauf erhielt man eine bestimmte Anzahl dieser Marken, die man in ein Büchlein einklebte, und wenn es voll war, konnte man sich ein Geschenk abholen. Erlösung funktionierte nach diesem Schema ganz einfach: Einkauf + Marken = Geschenk.

Gottes Erlösung ist überraschend anders. Wir bringen Gott nicht unsere Leistung, sondern unsere Dummheit, unseren Ungehorsam und unsere Betrügereien, unsere Gebundenheit und Bosheit, unseren Hass und Neid. Und was macht Gott? Was gibt er im Gegenzug? Er schenkt uns Freundlichkeit und Liebe. Jesus Christus ist nicht für uns gestorben, weil wir irgendetwas Positives vorzuweisen hätten, sondern weil er gnädig ist. Wenn wir an ihn glauben, schenkt er uns das „Bad der Widergeburt" und die „Erneuerung im Heiligen Geist"; er behandelt uns, als hätten wir nie gesündigt, und nennt uns Gottes Kinder.

Als John Newton das alles bewusst wurde, schrieb er das Lied *Amazing Grace*. Er war Seemann und schließlich Kapitän eines Sklavenschiffs. Er kaufte Sklaven ein und verfrachtete sie nach Amerika oder auf die Westindischen Inseln. Auf einer Überfahrt fiel ihm Thomas von Kempens *Nachfolge Christi* in die Hände, und er wurde Christ.

Das Endergebnis war, dass er gegen die Sklaverei zu kämpfen begann und Pfarrer der Anglikanischen Kirche wurde. Seine Geschichte ist wirklich erstaunlich, und wir können sie unseren Kindern erzählen. Gottes Erlösung verwandelt unser Leben radikal.

Herr, ich danke Dir, dass Du Dich meiner erbarmst und dass ich unverdient von Dir geliebt und erlöst werde. Amen.

20. SEPTEMBER

Erlösung

Denkt daran, was es Gott gekostet hat, euch aus der Sklaverei der Sünde zu befreien, aus einem sinnlosen Leben, wie es schon eure Väter geführt haben. Christus hat euch losgekauft, aber nicht mit Geld, sondern mit seinem kostbaren Blut, das er als unschuldiges, reines Lamm Gottes für uns geopfert hat.

1. PETRUS 1,18-19

Was kostet Erlösung? Loung Ung bezahlte ihre Erlösung mit dem Schmuck ihrer Mutter. Loung war in Kambodscha unter den Roten Khmer aufgewachsen und hatte eine traumatische Kindheit erlebt. Weil ihr Vater für die vorige Regierung gearbeitet hatte, sperrten die Roten Khmer ihn ins Gefängnis. In der Hoffnung, die Kinder zu beschützen, schickte Loungs Mutter all ihre Kinder in verschiedene Waisenhäuser, aber kurz bevor Vietnam Kambodscha besetzte, starben Loungs Eltern und einige ihrer Geschwister. In einem Flüchtlingslager konnte Loung wieder den Kontakt zu einem ihrer Brüder herstellen, und ein halbes Jahr später verkauften sie den Schmuck ihrer Mutter für eine Überfahrt nach Vietnam, für die sie sich unter einem Berg toter Fische verstecken mussten.

Schließlich landete Loung in den USA, ging aufs College und arbeitete eine Weile lang mit traumatisierten Frauen. Aber vor einigen Jahren reiste sie doch noch einmal nach Kambodscha. Sie nahm an einer Gedenkfeier teil, in der an die Opfer der Terrorherrschaft erinnert wurde; dreißig ihrer eigenen Verwandten waren dabei umgekommen. Danach beschloss sie, ihr Leben ganz dem Land zu widmen, in dem sie geboren war. Sie meinte dazu: „Eigentlich geht es in meinem Leben nur darum, dass ich befreit bin."

Obwohl ein korruptes Regime ihr Schlimmes zugefügt hatte, fand Loung die Kraft, ihrem Land zu dienen. Sie wusste, wovon sie befreit und erlöst worden war.

Unsere Erlösung als Christen wurde nicht mit Schmuck bezahlt – Jesus gab sein Blut, sein Leben dafür. Wenn uns bewusst wird, was Jesus für uns getan hat und aus wie viel Unheil er uns befreit hat, motiviert uns das, ihm aus dankbaren Herzen zu dienen. Und wir können wie Loung sagen: „Eigentlich geht es in meinem Leben nur darum, dass ich befreit bin."

Großer Erlöser, danke, dass Du bereit warst, uns zu erlösen, indem Du für unsere Sünden mit deinem Blut bezahlt hast. Lass uns Dir aus frohem und dankbarem Herzen dienen. Amen.

21. SEPTEMBER

Erlösung

Verkündige den Menschen Gottes Wort. Setze dich dafür ein, und zwar überall und zu jeder Zeit! Rede ihnen ins Gewissen, weise sie zurecht, und ermutige sie, wo es nötig ist. Lehre sie geduldig, den richtigen Weg zu gehen.

2. TIMOTHEUS 4,2

Beten Sie im Moment, dass jemand aus Ihrer Familie oder aus Ihrem Freundeskreis Gott kennenlernt? Denken Sie an eines Ihrer Kinder, an einen Lehrer oder jemanden in der Nachbarschaft – an Leute, die Ihnen am Herzen liegen und von denen Sie wissen, dass sie Christus brauchen? Als Jesus die Samariterin am Jakobsbrunnen traf (vgl. Johannes 4), war ihm sofort bewusst, dass sie Erlösung mehr brauchte als alles andere. Ihr Leben war von Sünde geprägt; sie war schon fünfmal verheiratet gewesen und lebte nun unverheiratet mit einem Mann zusammen. Es ist interessant zu beobachten, wie Jesus mit ihr umging. Er wusste, dass sie Gottes rettende Gnade nur erfahren konnte, wenn sie zuvor von ihrer Sünde überzeugt war.

Zum rettenden Glauben kommt es, wenn ein Mensch seine Schuld eingesteht und bereit ist zur Umkehr. Jesus bewirkte das bei der Frau am Brunnen, indem er ihr Denken hinterfragte, ihre Gefühle aufrührte und ihr Gewissen berührte.

Ich bin nicht Gott und kann nicht in das Herz anderer Menschen sehen. Ich kann andere nicht davon überzeugen, dass sie sich durch ein bestimmtes Verhalten von Gott entfernen. Ich kann andere auch nicht selbst verändern. Aber einige Dinge kann ich doch tun: Ich kann den Menschen um mich herum Gottes Wort weitergeben, und ich kann für sie beten. Indem ich das tue, werde ich Gottes Mitarbeiterin, wenn er die Seele eines Menschen auf seine gute Nachricht vorbereitet.

Vater, ich möchte heute ____________ vor Dich bringen. Bitte sieh Du in ihr/sein Herz und verändere es. Du hast die Kraft dazu. Amen.

22. SEPTEMBER

Erlösung

Nach den Regeln des alten Bundes wurde jemand, den die Sünde unrein gemacht hatte, wieder rein, wenn er mit dem Blut von Böcken und Stieren oder mit der Asche einer geopferten Kuh besprengt wurde. Wie viel mehr wird uns das Blut Jesu Christi von unseren Sünden reinwaschen! Erfüllt vom Heiligen Geist, hat er, der ohne jede Sünde war, sich selbst für uns als fehlerloses Opfer Gott dargebracht. Jetzt brauchen wir unser Vertrauen nicht länger auf Ordnungen zu setzen, die uns doch nicht vom Tod erretten. Wir sind frei, um dem lebendigen Gott zu dienen.

HEBRÄER 9,13-14

Betty Banks, meine Mutter, ist unglaublich! Sie ist klein und kompakt und schon in den Siebzigern, aber sie hat eine Menge Energie. Vor einigen Jahren ließen meine Eltern die Außenseite ihres Hauses streichen. Im Verlauf der Woche sah der Maler, der mit dem Anstreichen beauftragt war, meine Mutter ständig kommen und gehen – sie erledigte Besorgungen, mähte den Rasen, zupfte Unkraut, wischte die Fenster und so weiter und so weiter. Am Ende der Woche sagte der Mann zu ihr: „Sie haben ja vielleicht Energie! Ich würde Sie gerne um einen Gefallen bitten. Wenn ich je im Krankenhaus liege und eine Bluttransfusion brauche – könnte ich dann vielleicht ein, zwei Liter von Ihrem Blut bekommen?“

Bei einer Transfusion ersetzt das Blut des Spenders das Blut des Empfängers. Oder, um es anders auszudrücken, es tritt an die Stelle des ursprünglichen Blutes.

Die Bibel lehrt uns, dass wir alle den Tod verdient haben, weil wir alle Sünder sind. (vgl. Römer 6,23) Aber Gott sah in seinem Erbarmen mit uns vor, dass Jesus an unsere Stelle trat und für unsere Sünde geopfert wurde. (vgl. 1. Petrus 3,18) Dabei tauschte er nicht nur unsere Sünden gegen seine Gerechtigkeit ein. Er gab sein Leben auch, um unsere Herzen reinigen zu können. Erst so ist es uns möglich, Gott anzubeten. Er reinigt uns von innen nach außen, er verändert unsere Herzen, sodass auch unsere Wünsche und Bedürfnisse sich ändern. Wenn wir unser Vertrauen auf Christus setzen, lässt seine Erlösung uns vom Tod zum Leben übertreten, und anstelle unseres steinernen, von Sünde geprägten Herzens gibt er uns ein neues, gehorsames Herz. (vgl. Hesekiel 36,26)

Vater, danke, dass Deine Erlösung unsere Herzen rein macht. Lass uns Dir mit Freude dienen, weil Du uns von unserer Sünde befreit hast. Danke für Deine Erlösung, die es möglich gemacht hat, dass wir ewiges Leben haben können. Amen.

23. SEPTEMBER

Erlösung

Doch er wurde blutig geschlagen, weil wir Gott die Treue gebrochen hatten; wegen unserer Sünden wurde er durchbohrt. Er wurde für uns bestraft – und wir? Wir haben nun Frieden mit Gott! Durch seine Wunden sind wir geheilt.

JESAJA 53,5

Ich hätte so gerne das alte, abgegriffene Andachtsbuch, aus dem meine Eltern uns immer vorgelesen haben, als ich noch ein Kind war. Ab und zu fragten sie uns Kinder, welche Geschichte wir am liebsten hören wollten. Ich wählte manchmal die Geschichte von dem Mann, der die Strafe auf sich nahm, die ein anderer Mann verdient hatte.

Wenn ich mich noch recht erinnere, saßen die beiden Männer in der Geschichte im Gefängnis. Der ältere war für eine Tat verurteilt worden, die er nicht verübt hatte, der jüngere dagegen hatte ein Verbrechen begangen und saß zu Recht im Gefängnis. Nun sollte der jüngere eine schwere Prügelstrafe erhalten. Aber kurz bevor es zur Vollstreckung dieser Strafe kam, trat der ältere Gefangene vor und erklärte, dass er die Schläge anstelle des jüngeren empfangen wolle. Das geschah, und er wurde so heftig geschlagen, dass er starb; der jüngere Mann dagegen blieb verschont.

Jedes Mal, wenn ich als Kind diese Geschichte hörte, kamen mir die Tränen. Der ältere Mann zeigte so viel Mitgefühl und Liebe. Diese Geschichte half mir zu verstehen, was Jesus am Kreuz für mich getan hatte. Er starb als Gerechter für die Ungerechten. Er nahm freiwillig und voller Erbarmen die Strafe für meine Schuld auf sich, sodass ich nicht für alle Ewigkeit die Folgen von Sünde und Tod tragen muss. Er wurde geschlagen, damit ich Frieden haben kann. Er wurde ausgepeitscht, damit ich geheilt werden kann. Zu allen Zeiten schickten Könige Menschen in den Krieg, um für sie zu kämpfen und an ihrer Stelle zu sterben. Aber nur einer ist freiwillig für sein eigenes Volk in den Tod gegangen. Jesaja 63,9 erklärt, dass Jesus so viel Mitleid mit uns und Liebe zu uns hatte, dass er uns erlöste.

Vater, danke für die Liebe und das Mitgefühl, das Jesus bewogen hat, an unserer Stelle zu sterben. Wir werden Dich ewig preisen, weil Du in Deiner Gnade unsere Erlösung beschlossen hast. Amen.

24. SEPTEMBER

Disziplin

Erzieh deine Kinder mit Strenge, solange sie noch jung sind.

SPRÜCHE 18,19a

In dem bekannten Buch *Black Beauty* von Anna Sewell kommt eine Episode vor, in der ein Junge versucht, mit seinem Pony über einen Zaun zu springen. Das Pferd springt nicht und der Junge schlägt in seiner Ungeduld mit der Reitpeitsche auf das Tier ein. Er versucht mehrmals, das Pony zum Springen zu bewegen, und schlägt mehrmals auf es ein, und schließlich schlägt er es wütend auf den Kopf. Schließlich hat das Pferd genug, es beugt den Kopf nach unten, wirft die Hinterbeine hoch und befördert den Jungen in eine Dornenhecke. Ein Mann, der den ganzen Vorfall beobachtet hat, erzählt den Eltern des Jungen davon. Die Mutter jammert: „Oh, mein armer Kleiner!", während der Vater meint: „Das ist ja nicht das erste Mal, dass er unser Pferd so behandelt – es ist gut, wenn er ein paar Sachen möglichst früh lernt."

Es ist gut, wenn wir auf die Schmerzen und Gefühle unserer Kinder sensibel eingehen, aber wir sollten sie nicht vor den unangenehmen Folgen zu schützen versuchen, welche sie durch ihr eigenes Fehlverhalten angerichtet haben. Wenn wir das tun, läuft es im Prinzip darauf hinaus, dass wir ihnen Mut machen, das gleiche schlechte Verhalten auch in Zukunft an den Tag zu legen.

Zu unserer Aufgabe als Mütter gehört auch, dass wir unseren Kindern begreiflich machen, dass ihr Verhalten – ob es nun gut ist oder schlecht – nicht folgenlos bleibt. Und es ist viel besser, wenn sie das im Kleinen jetzt schon lernen, als wenn sie viel später in große Schwierigkeiten geraten.

Gott, wir brauchen so viel Weisheit, unsere Kinder richtig zu erziehen. Bitte hilf uns, in unserem Umgang mit ihnen ein gesundes Gleichgewicht zwischen Wahrheit und Gnade zu halten. Lass unsere Kinder lernen, dass das Verhalten eines jeden Menschen Konsequenzen hat. Amen.

25. SEPTEMBER

Disziplin

Denn Gott hat uns nicht einen Geist der Furchtsamkeit gegeben, sondern der Kraft und der Liebe und der Zucht.

2. TIMOTHEUS 1,7

Wenn ich morgens die Zeitung aufschlage, fällt mir sofort ein Mangel an Selbstbeherrschung auf. Ich lese so viel über Affären von Politikern, über Bombenangriffe in der ganzen Welt und über Korruption in großen Unternehmen. Und auch in meiner näheren Umgebung scheinen Ehebruch, Raubüberfälle und Süchte an der Tagesordnung zu sein.

Die „Zucht", von der die Bibel hier redet – andere Übersetzungen sprechen hier von „Besonnenheit" (Luther 1984) oder „Selbstüberwindung" (Hoffnung für alle) – ist sozusagen eine antrainierte Selbstbeherrschung. Was wir gelernt haben – ob in der Vergangenheit oder immer noch –, bestimmt, wie wir jetzt leben. Und was wir heute unseren Kindern beibringen, wird wiederum ihr Leben mitbestimmen.

Manche Leute denken: *Was soll ich denn mit Selbstdisziplin? Ich will mich doch nicht einschränken lassen. Ich will meine Freiheit ausleben.* Aber wenn wir so leben, ist das Ergebnis nicht Freiheit, sondern Gebundenheit. Die Frau, an der ich kürzlich im Supermarkt vorbeiging, die aus allen Poren nach Alkohol roch, erlebt nicht die Freiheit, zu trinken; sie ist eine Gefangene ihrer Sucht.

Margaret Henshaw, die sich in Amerika als Sopranistin und Gesangslehrerin einen Namen gemacht hat, wurde einmal gefragt, wo ihrer Meinung nach der Schlüssel zu ihrem Erfolg als Künstlerin und Lehrerin lag. Sie antwortete, dass das Wort Selbstbeherrschung ein unbeliebtes, aber notwendiges Wort sei und dass sie Freiheit als die höchste Form der Disziplin sehe.

Wenn wir von Knechtschaft und Gebundenheit nicht eingeschränkt sein wollen, müssen wir die Selbstbeherrschung als den Weg zur Freiheit wählen.

Vater, je näher wir Dir kommen, umso mehr macht uns Dein Geist deutlich, dass wir Selbstbeherrschung brauchen. Bitte hilf uns, diese Tugend immer mehr in unserem Leben zu verwirklichen und auch unseren Kindern darin ein Vorbild zu sein. Lass uns erleben, dass wir gerade durch Disziplin Freiheit erfahren. Amen.

26. SEPTEMBER

Disziplin

Wer sein Kind nie schlägt, der liebt es nicht. Wer aber sein Kind liebt, der bestraft es beizeiten.

SPRÜCHE 13,24

Einmal machte mein Mann eine Geschäftsreise nach Nordengland, auf die ich ihn begleitete. Wir nahmen einen Zug von London nach Carlisle. Weil wir beide noch einiges zu lesen und auszuarbeiten hatten, stiegen wir in den Wagen F, der als „Ruhewagen" ausgewiesen war. Verrückterweise saßen gerade in diesem Wagen Leute, die lautstark in ihr Handy brüllten oder lebhafte Diskussionen mit ihren Mitreisenden führten. Um die Verwirrung voll zu machen, gab der Schaffner über Lautsprecher durch, dass die Reservierungen nicht richtig funktionierten, sodass es keine reservierten Plätze mehr gab. Er schlug vor, dass alle Leute, die neu zugestiegen waren, sich einfach irgendwohin setzten, wo noch Platz war. Das funktionierte gut, bis wir nach Birmingham kamen.

In Birmingham stieg eine junge Frau mit Kind zu. Sie machte eine Szene, bestand auf ihren reservierten Plätzen und vertrieb damit die Leute, die dort saßen. Als wäre das noch nicht genug, machten sie und ihr Kind bis zum Ziel eine Menge Lärm. Als wir ankamen, war ich auf hundertachtzig. Ich war wütend, dass der Schaffner nicht für Ordnung gesorgt hatte. Es kam mir ziemlich ungerecht vor, dass Leute im „Ruhewagen" einen Riesenlärm veranstalteten und damit davonkamen, oder dass die Frau mit dem Kind einfach andere Reisende von ihrem Platz vertreiben konnte. Niemand hatte dafür gesorgt, dass die Regeln eingehalten wurden. *Wer hat denn hier eigentlich das Sagen?*, fragte ich mich.

Zum Glück war das nur eine Bahnfahrt. Aber die Ordnung und Disziplin, die wir bei uns zu Hause durchsetzen, hat weite Auswirkungen – nicht nur für denjenigen, der sich nicht an die Regeln hält, sondern auch für alle anderen. Wenn sich ein Kind in der Familie nicht an Abmachungen halten muss, fragen sich die anderen Kinder im Stillen, wer hier eigentlich das Sagen hat. Verantwortungsvolle Eltern sind bereit, ihre Kinder im Zaum zu halten, weil das dem Wohl aller dient. Das Ergebnis ist, dass alle Beteiligten sich geliebt und ernst genommen fühlen.

Weiser Vater, danke, dass Du uns in der Bibel so viele hilfreiche Ratschläge gibst. Hilf uns, sie anzuwenden. Lass uns mit Weisheit an solche Situationen herangehen, in denen unsere Kinder Regeln brauchen. Lehre uns, wie wir unsere Kinder heute verantwortungsvoll erziehen können. Amen.

27. SEPTEMBER

Disziplin

Erziehe dein Kind mit Strenge! Dann wird es dir viel Freude machen.

SPRÜCHE 29,17

In einer Stadt in Texas hat eine Polizeistation einmal eine ironische Broschüre herausgegeben mit dem Titel „Wie Sie ein Kind schon früh zum Verbrecher erziehen können“:

> *Geben Sie Ihrem Kind schon in der frühesten Kindheit alles, was es haben will. Auf diese Weise wird es in dem Glauben bestärkt, dass die Welt ihm etwas schuldet. Heben Sie alles um Ihr Kind herum auf und räumen Sie es weg. Auf diese Weise begreift es früh, dass es alle Verantwortung auf andere abschieben kann. Ergreifen Sie gegenüber Nachbarn, Lehrern und der Polizei immer Partei für Ihr Kind – sie sind sowieso alle nur voreingenommen. Ihr Kind ist etwas ganz Besonderes und kann nie im Unrecht sein. Und zu guter Letzt: Stellen Sie sich auf ein Leben voller Kummer ein. Denn das werden Sie haben.*

Ich bin bestürzt, wie oft ich Mütter sehe, die in ihrer Verzweiflung buchstäblich die Hände in die Luft werfen und – in Gegenwart ihres Kindes – ausrufen: „Ich weiß einfach nicht, was ich mit diesem Kind machen soll!“ Natürlich kennt jede Mutter solche Momente, in denen sie wirklich nicht weiterweiß – aber wenn sie das vor dem Kind zugibt, schafft sie damit mehr Probleme, als sie löst. Das Kind bekommt den Eindruck, dass die Mutter hilflos und vielleicht sogar angewidert ist.

Immer wenn wir am Ende unserer Weisheit sind, ist es gut, wenn wir innehalten und Gott um Hilfe bitten. Er hat versprochen, dass er uns für die Aufgaben, die er uns anvertraut hat, die Weisheit und die Kraft geben wird, die wir nötig haben – wenn wir ihn nur darum bitten. Auch auf Gottes Wort können wir uns immer stützen, denn es enthält einen Riesenschatz an Weisheit, welche uns jederzeit zur Verfügung steht. Und wir brauchen auch andere Mütter, denen wir uns anvertrauen können – was würden wir nur ohne sie tun? Es ist ungemein ermutigend zu wissen, dass unsere Freundinnen vor ganz ähnlichen Herausforderungen stehen wie wir.

Vater, hilf uns, zuallererst zu Dir zu laufen, wenn wir einfach nicht wissen, was wir mit unseren Kindern machen sollen. Lass uns in solchen Zeiten erfahren, dass Du uns die nötige Kraft und Weisheit geben wirst, unsere Kinder richtig zu erziehen. Amen.

28. SEPTEMBER

Disziplin

Wer Zucht verwirft, der macht sich selbst zunichte;
wer sich aber etwas sagen lässt, der wird klug.

SPRÜCHE 15,32

Ich habe mit meinen Söhnen schon früh darüber gesprochen, dass wir als Christen einen Teil unseres Geldes spenden und uns um Bedürftige kümmern sollen. Wenn wir möchten, dass unsere Kinder in diesen Bereichen wirklich wachsen, tun wir gut daran, geplant vorzugehen und immer wieder einmal nachzufragen. Kürzlich habe ich von einer Untersuchung einer großen Universität gelesen, die der Frage nachging, was uns eigentlich bewegt, irgendetwas neu anzufangen oder eine Idee in die Tat umzusetzen. Die Studie kam zu dem folgenden Schluss:

Was passiert?	**Wie wahrscheinlich ist es, dass man die Idee umsetzt?**
1. Man hört von einer Idee, die einem gefällt.	10 Prozent
2. Man beschließt bewusst, diese Idee umzusetzen.	25 Prozent
3. Man legt fest, wann man damit anfangen will.	40 Prozent
4. Man plant, wie genau man vorgehen möchte.	50 Prozent
5. Man erzählt anderen, was man vorhat.	65 Prozent
6. Man verabredet sich speziell mit dem Menschen, dem man von der Idee erzählt hat, und man erstattet ihm Bericht darüber, wie man sie umgesetzt hat.	95 Prozent

Es ist wirklich erstaunlich, wie sehr die Wahrscheinlichkeit, dass man sein Verhalten umstellt, vom Grad der Verbindlichkeit abhängt, mit dem man von Anfang an darangeht.

Wenn wir zum Beispiel jede Woche überprüfen, wofür unsere jüngeren Kinder ihr Taschengeld verwenden, können wir ihnen helfen, den Zehnten gleich als Gabe für Gott einzuplanen. Und wenn wir einem älteren Kind Mut machen, einen Freund, dem es gerade nicht so gut geht, auf ein Eis einzuladen, vermitteln wir ihm damit, wie es für Menschen in Not da sein kann. Es gibt so viele Gelegenheiten, mit unseren Kindern ein Verhalten einzuüben, das Christus Ehre macht.

Vater, bitte hilf uns, unsere Kinder zu ermutigen und sie immer wieder an ihre guten Vorsätze zu erinnern. Amen.

29. SEPTEMBER

Disziplin

Wie ein Asket zu leben ist ganz gut und schön, aber sich im Gehorsam gegen Gott zu üben ist in jedem Fall besser. Denn damit werden wir dieses und das zukünftige Leben gewinnen.

1. TIMOTHEUS 4,8

Ich gehe schrecklich gerne spazieren, und das tue ich fast an jedem der dreihundertfünfundsechzig Tage, die das Jahr hat. Ich fühle mich dann gesünder, ich kann viel klarer denken, und außerdem passen mir auch meine Kleider besser. Aber so wohltuend sportliche Betätigung auch sein mag, so sehr hat sich doch die Wahrheit der Bibel immer wieder bestätigt, dass man von der „geistlichen Übung“ noch viel mehr hat. Es gibt drei dieser geistlichen Übungen, die mein Leben sehr nachhaltig geprägt haben.

1. *Bibellese.* Dass ich hier schreibe, wie wertvoll das ist, hat kaum Anspruch auf Originalität; man kann es schon in Psalm 119,92-93 nachlesen: „Wenn ich nicht Freude an deinem Wort gehabt hätte, dann wäre ich in meinem Elend umgekommen. Nie will ich deine Befehle vergessen, denn sie haben mich gestärkt.“
2. *Gebet.* Das Gebet ist ein regelrechter Rettungsanker für mich. Obwohl ich jeden Tag mit einer festen Gebetszeit beginne, bin ich mir den ganzen Tag über bewusst, dass Gott da ist und dass ich mit ihm über die kleineren und größeren Dinge meines Alltags reden kann. Psalm 34,17 versichert uns: „Denn Gott sieht mit Freude auf solche [gerechten] Menschen und wird ihre Gebete erhören.“
3. *Gemeinschaft mit anderen Christen.* Meine Gemeinde und die Gemeinschaft mit anderen Christen, die ich dort erlebe, leistet einen großen Beitrag zu meinem geistlichen Wachstum. In Epheser 4,16 werden wir daran erinnert: „[Das] Haupt bestimmt über den ganzen Leib, wobei die einzelnen Körperteile miteinander verbunden sind. Jedes hilft auf seine Weise mit, dass der ganze Körper funktionstüchtig bleibt. So wachsen wir durch die Liebe zusammen, zu seiner Gemeinde, die sein Leib ist.“

Gott erinnert uns in seinem Wort immer wieder daran, dass man nur gewinnen kann, wenn man sich „geistlich diszipliniert“. Wenn ich Zeit und Mühe auf diese Übungen aufwende, ernte ich die Früchte dafür in diesem Leben und im nächsten.

Vater, danke für Deinen Vergleich von körperlicher und geistlicher Disziplin, weil wir alle dieses Bild verstehen können. Bitte hilf uns, unserer „geistlichen Fitness“ immer einen sehr hohen Stellenwert einzuräumen. Amen.

30. SEPTEMBER

Disziplin

*Ein weiser Mensch kann mit seinem Reichtum gut umgehen,
ein Dummkopf aber verschleudert ihn sofort.*

SPRÜCHE 21,20

Geld weise einzuteilen, ist für Eltern kaum weniger schwierig als für Kinder. Wie können wir unseren Kindern in diesem Bereich helfen, gesunde Gewohnheiten zu entwickeln? Ich habe die Methode mit den vier Einmachgläsern immer ziemlich hilfreich gefunden, die man beschriftet mit *Einnahmen*, *Spenden*, *Sparen* und *Ausgaben*. Wenn ein Kind Geld verdient oder sein Taschengeld bekommt, kommt dieses Geld zuerst in das *Einnahmen*-Glas. Es ist gut, wenn wir das Kind bei der Gelegenheit gleich daran erinnern, dass alles, was wir besitzen, letztlich von Gott kommt.

Das zweite Prinzip, das wir unseren Kindern vermitteln können, ist das Spenden. Schon im Alten Testament hat Gott die Leute, die zu ihm gehörten, aufgefordert, ihm einen Teil ihres Einkommens zurückzugeben. Wir können als Eltern unsern Kindern bei der Entscheidung helfen, wie viel Prozent des Geldes aus dem *Einnahmen*-Glas ins *Spenden*-Glas wandert. Dabei lernen sie gleich, wie wichtig es ist, Gott in unserem Leben an die erste Stelle zu setzen. Der Rat, Geld zu sparen oder anzulegen, ist keine moderne Erfindung von Banken und Aktiengesellschaften.

In dem Vers, der über dem heutigen Tag steht, lesen wir, wie Gott die Menschen zum Sparen anregt. Und unsere Kinder haben dafür das dritte, das *Sparen*-Glas. Und auch was das *Ausgaben*-Glas betrifft, in das unsere Kinder den Rest des Geldes stecken, so können wir ihnen dabei zu weisen Entscheidungen verhelfen. Wir können ihnen zum Beispiel vorschlagen, über das, was sie sich kaufen möchten, erst noch einmal ein paar Tage – oder auch, bei größeren Ausgaben, ein paar Wochen oder Monate – nachzudenken. Dann kaufen sie nicht einfach aus einer Laune heraus irgendetwas, und wenn sie alle Für und Wider abgewogen und vielleicht auch Preise verglichen haben, können sie sich über das, was sie sich geleistet haben, viel mehr freuen. Mit all diesen Grundsätzen machen wir unser Kind stark und sicher, und außerdem bringen wir ihnen dabei ganz nebenbei noch Selbstbeherrschung bei.

Gott, danke, dass die ganze Erde voll Deiner Weisheit und Deiner Reichtümer ist. Bitte lass uns im Umgang mit dem Geld, das Du uns anvertraut hast, an Deiner Weisheit teilhaben. Wir möchten diese Grundsätze der Selbstbeherrschung so gerne auch an unsere Kinder weitergeben. Amen.

1. OKTOBER

Essen und Trinken

„[Ihr glaubt nicht wirklich]“, sagte Jesus. „Wenn euer Glaube nur so groß wäre wie ein Senfkorn, könntet ihr zu diesem Berg sagen: ‚Rücke von hier dorthin!‘, und es würde geschehen. Nichts würde euch unmöglich sein!“

MATTHÄUS 17,20

Meine Familie macht sich immer über mich lustig, wenn irgendwo von Senf die Rede ist. Ich mag ihn allenfalls mittelscharf, während alle anderen in meiner Familie – mein Mann und die drei Söhne – alle den extra scharfen essen. Also kaufe ich immer beide Sorten und versuche es nicht persönlich zu nehmen, wenn meine Männer über meinen „Senf für Memmen“ herziehen.

Das nächste Mal, wenn Sie mit Ihren Kindern Hotdogs machen, können Sie ihnen eine spannende Lektion über den Senf vermitteln, den sie da auf ihr Würstchen geschmiert haben: Obwohl ein Senfkorn winzig ist, kann eine Senfpflanze eine Höhe von ungefähr fünf Metern erreichen. Aus den Samen der Senfpflanze lassen sich Soßen herstellen – ob scharf oder „für Memmen“ –, die wir je nach Geschmack auf unser Essen geben können.

Als Jesus auf der Erde lebte, brachte er seinen Jüngern geistliche Wahrheiten nahe, indem er über ganz alltägliche Dinge sprach. Um Senf ging es in seinen Reden gleich mehrmals. In Matthäus 17 war Jesus traurig über den Mangel an Glauben, den er bei den Jüngern beobachtet hatte, und er erklärte ihnen, sie würden große Dinge für Gott erreichen, wenn sie nur Glauben so groß – oder klein – wie ein Senfkorn hätten.

Ein großer Glaube fängt ganz klein an. Er beginnt damit, dass wir unsere Herzen für Gott öffnen. Wenn wir uns an ihn wenden und unsere dunklen Herzen dem Licht seiner Gnade und Wahrheit aussetzen, schlägt unser Leben im guten Boden seiner wunderbaren Liebe feste Wurzeln. Und dann sehen wir, wie bei der Senfpflanze, die plötzlich aus dem Boden schießt und bis zu fünf Meter hoch wird, wie der Glaube aus unserem Leben emporsprosst – und vielleicht wächst er auch ganz hoch!

Vater, danke, dass Du uns anhand so alltäglicher Dinge so große Wahrheiten lehrst. Hilf uns, an Dich zu glauben, damit wir diesen Glauben in unserem Leben wachsen sehen können. Lass uns lernen, uns für Dich zu öffnen, damit unser kleiner Glaube durch Dich zum Wachsen kommt. Amen.

2. OKTOBER

Essen und Trinken

*Ihr seid das Salz, das die Welt vor dem Verderben bewahrt.
Aber so, wie das Salz nutzlos wird, wenn es seine Kraft verliert, so seid auch ihr nutzlos, und man wird über euch hinweggehen, wenn ihr eure Aufgabe in der Welt nicht erfüllt.*

MATTHÄUS 5,13

Wie viel Salz benutzen Sie bei sich zu Hause? Gestern habe ich eine Prise in meinen Brotteig rieseln lassen, und später habe ich noch einmal eine gute Portion benötigt, um Lasagne zu machen. Im Winter schütten wir manchmal Salz auf die Schwelle unserer Haustür und auf die Einfahrt, um den Schnee wegzuschmelzen.

Salz war auch im Alten Testament ein wichtiges Würzmittel. Man brauchte es, wie heute, um Mahlzeiten die richtige Würze zu verleihen, aber darüber hinaus wurde es zum Konservieren und Veredeln benutzt. Es gab auch den Ausdruck vom Salz-Bündnis, und man meinte damit einen dauerhaften Bund. Salz stand für Beständigkeit, Zuverlässigkeit und Erhaltung.

Als Jesus seine Nachfolger als das Salz der Erde bezeichnete, hatte er damit bestimmt die gleichen Eigenschaften im Blick – Treue, Vertrauenswürdigkeit und Beständigkeit. Und genau wie das Salz unserem Essen Geschmack verleiht, sind wir als Christen Gottes Salz in der Welt. Wir unterscheiden uns von anderen, und wir verbreiten sozusagen ein anderes Aroma. Wenn wir nicht mehr salzig sind, sind wir nicht mehr in der Lage, effektiv an Gottes Reich mitzubauen.

Salz macht das Essen schmackhafter, wenn es richtig dosiert wird. Aber vielleicht ist Ihnen auch schon einmal der Deckel vom Salzstreuer geflogen, als Sie sich gerade über Ihr Rührei beugten – dann wissen Sie, dass zu viel des Guten alles andere als lecker ist. Und genauso sollten wir uns gelegentlich ins Gedächtnis rufen, dass wir den Menschen keinen „Appetit" auf den christlichen Glauben machen, wenn wir allzu aufdringlich davon reden. Wir sollen andere auf den Geschmack bringen und sie nicht vergraulen, und deswegen tun wir gut daran, wenn unser Leben von Gottes Gnade und Wahrheit geprägt ist.

Gott, danke, dass wir nicht aus uns selbst heraus salzig sein müssen. Lass uns immer nah an Dir bleiben, damit unser Leben einen Vorgeschmack auf Dich bietet. Bewahre uns auch davor, andere zu überfordern, ihnen mit zu viel Salz zu begegnen. Lass uns lernen, das richtige Maß an Würze zu finden, damit Leute auf Dich aufmerksam werden. Amen.

3. OKTOBER

Essen und Trinken

*Wenn du Honig findest, dann iss nur so viel, wie dir bekommt;
sonst wirst du ihn satt und musst dich am Ende noch übergeben.*

SPRÜCHE 25,16

Ich kann mich noch gut erinnern, wie meine Mutter immer Honig über die Pfannkuchen sprenkelte, die sie uns an kalten Wintertagen zum Frühstück machte. Und ich gebe Honig an gekochte Möhren, um sie etwas süßer zu machen. Vielleicht ersetzen Sie in einigen Ihrer Rezepte auch Zucker durch Honig. Einfach gesagt: Honig macht das Essen süßer. Aber wenn man zu viel davon nimmt, geht der Schuss nach hinten los. Wenn Sie es nicht glauben wollen, schauen Sie sich Winnie Pu an, den Bären! Wenn Mütter auf der ganzen Welt ihren Kindern die Geschichte vorlesen, in der Winnie einen ganzen Topf Honig leer isst und prompt im Türrahmen hängen bleibt, dämmert auch Kindern, dass Honig an sich eine feine Sache, in großen Mengen aber ungesund ist.

Die Bibel benutzt Honig als Beispiel dafür, dass man Mäßigung und eine gewisse Vorausschau braucht, und zwar nicht nur in Bezug aufs Essen. Wir alle brauchen ein gesundes Gleichgewicht in vielen Bereichen unseres Lebens. Sprüche 25,17, spricht davon, dass man seinen Nachbarn nicht zu oft besuchen soll, „sonst wirst du ihm lästig und er beginnt dich abzulehnen“. Und ein bisschen später im Kapitel, in Vers 27, wird wieder auf den Honig Bezug genommen: „Zu viel Honig ist nicht gut – genauso spare mit anerkennenden Worten.“ Es ist gut, wenn man anderen Menschen Komplimente macht, aber man muss ihnen nicht „Honig um den Bart schmieren“ und über die Maßen schmeicheln.

In Sprüche 24,3-14 ermuntert ein Vater seinen Sohn, den Honig zu genießen, weil er süß für den Gaumen ist. Aber mehr noch soll er sich an der Weisheit erfreuen, denn sie ist süß für die Seele. Honig macht das Leben sogleich süßer, aber Weisheit bringt Hoffnung, die Bestand hat!

Vater, lass uns weise sein und in allen Bereichen unseres Lebens ein gesundes Gleichgewicht halten! Hilf uns zu sehen, dass das Beste im Leben das Geschenk Deiner Weisheit ist. Durch sie haben wir Hoffnung für unsere Zukunft und die unserer Kinder. Amen.

4. OKTOBER

Essen und Trinken

„Wie kann ich dir nur helfen?", überlegte Elisa. „Hast du noch irgendwelche Vorräte im Haus?"

2. KÖNIGE 4,2

„Nur einen kleinen Krug mit Öl", gab die Witwe zurück, mit der der Prophet Elisa hier sprach. „Außer dem habe ich nichts im Haus." Ihren Mann hatte sie schon verloren, und nun musste sie auch noch befürchten, dass einer ihrer Gläubiger ihr ihre zwei Söhne wegnehmen und sie als Sklaven verkaufen würde. Wenn die Israeliten im näheren Umfeld dieser Witwe sich an Gottes Gebote gehalten hätten, wären die Witwe und ihre beiden Söhne versorgt worden. Leider scheint sich jedoch alles in die falsche Richtung entwickelt zu haben.

Als die Witwe überhaupt nicht mehr weiterwusste, stellte Elisa ihr zwei Fragen. Erstens fragte er sie, was er für sie tun konnte, und zweitens fragte er sie, was sie im Haus hatte. Ich bin von Elisas sensibler Herangehensweise immer sehr beeindruckt gewesen. Er wollte gerne helfen, und er baute auf das auf, was schon da war. Mit seinen Fragen bevormundete er die Frau nicht und er zeigte sich nicht pessimistisch; stattdessen war er voller Mitgefühl und machte der Witwe Hoffnung.

Elisa forderte sie auf, von ihren Nachbarn und Freunden so viele Krüge auszuleihen, wie sie bekommen konnte. Und dann sollte sie ihr Öl in all diese Krüge gießen. Das Öl floss immer weiter, bis sie und ihre Söhne auch den letzten Krug gefüllt hatten. Sie verkaufte das Öl und konnte damit nicht nur ihre Schulden bezahlen, sondern ihre kleine Familie versorgen.

Auch wir geraten, wie die Witwe, manchmal in Situationen, die irgendwie ganz anders hätten verlaufen sollen oder können. Wenn wir das Leben in seiner ganzen Härte erfahren, wenn wir entmutigt sind und die Hoffnung verlieren, können wir uns an Gott wenden. Er steht uns voller Mitgefühl zur Seite und macht uns Hoffnung. Er ist immer noch derselbe Gott; er sieht, wie es uns Menschen geht, und er sorgt für uns.

Vater, danke, dass Du gesehen hast, in welcher schwierigen Lage die Witwe war, und dass Du Dich um sie gekümmert hast. Danke, dass Du auch uns nie aus den Augen verlierst, und dass wir in jeder Situation zu dir kommen und um Deinen Beistand bitten dürfen. Amen.

5. OKTOBER
Essen und Trinken

Alle Tiere werden sich vor euch fürchten müssen, denn ich gebe sie in eure Hand. Von jetzt an könnt ihr euch von ihrem Fleisch ernähren, nicht nur von Obst und Getreide.

1. MOSE 9,2-3

Frühstück: Eine Schale Müsli und ein Glas Orangensaft.
Mittagessen: Hühnchen süß-sauer, Reis, grüne Bohnen und frischer Salat.
Nachtisch: Apfelstrudel frisch aus dem Ofen.
Abendessen: Ein Brot mit einer Scheibe Putenbrust und Schweizer Käse.

Hat jemand Hunger? Die ganze Bibel hindurch sehen wir, wie Gott uns Essen gibt; er versorgt uns, stärkt uns und erhält uns am Leben.

Gott sorgt für uns. In 1. Mose 1,29 lässt er die ersten Menschen wissen: „Ihr dürft die Früchte aller Pflanzen und Bäume essen." Und in Psalm 104,27-28 heißt es: „Alle deine Geschöpfe warten auf dich, dass du ihnen rechtzeitig zu essen gibst. Sie holen sich die Nahrung, die du ihnen zuteilst. Du öffnest deine Hand, und sie werden reichlich satt." Das kleine Wörtchen „alle" macht deutlich, wie allumfassend Gottes Fürsorge für seine Geschöpfe auf der ganzen Welt ist.

Gott stärkt uns durch das Essen. Es gibt so unendlich viele verschiedene Sachen auf der Welt, die man essen kann. Er tut so viel mehr, als uns nur irgendwie bei Kräften zu halten – er lässt uns verschiedene Farben, Geschmacksrichtungen und Formen genießen. Schon in der Bibel begegnen uns so verschiedene Lebensmittel wie Trauben, Knollenfrüchte, Melonen, Feigen, Granatäpfel, Porree, Knoblauch, Brot, Wachteln, Wild und viele andere mehr.

Gott erhält uns am Leben. Vielleicht das beeindruckendste Beispiel dafür wird in Nehemia 9,21 aufgegriffen: „Vierzig Jahre wanderten sie in der Wüste umher, und immer bekamen sie von dir, was sie brauchten." Gott gab den Israeliten auf übernatürliche Weise Manna und Wachteln zu essen.

Das alles ist wirklich erstaunlich.

Gott, danke, dass Du in Deiner Güte so gut für uns sorgst, dass Du uns stärkst und am Leben erhältst. Lass unsere Tischgebete von wirklicher Dankbarkeit für das geprägt sein, was Du gibst, und schenke, dass wir sie nie nur aus bloßer Gewohnheit beten. Danke für den Überfluss, den Du uns schenkst. Amen.

6. OKTOBER

Essen und Trinken

Ich bin das Brot des Lebens.

JOHANNES 6,48

Es ist bemerkenswert, dass Jesus in einer Stadt geboren wurde, die übersetzt „Haus des Brotes" heißt – Bethlehem. Die meisten von uns essen Brot. Ob wir es nun selber backen oder fertig kaufen, es ist in jedem Fall ein Grundnahrungsmittel. Es gehört zu unserem Leben einfach dazu.

Stellen Sie sich einmal vor, wie es gewesen wäre, mit in der Menschenmenge zu sitzen, die Jesus mit fünf Broten und zwei Fischen satt machte. Tausende hungrige Menschen bekamen genug zu essen. Das war natürlich ein gewaltiges Wunder, aber überraschend ist auch die Reaktion der Menge. Nachdem Jesus sie satt gemacht hatte, wollten sie ihn gleich zum König machen. Warum? Nicht, weil sie in ihm den Messias erkannten, sondern weil sie davon ausgingen, dass er sie materiell gut versorgen würde. Die Leute waren so in ihren Grundbedürfnissen gefangen, dass ihnen die wahre Bedeutung dieser Begebenheit glatt entging – dass Jesus das Brot des Lebens *ist*. Jesus wusste, dass ihnen das Brot wichtiger war als er.

Wir wollen nicht den gleichen Fehler begehen und diese Wahrheit nie vergessen: dass wir Jesus als unseren „geistlichen Vorrat" brauchen. Das Brot des Lebens, das in einer Stadt mit Namen „Haus des Brotes" geboren wurde, will uns jeden Tag unseres Lebens geistlich ernähren.

In einem Lied heißt es: „Das Brot bist du für den, der Lebenshunger hat. Und wenn er zu dir kommt, machst du ihn wirklich satt." Darauf dürfen wir uns verlassen.

Vater, danke, dass Du das Brot des Lebens bist und auf all unsere Hoffnungen und Ängste eingehen kannst. Danke, dass Dein Brot uns satt macht. Nicht nur unseren Leib, sondern auch unsere Seele. Deine Fürsorge überrascht uns immer wieder. Hab Dank dafür. Amen.

7. OKTOBER

Essen und Trinken

Der Herr ruft: „Ihr habt Durst? Kommt her, hier gibt es Wasser! Auch wer kein Geld hat, kann kommen. Nehmt euch Brot und esst! Hierher! Hier gibt es Wein und Milch. Bedient euch, es kostet nichts! Warum gebt ihr euer sauer verdientes Geld aus für Brot, das nicht sättigt? Hört doch auf mich und tut, was ich sage, dann bekommt ihr genug! Ihr dürft köstliche Speisen genießen und euch satt essen."

JESAJA 55,1-2

Einmal sind meine Familie und ich an einem warmen Sommertag zu einem großen Wasserfall gewandert. Dieser Wasserfall befand sich ziemlich abseits von der Straße und wir mussten ein ganz schönes Stück Weg einen Berg hinaufkraxeln, um dort hinzugelangen. Aber der Einsatz lohnte sich! Die Sonne stand hoch an einem klaren blauen Himmel und wir konnten das Wasser, wie es in die Tiefe stürzte, schon hören, bevor wir es überhaupt sahen. Riesige Wassermassen, die von hoch oben aus den Bergen kamen, ergossen sich über die gezackten Felsen.

Wir machen wirklich gerne Urlaub am Wasser. Es ist schon erfrischend, in seiner Nähe zu sein. Aber natürlich brauchen wir Wasser zu mehr als zur Erfrischung, Es ist für unseren Körper überlebensnotwendig. Wir können vielleicht ein paar Tage ohne Nahrung überleben, aber nicht ohne Wasser. Deswegen ist der Vergleich so eindrücklich, den Jesaja zwischen dem Durst unseres Körpers nach Wasser und dem Durst unserer Seele nach Gott zieht.

Manchmal versuchen wir unseren Hunger oder Durst nach Gott mit anderen Dingen zu stillen – und oft sind das an sich sogar gute Dinge. Aber Jesaja erinnert uns wieder neu daran, dass nur der Herr die tiefsten Bedürfnisse unserer Seele stillen kann. Und Jesus macht im Johannesevangelium selbst auch deutlich, dass er das lebendige Wasser ist. Unsere Herzen können bei Gottes Wort und bei Gottes Sohn ihren Durst stillen. Dann leben wir auf und finden unsere Erfüllung bei ihm.

Herr, danke, dass Du eine Möglichkeit geschaffen hast, um den Durst unserer Seele zu stillen. Erfrische uns täglich und wirke auch durch uns, sodass wir für Dich Frucht tragen. Amen.

8. OKTOBER

Zeugnis

Hört, ihr Israeliten! Der Herr ist unser Gott, der Herr allein. Ihr sollt ihn von ganzem Herzen lieben, mit ganzer Hingabe, mit all eurer Kraft. Bewahrt die Worte im Herzen, die ich euch heute sage! Prägt sie euren Kindern ein! Redet immer und überall davon, ob ihr zu Hause oder unterwegs seid, ob ihr euch schlafen legt oder aufsteht.

5. MOSE 6,4-7

Gestern Abend ist einer meiner Söhne getauft worden. Als ich die Zeugnisse hörte, die die sieben jungen Leute ablegten darüber, wie sie zum Glauben gekommen waren, war ich überrascht, wie viele von ihnen sagten, dass sie Jesus durch ihre Mutter kennengelernt hatten. Die meisten erzählten, wie die Geschichten, die ihre Mutter ihnen vor dem Schlafengehen noch erzählt hatte, sie geprägt und letztlich zum Glauben geführt hatten.

Und eigentlich ist es auch nicht weiter überraschend, dass unsere Kinder kurz vor dem Einschlafen noch besonders offen sind, über das zu reden, was ihnen auf dem Herzen liegt. Sie kommen innerlich zur Ruhe, es gibt nichts mehr zu verpassen, und wenn wir uns an ihre Bettkante setzen, wollen sie diese Momente der Nähe oft möglichst lange auskosten.

Um unseren Kindern auf eine nachhaltige Weise von Gott erzählen zu können, sollten wir einige Dinge beachten. Zunächst einmal müssen wir selbst auf Gott hören – im Gebet und in seinem Wort. Zweitens müssen wir uns entscheiden, Gott aus ganzem Herzen, aus ganzer Seele und mit ganzer Kraft zu lieben. Drittens müssen wir unser Herz ganz vor Gott offenlegen und ihn darum bitten, uns zu verändern. Und viertens müssen wir bewusst beschließen, das Wort Gottes in die Herzen unserer Kinder zu sprechen, wobei das natürlich auf ganz verschiedene Arten und Weisen passieren kann.

Wenn wir auf den Herrn hören, ganz aufrichtig vor ihm bleiben und unseren Kindern Gottes Wort nahezubringen versuchen, hoffen wir, dass der Glaube bald in ihnen Wurzeln schlägt.

Vater, danke für das ungeheure Vorrecht, unsere Kinder mit Dir bekannt machen zu dürfen und sie zu Dir zu führen. Hilf uns, selbst immer nah bei Dir zu bleiben, sodass wir unsere Kinder nicht zu Fall bringen, sondern lass uns zum Segen für sie werden. Amen.

9. OKTOBER

Zeugnis

Als Botschafter Christi fordern wir euch deshalb im Namen Gottes auf: Lasst euch mit Gott versöhnen!

2. KORINTHER 5,20

Wenn ich in Washington bin, fahre ich immer gerne an den Botschaften anderer Staaten vorbei. Schon an der Bauweise der Gebäude kann man viel über die jeweiligen Länder erfahren.

Botschafter sind hochrangige diplomatische Beamte, die einen Staat in der Hauptstadt eines anderen vertreten und dabei möglichst sensibel die Interessen ihres Heimatlandes wahrnehmen. Obwohl sie natürlich nicht unabhängig handeln und sich über die Wertmaßstäbe ihrer Heimat nicht einfach hinwegsetzen können, haben sie doch einen großen Handlungsspielraum und sehr weitreichende Befugnisse. Um erfolgreich zu sein, müssen sie sich in dem Land, in das sie gesandt wurden, angemessen verhalten.

Wenn wir zu Gott in Beziehung treten, werden wir auch zu Botschaftern. Als Mütter üben wir unser Amt vor allem zu Hause unseren Kindern gegenüber aus, und sie leben quasi mit uns im Botschaftsgebäude. Wenn Gottes Geist in unserem Leben regiert, merken unsere Kinder schnell, wen wir vertreten und in wessen Interesse wir handeln. Die Nachricht, die wir weitertragen sollen, ist, dass wir durch Christus eine Beziehung mit Gott haben können. Als der Mensch sich gegen Gott auflehnte, wurden wir alle zu Gottes Feinden, aber Gott entwickelte einen Plan, wie uns durch Jesu Tod am Kreuz vergeben werden kann. Wenn wir merken, wie sehr wir Gott brauchen, uns nach einer Beziehung mit ihm zu sehnen beginnen und uns an Christus wenden, nimmt er unsere Schuld von uns und gibt uns dafür seine Gerechtigkeit.

Wir stehen in der Verantwortung, Gott so einfühlsam wie möglich in dieser Welt zu vertreten, denn wir sind Botschafter des Friedens. Die Anweisungen, wie wir zu handeln haben, können wir Gottes Wort entnehmen. Wir vertreten den König der Könige, und unsere Häuser sind Botschaftsgebäude. Was für eine hohe Position wir innehaben!

Gott, danke, dass Du uns dazu bestimmt hast, Dich in dieser Welt zu vertreten. Obwohl wir immer wieder von Dir weglaufen, gibst du uns so ein hohes Amt. Lass uns so handeln, dass es Dir entspricht, und sensibel das weitergeben, was Du uns aufträgst. Amen.

10. OKTOBER

Zeugnis

Lasst Christus den Mittelpunkt eures Lebens sein. Seid immer dazu bereit, denen Rede und Antwort zu stehen, die euch nach der Begründung eures Glaubens fragen.

1. PETRUS 3,15

Als ich eines Morgens mit meiner Freundin Ruthie einen Spaziergang machte, erzählte sie mir etwas, das ihr am Tag zuvor passiert war. Sie war für das übliche Nachschneiden beim Friseur gewesen, und ihre Friseurin hatte sie gefragt: „Warum sind Sie eigentlich so, wie Sie sind? Sie haben irgendwie so ein tolles Leben, obwohl ich mir denke, dass Sie auch nicht weniger Schwierigkeiten haben als andere. Aber Sie sind immer so fröhlich, und Sie reden nie schlecht über andere Leute. Also erzählen Sie mal – warum sind Sie so?"

Ruthie musste lachen, und ihre erste Antwort war ein Scherz: „Vielleicht habe ich mehr Glückshormone als andere." Aber dann fuhr sie fort: „Ich bin anders wegen meiner Beziehung mit Jesus Christus." Die Friseurin seufzte, sie hätte sich schon gedacht, dass es irgendetwas mit Religion zu tun hatte. Später griff Ruthie das Thema wieder auf, und so konnte sie ein paar kleine Samenkörner der Wahrheit ausstreuen. Als ich mich nach unserem Spaziergang von Ruthie verabschiedete, musste ich denken, dass Nichtchristen doch oft merken, dass es etwas Besonderes ist, mit Gott zu leben, und dass es viel Positives mit sich bringt.

Jedes Frühjahr macht meine Familie Urlaub am Strand, wo wir eine ganze Woche lang einfach in der Sonne liegen. Wenn wir dann wieder nach Hause zurückkommen, fragen unsere Freunde meistens: „Wo seid ihr denn gewesen? Es scheint ja ziemlich sonnig gewesen zu sein." Wenn wir viel Zeit mit Gottes Sohn, im Gebet oder mit seinem Wort verbringen, werden die Leute um uns herum das auch merken – unsere Familien als Allererste. Unser Leben wird anders sein als das der Menschen um uns herum. Sie werden die guten Früchte von Gottes Geist in unserem Leben sehen und neue Hoffnung bekommen.

Vater, es macht uns immer Mut, wenn Leute, die Dich noch nicht kennen, irgendetwas Positives an Leuten bemerken, die Dich schon kennen. Lass uns immer nah an Dir bleiben und Dir gehorsam sein, damit wir Dein Reich nicht in Verruf bringen. Amen.

11. OKTOBER

Zeugnis

Gott will, dass ihr durch euer vorbildliches Verhalten alle überzeugt, die aus Unwissenheit oder Dummheit euch verleumden. Das könnt ihr tun, weil ihr durch Christus freie Menschen geworden seid. Keiner von euch darf aber diese Freiheit missbrauchen, um damit ein schlechtes Verhalten zu entschuldigen. Denn ihr seid frei geworden, damit ihr immer und überall Gott dient.

1. PETRUS 2,15-16

Um den Leuten um uns herum unseren Glauben zu vermitteln, sollten wir uns immer wieder bewusst machen, was wir alles in Christus besitzen.
In Kolosser 3,12-17 wird uns die „Garderobe des Christen" vorgestellt:

1. Erbarmen – ein weiches Herz.
2. Freundlichkeit – man macht sich Gedanken um andere und versucht sich in sie hineinzuversetzen.
3. Demut – Stolz und Anmaßung finden keinen Raum.
4. Sanftmut – ein mildes und freundschaftliches Wesen.
5. Geduld – eine Bereitschaft, durchzuhalten.
6. Einander ertragen – auch wenn die anderen uns manchmal auf die Palme bringen.
7. Einander vergeben – man trägt dem anderen nichts nach.
8. Liebe – für den anderen da sein schafft Einheit und Vertrauen.
9. Friede – man lebt in Eintracht mit anderen.
10. Dankbarkeit – man freut sich über das, was man hat.
11. Liebe zum Wort Gottes – man lässt es im eigenen Herzen Wurzeln schlagen und will es auch mit anderen teilen.
12. Der Wunsch, Jesus zu gefallen. Wie viel Segen würden wir erleben, wenn jedes Familienmitglied sagte: „Ich möchte jeden Tag so leben, dass es Christus gefällt, und ich will, dass er das Wichtigste in meinem Leben ist." Es würde weniger Egoismus und mehr Liebe geben, weniger Ungeduld und mehr Wärme, und wir würden weniger Geld für Unwichtiges ausgeben und mehr auf das achten, was wirklich zählt.

Das sind die Kleider, die wir als Christen tragen sollen. An ihnen können die Menschen um uns herum sehen, dass wir zu Christus gehören.

Vater, wir verbringen jeden Tag so viel Zeit vor dem Kleiderschrank und überlegen, was wir anziehen sollen. Lass uns auch auf unsere geistliche „Garderobe" Acht haben und Zeit mit Dir im Gebet verbringen. Amen.

12. OKTOBER

Zeugnis

Ihr seid das Salz, das die Welt vor dem Verderben bewahrt.
Aber so, wie das Salz nutzlos ist, wenn es seine Kraft verliert, so seid auch ihr nutzlos, und man wird über euch hinweggehen, wenn ihr eure Aufgabe in der Welt nicht erfüllt.
Ihr seid das Licht, das die Welt erhellt. Eine Stadt, die hoch auf dem Berg liegt, kann nicht verborgen bleiben. Man zündet ja auch keine Lampe an und deckt sie dann zu.
Im Gegenteil: Man stellt sie so auf, dass sie allen im Haus Licht gibt.

MATTHÄUS 5,13-15

Eine Woche vor Weihnachten bin ich einmal auf der Suche nach Last-Minute-Weihnachtsgeschenken an einem Laden vorbeigekommen, dessen Sonderangeboten ich mich einfach nicht entziehen konnte. Es gab mehrere Regale mit modischen Herrenpullovern für nur je zehn Euro – ich wusste, dass das wirklich ein günstiges Angebot war und dass meine Jungs sich über diese Pullover wirklich freuen würden.

Nachdem ich also drei Pullis gekauft hatte, verließ ich den Laden ganz aufgeregt und glücklich, so ein tolles Schnäppchen gemacht zu haben. Ich war viel zu begeistert, um das für mich zu behalten, also erzählte ich es verschiedenen Freundinnen, mit denen ich im Lauf des Tages noch zu tun hatte. Ich dachte mir, dass sie für ihre Kinder ja vielleicht auch noch etwas finden würden.

Später kam ich über mein Schnäppchen und über die Begeisterung, mit der ich anderen davon erzählte, ins Grübeln. Wie kommt es nur, überlegte ich, dass ich einerseits eine Freundin anrufe, um ihr von den Pullovern im Sonderangebot zu erzählen, und andererseits so selten auf die Idee komme, von irgendetwas zu berichten, das ich in Christus gefunden habe?

Durch den Tod und die Auferstehung Jesu habe ich Frieden mit Gott, eine neue Identität, Vergebung der Sünden, die Gegenwart des Heiligen Geistes in meinem Leben, Gottes Weisheit, wenn ich darum bitte, und viel, viel mehr. Ich rufe zwar auch keine Freundin an und liste ihr detailliert auf, was ich alles für Weihnachtsgeschenke gekauft habe. Aber genauso würde ich keine Freundin anrufen, um ihr alles aufzuzählen, was ich in Christus habe – das würde auch in beiden Fällen zu lange dauern. Aber vielleicht kann ich ja über *eine* Sache reden, die ich heute mit Gott erlebt habe. Ich kann Zeugnis ablegen von dem, was er gibt – bei einem Menschen nach dem anderen.

Vater, danke für das Vorrecht, Dich bei anderen zu vertreten. Hilf uns, das immer mit Freude zu tun. Lass uns Situationen erkennen, in denen wir Dich und Dein Wirken in unserem Leben bezeugen können. Gib uns dann Weisheit und die richtigen Worte, um ein lebendiges Zeugnis für Dich zu sein. Amen.

13. OKTOBER

Zeugnis

Da ließ die Frau ihren Wasserkrug stehen, lief in die Stadt und berichtete aufgeregt allen Leuten: „Kommt mit! Ich habe einen Mann getroffen, der alles von mir weiß; dabei hat er mich noch nie gesehen. Ob er wohl der Messias ist?" Neugierig liefen die Leute aus der Stadt zu Jesus.

JOHANNES 4,28-30

„Das ist doch paradox", wundern wir uns, „dass Jesus ausgerechnet die Frau am Brunnen um etwas Wasser zu trinken bittet!" Schließlich hatte doch die Frau viel mehr Durst – bis in die Tiefe ihrer Seele hinein. Sie hätte Jesus um etwas von seinem lebendigen Wasser bitten sollen – aber sie wusste ja noch nicht, wer er war.

Ich habe einmal einen Mann, der uns in London über den Weg lief, gebeten, ein Foto von meinem Mann und mir zu machen. „Bitte achten Sie drauf, dass die rote Telefonzelle hinter uns mit im Bild ist", bat ich ihn. „Ich mag diese Telefonzellen schrecklich gern." Der Mann machte also bereitwillig ein Foto von uns, und als er mir die Kamera zurückgab, erzählte er: „Soso, Sie mögen die roten Telefonzellen? Charles Gilbert Scott, mein Ur-Ur-Großvater, war Architekt. Er hat sie entworfen!"

Sie können sich vielleicht vorstellen, wie überrascht wir waren und wie geehrt wir uns fühlten, den Nachkommen eines so berühmten Architekten getroffen zu haben. Als wir wieder zu Hause in Amerika waren, erzählte ich diese Geschichte allen unseren Freunden. Es tat mir nur leid, dass ich in der Aufregung glatt vergessen hatte, Mr. Scott zu fragen, ob wir von *ihm* vor einer Londoner Telefonzelle ein Bild machen konnten.

Seit dieser Begebenheit in London kann ich die Begeisterung der Frau am Jakobsbrunnen besser verstehen. Schließlich ging ihr auf, dass sie es hier mit dem Messias zu tun hatte. Sie war dem Menschen begegnet, auf den sie ihr Leben lang gewartet hatte. Kein Wunder, dass sie alle einlud, mitzukommen und ihn auch kennenzulernen.

Vater, bitte gib uns Mut und Ideen, dass wir Leuten, die Dich noch nicht kennen, auf ganz natürliche Weise erzählen können, was Du für uns getan hast. Lass sie merken, wie Dein Leben und Dein Wirken uns immer wieder begeistert. Hilf uns, ansteckend und begeistert zu sein. Amen.

14. OKTOBER

Zeugnis

Als nun Jesus am Galiläischen Meer entlangging, sah er zwei Brüder, Simon, der Petrus genannt wird, und Andreas, seinen Bruder; die warfen ihre Netze ins Meer, denn sie waren Fischer. Und er sprach zu ihnen: Folgt mir nach; ich will euch zu Menschenfischern machen.

MATTHÄUS 4,18-19

Der Ausdruck „Menschenfischer“, den viele Übersetzungen hier verwenden, wird, was uns verwundern dürfte, nicht zuallererst in der Bibel verwendet. Griechische und römische Philosophen gebrauchten den Begriff schon seit Jahrhunderten, um Leute zu beschreiben, die andere Menschen durch ihre Lehren und ihre überzeugende Beweisführung „einzufangen“ versuchten. Weil die Männer, von denen hier im Matthäusevangelium berichtet wird, Fischer waren, liegt es andererseits nahe, dass Jesus den Ausdruck verwendet.

Als wir im letzten Sommer zum Urlaub ans Meer fuhren, versuchten sich einige Männer in meiner Familie als Angler. Vor dem Urlaub liehen sie sich aus der Bücherei einige Bücher zum Thema Angeln aus. Durch eines blätterte ich einmal, und dabei wurde mir schnell klar, dass Fischen wirklich eine Kunst ist. Man braucht Geschick und auch einiges Grundwissen, und am meisten fängt wahrscheinlich, wer die richtige Angel benutzt und weiß, wie er den Köder am appetitlichsten präsentiert, wo er die Fische finden kann und wie er ihnen möglichst unauffällig näherkommen kann. Niemand ist je ein vollkommener Fischer oder Angler – es gibt immer noch etwas, das man lernen kann.

Leute, die das Angeln ernst nehmen, legen viel Mut und Geduld an den Tag. Weil sie die Fische nicht sehen können und nie genau wissen können, was auf sie zukommt, brauchen sie jeden Tag wieder neu den Glauben und die Hoffnung, dass sie etwas fangen werden. Warren Wiersbe beschrieb die ersten Jünger dadurch, dass er sagte, dass sie bisher lebendige Fische gefangen hätten, die daraufhin getötet wurden, von nun an würden sie tote Fische – Sünder – fangen, die dann zum Leben kommen würden.

Wenn man schon zum Angeln von Fischen Talent, Geduld, Mut, etwas theoretisches Wissen und Glauben braucht, wie viel mehr von all dem braucht man dann erst, um Menschen fischen zu können. Und doch ist es eine Verantwortung und ein Vorrecht, das Gott jedem von uns gegeben hat!

Gott, danke für die Bilder in Deinem Wort, die uns unseren Auftrag als Gläubige so anschaulich machen. Bitte schenke uns, dass es uns nie gleichgültig ist, wenn Menschen Dich noch nicht kennen, und gebrauche uns besonders in unserer Familie und im Freundeskreis. Amen.

15. OKTOBER

Entscheidungen

Glaubt nur nicht, ihr könntet Gott etwas vormachen! Ihr werdet genau das ernten, was ihr gesät habt. Wer nicht Gott, sondern sich selbst vertraut, den erwartet das ewige Verderben. Wer sich aber durch den Geist Gottes führen lässt, dem wird Gott das ewige Leben schenken. Lasst also nicht nach in eurem Bemühen, Gutes zu tun. Es kommt eine Zeit, in der ihr eine reiche Ernte einbringen werdet. Gebt nur nicht vorher auf!

GALATER 6,7-9

Ben schaute aus dem Fenster nach draußen in den Garten. Irgendetwas sah anders aus als im vergangenen Jahr, aber er wusste nicht, was. Er sah einige große Pflanzen, die ein bisschen wie Weinreben aussahen und sich über den ganzen Garten verteilt hatten. Sie sahen *ein bisschen* aus wie die Pflanzen im letzten Jahr. Aber irgendetwas stimmte nicht.

„Mama", fragte Ben. „Sind das da in unserem Garten Kürbisse?"

„Nein, Ben", sagte die Mutter, „das sind Wassermelonen."

„Melonen?", rief Ben erstaunt aus. „Und was ist aus den Kürbissen geworden?"

„In diesem Jahr haben wir keine Kürbisse."

„Warum denn nicht?"

„Weil wir Melonen gepflanzt haben."

Ben sah enttäuscht aus. „Aber ich wollte so gerne Kürbisse. Und jetzt kriegen wir nie wieder welche." Er fing an zu weinen.

Mary wischte ihrem Kleinen die Tränen aus den Augen. „Doch, Ben, wir können wieder Kürbisse kriegen. Wenn du welche haben möchtest, pflanzen wir fürs nächste Jahr welche. Denn man erntet immer das, was man angepflanzt hat."

Genauso wie wir in unserem Garten ernten, was wir gesät haben, ernten wir in unserer Seele, was wir gesät haben. Was für eine Freude ist es, wenn wir gute Samen säen und etwas Gutes ernten, und wie traurig, wenn schlechte Samen zu unbrauchbaren Früchten und einer verlorenen Ernte führen.

Wenn wir entmutigt sind, weil wir in unserem Leben einige unweise Entscheidungen getroffen haben, mit deren Folgen wir nun leben müssen, brauchen wir trotzdem nicht zu verzweifeln. Wenn wir uns an Gott wenden, um Vergebung bitten und mit seiner Hilfe in Zukunft Entscheidungen treffen, die ihm Ehre machen, werden wir schon bald eine neue Ernte einbringen, und wir werden neue Hoffnung und Freude erleben.

Gott, wir möchten Dir so gerne Ehre machen, indem wir das Richtige tun. Hilf uns, dass unsere Entscheidungen immer widerspiegeln, dass wir zu Dir gehören. Gib uns die Kraft, treu zu sein und eine Saat zu säen, die bis in Ewigkeit Bestand hat. Amen.

16. OKTOBER

Entscheidungen

Wichtig ist nur eins! Das hat Maria verstanden, und davon werde ich sie nicht abbringen.

LUKAS 10,42

Maria aus Bethanien begegnet uns in den Evangelien dreimal, und jedes Mal ist sie zu Jesu Füßen. Einmal sitzt sie dort und lauscht seinen Worten. (vgl. Lukas 10,39) Einmal fällt sie vor ihm nieder und weint zu seinen Füßen über den Tod ihres Bruders Lazarus. (vgl. Johannes 11,32) Das dritte Mal salbt sie seine Füße mit kostbarem Parfum. (vgl. Johannes 12,3)

In der ersten dieser Begebenheiten, aus der auch unser Vers für heute stammt, besuchte Jesus Maria und Martha zu Hause. Während Martha mit allen möglichen Essensvorbereitungen beschäftigt war, saß Maria zu Jesu Füßen. Martha war wütend, dass Maria sie in der Küche alleine schuften ließ, und sie wollte, dass Jesus ihre Schwester dazu brachte, ihr zu helfen.

Jesus tat, was er oft tat: Er machte deutlich, was im Leben wirklich wichtig ist. Er schätzte Marthas Gastfreundschaft nicht gering, aber Marias Anbetung bewertete er doch höher. Wenn es um Gastfreundschaft und Anbetung geht, ist nicht das eine „richtig“ und das andere „falsch“. Aber wir müssen uns doch entscheiden, was uns wichtiger ist. Und die Grundlage unseres Lebens ist nun einmal Anbetung.

Bevor wir unseren Kindern Christus widerspiegeln können, müssen wir Zeit mit ihm verbringen und von ihm lernen. Und wenn wir uns bewusst dafür entscheiden, uns in der Stille „zu seinen Füßen“ zu setzen, wird der Heilige Geist uns ganz automatisch auch zum Dienst für andere anspornen.

Vater, bitte hilf uns, dass wir unsere Prioritäten richtig setzen. Lass die Anbetung in unserem Leben immer an erster Stelle stehen und lass uns erleben, dass sich der Dienst für Dich daraus ganz natürlich ergibt. Schenke uns Momente der Stille, in denen wir „zu Deinen Füßen“ sitzen können, und rede dann zu uns. Amen.

17. OKTOBER

Entscheidungen

Du führst mich nach deinem Plan und nimmst mich am Ende in Ehren auf. Herr, wenn ich nur dich habe, bedeuten mir Himmel und Erde nichts. Selbst wenn alle meine Kräfte schwinden und ich umkomme, so bist du doch, Gott, allezeit meine Stärke – ja, du bist alles, was ich habe.

PSALM 73,24-26

Als ich auf dem Moody Bible Institute war, habe ich mit im Chor gesungen. Wenn wir auf Tournee waren, ob in Amerika oder England, begannen wir unsere Konzerte immer mit einem Lied, in dem es darum ging, dass Gott uns führen soll.

Kennen Sie das Gefühl, schwach und verwirrt zu sein, völlig unfähig, irgendeine Entscheidung zu treffen? Ich kenne das jedenfalls. An wen wenden wir uns, wenn wir vor schwierigen Herausforderungen stehen? An wen wenden wir uns mit unseren Bedürfnissen, und wer hilft uns, weise Entscheidungen zu treffen?

An wen wir uns wenden, wenn wir nicht wissen, was wir tun sollen, sagt sehr viel über uns aus. Manche Leute gehen gleich an ihren Stammtisch oder zur Wahrsagerin, aber viel besser wäre es, sich an einen Pfarrer oder Seelsorger zu wenden – einen reifen Christen, der Gott und seinem Wort vertraut und Jesus lieb hat. Wenn wir vor schweren Entscheidungen stehen, brauchen wir weise Ratgeber. Einer meiner Söhne überlegt im Moment, wo er studieren soll. An seiner Schule gibt es einen Berufsberater, der sich gut auskennt und ihm wirklich weiterhilft. Eine meiner Freundinnen versucht, mit massiven Eheproblemen zurechtzukommen; ihre Seelsorgerin leistet ihr da unschätzbaren Beistand.

Menschliche Ratgeber können eine große Hilfe sein, aber der beste Berater auf der ganzen Welt ist immer noch Jesus. Er kennt uns, liebt uns, hat Geduld mit uns und macht uns immer wieder Mut. Und wie jeder gute Seelsorger hält er nicht alle Schwierigkeiten von uns fern, sondern er hilft uns durch sie hindurch. Er gibt uns den Mut, uns den Problemen zu stellen.

Wenn Sie sich hilflos fühlen und nicht weiterwissen, greifen Sie einfach nach der Hand Jesu und bitten Sie *ihn*, dass er Ihnen hilft, die richtige Entscheidung zu treffen.

Liebevoller Ratgeber, danke, dass Du der weiseste Seelsorger und Berater bist, an den wir je geraten könnten. Sei unsere Kraft, wenn wir uns schwach fühlen. Schenke uns auch Menschen an die Seite, die uns in schweren Zeiten beistehen, und lass uns lernen ein Mensch zu werden, der andere begleiten kann. Amen.

18. OKTOBER

Entscheidungen

Lot betrachtete das Land genau und sah die fruchtbare Jordanebene – überall reich bewässert, bis nach Zoar hin. [...] Die Jordanebene sah aus wie der Garten des Herrn oder das Niltal in Ägypten. Darum wählte Lot diese Gegend. Er verabschiedete sich von Abram und machte sich auf den Weg nach Osten.

1. MOSE 13,10-11

Wenn wir die Geschichte von Abraham und Lot lesen, wird uns wieder deutlich, wie viel die Entscheidungen eines Menschen über seinen Charakter aussagen. Abrahams und Lots Hirten gerieten ständig aneinander, und so beschloss Abraham, dass sich ihre Wege trennen sollten. Eigentlich wäre es in der Kultur und der Gesellschaft angemessener gewesen, dass Lot dem Älteren den Vortritt gab, ein Stück Land für sich zu wählen, aber das Gegenteil geschah. Lot überlegte, welches Landstück fruchtbarer aussah, und entschied sich selbstsüchtig dafür, obwohl die verdorbenen Städte Sodom und Gomorra auch mit in diesem Gebiet lagen. Abraham dagegen überließ Lot die Entscheidung, wobei ihm natürlich bewusst gewesen sein muss, dass er aus menschlicher Sicht schlechter wegkommen würde. Er vertraute Gott, ihn mit allem zu versorgen, was er brauchte.

Als Folge von verschiedenen Entscheidungen, die Lot traf, geriet er immer mehr vom Licht in die Dunkelheit. Zuerst sah er nur auf Sodom, dann schlug er sein Zelt in der Nähe von Sodom auf, und schließlich zog er ganz in die Stadt. Abrahams Entscheidungen fielen dagegen völlig anders aus. Lot ließ seine Augen entscheiden und stürzte ins Verderben; Abraham ließ seinen Glauben entscheiden und wurde reich gesegnet. Lot war unsicher und wählte, was auf den ersten Blick am Einträglichsten schien, und in der Folge geriet er immer mehr ins Abseits. Abrahams Beschluss, Lot das fruchtbarere Land zu überlassen, wurde dagegen mit Überfluss und Gottes großen Verheißungen belohnt. Nachdem Lot sich entschieden hatte, sprach Gott nämlich zu Abraham und versprach ihm, dass er ihm das ganze Land geben würde, das er sah – in alle Himmelsrichtungen!

Es ist oft verführerisch und scheint so leicht, unsere Entscheidungen auf das zu gründen, was wir sehen und was nahe liegt. Viel schwerer ist es dagegen, sich bei wichtigen Entscheidungen nach Gottes Weisheit auszustrecken und seinem Rat zu folgen. In allem, was wir tun, sollten wir uns auf Christus und sein Licht zubewegen, nicht von ihm weg in die Dunkelheit hinein. Je mehr wir lernen, so zu leben, desto mehr vermitteln wir auch unseren Kindern, wie sie gute Entscheidungen treffen können.

Vater, bitte hilf uns, im Glauben zu leben. Lenke unseren Blick auf Dich und lass uns darauf vertrauen, dass das, was Du uns schenken willst, viel größer ist als das, was wir sehen und für möglich halten. Amen.

19. OKTOBER

Entscheidungen

Himmel und Erde sind meine Zeugen, dass ich euch heute vor die Wahl gestellt habe zwischen Leben und Tod, zwischen Segen und Fluch. Wählt das Leben, damit ihr und eure Kinder nicht umkommt!

5. MOSE 30,19

Zu wählen heißt, aus mehreren Möglichkeiten eine auszuwählen. Wir alle treffen von morgens bis abends Entscheidungen. Wenn ich für meine Kinder den Frühstückstisch decke – stelle ich ihnen Müsli hin oder haue ich ein paar Eier in die Pfanne? Mache ich heute einen Spaziergang oder nicht? Manche Entscheidungen haben weitreichendere Auswirkungen: Schicke ich meine Kinder auf eine öffentliche oder auf eine Privatschule? Für welche der vielen Gemeinden an meinem Ort soll ich mich entscheiden?

Wenn die Frage nach dem Frühstück eine kleine Entscheidung ist und die Frage nach einer Schule für meine Kinder eine mittlere, dann ist die Frage, die in 5. Mose 30 gestellt wird, sicher eine große. Mose erklärte den Kindern Israels, dass sie eine Entscheidung zu treffen hatten, und dass sie hinter dieser Entscheidung mit ganzem Herzen stehen sollten. Er forderte sie auf, zwischen Leben und Tod, zwischen Segen und Fluch zu wählen. Die Frage war letztlich: „Entscheidet ihr euch für Gott – oder nicht?"

Paulus stellte seine Leser in Römer 10,6-10 vor die gleiche Entscheidung, und auch wir müssen uns mit dieser Frage auseinandersetzen. Wir können uns für Christus entscheiden und beschließen, ihm nachzufolgen – oder wir laufen anderen Göttern hinterher und ziehen Gottes Fluch auf uns. Einfach ausgedrückt: die Entscheidung, Christus nachzufolgen, bringt Leben und Segen für uns und unsere Kinder.

Gott, Du willst, dass wir leben! Danke, dass Du uns nicht als Roboter geschaffen, sondern uns mit der Fähigkeit ausgestattet hast, Entscheidungen zu treffen. Hilf uns, in der Kraft des Heiligen Geistes das zu wählen, das Dir und Deinem Reich dient. Amen.

20. OKTOBER

Entscheidungen

Was ist mit dem, der dem Herrn gehorcht? Der Herr zeigt ihm den richtigen Weg.

PALM 25,12

In unserer Gesellschaft gibt es immer wieder Kampagnen gegen Rauchen, Alkohol, Drogen und andere Dinge, mit denen Kinder und Jugendliche früher oder später konfrontiert werden. Vor einigen Jahren verkündeten der Präsident und der Sprecher des Weißen Hauses bei einer Pressekonferenz den Beginn einer Kampagne gegen Drogen, bei der ein ganzes Jahr lang großflächig Plakate angebracht werden sollten. Sie sagten, dass sie Amerika damit unsanft wachrütteln wollten. Die Plakate sollten ganz drastisch zeigen, was für zerstörerische Folgen Drogen haben und wie anfällig Kinder für leere Versprechungen sind.

Ich war sehr dankbar, dass unsere Regierung so stark gegen Drogen ins Feld zog, aber ich überlegte, dass die 195 Millionen Dollar, die die Kampagne kosten sollte, sich wahrscheinlich doch wieder nur den Symptomen zuwandten und nicht den Ursachen. Ich glaube, dass wir unsere Kinder kaum von Drogen, Sex und Jugendbanden fernhalten können, wenn wir an den Symptomen herumdoktern. Sie können gesunde und gottgefällige Entscheidungen viel besser treffen, wenn wir sie schon früh ermutigen, die Dinge aus einer Ewigkeitsperspektive heraus zu betrachten.

Die meisten Kinder bleiben unbeeindruckt, wenn man ihnen die möglichen schlimmen Folgen ihres Verhaltens vor Augen malt, und gehen ganz selbstverständlich davon aus, dass sie mit heiler Haut davonkommen. Aber wenn ihnen vermittelt wird, wie positiv sich Gemeinschaft mit Gott für sie auswirkt, kann sie das motivieren. Die Belohnung ist groß – in diesem und im nächsten Leben.

Ich bin überzeugt, dass wir einen Großteil der Zeit, den wir als Mütter mit unseren Kindern verbringen, darauf verwenden sollten, unsere Kinder zu Gott zu führen. Er soll das Wichtigste in ihrem Leben werden, neben dem alles andere verblasst.

Gott, es gibt so viele Ablenkungen und Süchte, die in unseren Familien großen Schaden anrichten können. Bitte hilf uns, unsere Kinder auf den Himmel und auf die Ewigkeit zu verweisen, damit sie sich zu den leeren Versprechungen, die in Süchten und Zwängen enden, erst gar nicht hingezogen fühlen. Amen.

21. OKTOBER

Entscheidungen

*Ob ich nun wenig oder viel habe, beides ist mir durchaus vertraut,
und so kann ich mit beidem fertig werden: Ich kann satt sein und hungern;
ich kann Mangel leiden und Überfluss haben. Das alles kann ich durch Christus,
der mir Kraft und Stärke gibt.*

PHILIPPER 4,12-13

Gott, gib mir die Gelassenheit, Dinge hinzunehmen, die ich nicht ändern kann, den Mut, Dinge zu ändern, die ich ändern kann, und die Weisheit, das eine vom anderen zu unterscheiden.

Wenn wir das als Mütter beten, zeigen wir damit, dass wir Gott vertrauen. Es gibt einfach Dinge im Leben, die wir nicht ändern können. Und trotzdem müssen wir nicht das Gefühl haben, wie die Maus in der Falle zu sitzen, denn wir können Gott immer um den Mut bitten, zu verändern, was in unserer Macht steht. Und wir müssen zugeben, dass es oft nicht ganz einfach ist, zu wissen, was von beidem gerade angesagt ist.

Manchmal sind wir rastlos und unzufrieden, und das kann uns anspornen, neue Dinge in Angriff zu nehmen und zu wachsen. Eine Mutter hat vielleicht das Gefühl, dass sie mit einem ihrer Kinder in einer Sackgasse steckt, oder sie merkt, dass es ihr schwerfällt, klare Grenzen zu setzen. Wenn sie alleine nicht weiterkommt, kann sie beschließen, einen Seelsorger aufzusuchen oder eine Elternberatungsstelle. Aber manche Dinge können wir nicht ändern – unsere Herkunftsfamilie zum Beispiel, unsere Gene oder das Temperament unserer Kinder oder Ehemänner. Was tun wir in Situationen, die wir so gerne ändern würden, aber nicht ändern können? Wir alle kennen solche Situationen schließlich. Dann ist es tröstlich zu denken, dass wir an der Situation selbst zwar nichts ändern können, sehr wohl aber an unserer Einstellung ihr gegenüber.

Wie viel Zufriedenheit wir erleben, steht in direktem Verhältnis zu unserem Gottvertrauen. Wenn wir Gott nur selten vertrauen, werden wir kaum zufrieden sein. Wenn wir ihm oft vertrauen, werden wir sehr zufrieden sein, weil wir wissen, dass er über allem steht. Es hängt nicht von den äußeren Umständen ab, ob wir aus tiefstem Herzen zufrieden sind – sondern von unserem Glauben.

Vater, hilf uns immer wieder zu beschließen, Dir zu vertrauen und mit den Umständen in unserem Leben, auf die wir keinen Einfluss haben, zufrieden zu sein. Bitte gib uns für alle anstehenden Entscheidungen ganz viel Weisheit. Amen.

22. OKTOBER

Wahrheit

Jesus antwortete: „Ich bin der Weg, ich bin die Wahrheit, und ich bin das Leben! Ohne mich kann niemand zum Vater kommen."

JOHANNES 14,6

Stellen Sie sich einmal vor, Sie gehen mit Ihren Kindern in den Bergen wandern. Sie kommen an einen breiten Fluss, und ein Wanderer, dem Sie begegnen, erzählt Ihnen, dass es nur eine Brücke gibt, vielleicht eineinhalb Kilometer weit stromaufwärts. Stapfen Sie dann wütend davon und beschweren sich lautstark, dass es nur diese eine Brücke gibt? Oder sind Sie dankbar, dass es überhaupt eine Brücke gibt, und wandern ein Stück stromaufwärts, um auf ihr den Fluss zu überqueren?

Oder stellen Sie sich vor, eines Ihrer Kinder ist schwer krank. Sie haben schon alle Medikamente ausprobiert und alle Möglichkeiten außer einer Operation ausgeschöpft. Und nun sagt Ihnen der Arzt, dass eine Operation die einzige Überlebenschance für Ihr Kind bietet. Wem vertrauen Sie Ihr Kind nun an, einem erfahrenen Chirurgen, der auf die Krankheit Ihres Kindes spezialisiert ist, oder einem Menschen, der Ihnen zufällig auf der Straße über den Weg gelaufen ist?

In diesen beiden Situationen scheint es doch sehr naheliegend, was der Weg der Wahrheit ist. Aber wenn es um Glaubensdinge geht, sehen wir die Wahrheit oft nicht auf den ersten Blick. Manche Leute kämpfen heute gegen die Vorstellung von einer absoluten Wahrheit, als wäre sie das schlimmste Übel überhaupt. Und als „engstirnig" oder „intolerant" bezeichnet zu werden, gilt in unserer Zeit als üble Beschimpfung. Aber in Wirklichkeit *ist* der Weg der Wahrheit schmal und eng! Es ist so tröstlich zu wissen, dass Gott die Wahrheit ist. Alle Wahrheit geht von ihm aus, und je näher wir ihm kommen, desto mehr wird unser Leben von Wahrheit geprägt sein. Und wir können ihm unser ganzes Leben anvertrauen, weil er als Einziger weiß, worauf es im Leben eigentlich ankommt.

Vater, danke, dass wir die Wahrheit kennen, wenn wir Dich kennen. Hilf uns gerade in der Zeit heute, wo eine absolute Wahrheit nicht mehr für viele existiert, Dich und Deine Wahrheit zu verkünden. Denn Deine Wahrheit ist der einzige Weg zum ewigen Leben. Amen.

23. OKTOBER

Wahrheit

Jesus beantwortete ihre Frage: „Was ich euch sage, sind nicht meine eigenen Gedanken. Es sind Gottes Worte. Wer von euch bereit ist, Gottes Willen zu tun, der wird erkennen, ob diese Worte von Gott kommen oder ob es meine eigenen Gedanken sind. Wer seine eigene Lehre verbreitet, der möchte persönlich anerkannt werden. Wer aber Anerkennung und Ehre für den sucht, der ihn gesandt hat, der ist zuverlässig, und ihm kann man vertrauen."

JOHANNES 7,16-18

In meiner Übersetzung heißt der letzte Satz wörtlich: „... und es ist nichts Falsches an ihm." Woran denken Sie, wenn Sie das Wort *falsch* hören? An Aufgaben in den Klausuren Ihrer Schulzeit, in denen man richtig/falsch ankreuzen musste? An falschen Alarm? Was falsch ist, steht der Wahrheit oder der Wirklichkeit entgegen. Die ganze Bibel hindurch wird uns erklärt, dass Gott die Wahrheit ist, dass Jesus die Wahrheit ist und dass der Heilige Geist die Wahrheit ist.

Ich habe einmal gelesen, dass das Geheimnis, wie Menschen Gottes Wahrheit lernen können, in der Bereitschaft zum Gehorsam liege. Jesus hat diesen Grundsatz auf jeden Fall unter Beweis gestellt, und auch im Leben eines Christen wird es immer wieder bestätigt. Wir tun allzu oft das Gegenteil: Wir verbringen einen Großteil unserer Zeit damit, Gottes Wahrheit zu verstehen und zu beweisen, und dann erst gehen wir das Risiko ein, ihm zu glauben und zu gehorchen. Aber wie Jesus schon in Johannes 11,40 sagt: „Habe ich dir nicht gesagt, du würdest die Macht der Herrlichkeit Gottes sehen, wenn du nur glaubtest?"

Jesus fordert hier nicht, wie es manche Sekten tun, zu einem Glauben ohne Sinn und Verstand auf, der nicht in der Wirklichkeit verankert ist. Stattdessen lehrt er, dass wir ihm gerne folgen wollen, wenn wir ihn einmal gesehen und einen kleinen Vorgeschmack auf seine Wahrheit bekommen haben. So wachsen wir in der Wahrheit.

Wir wollen Frauen sein, die in der Wahrheit leben und Gott folgen, nicht „falsche" Frauen, denen es nur um sich selbst und ihre eigenen Pläne geht. Jedes Mal, wenn wir Gott gehorchen, wachsen wir ein kleines Stück weiter in seine Wahrheit hinein.

Vater, bitte hilf uns, die Wahrheit anzunehmen, die Du uns offenbart hast. Lass uns Frauen sein, die Dir gehorchen, und lass uns dadurch Frauen werden, die in der Wahrheit fest verwurzelt sind. Amen.

24. OKTOBER

Wahrheit

Liebe Brüder! Wenn ihr wirklich an Jesus Christus glaubt, den Herrn aller Herrlichkeit, dann lasst euch nicht von Rang und Ansehen der Menschen beeindrucken! Stellt euch einmal vor, in eure Gemeinde kommt ein vornehm gekleideter Mann mit dicken, goldenen Ringen an den Fingern. Zur selben Zeit kommt einer, der arm und schäbig gekleidet ist. Wie würdet ihr euch verhalten? Ihr würdet euch von dem Reichen beeindrucken lassen und ihm eilfertig anbieten: „Hier ist noch ein guter Platz für Sie!" Aber zu dem Armen würdet ihr sicherlich sagen: „Bleib stehen, oder setze dich da hinten auf den Fußboden." Dürft ihr als Christen solche Unterschiede machen? Dann wären doch menschliche Eitelkeit und Geltungssucht euer Maßstab!

JAKOBUS 2,1-4

Einer der Bibelverse, die ich jeden Morgen bete, stammt aus dem dritten Johannesbrief: „Ich habe keine größere Freude als die, zu hören, dass meine Kinder in der Wahrheit leben." (Vers 4) Ich bin sehr dankbar, dass meine Söhne alle in Gottes Wahrheit leben möchten, aber mir ist immer bewusst, dass das nicht selbstverständlich ist. Und deswegen werde ich für sie 3. Johannes 1,4 beten, solange ich lebe.

Gelegentlich bekomme ich mit, wie einer meiner Jungs eine gute und weise Entscheidung getroffen hat, und ich lobe Gott dafür. Gestern zum Beispiel war das der Fall: Einer meiner erwachsenen Söhne spielt Golf. Er war eingeladen worden, in einem besonders vornehmen privaten Golfclub eine Runde zu spielen. Man sagte ihm, dass es für ihn kostenlos sein würde, aber er ahnte schnell, dass gewisse Gegenleistungen von ihm erwartet wurden. Er verspürte den Druck, in einer bestimmten Geschäftsangelegenheit einem der Beteiligten den Vorzug zu geben. Weil er sich bei der ganzen Sache nicht wohlfühlte, rief er seinen Bekannten an, dankte ihm für das Angebot und erklärte ihm, dass er nicht zu dem Spiel kommen würde.

Wir sind allzu schnell geneigt, Leute zu bevorzugen, weil sie wichtig, wohlhabend oder berühmt sind. Und für gewöhnlich werden wir auf so versteckte und subtile Weise verführt, dass wir es kaum merken. Aber Gott warnt uns, dass es einem Leben mit Christus nicht entspricht, wenn wir manche Menschen besser behandeln als andere oder wenn unsere Motive, nett zu anderen zu sein, nicht rein sind. Manchmal können wir da von unseren Kindern etwas lernen!

Vater, bitte hilf uns, zu allen Menschen, mit denen wir zu tun haben, gerecht und wahrhaftig zu sein und niemanden zu bevorzugen. Hilf uns, solche Situationen zu erkennen und unseren Maßstäben dann treu zu bleiben. Amen.

25. OKTOBER

Wahrheit

Verkündige den Menschen Gottes Wort. Setze dich dafür ein, und zwar überall und zu jeder Zeit! Rede ihnen ins Gewissen, weise sie zurecht, und ermutige sie, wo es nötig ist. Lehre sie geduldig, den richtigen Weg zu gehen. Denn es wird eine Zeit kommen, in der die Menschen von der wahren Lehre nichts mehr wissen wollen. So wie es ihnen gerade gefällt, werden sie sich Lehrer aussuchen, die ihnen nur das sagen, was sie gerne hören möchten. Und weil ihnen die Wahrheit nicht gefällt, folgen sie allen möglichen phantastischen Ideen.

2. TIMOTHEUS 4,2-4

„Was ist eigentlich aus den Müttern und Vätern geworden, die liebe, brave Kinder haben wollten? Ich habe den Verdacht, dass sie dem Kulturkrieg in unserem Land zum Opfer gefallen sind. In unserem Land geht man inzwischen davon aus, dass man sich keinerlei Urteil mehr über irgendetwas erlauben darf – selbst wenn das bedeutet, dass wir nicht mehr um die Seelen unserer Kinder kämpfen." Das sagte Senator Rick Santorum 1998 bei einer Immatrikulationsfeier in Pennsylvania.

Er fuhr fort, dass er in den fünfziger und sechziger Jahren aufwuchs, als man Eltern, denen es nicht egal war, was aus ihren Kindern wurde, als streng bezeichnete. Heute würde man in Eltern mit den gleichen Maßstäben gleich Rechtsradikale sehen. Viele Verhaltensweisen, an denen man vor Jahrzehnten Anstoß nahm, sind längst salonfähig geworden. Und Menschen, die diese Dinge in Frage stellen, werden als intolerant verschrien.

In unserer Kultur geht es nur darum, was Spaß macht. Immer wieder wird uns gesagt, dass wir tun sollen, was uns als richtig erscheint, und dass wir unseren Bedürfnissen folgen sollen. Wir machen uns nicht mehr die Mühe zu prüfen, was richtig oder falsch ist, und dann auch danach zu handeln. Das ist uns viel zu anstrengend und schwierig.

Wohin können wir uns also wenden, um die Wahrheit zu finden? Zuallererst sollten wir zu dem gehen, der uns die Wahrheit gegeben hat – Gott. Er hat uns sein Wort gegeben, die Bibel, die er als die Wahrheit bezeichnet. Wir sollten uns mit ihr auseinandersetzen und darin nach der Wahrheit suchen – und dann sollen wir sie in unserer Familie und unserem Lebensumfeld umsetzen.

Wenn wir Zeit mit dem Geber der Wahrheit verbringen, werden wir zu Trägern der Wahrheit – unseren Kindern, aber auch unserem weiteren Bekanntenkreis gegenüber.

Vater, lass uns regelmäßig Zeit mit Deinem Wort verbringen, sodass wir die Wahrheit in eine Welt weitertragen können, die Dich dringend nötig hat. Du weißt, wie schwer das in dieser Zeit ist, wo es in der Welt kein Richtig und Falsch mehr gibt. Wir brauchen Deine Kraft, um Deine Wahrheit auch zu leben. Amen.

26. OKTOBER

Wahrheit

Wenn wir sagen, wir haben keine Sünde, so betrügen wir uns selbst, und die Wahrheit ist nicht in uns. Wenn wir aber unsere Sünden bekennen, so ist er treu und gerecht, dass er uns die Sünden vergibt und uns reinigt von aller Ungerechtigkeit.

1. JOHANNES 1,8-9

Immer wenn uns das kleine Wörtchen *wenn* begegnet, sollten wir besonders genau hinschauen, was als Nächstes folgt. In diesen Versen bemerken wir zwei Dinge, die passieren, wenn wir unsere eigene Schuldhaftigkeit leugnen: erstens machen wir uns selbst etwas vor und zweitens lehnen wir die Wahrheit ab. Einfach gesagt: Wenn ich mich weigere, meine Sünde einzugestehen, lüge ich damit und behaupte gleichzeitig, dass Gott lügt! Bevor ich mit irgendeinem meiner Probleme weiterkommen kann (ob es nun Jähzorn, Tratschen oder Ungeduld ist), muss ich mir selbst und Gott gegenüber ehrlich werden.

In Gottes Wort lernen wir, dass es Hoffnung für uns gibt, wenn wir unsere Sünden ehrlich eingestehen. Wenn wir sie nicht länger leugnen, sondern Gott bekennen, geschehen zwei Dinge: Gott vergibt uns und er reinigt uns. Er nimmt nicht nur die Schuld weg und spricht uns frei, sondern er reinigt uns und setzt uns frei.

Jakob, dem wir im Alten Testament begegnen, hatte seinen Vater übers Ohr gehauen und seinen Bruder Esau um das Erstgeburtsrecht betrogen. Als sein blinder irdischer Vater ihn fragte: „Was ist dein Name?", log er und sagte, er wäre Esau. Auf diese Weise erschlich er sich den irdischen Segen seines Vaters. Später suchte ein verängstigter und alleingelassener Jakob Gottes Schutz, und sein himmlischer Vater fragte ihn: „Was ist dein Name?" Diesmal sagte er wahrheitsgemäß „Jakob", das bedeutet *Betrüger*. Als er ehrlich antwortete, gab Gott ihm einen neuen Namen – Israel – und einen himmlischen Segen.

Das kann uns wirklich Hoffnung machen! Wenn wir Gott aufrichtig gegenübertreten, gibt er uns einen neuen Namen – er sieht uns als sein erlöstes Kind – und schenkt uns überdies den himmlischen Segen der Vergebung.

Vater, danke für die Geduld, die Du mit uns hast. Danke, dass Du uns vergibst und uns ganz rein machst, wenn wir unsere Schuld ehrlich eingestehen und sie Dir bekennen. Wir werden Dich die ganze Ewigkeit hindurch loben, weil Du für unsere Sünden mit Deinem Blut bezahlt hast. Amen.

27. OKTOBER

Wahrheit

Keiner denkt einmal gründlich nach und sagt sich: ‚Einen guten Teil des Baumes habe ich zu Brennholz zerhackt. Über der Glut habe ich Brot gebacken, ich habe Fleisch gebraten und mich satt gegessen. Aus dem restlichen Holz schnitze ich nun so etwas Abscheuliches! Dieser Holzklotz soll mein Gott sein, vor dem ich mich niederwerfe?' Würde einer von ihnen einmal so weit denken, dann sähe er den Widersinn ein. Genauso gut könnte er die Asche des verbrannten Holzes anbeten! Sein Herz hat ihn verführt und betrogen. Er verspielt sein Leben und will nicht wahrhaben, dass er an einem Lügengebilde festhält.

JESAJA 44,19-20

Wenn wir möchten, dass unsere Kinder zu Menschen heranwachsen, die in Gottes Wahrheit leben, sollten wir ihnen von klein auf den Unterschied zwischen wahr und falsch beibringen. *Wie* wir unseren Kindern von bestimmten Begebenheiten berichten, und *was* wir dazu sagen, beeinflusst unsere Kinder meist mehr, als uns bewusst ist.

Kürzlich haben mein Mann und ich unseren Kindern beispielsweise – ohne Namen zu nennen – von einem Mann in unserem Bekanntenkreis erzählt, der seine Spesenrechnung frisierte und deswegen seine Arbeit verlor. Wir wollten ihnen verdeutlichen, dass Lügen falsch ist und dass man damit nicht ungestraft davonkommt. Bei einer anderen Gelegenheit sprach ich mit einem meiner älteren Söhne über falsche Religionen. Ich hatte gerade in einem Zeitungsartikel gelesen, in dem eine Frau begeistert von einem Hindutempel berichtete, der in ihrem Ort errichtet wurde. Der Artikel beschrieb, wie die Hindugötter zum Tempel gebracht und auf kunstvoll verzierten Schreinen aufgebaut wurden, und dann wurde ihnen Leben eingehaucht. Ich war überrascht zu hören, dass mein Sohn gerade am Tag vorher auf die Verse in Jesaja gestoßen war, die über dem heutigen Tag stehen, und so entspann sich zwischen uns eine umso lebhaftere Diskussion.

Es gibt ungezählte Möglichkeiten, um uns herum auf Wahres und Falsches aufmerksam zu machen. Wir tun als Mütter gut daran, diese Gelegenheiten beim Schopf zu ergreifen und für unsere Kinder gleich brauchbare Lehren daraus abzuleiten.

Vater, bitte hilf uns, zwischen Wahrheit und Lüge, zwischen Richtig und Falsch zu unterscheiden. Und hilf uns, Gelegenheiten auch wirklich zu nutzen, die sich uns bieten, um mit unseren Kindern über diese Themen zu reden. Amen.

28. OKTOBER

Wahrheit

Die Worte eines bösen Menschen sind eine Falle; doch wer Gott gehorcht, fällt nicht hinein!

SPRÜCHE 12,13

Vielleicht haben Sie den Ausspruch schon einmal gehört: „Wenn du mich einmal über's Ohr haust, solltest du dich schämen. Wenn du mich zweimal über's Ohr haust, sollte *ich* mich schämen!“ Wenn ich Josua gewesen wäre, hätte ich mich den Gibeonitern gegenüber so gefühlt. (vgl. Josua 9) Nachdem sie die Stadt Ai bei einer ihrer ersten Schlachten im verheißenen Land vollständig eingenommen hatten, bekamen die Völker um sie herum Angst. Manche Städte überlegten sich, gegen Israel in den Krieg zu ziehen, aber die Gibeoniter versuchten es stattdessen mit Betrug. Obwohl sie nicht weit entfernt wohnten, statteten sie einige ihrer Leute mit zerschlissenen Kleidern und geflickten Sandalen aus und beluden einige müde Esel mit alten Vorräten. Diese Leute gingen zu Josua und den Israeliten und erzählten, sie seien von weither angereist, um sich mit ihnen zu verbünden. Als sie anboten, den Israeliten Hilfsdienste zu leisten, stimmten die Israeliten zu – ohne vorher Gott zu befragen.

Drei Tage später musste das Volk Israel zu seiner Bestürzung feststellen, dass diese angeblich von weit her angereisten Leute in Wirklichkeit ihre Nachbarn waren. Sie waren verständlicherweise wütend über diese List, aber Josua bestand darauf, dass der Eid eingehalten wurde. Er verkündete aber, dass die Gibeoniter von diesem Tag an unter einem Fluch leben würden: sie sollten zu Holzfällern und Wasserträgern für das Volk und für Gott werden.

Einem anderen Menschen kann man nur dann wirklich vertrauen, wenn er seine Aufrichtigkeit und Vertrauenswürdigkeit immer wieder unter Beweis gestellt hat. Es ist ganz wichtig, dass wir uns bewusst machen, dass jede noch so kleine Unaufrichtigkeit in der Beziehung zu unserem Mann, unseren Kindern oder Freunden einen sehr hohen Preis hat. Betrug zerstört jedes Vertrauen und bringt uns unter einen Fluch. Ehrlichkeit, Aufrichtigkeit und ein authentisches Leben dagegen lassen Respekt und Vertrauen wachsen und Beziehungen gelingen.

Vater, wir wünschen uns so sehr, dass jeder in unserer Familie wahrhaftig lebt. Bitte hilf uns selbst, in all unseren Beziehungen aufrichtig und vertrauenswürdig zu sein. Lass uns der Versuchung, der Lüge und dem Betrug widerstehen, weil sie Dir ein Gräuel sind. Amen.

29. OKTOBER

Weisheit

Die Weisheit der Frauen baut ihr Haus; aber ihre Torheit reißt's nieder mit eigenen Händen.

SPRÜCHE 14,1

Was macht eine weise Frau aus? Sie weiß, was wirklich wahr, was richtig und was von Dauer ist.

1. Was *wahr* ist, stimmt mit den Tatsachen bzw. mit der Realität überein. Eine weise Frau weiß, dass die Wahrheit in Gottes Wort zu finden ist, und deswegen verbringt sie viel Zeit mit der Bibel. Sie ist auch bereit, unangenehmen Tatsachen ins Auge zu blicken. Sie tut zum Beispiel nicht so, als wären sie und ihre Familie fehlerlos.
2. Ihr Wissen um das, was *richtig* ist, hilft ihr, den Leuten um sie herum gerecht zu werden. Das bedeutet, dass sie sie ohne Vorbehalte annimmt und sie fair behandelt.
3. Sie setzt auf das, was *von Dauer* ist. Manche Dinge halten sich länger als andere, aber es gibt zwei Sachen, die auf jeden Fall in Ewigkeit Bestand haben: Gottes Wort und die menschliche Seele. Eine weise Frau misst beidem ungeheuer viel Wert zu, und wie sie ihr Leben einrichtet, spiegelt ihre Prioritäten wider.

Im Gegensatz dazu steht die törichte Frau, die ihr Haus regelrecht niederreißt.

1. Sie hält sich die Augen zu und leugnet die Wirklichkeit.
2. Sie vernachlässigt die Menschen in ihrem Umfeld, behandelt sie ungerecht und weiß ihren Wert nie wirklich zu schätzen.
3. Sie hat keinen Blick für das, was ewig ist (Gottes Wort, die Seelen der Menschen in ihrer Familie), und verwendet einen Großteil ihrer Zeit auf das, was nur vorübergehend Bestand hat.

Ein ernsthafter Blick auf diese beiden Frauen kann ganz schön ernüchternd sein. Vielleicht bringt er uns neu ins Nachdenken, wie *wir* unser Haus bauen.

Vater, bitte vergib uns all die vielen Male, wenn wir durch unsere unweisen Entscheidungen mehr niederreißen, als wir aufbauen. Lass uns Mütter sein, die mit Hilfe Deines Heiligen Geistes ihr Haus auf Wahrheit und Gerechtigkeit gründen, und lass uns unsere Zeit, unsere Energie und unser Geld für das einsetzen, das wirklich zählt. Amen.

30. OKTOBER
Weisheit

Glücklich der Mensch, der weise und urteilsfähig geworden ist! Er ist reicher als jemand, der Silber und Gold besitzt. Selbst die größten Schätze und die schönsten Perlen verblassen gegenüber dem Wert der Einsicht. Wer weise ist, wird lange leben und Reichtum und Ansehen erwerben.

SPRÜCHE 3,13-15

Haben Sie schon einmal bei einem Preisausschreiben, einer Tombola oder Verlosung etwas gewonnen? Ich schon, und zwar dreimal. Einmal gab es einen kleinen Heizofen. Das war nicht gerade der Hauptgewinn, aber wir lernten ihn an kalten Wintertagen als zusätzliche Wärmequelle in kalten Räumen schätzen. Ein anderes Mal gewann ich eine Halskette, die mit Diamanten und Saphiren besetzt war. Das war bei der Tombola auf einer Benefizveranstaltung, und als meine Nummer aufgerufen und die Kette beschrieben wurde, dachte ich: *Na, das wird bestimmt so ein auffälliges Ding sein, das ich nie im Leben tragen werde!* Aber zu meiner Freude war es ein unaufdringlicher Anhänger in der Form eines Diamanten, in dem ein Brillant von drei Saphiren eingerahmt wurde, und dazu gab es eine hübsche Goldkette. Ich trage das gute Stück nun schon seit über dreißig Jahren, und es würde mir sehr leid tun, wenn es mir abhanden käme. Das dritte und letzte Mal, dass ich etwas gewann, ging es um eine Unze Gold. Damals war eine Unze ungefähr 360 Euro wert, und so können Sie meine Aufregung sicher verstehen.

In Gottes Wort lese ich dagegen, dass Weisheit noch viel mehr wert ist als kostbare Steine oder Gold; nichts lässt sich damit vergleichen. Weisheit lässt sich nicht bei einer Tombola gewinnen oder bei einem Preisausschreiben. Sprüche 1,7 sagt uns, wo wir Weisheit finden können: „Die Furcht des Herrn ist der Anfang der Erkenntnis. Die Toren verachten Weisheit und Zucht." Im nächsten Vers werden die Eltern mit einbezogen: „Mein Sohn, denke immer an die Ermahnungen deines Vaters, und habe die Weisung deiner Mutter stets vor Augen." Gottes Wort lehrt uns, wie wir Schritt für Schritt weise werden können. Wenn wir wirklich Weisheit haben wollen und uns auf die Suche nach ihr machen, werden wir sie finden.

Gott, danke, dass wir auf der Suche nach Weisheit nicht warten müssen, bis wir ein Preisausschreiben gewonnen haben. Lass uns Dir vertrauen und Dich ehren. Und mache uns zu weisen Müttern, je näher wir Dir kommen. Amen.

31. OKTOBER

Weisheit

Gott allein kennt den Weg zur Weisheit; er nur weiß, wo sie zu finden ist. Denn er blickt über die ganze Welt, er durchschaut Himmel und Erde. Schon damals, als er dem Wind seine Wucht gab und den Wassermassen eine Grenze setzte; als er bestimmte, wo der Regen niedergehen sollte, als er den Gewitterwolken einen Weg vorschrieb – schon da sah er die Weisheit an und rühmte ihren Wert, er erforschte sie und gab ihr Bestand. Und zum Menschen sprach er: ‚Weise ist, wer Ehrfurcht vor mir hat, und Einsicht besitzt, wer sich vom Bösen abkehrt.'

HIOB 28,23-28

Eins meiner Lieblingsbücher in der Bibel ist Hiob. Er war ein wohlhabender und ehrenhafter Mann, der sehr hart auf die Probe gestellt wurde. Seine Söhne und Töchter kamen um, sein Vieh wurde ihm geraubt und dann bekam er auch noch eine furchtbare Hautkrankheit. Tiefer konnte er nicht mehr sinken. Er hatte den Boden unter den Füßen verloren.

Drei von Hiobs Freunden boten ihre eigenen Interpretationen für das an, was hier passierte. Obwohl es nett von ihnen war, Hiob zu besuchen, ließ ihre Vorstellung von dem, was Weisheit ist, doch ziemlich zu wünschen übrig. Elifas sagte, wenn man es auf einen Satz reduziert, ungefähr das Folgende: „Ich weiß, wie Gott vorgeht, und ich kenne ihn genau." Elifas dachte offensichtlich, dass man Weisheit bekommt, wenn man aufmerksam durchs Leben geht. Hiobs zweiter Freund, Bildad, glaubte, dass einem die Weisheit aus Geschichte und Tradition überliefert wurde. Er argumentierte ungefähr so: „Unsere Vorfahren haben Gott verstanden, und wir müssen uns ihr Wissen einfach aneignen." Zofar, der dritte von Hiobs Freunden, ging davon aus, dass Weisheit einigen wenigen Menschen vorbehalten war. Seine Einstellung war in etwa: „Du kannst dich glücklich schätzen, dass du einen Freund hast, der Gott kennt, denn von uns gibt es nicht sehr viele auf der Welt."

Die Aussagen über die Weisheit, mit denen ich mich am ehesten anfreunden kann, sind die, die Hiob selbst sprach und die oben zitiert werden. Schließlich wusste Hiob, wovon er redete; er war bis an die Grenzen dessen geführt worden, was er ertragen konnte, und sein Glaube war dabei noch stärker geworden. Im Gegensatz zu seinen Freunden war Hiob bewusst, dass Gott die Quelle aller Weisheit ist und dass man sich ihr nur nähern kann, wenn man Gott fürchtet. Hiob kannte ein Geheimnis: Gott gibt seine Weisheit den Menschen, die sich vor ihm demütigen und ihm voll vertrauen.

Gott der Weisheit, wir merken jeden Tag, dass wir viel Weisheit brauchen, um all den Herausforderungen gerecht zu werden, die Kindererziehung mit sich bringt. Lass uns, wie Hiob, bei Dir nach Weisheit und Hilfe Ausschau halten. Und lass uns demütig Dir vertrauen, in dem die Weisheit zu finden ist. Amen.

1. NOVEMBER

Weisheit

Man vertraut dem Urteil eines vernünftigen Menschen; und wenn er dazu noch gut reden kann, überzeugt er jeden.

SPRÜCHE 16,21

In einem Sommer fuhren mein Mann, unsere drei kleinen Söhne und ich zum Zelten. Wir waren gerade erst ein paar Stunden da, hatten unser Wohnmobil geparkt, unsere Sachen sortiert und ein bisschen Holz für unser Feuer am Abend zusammengesucht, als ich Nate schreien hörte. Er war einen Baumstamm heruntergerutscht und hatte sich dabei die Hand an einem Stück Borke aufgerissen, das besonders scharf hervorstand. Als ich mir die rund zehn Zentimeter lange Wunde ansah, war mir sofort klar, dass es ohne ärztliche Hilfe nicht gehen würde. Wir packten Nates Hand also in ein sauberes Handtuch, verstauten unsere Familie im Auto und fuhren zur nächsten Notaufnahme.

Der diensthabende Arzt ging mit Nate sehr freundlich um und erklärte genau, was als Nächstes passieren würde. Bevor er ihm ein Schmerzmittel spritzte, zwinkerte er meinem Mann und mir zu. Dann hielt er Nate ein großes rundes Tablett vor die Nase, auf dem zwei Spritzen lagen – eine riesige und eine winzig kleine. Er sah Nate mit gespielter Nachdenklichkeit an und fragte: „Welche von denen soll ich denn nehmen?" Sie können sich sicher denken, für welche Spritze sich Nate entschied. Jim und ich waren sehr dankbar, dass der Arzt ihm durch dieses kleine Spiel auf eine sehr weise Art die Angst ein bisschen nahm.

Als ich diesem Arzt bei seiner Arbeit zusah, lernte ich etwas Wichtiges. Es vergeht fast kein Tag in meinem Leben als Mutter, an dem ich nicht irgendeine schwierige Aufgabe vor mir habe oder eine unerfreuliche Situation. Wenn ich mir die Mühe mache, ein paar Sekunden lang zu beten und nachzudenken, *wie* ich mein Vorhaben „verpacke", zahlt sich das auf jeden Fall aus.

Vater, bitte gib uns gute Ideen, wie wir unseren Kindern auch Schwieriges und Unangenehmes weise „verpacken" können. Hilf uns, Dir zu vertrauen, und lehre uns zu beten. Amen.

2. NOVEMBER

Weisheit

David rief: „Ich danke dem Herrn, dem Gott Israels, dass er dich gerade in diesem Augenblick zu mir geschickt hat! Wie froh bin ich über deine Klugheit! Ich danke dir, dass du mich heute davon abgehalten hast, mich auf eigene Faust zu rächen und einen Mord zu begehen. Vor dem lebendigen Herrn und Gott Israels, der meinen bösen Plan durchkreuzt hat, muss ich gestehen: Keiner von Nabals Männern hätte den nächsten Morgen überlebt, wenn du nicht so schnell gehandelt hättest."

1. SAMUEL 25,32-34

Abigajil war eine weise Frau. Sie war mit Nabal, einem ausgesprochen unangenehmen Menschen ohne jede Moral, verheiratet. David, der von Gott zum zukünftigen König von Israel bestimmt war, war vor König Saul auf der Flucht. Er bat Nabal um Essen für sich und seine Anhänger. Nabal lehnte diese Bitte ab und David wurde sehr wütend. Im ersten Zorn wollte er Nabal umbringen und all seinen Besitz an sich nehmen, aber als Abigajil Wind davon bekam, reagierte sie sehr klug. Sie verlor keine Zeit, gab ihrem Mann nicht Bescheid, was sie vorhatte, und brachte David Essen. Sie nahm die Haltung einer Dienerin ein und wies ihn taktvoll darauf hin, dass er viel unnötiges Blut vergießen würde, wenn er seinen Plan ausführte. David hörte auf sie, und die ganze Sache hatte ein ziemlich interessantes Ende: als Nabal hörte, dass seine Frau sich über seine Anordnungen hinweggesetzt hatte, bekam er einen Schlaganfall und starb, und David hielt um Abigajils Hand an.

Wenn in einer Ehe beide Partner die gleichen Lebensinhalte und Ziele haben und Christus Ehre machen wollen, ist das ein großartiges Vorrecht, weil beide auf das gleiche Fundament bauen. Aber selbst wenn, wie im Fall von Nabal und Abigajil, nur ein Partner auf Gottes Seite steht, kann Gott das gebrauchen, um seine Pläne zu verwirklichen. Ein Ehepartner, der Gott und seinem Wort widersteht, ist für Gott kein unlösbares Problem.

Vielleicht machen Sie sich gerade Gedanken über das mehr als fragwürdige Verhalten, das eines Ihrer Kinder oder Ihr Mann an den Tag legt. Und vielleicht macht Ihnen dann der folgende Satz Mut: „Lassen Sie sich von Schwierigkeiten zu Hause nie zum Aufgeben verleiten. Von äußeren Umständen müssen Sie sich nicht herunterziehen lassen, sondern Sie können mitten in ihnen Ihrer hohen Berufung in Jesus Christus entsprechen."

Gott, bitte gib uns viel Weisheit, wie wir mit Familienmitgliedern umgehen sollen, die in eine ungesunde Richtung abzudriften scheinen. Bitte lass uns in solchen Situationen besonders viel Zeit mit Deinem Wort und im Gebet verbringen, damit wir eine gesunde Balance zwischen Wahrheit und Gnade halten können. Amen.

3. NOVEMBER

Weisheit

Die Weisheit aber, die von Gott kommt, ist lauter und rein. Sie sucht den Frieden. Sie ist freundlich, bereit nachzugeben und lässt sich etwas sagen. Sie hat Mitleid mit anderen und bewirkt immer und überall Gutes; sie ist unparteiisch, ohne Vorurteile und ohne alle Heuchelei. Nur wer selber Frieden schafft, wird erfahren, dass seine Gerechtigkeit und Friedfertigkeit Früchte tragen.

JAKOBUS 3,17-18

Einen weisen Menschen erkennt man wie einen Baum an seiner Frucht. Und die folgenden Früchte lassen auf einen weisen Menschen schließen:

- *Reinheit.* Weil wir durch Christi Blut gereinigt sind, wollen wir auch „sauber" leben. Wenn Christus uns Anteil an seiner Reinheit gibt, lassen wir Gier, Triebhaftigkeit und Stolz hinter uns. Wir setzen alle Kraft dafür ein, ihm zu dienen und ihm zu gefallen.
- *Frieden.* Das hat gar nichts Passives an sich und bedeutet gerade *nicht*, dass wir Konflikte um jeden Preis vermeiden und zum Fußabtreter werden. Stattdessen geht es um eine innere Ruhe und Gelassenheit, die aus unserer Beziehung mit Jesus erwächst.
- *Güte.* Wir behandeln andere, wie wir selbst behandelt werden möchten. Das bedeutet, die Bedürfnisse anderer manchmal vor die eigenen zu stellen.
- *Kritikfähigkeit.* Dazu gehört, dass man anderen gegenüber nachgeben kann. Ein weiser Mensch ist für Vernunftargumente offen und muss nicht immer recht haben.
- *Barmherzigkeit.* Hier geht es um ein Mitgefühl, das nicht nur ein Gefühl bleibt, sondern sich in Taten ausdrückt und anderen Menschen hilft, wenn es eigentlich einfacher wäre, sie zu verurteilen oder links liegen zu lassen.
- *Unparteilichkeit.* Unparteiische Menschen haben keine Vorurteile und lassen sich nicht einfach über den Tisch ziehen. Sie machen keine Abstriche an der Wahrheit. Sie sind ausgeglichen und beständig.
- *Ohne Heuchelei.* Eine weise Mutter sagt nicht, dass sie irgendetwas glaubt, nur um dann völlig entgegengesetzt zu handeln. Aufrichtigkeit lässt keinen Raum für Heuchelei.

Wenn wir durch Christi Blut gereinigt sind und uns nahe zu ihm halten, werden wir – und unsere Kinder – erleben, wie diese Früchte in unserem Leben wachsen.

Gott der Weisheit, danke, dass wir Frucht tragen werden, wenn wir nahe bei Dir bleiben. Danke für die Reinheit, den Frieden, die Güte, die Kritikfähigkeit, die Barmherzigkeit, die Unparteilichkeit und Geradlinigkeit, die Du in uns anlegen willst. Bitte lass all diese Früchte in uns wachsen, sodass wir Dir immer ähnlicher werden. Amen.

4. NOVEMBER

Weisheit

Wer das Gebot hält, weiß um keine böse Sache, und das Herz eines Weisen kennt die richtige Zeit und das rechte Verhalten. Denn für jede Sache gibt es die richtige Zeit und das rechte Verhalten. Denn das Unglück des Menschen lastet schwer auf ihm.

PREDIGER 8,5-6

Hat Ihnen eine Situation, die Sie als schwierig und ungerecht empfanden, schon einmal so zu schaffen gemacht, dass Sie

- nicht mehr essen konnten (oder zu viel gegessen haben)?
- nicht mehr schlafen konnten (oder zu viel geschlafen haben)?
- einen bestimmten Menschen nicht mehr ertragen konnten (oder ihn kontrollieren wollten)?

Wenn ich etwas als unfair und gemein empfinde, denke ich mir alle möglichen Sachen aus, die ich sagen oder tun möchte, um Gerechtigkeit wiederherzustellen. Manchmal habe ich mich auch schon von diesen ersten Impulsen zum Handeln hinreißen lassen und dabei großen Schaden angerichtet.

Ist Ihnen schon einmal aufgefallen, dass weise Menschen für gewöhnlich nicht besonders impulsiv sind? Sie haben gelernt, dass oft Ärger die Folge ist, wenn wir unserem ersten Impuls nachgeben.

Die Bibel stellt uns eine ganze Reihe Menschen vor, die sich vornahmen, mit Bedacht zu handeln. Sie gingen Ungerechtigkeit weise an. Der Prophet Nathan im Alten Testament ist ein Beispiel für so einen Menschen. Gott sandte Nathan zu König David, um ihn wegen seiner Gier, seines Ehebruchs und eines Mordes zur Rede zu stellen, nachdem David mit Batseba geschlafen hatte und diese Sünde dadurch zu verdecken versuchte, dass er ihren Mann umbringen ließ.

Nathan erzählte David die herzzerreißende Geschichte eines Mannes, der das Lamm eines armen Mannes genommen und geschlachtet hatte. Als David diese Geschichte hörte, wurde er wütend und sagte: „Wer so etwas getan hat, verdient die Todesstrafe!“ – „Du bist der Mann!“, sagte Nathan. Anstatt sich der Holzhammermethode zu bedienen, brachte Nathan sein Anliegen weise vor – und brachte David damit zur Umkehr.

Wenn wir an allen Ecken und Enden zu kämpfen haben, ist das Beste, das wir machen können, zu Gott zu gehen. Wir können ihn bitten, uns zu helfen, zur richtigen Zeit das Richtige zu tun. Und er wird uns nicht im Stich lassen.

Vater, danke, dass in Dir alle Weisheit zu finden ist. Hilf uns, in schwierigen Situationen das Richtige zu sagen oder zu tun. Amen.

5. NOVEMBER

Mut

Da forderte Noomi [Ruth] auf: „Deine Schwägerin kehrt zu ihrem Volk und ihrem Gott zurück. Geh doch mit ihr!" Aber Ruth erwiderte: „Besteh nicht darauf, dass ich dich verlasse! Ich will mich nicht von dir trennen. Wo du hingehst, da will auch ich hingehen. Wo du bleibst, da bleibe ich auch. Dein Volk ist mein Volk, und dein Gott ist mein Gott."

RUTH 1,15-16

Die ganze Bibel hindurch finden wir immer wieder Geschichten von großem Mut – Geschichten von auf den ersten Blick ganz unbedeutenden Menschen, die in Gottes Kraft Großes zustande brachten. Gott erreicht seine Pläne und Ziele von einer Generation zur nächsten oft auf bemerkenswerten Umwegen, und es geht nicht ohne überraschende Wendungen und erstaunliche Begebenheiten ab. Ruth gehörte mit zu einem dieser spannenden Pläne.

Ruth war in Moab aufgewachsen und hatte einen jüdischen Mann geheiratet: Mahlon, einen der Söhne Elimelechs. Elimelech, Noomi und ihre beiden Söhne waren wegen einer Hungersnot aus Israel nach Moab gezogen, und dort heirateten beide Söhne moabitische Frauen. Leider starben Elimelech und die beiden Söhne und Noomi und ihre beiden Schwiegertöchter standen plötzlich als Witwen da. Noomi beschloss, in ihre Heimatstadt Bethlehem zurückzukehren, und ging ganz selbstverständlich davon aus, dass Ruth und Orpa lieber in Moab bleiben und dort wieder heiraten würden. Aber Ruths Liebe für Noomi bewog sie, mit ihrer Schwiegermutter zu kommen.

Ruth war eine sehr fleißige Frau, die Korn einsammelte, das die Erntehelfer auf dem Feld eines gewissen Boas liegen gelassen hatten. Dieses Korn brachte sie zu Noomi, um davon Brot zu backen. Als Boas erfuhr, wer Ruth war, bot er ihr viel mehr als liegengelassenes Getreide. Ruth hatte Noomi Freundlichkeit erwiesen und nun erwies er ihr Freundlichkeit.

Nach Gottes Plan heirateten Boas und Ruth schließlich, und einige Generationen später wurde ihr Urenkel geboren: König David. Weil Ruth den Mut hatte, ihre Heimat zu verlassen, ihrer Schwiegermutter nach Israel zu folgen und dort für sie zu sorgen, segnete Gott ihr Leben. In Ruths Geschichte sind so viel Liebe und Mut zu sehen.

Vater, danke, dass Deine Pläne sich von Generation zu Generation immer weiter entfalten. Gib uns den Glauben, dass Du mit unserem Leben Gutes vorhast, und gib uns den Mut, Dir zu gehorchen. Amen.

6. NOVEMBER

Mut

Der Herr sah Gideon an und sagte: „Ich gebe dir einen Auftrag: Geh und rette Israel aus der Gewalt der Midianiter! Du hast die Kraft dazu!“

RICHTER 6,14

Nach vierzig Jahren Frieden und Freiheit hatten die Israeliten wieder begonnen, fremde Götzen anzubeten. Als Folge davon hatten die Midianiter Israel eingenommen, und sie behandelten die Einwohner ausgesprochen schlecht. Als die Israeliten zu Gott um Hilfe schrien, erwählte er Gideon, um sie zu befreien.

Als Gideon eines Tages Weizen drosch, kam ein Engel Gottes zu ihm und behauptete einfach: „Der Herr steht dir bei, du tapferer Kämpfer!“ Gideon war überrascht: „Ach, mein Herr, wenn Gott uns wirklich beisteht, warum geht es uns dann so schlecht? Wo sind all die Wunder, von denen unsere Eltern uns erzählt haben? Sie sagen, der Herr habe uns aus Ägypten befreit. Aber was ist jetzt? Er hat uns verlassen und den Midianitern ausgeliefert!“ (Richter 6,12-13)

Es ist interessant, wie unterschiedlich die beiden Handelnden hier die Situation einschätzen. Gott sieht in Gideon einen tapferen Kämpfer; Gideon hingegen sieht sich und sein Volk als von Gott vergessen an. Gideon nahm seine Sippe als die schwächste des Stammes Manasse und sich selbst als den Unbedeutendsten in seiner Familie wahr. Aber Gott versprach Gideon seine Gegenwart und Stärke, und er ging auch auf Gideons Wunsch nach einem Zeichen ein. Nachdem er diese Bestätigung erhalten hatte, war Gideon bereit, Gott zu dienen, und Gott benutzte ihn auf ganz unglaubliche und denkwürdige Weise, um Israel wieder auf den richtigen Weg zurückzuführen und die Midianiter zu schlagen.

Haben Sie sich auch schon einmal schwach und von Gott verlassen gefühlt? Wir alle empfinden so etwas von Zeit zu Zeit, einfach weil wir Menschen sind. Aber wenn wir Gott auch nur ein kleines Stück weit kennenlernen, wird uns wieder neu bewusst, dass wir nicht mehr als seine Gegenwart und Stärke brauchen, um das auszurichten, was er als unseren Beitrag zu seiner Weltgeschichte vorgesehen hat.

Vater, danke, dass Du auf Gideons Fragen und Einwände eingegangen bist und dass Du auch mit uns so viel Geduld hast. Wenn wir uns schwach und im Stich gelassen fühlen, lass uns zu Dir hingehen und neuen Mut gewinnen. Lass uns neu entdecken, wie groß Du bist und dass Du mit Deiner Gegenwart und Stärke in unserem Leben wirken möchtest. Amen.

7. NOVEMBER

Mut

Die Männer antworteten ihr: „Wenn ihr uns nicht verratet, stehen wir mit unserem Leben dafür ein, dass euch nichts getan wird. Wenn der Herr uns dieses Land gibt, werden wir unser Versprechen einlösen und euch verschonen."

JOSUA 2,14

Ich kann mich noch gut an die Flanellbilder meiner Kinderzeit erinnern, die mir in der Sonntagsschule die Geschichte von Rahab deutlich machten. Ich wusste damals nicht, dass sie eine Hure war, aber das rote Seil, das aus ihrem Fenster hing, faszinierte mich. Josua hatte zwei Spione nach Jericho gesandt, und Rahab hatte sie heimlich aufgenommen und auf ihrem Dach unter einem Haufen Flachs versteckt. Später ließ sie die Spione aus dem Fenster klettern, das direkt an der Stadtmauer lag, und so konnten sie aus der Stadt entkommen. Rahab war eine sehr mutige Frau, die ein großes Risiko einging, als sie die Spione versteckte. Aber weil sie ihnen half, wurde sie und ihre ganze Familie später verschont, als die Israeliten Jericho einnahmen.

Es ist sehr aufschlussreich, dass Rahab, die in einer heidnischen Umgebung lebte, Gott in ihrem Gespräch mit den Spionen als „Herrn" bezeichnete: „Ich weiß, dass der Herr eurem Volk dieses Land geben wird. Wir haben große Angst. Jeder hier zittert vor euch." (Josua 2,9)

Rahab entkam der physischen und geistlichen Zerstörung nicht, weil sie so ein untadeliges Leben geführt oder so viel Gutes bewirkt hätte. Es war ihr Glaube, der sie rettete. Und jede beliebige Frau, deren Charakter oder Verhalten alles andere als makellos ist, kann aus Rahabs Geschichte Hoffnung und Mut schöpfen. Rahab war eine Sünderin, die aus Glauben gerettet wurde, und diesen Glauben stellte sie unter Beweis, als sie ihr Leben aufs Spiel setzte, um Gottes Volk zu helfen. Auch ihre Familie konnte sie zum Glauben führen, und später wurde sie sogar eine der Ahnen von Jesus. (vgl. Matthäus 1,5)

Vater, wenn Rahab im Stammbaum Christi auftaucht, macht uns das wirklich Mut, denn es zeigt uns, dass auch Leute mit einer sündigen Vergangenheit verändert und nützlich sein können. Danke, dass sie uns ein so beeindruckendes Beispiel für Mut gegeben hat, der aus dem Glauben an Dich erwuchs. Amen.

8. NOVEMBER

Mut

Da ging die Schwester des Jungen zu ihr und erzählte: „Ich kenne eine hebräische Frau, die gerade stillt. Soll ich sie rufen? Dann kann sie das Kind für dich stillen."

2. MOSE 2,7

Mut findet sich nicht nur bei älteren, reifen Menschen, sondern auch schon bei ganz jungen. Nehmen wir zum Beispiel Miriam, Moses Schwester. Moses Mutter Jochebed hatte einen sehr mutigen Entschluss gefasst. Um Mose davor zu bewahren, dass die Soldaten des Pharao ihn töteten, flocht sie ein Körbchen. Vielleicht hatte Miriam sich schon gewundert, was ihre Mutter da machte – bis sie begriff, dass in diesem Körbchen ihr kleiner Bruder liegen und langsam den Fluss hinuntertreiben würde. Vielleicht hat sie auch noch beobachtet, wie ihre Mutter weinte, als sie ihren Jüngsten zum Abschied küsste, ihn in das Körbchen legte und auf dem Fluss aussetzte. Und ich frage mich schon, was in Miriams Kopf und Herz vorging, als sie dort am Ufer stand und aus sicherer Entfernung beobachtete, was geschah.

Sie kennen ja den Rest der Geschichte. Die Tochter des Pharao fand das Kind, als sie zum Fluss ging, um zu baden. Miriam rannte zu ihr hin und fragte, ob sie eine hebräische Amme besorgen sollte – ihre eigene Mutter! Das ist für ein Kind eine erstaunlich mutige Tat. Und der Mut, den sie schon als kleines Mädchen unter Beweis stellte, scheint ihr eigenes Wachstum im Glauben sehr gefördert zu haben. Stellen Sie sich vor, wie oft Jochebed und Miriam sich in den nächsten Jahren gegenseitig die Geschichte von Moses wunderbarer Rettung erzählt haben müssen. Später im zweiten Buch Mose lesen wir, wie Miriam mit den Kindern Israels ein Loblied singt, nachdem sie auf wundersame Weise das Rote Meer durchzogen haben.

Manchmal geraten unsere Kinder in Schwierigkeiten und haben sehr zu kämpfen, und wir sehen das als Mütter, ohne wirklich etwas tun zu können. Das fällt uns so schwer, weil wir sie doch gerne vor Schmerzen und Gefahren beschützen wollen. Aber wie wir bei Miriam sehen, kann Mut gerade aus schwierigen Situationen in der Kindheit erwachsen und Leute zu starken Glaubenshelden und geistlichen Führern machen.

Vater, wenn wir merken, dass unsere Kinder mit irgendetwas ringen, gib uns als Mütter bitte viel Weisheit, damit wir erkennen, wie wir sie leiten sollen, wie viel oder wie wenig wir sagen sollen – und wann es einfach angebracht ist, nichts mehr zu tun und ganz darauf zu vertrauen, dass Du ihre Herzen verändern kannst. Mach uns zu mutigen Müttern. Amen.

9. NOVEMBER

Mut

Wenn ich umkomme, dann komme ich eben um.

ESTHER 4,16

Esther war die Frau der Stunde. Sie war vom persischen König als seine neue Ehefrau ausgewählt worden – aber er wusste nicht, dass sie Jüdin war. Premierminister Haman, ein ausgesprochen böser Mensch, hatte dem unbesonnenen König versprochen, den Gegenwert von ungefähr hunderttausend Euro in seine Staatskasse zu zahlen, wenn er dafür die Juden vernichtete. Nach Gottes weiser Vorsehung bekam Mordechai davon Wind und konnte es der Königin berichten. Weil Mordechai den Mord seines Volkes nicht einfach so hinnehmen wollte, beschloss Esther schließlich, sich wegen der Juden an den König zu wenden. Das war ein großes Risiko, denn das Protokoll sah vor, dass jeder, der zum König kam, ohne eigens eingeladen worden zu sein, getötet werden konnte – es sei denn, der König streckte ihm sein goldenes Zepter entgegen.

Inzwischen hatte Haman einen Galgen errichtet, an dem er Mordechai aufhängen lassen wollte. Aber weil Esther so mutig war und Gott vertraute, dass er die Juden retten würde, wurden Hamans gemeine Pläne entlarvt, und in einer völligen Umkehrung all dieser Pläne wurde Haman an seinem eigenen Galgen aufgehängt.

Es ist wichtig, dass wir erkennen, dass Esthers Mut nicht aus ihr selbst kam. Sie vertraute vielmehr auf Gottes Plan und seine Stärke. Und genauso wenig können wir uns dem Satan entgegenstellen und seine Pläne zunichtemachen, wenn wir all unseren Mut zusammennehmen und auf uns selbst vertrauen. Wir sollten Gott dankbar sein, dass der Teufel in unserem Leben besiegt werden kann, weil Christus am Kreuz die Sünde und den Tod bezwungen hat.

Gott, unser Erhalter, danke, dass Du größer und stärker als der Fürst dieser Welt bist. Bitte gib uns Mut für alle kleineren und größeren Schwierigkeiten, auf die wir in unserer Familie treffen. Danke für den Sieg über den Teufel, den nur Du uns schenken kannst. Amen.

10. NOVEMBER

Mut

Sei stark und mutig! Denn du wirst das Land einnehmen, das ich euren Vorfahren versprochen habe, und wirst es den Israeliten geben. Sei mutig und entschlossen! Bemühe dich darum, das ganze Gesetz zu befolgen, das dir mein Diener Mose gegeben hat. Weiche nicht davon ab! Dann wirst du bei allem, was du tust, Erfolg haben. Sag dir die Gebote immer wieder auf! Denke Tag und Nacht über sie nach, damit du dein Leben ganz nach ihnen ausrichtest. Dann wird dir alles gelingen, was du dir vornimmst. Ja, ich sage es noch einmal: Sei mutig und entschlossen! Lass dich nicht einschüchtern, und hab keine Angst! Denn ich, der Herr, dein Gott, bin mit dir, wohin du auch gehst.

JOSUA 1,6-9

Angst ist ein Gefühl, das alle Menschen kennen. Als Kinder hatten wir vielleicht Angst vor der Dunkelheit. Und je älter wir werden, desto vielschichtiger werden unsere Ängste oft. Wir fürchten uns dann mehr vor Krankheit, Geldschwierigkeiten oder Einsamkeit.

In den Versen, die über dem heutigen Tag stehen, wird Josua dreimal aufgefordert, mutig zu sein. Und zwischen diese Aufforderungen sind Verse gestreut, in denen es um das Gesetz geht – Gottes Wort für Israel: Er soll es befolgen, soll nicht davon abweichen, es sich immer wieder aufsagen, darüber nachdenken ... Und nachdem er Josua aufgefordert hat, mutig zu sein, verheißt er seine Gegenwart.

Vor Josua lag eine Herausforderung, der sich eine frühere Generation der Israeliten aus Furcht nicht gestellt hatte – er sollte die Völker im verheißenen Land besiegen, die unvorstellbar viel mächtiger schienen als Israel. Die Israeliten hatten so viel Angst, dass sie sich von Gott abwandten und ihm ungehorsam wurden. Und weil sie Gott nicht vertraut hatten, ließ Gott diese Generation nicht ins verheißene Land ziehen. Nun, vierzig Jahre später, hatte Josua mit den gleichen Ängsten zu kämpfen. Gott spielte seine Angst nicht herunter, aber er versprach die Stärke, die in seiner Gegenwart lag: „Denn ich, der Herr, dein Gott, bin mit dir, wohin du auch gehst."

Wir alle erleben in unserem Leben Ängste – Ängste, die uns unruhig machen, die uns lähmen oder gar dazu verleiten, dem entgegenzuhandeln, was wir eigentlich als richtig erkannt haben. Gott fordert uns auf, uns unserer Angst zu stellen – aber nicht indem wir uns mutiger darstellen, als wir sind. Stattdessen können wir entdecken, was auch Josua entdeckte, dass Gottes Wort uns Stärke und dass seine Gegenwart uns Frieden gibt.

Herr, danke, dass ich durch Dein Wort und Deine Gegenwart den Mut finden kann, mich meiner Angst zu stellen. Ich weiß, dass Du mich nicht aufgeben oder verlassen wirst. Im Namen des Immanuel – des „Gott mit uns": Amen.

11. NOVEMBER

Mut

Seid mutig und entschlossen! Lasst euch nicht einschüchtern vom assyrischen König und seinem großen Heer! Denn auf unserer Seite steht einer, der viel mächtiger ist als er.

2. CHRONIK 32,7

Als mein Sohn Chad fünf oder sechs war, hatte er manchmal Alpträume. In solchen Nächten wurde ich von seinem Schluchzen oder von seinen Rufen geweckt, dass Mama oder Papa kommen und ihm helfen sollten. Ich schlurfte dann durch den Flur zu Chads Zimmer und setzte mich an seine Bettkante.

Zuerst einmal hörte ich mir an, wovor er Angst hatte, und dann erklärte ich ihm, dass ich mich manchmal auch fürchte. „Und wenn ich Angst habe", erzählte ich ihm, „rede ich mit Gott. Gott sieht alles und weiß alles und er kann auch alles machen. Gott ist ganz stark und kann uns helfen."

Nachdem wir eine Weile geredet hatten, machte ich ihm Mut, eine vereinfachte Version von Philipper 4,6-7 zu lernen und sich immer wieder vorzusagen: „Macht euch keine Sorgen, sondern betet für alles." Wir sprachen dann auch noch über Mose, wie er das Rote Meer durchquerte, und über David, der Goliath tötete – die hatten auch Angst, aber Gott gab ihnen den Mut, den sie brauchten, und half ihnen.

Immer wenn unsere Kinder vor irgendetwas Angst haben, ist es wichtig, dass sie wissen, dass wir für sie da sind und ihnen gerne helfen möchten. Und darüber hinaus können wir sie immer wieder auf Gott hinweisen, damit sie selbst im Glauben wachsen und immer mutiger werden können.

Starker Vater, danke, dass Du weißt, wie schwach wir sind, und dass Du uns an Deiner Stärke und Deinem Mut Anteil gibst. Du bist größer und stärker als alle Mächte in dieser Welt. Das lesen wir in Deinem Wort und können es auch in unserem Alltag erfahren. Wir wollen viel mehr Anteil an Deiner Kraft haben, um ein Leben zu leben, welches Dir Ehre macht. Amen.

12. NOVEMBER

Zufriedenheit

Die Schlange war listiger als alle anderen Tiere, die Gott, der Herr, gemacht hatte. „Hat Gott wirklich gesagt, dass ihr von keinem Baum die Früchte essen dürft?", fragte sie die Frau. „Natürlich dürfen wir", sagte die Frau, „nur von dem Baum in der Mitte des Gartens nicht. Gott hat gesagt: ‚Esst nicht von seinen Früchten, ja – berührt sie nicht einmal, sonst müsst ihr sterben!'"

1. MOSE 3,1-3

Wie zufrieden sind wir eigentlich – mit unseren Kindern, unseren Fähigkeiten oder unserer Finanzlage? Und wie kann man Zufriedenheit überhaupt messen? Zufriedenheit bedeutet, dass man sich nicht mehr wünscht als das, was man hat. Wenn ich diese Definition höre, wird mir wieder bewusst, wie unzufrieden ich oft selber bin.

In der Zeitung habe ich kürzlich von dem Leiter einer großen Firma gehört, die Häuser der gehobenen Klasse anbietet. Er erklärte, dass der Schlüssel zum Erfolg seines Unternehmens darin lag, dass er potentiellen Kunden immer ein besonders schönes und gut ausgestattetes Modellhaus zeigte. Der Gedanke dabei war, dass sie schrecklich unzufrieden werden sollten mit allem, was sie bisher hatten.

Dieses Gefühl der Unzufriedenheit hat offensichtlich der Teufel erfunden. Als er im Garten Eden an Eva herantrat, erinnerte er sie nicht an all die wunderbaren Früchte, die Gott ihr gegeben hatte, sondern konzentrierte sich ganz auf die eine Frucht, die sie nicht haben sollte. Und das ist so typisch für Satan – er malt uns immer wieder vor Augen, was wir nicht haben, anstatt uns an all das zu erinnern, das Gott uns geschenkt hat.

Gott wünscht sich, dass wir uns voller Dankbarkeit über all den Segen und all das Gute, das er uns gegeben hat, an ihn wenden. „Wenn doch nur ..." oder „Hätte ich doch ..." sind Sätze, die uns letztlich nicht weiterbringen und nur immer weiter unzufrieden machen. Wenn ich Gott dagegen für das danke, was ich durch ihn habe, wandelt sich meine Einstellung wieder. Ein dankbarer Mensch ist für gewöhnlich auch zufrieden.

Gott, bitte vergib uns diese vielen Male, wenn unser „Wäre doch nur ..." uns immer unzufriedener macht. Danke für all Deine Liebe und Fürsorge in unserem Leben, und danke für alles, was Du gibst. Lass es uns nicht vergessen! Amen.

13. NOVEMBER

Zufriedenheit

Ich bin der gute Hirte. Der gute Hirte setzt sein Leben für die Schafe ein.

JOHANNES 10,11

Zufriedenheit sollte das Markenzeichen eines Menschen sein, der sein Leben in Gottes Hand gelegt hat.

Um zufrieden sein zu können, müssen wir einen klaren Blick dafür bekommen, wer Gott ist und wer wir sind. Wenn wir uns die Beziehung zwischen einem Hirten und seinen Schafen anschauen, können wir das vielleicht ein bisschen besser verstehen.

Die ganze Bibel hindurch wird Gott als der gute Hirte beschrieben, und die Menschen werden manchmal mit Schafen verglichen. König David war in seiner Jugendzeit selbst ein Hirte und er wusste deshalb, dass Schafe alleine nicht zurechtkommen. Wie das Leben eines Schafs aussah, hing zum allergrößten Teil von dem Hirten ab, der für es verantwortlich war. Ein Hirte konnte freundlich, fürsorglich und weise sein – oder aber gemein, rücksichtslos und ohne jedes Verantwortungsgefühl. Wenn wir Gott als unseren Hirten sehen, wird uns bewusst, dass wir es gar nicht besser haben könnten: Unser Hirte ist allmächtig und allwissend. Er schläft nie, und jeder Einzelne von uns ist ihm unendlich wichtig, weil er uns Leben gegeben hat und dieses Leben erhält.

Schafe können zufrieden sein, wenn sie ohne Angst, Anspannung, Beschwerden und Hunger leben können. Es ist die Aufgabe des Hirten, die Schafe vor all diesen Dingen zu bewahren, also vertreibt er Raubtiere, sorgt für das leibliche Wohl seiner Schafe und achtet darauf, dass ihnen nichts zustößt. Gott gibt uns seinen Geist, damit wir uns sicher fühlen und damit wir Frieden und Hoffnung erleben können, und er ernährt uns durch sein Wort.

Wenn wir bedürftigen Menschen begreifen, dass Gott selbst durch den Heiligen Geist in uns wirkt, verstehen wir auch die Zufriedenheit, die Gott für uns bereithält. Er ist der Hirte unserer Seelen, und er allein kann wahre Zufriedenheit schenken.

Vater, danke, dass Du Dich uns selbst als der gute Hirte darstellst. Wir sind so dankbar, dass Du uns Zufriedenheit geben willst. Eine tiefe Zufriedenheit, die aus dem Leben mit Dir erwächst. Denn was gibt es Besseres, als unser Leben in Deiner Hand zu wissen? Amen.

14. NOVEMBER

Zufriedenheit

Jeder aß sich satt, und trotzdem blieb noch viel übrig: zwölf Körbe voll.

LUKAS 9,17

Heute stehe ich gerne früh am Morgen auf, aber das war nicht immer so. Als ich in der Schule war, machte ich meiner Mutter wirklich das Leben schwer, weil ich morgens einfach nicht aus dem Bett kam. Später in der Uni zählten Vorlesungen um acht Uhr morgens zu meinen größten Herausforderungen, und ich glaube, ich hätte nicht viel öfter zu spät kommen dürfen, ohne einen ernsten Verweis zu riskieren.

Ich muss mich verändert haben, seit ich Mutter bin. Früh aufzustehen war oft meine einzige Möglichkeit, Stille Zeit zu machen. Zur Stillen Zeit gehört für mich, dass ich in der Bibel lese, bete und nachdenke. All das kann ich nur sehr schlecht, wenn um mich herum alles laut oder unruhig ist.

Heute Morgen bin ich in dem Hotel, in dem meine Familie gerade ist, um sechs aufgewacht. Wir sind das Wochenende unterwegs, um einen unserer Söhne zu seiner Uni zu fahren, wo er sein drittes Studienjahr antritt. Weil wir erst um zehn unser Zimmer geräumt haben mussten, war die Versuchung groß, mich einfach noch ein bisschen unter die Bettdecke zu kuscheln. Aber dann fiel mir wieder ein, dass mein Denken und Handeln jeden Tag ganz oft von der Stillen Zeit abhängen, die ich morgens mit Gottes Wort verbringe, und so beschloss ich aufzustehen. Die nächste Schwierigkeit war, eine ruhige Ecke zu finden. Das Zimmer, in dem meine Familie schlief, war abgedunkelt, und unten im Eingangsbereich des Hotels war es viel zu laut. Ich beschloss, einfach einen Sessel aus unserem Zimmer in den Flur zu stellen, und da sitze ich nun mit einer Tasse Kaffee in einer ruhigen, gemütlichen Ecke.

In meiner Bibellese heute Morgen ging es um Gottes Kraft, um die Bedeutung des Glaubens und um die Zufriedenheit, die wir erleben, wenn wir geistlich gut versorgt werden. Genau wie die fünftausend Menschen zufrieden waren, als Jesus ihnen Essen gab, ist unsere Seele zufrieden, wenn wir Zeit mit Gott verbringen.

Gott, danke, dass wir Zufriedenheit erfahren, wenn wir Zeit mit Dir und Deinem Wort verbringen. Danke, dass es unsere hungrigen Seelen satt macht. Du weißt, was wir brauchen, Du kannst unsere Sehnsucht stillen. Schenke uns immer wieder solche Momente, in denen wir Zufriedenheit durch Dein Wort erfahren. Amen.

15. NOVEMBER

Zufriedenheit

Lasst euch von keiner Ideologie oder irgendwelchem leeren Gerede einfangen. All das haben sich Menschen ausgedacht; aber hinter ihren Gedanken stehen dunkle, dämonische Mächte und nicht Christus. Nur in Christus ist Gott wirklich zu finden, denn in ihm lebt er ganz und gar. Deshalb lebt Gott auch in euch, wenn ihr mit Christus verbunden seid. Er ist der Herr über alle Mächte und Gewalten.

KOLOSSER 2,8-10

Unzufriedenheit ist, wenn man sich ruhelos nach etwas Besserem sehnt – dass man ständig „Wenn doch nur …" denkt: *Wenn ich doch nur einen besseren Job hätte. Wenn ich doch nur mehr Geld hätte. Wenn wir doch nur ein größeres Haus hätten. Wenn mein Mann doch nur mehr Verantwortung übernehmen würde.* Diese Liste ließe sich beliebig fortsetzen.

In der *Chicago Tribune* gab es kürzlich eine Artikelserie, in der es um die Psychologie der Zufriedenheit ging. Um zufriedener zu werden, so wurde in diesen Artikeln vorgeschlagen, sollte man auf genug Ruhe achten, freundlich dreinblicken, den Augenblick genießen, das eigene Potential voll ausschöpfen oder ernsthaft in Erwägung ziehen, stimmungsaufhellende Medikamente einzunehmen. Ob wir nun die Zeitung lesen, zum Therapeuten gehen oder uns eine Talkshow im Fernsehen ansehen – jeder scheint sein eigenes Patentrezept zu haben, wie wir glücklicher und zufriedener werden können.

Aber was sagt Gottes Wort eigentlich darüber, wo und wie wir Glück und Zufriedenheit finden? In einer persönlichen, zunehmend engeren Beziehung mit Christus. Christus stillt unsere Bedürfnisse – ob wir nun einsam, verwirrt, unzufrieden, voller Sorge sind oder Vergebung brauchen. Wir sind ihm wichtig, und er möchte gerne, dass wir uns mit unseren Anliegen an ihn wenden. Nur Jesus kann die Sehnsucht in unserem Herzen stillen.

Pracht und Schönheit, Glanz und Schimmer, alles, was die Welt dir beut,
stillt des Herzens Sehnen nimmer, ist nur Wahn und Eitelkeit.
Suchst du Ruhe, wahres Glück, lenke aufwärts deinen Blick.
(Rudolf Brockhaus)

Vater, danke, dass wir alles finden, was wir brauchen – und noch viel darüber hinaus. Danke, dass jede Macht letztlich Dir unterstellt ist. Danke für die Zufriedenheit, die Du in unser Herz senkst. Lenke unseren Blick immer wieder auf Dich. Amen.

16. NOVEMBER

Zufriedenheit

Der Herr, euer Gott, ist in eurer Mitte; er ist stark und hilft euch! Von ganzem Herzen freut er sich über euch. Weil er euch liebt, redet er nicht länger über eure Schuld. Ja, er jubelt, wenn er an euch denkt!

ZEFANJA 3,17

Zefanja war ein Prophet zur Zeit des Alten Testaments, und er hatte es alles andere als leicht. Er hatte eine unangenehme Botschaft zu verkündigen (dass das Gericht kurz bevorstand), bevor er gute Nachrichten verkünden konnte (dass es Rettung geben würde). Wie Sie sich vielleicht denken können, gehört der oben angegebene Vers in die letztere Kategorie.

Zefanja arbeitete viel mit Anspielungen, die sich indirekt auf andere Personen, Orte oder Ereignisse beziehen. Unser Vers spielt zum Beispiel auf die liebevolle Beziehung an, die eine Mutter mit ihrem Kind verbindet, und auf die Zufriedenheit, die in einer solchen Beziehung zu finden ist. Und obwohl der Vers verhältnismäßig kurz ist, malt er uns ein so schönes Bild von unserer Beziehung zu Gott vor Augen, dass wir uns in den nächsten drei Tagen auf ihn konzentrieren können.

Der Herr ist in eurer Mitte.

Als mein erstes Kind gerade erst geboren war, war ich kaum von ihm wegzukriegen. Selbst wenn ich nur zum Gemüseladen an der Straßenecke lief, während mein Mann zu Hause bei einem schlafenden Baby blieb, war ich ganz unruhig, erledigte meine Einkäufe in aller Hast und sah zu, dass ich schnell wieder heimkam. Wenn ein anderes Baby im Laden zu schreien begann, geriet ich fast in Panik. Ich merkte, wie ich Milch verlor, und konnte den Impuls, nach Hause zu rennen, kaum unterdrücken. Ich war schrecklich gerne bei meinem Baby, und manchmal fiel es mir unglaublich schwer, nicht in seiner Nähe zu sein.

Ist es nicht spannend, dass einer der Namen für den Christus „Immanuel" war – „Gott mit uns"? Jesaja verwendete ihn zum ersten Mal. Wenn ich, eine unvollkommene Mutter, so viel Freude daran hatte, bei meinem Baby zu sein – stellen Sie sich dann einmal vor, wie viel Freude Gott erst daran hat, in Ihrer Nähe zu sein. Das ist so ungeheuer tröstlich.

Vater, danke, dass Du so gerne bei mir sein möchtest. Dieser Gedanke gibt mir viel Zufriedenheit und Sicherheit. Denn wenn Du bei mir bist, dann habe ich alles, was ich brauche. Du gibst mir alles, was ich für meinen Alltag brauche. Hab Dank dafür. Amen.

17. NOVEMBER

Zufriedenheit

Der Herr, euer Gott, ist in eurer Mitte; er ist stark und hilft euch! Von ganzem Herzen freut er sich über euch. Weil er euch liebt, redet er nicht länger über eure Schuld. Ja, er jubelt, wenn er an euch denkt!

ZEFANJA 3,17

Er ist stark und hilft uns.

In die Sprache der Mütter übersetzt, würde dieses Bild wohl ans Stillen erinnern. Ich habe einmal gehört, wie jemand das Stillen als die „Geheimwaffe der Mütter" bezeichnete. Und wenn Sie selbst gestillt haben, wissen Sie wahrscheinlich gleich, was damit gemeint ist. Mein Baby konnte in voller Lautstärke brüllen, aber wenn ich es aufnahm und ihm die Brust gab, hörte das Weinen auf. Ich fand das ungemein befriedigend, denn ich konnte meinen Kleinen aus seinem Elend erlösen.

So wunderschön es auch ist, unsere Kinder aus Hunger und Tränen zu befreien, so hat Gott doch viel mehr getan, um uns zu retten. Jesus heißt wörtlich „Gott rettet", und nur er kann uns von der Sünde befreien. Jesus ist nicht gekommen, um uns zu helfen, dass wir uns selbst befreien können – er kam, um unser Retter zu sein, indem er am Kreuz für uns starb.

Er freut sich unendlich über uns.

Wenn mein Baby so lange an meiner Brust nuckelte, wie es wollte (und das kam mir manchmal wie eine Ewigkeit vor), hatte ich meine Freude an ihm. Es war gar nichts Ungewöhnliches, dass ich meinem Kleinen über das Köpfchen oder die winzigen Füßchen strich. Ich genoss es, seine Gesichtszüge genauer zu betrachten, und ich fand es herrlich, wenn sich unsere Augen irgendwie trafen. Gelegentlich hielt mein Kleiner inne und lächelte breit, bevor er sein Mahl fortsetzte. Was für ein wunderschönes Bild für Zufriedenheit.

Was bedeutet es eigentlich, dass Gott sich über uns freut? Es beinhaltet, dass er an uns Vergnügen hat. Er schätzt uns, wir sind ihm unendlich viel wert, und er hat Gefallen an uns. Es sind nicht nur Mütter, die ihrem Baby gegenüber solche Gefühle hegen, sondern diesem Vers zufolge empfindet Gott dasselbe für uns.

Vater, danke, dass Du Jesus gesandt hast, um uns vom ewigen Tod zu retten. Danke, dass Du tatsächlich Freude an uns hast, obwohl Du so heilig bist und wir so sündig sind. Das können wir nicht verstehen, aber wir nehmen das Geschenk Deiner Gnade dankbar an. Amen.

18. NOVEMBER

Zufriedenheit

Der Herr, euer Gott, ist in eurer Mitte; er ist stark und hilft euch! Von ganzem Herzen freut er sich über euch. Weil er euch liebt, redet er nicht länger über eure Schuld. Ja, er jubelt, wenn er an euch denkt!

ZEFANJA 3,17

In meiner Bibelübersetzung heißt es hier wörtlich: „*Er wird dich mit seiner Liebe zur Ruhe bringen.*"

Eine Mutter schafft es, ein hungriges und schreiendes Kind in Minutenschnelle in ein zufriedenes Baby mit vollem Bauch zu verwandeln. Und Gott hat mich auch an vielen Stellen verwandelt – anstatt wild um mich zu schlagen und zu treten, kann ich zufrieden und ruhig sein. Ein Vers aus den Psalmen, der mir immer wieder in den Sinn kommt, steht in Psalm 94,19: „Als quälende Sorgen mir Angst machten, hast du mich beruhigt und getröstet." Wenn unser Herz rastlos und unruhig ist, sollten wir uns an ihn wenden.

Er jubelt, wenn er an uns denkt.

Ich habe meinen Kindern schrecklich gerne etwas vorgesungen, als sie noch klein waren. Eigentlich habe ich ihnen sogar schon etwas vorgesungen, als sie noch in meinem Bauch waren. Wenn ich manchmal während meiner Schwangerschaften nicht schlafen konnte, dachte ich manchmal bei mir, dass Gott mir offensichtlich schon im Voraus half, mich ans nächtliche Stillen zu gewöhnen. Also machte ich das Beste draus und lernte eine Menge Bibelverse, Kinder- und Schlaflieder auswendig. Ich sang meinen Kindern diese Lieder jahrelang vor, und wenn Gott will, werde ich sie auch meinen Enkeln eines Tages vorsingen.

Ich finde es herrlich, dass in diesem Vers von Gott gesagt wird, dass er über mich jubelt – nicht dass er mit mir singt, sondern dass er über mir singt. Das erinnert mich an die Zeiten, in denen mein Baby müde und quengelig war. Ich legte es dann in sein Bettchen, streichelte ihm den Rücken oder die Schulter und sang ihm so lange etwas vor, bis es endlich einschlief. Das nächste Mal, wenn Sie es schwer finden, zufrieden zu sein, können Sie sich diesen Vers ja noch einmal vornehmen und sich vorstellen, wie Gott über *Ihnen* singt.

Vater, wenn ich mir vorzustellen versuche, wie der Schöpfer des Universums sich die Zeit nimmt, über mir zu singen, werde ich ganz dankbar und zufrieden. Danke, dass Du Dir eine so zärtliche Beziehung mit jedem Einzelnen von uns wünschst. Amen.

19. NOVEMBER

Dank

Die Güte des Herrn hat kein Ende, sein Erbarmen hört niemals auf,
es ist jeden Morgen neu! Groß ist deine Treue, o Herr!

KLAGELIEDER 3,22-23

Stellen Sie sich vor, ich gebe Ihnen eine Schüssel Sand und fordere Sie auf, die winzigen Eisenstückchen, die ich darin verteilt habe, zu finden. Sie schauen vielleicht ganz genau hin oder fahren mit den Fingern durch den Sand, aber das Eisen können Sie auf diese Weise nicht finden. Wenn Sie allerdings einen Magnet nehmen und ihn durch den Sand ziehen, zieht er das Eisen ganz automatisch an.

Ein undankbares Herz ist wie eine Hand, die versucht, den Sand nach Eisenstückchen zu durchsuchen – es kann Gottes Gnade nicht entdecken. Aber ein dankbares Herz fährt wie ein Magnet durch die Höhen und Tiefen unseres Lebens und entdeckt täglich viele Beweise für Gottes Gnade.

Es gibt eine Menge Dinge, die ich *täglich* tue. Ich mache einen Spaziergang, dusche, lese in meiner Bibel, gebe der Katze Futter, hole die Post ins Haus und lese die Zeitung. Es gibt auch Dinge, die Gott täglich tut, und ich habe einmal aufgeschrieben, welche mir einfielen. Ich dachte mir, dass mich das bestimmt dankbarer machen würde – und das stimmte auch. Es war gar nicht schwer. Gott hat heute Morgen die Sonne aufgehen lassen. Er erhält die Grillen, die vor meinem Fenster gezirpt haben. Er hat die sanfte Brise geschickt, über die ich mich auf meinem Spaziergang heute Morgen so gefreut habe. Er hat das Wachstum des herrlich saftigen Pfirsichs überwacht, den ich mir heute Mittag gegönnt habe. Er hat die Sonne am Abend untergehen lassen. Er hat mir die Kraft gegeben, die ich den Tag über brauchte.

Ein dankbares Herz weckt in uns eine positive Einstellung. Weil Gottes Segen jeden Morgen neu ist, können wir ihm auch unseren Dank immer ganz aktuell zukommen lassen – jeden Tag.

Gott, danke, dass Du für uns sorgst und uns erhältst. Hilf uns, Dir jeden Tag dankbar zu sein, weil Du treu bist. Du gibst uns so viele Gelegenheiten, uns über Deine Schöpfung und Dein Wirken in unserem Leben zu freuen. Lehre uns, auch dafür dankbar zu sein. Amen.

20. NOVEMBER

Dank

Rette uns, Herr, unser Gott! Führe uns heraus aus den Völkern, die dich nicht kennen, und bring uns wieder zusammen! Dann werden wir deinen heiligen Namen preisen und stolz darauf sein, dass wir dich loben können.

PSALM 106,47

Ist Ihnen schon mal aufgefallen, dass eine dankbare Mutter für gewöhnlich keine unglückliche Mutter ist? Es geht nicht darum, dass dankbare Mütter nie krank werden, nie wütend auf ihre Kinder sind oder Beziehungen nie als schwierig erleben. Aber eine dankbare Mutter hat auf jeden Fall eine ansprechende Art.

Psalm 106,47 macht uns Mut, für die Güte Gottes dankbar zu sein. Und der Psalm malt uns auch vor Augen, wie es den Israeliten ging, als sie *nicht* dankbar waren. Sie wurden immer unglücklicher:

- sie dachten nicht mehr an Gottes Wunder
- sie erinnerten sich nicht mehr an Gottes Freundlichkeit
- sie lehnten sich gegen Gott auf
- sie hörten nicht auf Gottes Rat
- sie wurden immer neidischer
- sie glaubten Gottes Verheißungen nicht
- sie reizten Gott durch ihre bösen Taten

Obwohl der Mangel an Dankbarkeit, den die Israeliten an den Tag legten, sie immer wieder in alle möglichen Sünden fallen ließ, half Gott ihnen immer wieder. Wenn sie sich in ihrer Not an ihn wandten, hörte er auf sie und half ihnen. Die Geduld und Gnade, die Gott den Israeliten erwies, war wirklich bemerkenswert.

Wir können aus der Erfahrung des Volkes Israel so viel lernen. Auch wir werden schnell undankbar, wir murren und beschweren uns und vergessen glatt den Gott, der uns errettet und gesegnet hat. Wir wollen nie vergessen, dass Gott im Herzen der Menschen lebt, die ihm danken und ihn loben, aber Menschen, die gegen ihn aufbegehren, machen sich nur selbst unglücklich. Wir können wirklich dankbar sein, dass der Gott, der den Israeliten so viel Geduld und Gnade entgegenbrachte, mit uns genauso geduldig und gnädig ist.

Vater, wir sind so dankbar für die Geduld und die Gnade, die Du uns entgegenbringst. Lass uns jeden Tag neu Ausschau halten nach Dingen, für die wir Dir danken können, und lass uns die Segnungen, die Du uns geschenkt hast, nie vergessen. Amen.

21. NOVEMBER

Dank

Denn der Herr ist gut zu uns, seine Gnade hört niemals auf, für alle Zeiten hält er uns die Treue.

PSALM 100,5

Gibt es in Ihrem Leben Dinge oder Menschen, die Sie immer wieder an all das Gute erinnern, für das Sie dankbar sein können? Wenn ich meinen Jüngsten herumrennen sehe, werde ich daran erinnert, wie gut sein gebrochener Oberschenkelknochen nach einem Skateboardunfall wieder zusammenwuchs – und ich bin dankbar. Wenn ich unseren jungen Freund Drew sehe oder wenn irgendwo sein Name fällt, bin ich wieder voller Dank, dass Gott ihn nach einem drei Jahre langen Kampf gegen die Leukämie geheilt hat.

Heute habe ich Geige geübt und Gott wieder neu für das Instrument gedankt. Etwa ein Jahr bevor ich vierzig wurde, begann ich darüber zu beten, ob ich mir eine neue Geige zulegen sollte. Ich spielte nämlich immer noch auf dem Instrument, das ich schon in der Schulzeit besessen hatte. Ich betete nur gelegentlich dafür, wahrscheinlich, weil mir eine neue Geige selbst nicht so wichtig war.

Mich traf deswegen fast der Schlag, als meine Eltern eines Tages anriefen und mir vorschlugen, einmal nach einer gute Geige Ausschau zu halten, weil sie mir zu meinem Vierzigsten eine schenken wollten. Sie hatten keine Ahnung, dass ich über der Sache schon gebetet hatte. Und ich weiß noch, wie mir die Knie ganz weich wurden, als sie mir diesen Vorschlag machten. Ich war nicht nur dankbar für die Großzügigkeit meiner Eltern, sondern ich war auch ganz überwältigt, dass Gott mir eine Geige auf eine Weise zukommen lassen würde, an die ich selbst gar nicht erst gedacht hatte!

Und wenn ich diese Woche zu meiner Geige greife, um das Vorspiel zum Gottesdienst und das Musikstück während der Kollekte zu üben, danke ich Gott wieder für die originelle Art und Weise, in der er unsere Gebete erhört.

Gott, danke, dass Du uns siehst und dass Du uns gibst, was wir brauchen. Und danke für besondere Ereignisse in unserem Leben, die unseren Glauben an Dich stark gemacht haben. Amen.

22. NOVEMBER

Dank

Wie gut ist es, dir, Herr, zu danken und dich, du Höchster, zu besingen, schon früh am Morgen deine Gnade zu loben und noch in der Nacht deine Treue zu preisen.

PSALM 92,1-2

Es gibt so viele verschiedene Möglichkeiten, wie wir Gott im Gebet danken können. Vier davon möchte ich hier ausführen, als Beispiele für uns und unsere Kinder:

1. *Wir können Gott für seine Fürsorge danken.* In Psalm 104,13-14 heißt es: „Vom Himmel lässt du Regen auf die Berge niedergehen, die Erde saugt ihn auf und wird fruchtbar. Du lässt Gras für das Vieh wachsen und Pflanzen, die der Mensch anbaut." Wir können Gott für unser Essen danken, für die Luft zum Atmen, Kraft, Licht, Ermutigung, Bewahrung und so viele andere Sachen täglich, mit denen Gott zeigt, dass er für uns sorgt.
2. *Wir sollen in allen Umständen danken.* In 1. Thessalonicher 5,18 werden wir aufgefordert: „Vergesst auch nicht, Gott für alles zu danken. Denn das erwartet Gott von seinen Kindern." Vielleicht stecken wir gerade mitten in einem Problem fest, für das wir nun wirklich keine Dankbarkeit empfinden; aber wir können Gott immer noch dafür danken, dass er auch durch die Schwierigkeiten hindurch seinen Plan mit uns zum Ende bringt.
3. *Wir können dafür danken, was Gott im Leben anderer Menschen bewirkt.* In 1. Thessalonicher 1,2-3 schreibt Paulus: „Immer wenn wir für euch alle beten, danken wir Gott von ganzem Herzen. Wir werden dann immer daran erinnert, mit welcher Selbstverständlichkeit ihr euren Glauben in die Tat umsetzt, mit welcher Liebe ihr für andere sorgt und mit welcher Hoffnung und Geduld ihr auf das Wiederkommen unseres Herrn Jesus Christus wartet." Wenn wir merken, dass Menschen in Glauben, Liebe und Hoffnung wachsen, ist das wirklich ein Grund zu danken.
4. *Wir können Gott für das danken, was er noch tun wird.* In Philipper 4,6 heißt es: „Macht euch keine Sorgen! Ihr dürft Gott um alles bitten. Sagt ihm, was euch fehlt, und dankt ihm." Wenn wir Gott für das danken, was noch in der Zukunft liegt, stellen wir damit unter Beweis, dass wir ihm vertrauen.

Vater, danke für Dein Wort. Danke für die Hoffnung, die uns nicht aufgeben lässt. Danke, dass Du auch dann alles im Griff hast, wenn wir selbst den Boden unter den Füßen verlieren. Danke, dass Du heute den ganzen Tag über bei uns sein wirst. Lehre uns dankbar zu sein in allen Dingen. Amen.

23. NOVEMBER

Dank

Alle Entbehrungen aber ertragen wir für euch. Denn je mehr Menschen für Christus gewonnen werden, umso mehr werden Gott danken und ihn über alles ehren.

2. KORINTHER 4,15

Hat das Wort *Danke* Sie je schon zu Tränen gerührt? Diesen Monat hatte ich mir die zwei Wochen vor einem Abgabetermin bei meinem Verlag komplett freigehalten, um mich ganz dem Schreiben und Überarbeiten widmen zu können. Zumindest war das mein Plan – bis mein Sohn Chad anrief. Er erzählte, dass zwei seiner Freunde, Scott und Erin, ein paar Tage zu Besuch kommen würden, bevor Erin zu einem Missionseinsatz nach Afrika aufbrach. Ob ich die beiden wohl bei uns unterbringen könnte? Ich verlor natürlich ein kleines bisschen Zeit, als ich neue Bettwäsche auflegte, das Badezimmer putzte und einen Kuchen backte. Aber der kleine Zettel, den Scott auf seinem Kopfkissen zurückgelassen hatte, als er heute Morgen abreiste, glich die Mühe mehr als aus:

> *Liebe Frau Ellen, vielen Dank, dass ich letzte Nacht hier schlafen durfte. Es war schön, nach der langen Fahrt einen Ort zu haben, an dem man willkommen war. Wir sind für Ihre Gastfreundschaft sehr dankbar, vor allem, weil Erin wegen ihrer Reise ein bisschen aufgeregt ist. Wir haben das Gespräch mit Ihnen gestern Abend sehr genossen und merken, dass Gott Erins Reise durch Sie jetzt schon gesegnet hat. Vielen Dank noch einmal.*
> *Scott und Erin*

Ich begann zu weinen. Mir wurde bewusst, wie Gott die kleine Unterbrechung meiner Arbeit benutzt hatte, damit ich diesen beiden Menschen Mut machen konnte. Und ich war wiederum ermutigt, weil sie sich so herzlich bedankten. Wenn wir uns bei anderen bedanken, machen wir ihnen damit oft mehr Mut, als uns überhaupt bewusst ist.

Vater, danke, dass uns die Dankbarkeit anderer auch immer wieder Mut macht. Hilf uns, anderen Leuten, die uns geholfen oder einfach nur gutgetan haben, dafür zu danken, und lass uns auch Dir gegenüber immer dankbar sein. Verändere unsere Herzen, dass wir zuerst unseren Nächsten und seine Bedürfnisse sehen. Amen.

24. NOVEMBER

Dank

Immer wenn wir für euch alle beten, danken wir Gott von ganzem Herzen.

1. THESSALONICHER 1,2

Immer wenn ich schreibe, habe ich neben mir ein Wörterbuch der sinn- und sachverwandten Wörter liegen. Ich mag dieses Schatzkästchen der Synonyme gar nicht mehr missen. Bis heute hatte ich eine alte, abgegriffene Taschenbuchausgabe. Aber von heute an werde ich dieses alte Buch nicht mehr mit einem Gummiband zusammenhalten müssen.

Vor ein paar Tagen habe ich Chad gegenüber erwähnt, dass ich mir ein neues, größeres Wörterbuch anschaffen wollte. Sie können sich bestimmt meine Überraschung vorstellen, als ich heute von meinem Morgenspaziergang zurückkehrte, mich an meine Arbeit setzte und vor mir auf dem Tisch ein nagelneues Wörterbuch sah – und zwar mit festem Einband. Ich blätterte ein bisschen hindurch und freute mich bei dem Gedanken, dass Chad extra losgezogen und mir ein neues Exemplar gekauft hatte. Seine Freundlichkeit ließ mich den ganzen Tag viel beschwingter angehen.

Nachdem ich Chad ein paar Zeilen geschrieben hatte, dankte ich auch Gott, dass er mir einen so aufmerksamen Sohn geschenkt hatte. Ich war einfach dankbar, dass ich die Frucht des Geistes Gottes in Chads Leben sehen konnte. Folgendes schrieb ich ihm:

Lieber Chad,
wie soll ich mich bloß für das Synonymwörterbuch bedanken? Mein Wörterbuch sieht als verwandte Begriffe für Dank vor: Anerkennung, Segen, Belohnung, Dankbarkeit, Dankgefühl, Erinnerung, Danksagung, Erkenntlichkeit, Anerkennung, Dankempfindung, Lob, Preis, Dankgebet, Vergeltung, Erwiderung, Geschenk, Dankeskarte. Ich dachte mir, ich versuche es einfach mal mit der Dankeskarte.
Ich war richtig überrascht (verblüfft, erstaunt, perplex, wirr, fassungslos, stumm, verwundert, verwirrt, sprachlos ...), als ich dieses wunderbare Buch mit dem festen Einband auf dem Tisch liegen sah. Das war wirklich sehr aufmerksam von Dir! Ich werde das bestimmt nicht vergessen. Und ich bin richtig dankbar, dass ich sehen kann, was Gott in Deinem Leben bewirkt.
Alles Liebe,
Mama.

Vater, ich bin so dankbar für die Kinder, mit denen Du mich gesegnet hast. Danke, dass Du mir durch ihre Freundlichkeit so guttust. Schenke, dass sie immer nahe bei Dir bleiben. Amen.

25. NOVEMBER

Dank

Ich will den Herrn loben und nie vergessen, wie viel Gutes er mir getan hat.

PSALM 103,2

Wie viel Gutes macht unser Leben jeden Tag reich und schön – ein kleiner Vorteil hier, ein erlebter Segen da – es gibt so vieles, wofür ich dankbar sein kann. Ich erlebe Gutes in verschiedenen Bereichen meines Lebens.

Ich habe zum Beispiel viel von meinem Elternhaus profitiert, in dem ich geliebt und in dem mir das Evangelium nahegebracht wurde. In der Gemeinde, in die meine Eltern gingen, bin ich so reich gesegnet worden. Ich habe außerdem viele Jahre lang Geigenunterricht bekommen, eine gute Schulbildung und all die Vorteile, die das Leben in einem reichen Land wie Amerika mit sich bringt.

Eine andere Bereicherung kommt durch den Beruf meines Mannes. Jims Unternehmen sorgt dafür, dass wir gut versichert sind, mehrere Wochen im Jahr bezahlten Urlaub haben und auf eine ordentliche Rente hoffen können – alles Dinge, die in Amerika nicht selbstverständlich sind.

Aber der entscheidendste und weitreichendste Segen, den ich habe, wird in Psalm 103 beschrieben. Ich habe nichts getan, mit dem ich ihn mir hätte verdienen können, sondern ich habe ihn durch Christi Tod am Kreuz erhalten. In Psalm 103 werde ich daran erinnert, dass Gott mir vergibt, mich heilt, vom Tod errettet, mit Liebe und Güte umgibt und mein Leben mit Gutem füllt. Er ist voller Gerechtigkeit, Geduld, Gnade und Mitgefühl, und er wird nicht schnell zornig. Er straft mich nicht, wie ich es eigentlich verdient hätte, und wirft meine Sünden so weit von mir, wie der Osten vom Westen ist. Ich bin schwach und vergänglich, aber seine Liebe hört niemals auf, und seine Rettung gilt auch meinen Kindern und Kindeskindern.

Was ich an Vorteilen aus meinem Elternhaus oder durch Jims Beruf erlebe, ist wunderbar und macht mein Leben auf dieser Erde schöner – aber es kann sich nie mit dem messen, was ich in Christus alles habe und was bis in die Ewigkeit hineinreicht.

Gütiger Vater, danke, dass Du uns so viel Gutes und so überreichen Segen schenkst. Hilf uns, all diese guten Dinge in unserem Leben zu entdecken. Mehr als für alles andere danken wir Dir, dass Du Jesus am Kreuz hast sterben lassen. Lass uns bewusst werden, dass es kein größeres Geschenk und keinen größeren Segen für uns gibt als das Leben mit unserem auferstandenen Herrn. Amen.

26. NOVEMBER

Himmel

Denn im Hause meines Vaters sind viele Wohnungen.
Wenn es nicht so wäre, hätte ich euch nicht gesagt:
Ich gehe hin, um dort alles für euch vorzubereiten.

JOHANNES 14,2

Als meine Oma starb, hatten meine Schwester und ihr Mann mehrmals die Möglichkeit, mit ihrem Dreijährigen über den Tod zu sprechen. Sie erklärten Brent, dass die Uroma jetzt bei Gott im Himmel war und dass es ihr dort sehr gut ging. Ein paar Tage später fand in einem Beerdigungsinstitut in unserer Nähe die Trauerfeier statt und wir gingen alle hin. Als wir nach Hause gingen, meinte Brent enttäuscht: „Ich dachte nicht, dass es im Himmel *so* aussehen würde!"

Wie stellen wir uns den Himmel eigentlich vor? Für Mütter kann es eine echte Herausforderung sein, Kindern gute Antworten auf ihre Fragen nach dem Himmel zu geben – schließlich sind wir alle noch nicht da gewesen. Aber ein paar grundsätzliche Dinge über den Himmel erfahren wir in der Bibel doch, und wir können sie unseren Kindern weitergeben:

1. Der Himmel ist der Ort, an dem Gott ist. (vgl. Matthäus 6,9)
2. Kinder lieben Schatztruhen, und der Himmel ist wie eine Art riesige Schatztruhe. Diejenigen unter uns, die Gott von ganzem Herzen geliebt und ihm gedient haben, werden im Himmel einen Reichtum nach dem anderen entdecken. (vgl. Matthäus 6,19-21)
3. Jesus ist uns schon in den Himmel vorausgegangen, um für uns alles vorzubereiten. (vgl. Johannes 14,2)
4. Gott ist im Himmel von Engeln umgeben, die ihm dienen. Wenn wir dorthin kommen, werden wir Gott zusammen mit den Engeln in alle Ewigkeit loben. (vgl. Offenbarung 4)
5. Der Himmel wird uns wie unser Zuhause vorkommen; wir gehören dort hin. (vgl. Philipper 3,20)
6. Der Himmel wird ein sicherer und fröhlicher Ort sein, an dem die Freude kein Ende hat. Es wird keine Tränen, keinen Schmerz, keinen Tod, keine Schwachheit und keine Nacht mehr geben. (vgl. Offenbarung 21,3-4)

Gott des Himmels, hilf uns, dass wir die Gelegenheiten nutzen, die sich uns bieten, um unseren Kindern von all den wunderbaren Dingen zu erzählen, die uns Dein Wort über den Himmel lehrt. Danke, dass der Himmel ein Ort großer Freude sein wird! Wir freuen uns darauf, in Ewigkeit dort mit Dir zu leben. Amen.

27. NOVEMBER

Himmel

Mit eigenen Augen werde ich dich schauen dürfen. Sattsehen will ich mich an dir, wenn ich erwache.

PSALM 17,15

Am Valentinstag 2003 besuchten mein Mann und ich unseren Schwager David im Krankenhaus. Als wir ankamen, hatte Davids Arzt ihm gerade die furchtbare Nachricht überbracht, dass der Krebs in seiner Lunge Metastasen gebildet und bis ins Gehirn gestreut hatte. David, seine Frau Joan, mein Mann und ich standen da an seinem Krankenbett, umarmten uns alle und weinten lange. Obwohl er nie geraucht hatte, und obwohl er ein halbes Jahr lang Bestrahlungen und Chemotherapie bekommen hatte und ärztlich wirklich gut betreut worden war, erlag David schließlich seinem Lungenkrebs.

Einige Wochen bevor er starb, boten Freunde und Verwandte an, sich am Krankenbett abzuwechseln, wenn Joan oder die Kinder nicht da sein konnten. Während einer meiner Schichten fragte ich David einmal: „Gibt es irgendwas, was ich für dich tun kann, wenn ich hier bin?" – „Lies mir bitte aus meiner Bibel vor", sagte er leise.

Als ich mir Davids abgegriffene Bibel griff, klappte sie im Buch der Psalmen auf. Ich bemerkte einen Vers in Psalm 17, den er unterstrichen hatte: „Mit eigenen Augen werde ich dich schauen dürfen. Sattsehen will ich mich an dir, wenn ich erwache."

Dieser Vers beschrieb Davids Leben sehr treffend. Er hatte einen Großteil seines Lebens in Kansas gelebt und dort Landwirtschaft betrieben, und finanziell war es ihm nicht immer gut gegangen. Aber was seine Beziehung zu Gott betraf, war er reich. Die Wärme und Tiefe dieser Beziehung war für alle sichtbar, die ihn kannten. Und nun kann David Christus in die Augen schauen. Können auch wir sagen, dass zwischen uns und Gott alles in Ordnung ist?

Vater, danke, dass wir nichts mehr vermissen werden, wenn wir Dich eines Tages sehen! Erhalte in uns die Freude auf den Himmel und die Ewigkeit. Und lass nicht zu, dass wir den Tod fürchten. Denn Du hast den ewigen Tod besiegt. Danke, dass wir dadurch für immer mit Dir leben dürfen. Amen.

28. NOVEMBER

Himmel

Denn wir sehen ja, wie die ganze Schöpfung leidet und unter Qualen auf ihre Neugeburt wartet. Aber auch wir selbst, denen Gott bereits jetzt seinen Geist gegeben hat, warten voller Sehnsucht darauf, dass Gott uns als seine Kinder zu sich nimmt und auch unseren Leib von aller Vergänglichkeit befreit.

RÖMER 8,22-23

Wenn wir durch Christus eine Beziehung mit Gott beginnen, begeben wir uns auf eine Reise in ein anderes Land – den Himmel. Samen der Gerechtigkeit Gottes werden in unsere Herzen gesät, und wir entwickeln immer mehr Geschmack an Dingen, die gut, rein, wahr und schön sind. Wir sehnen uns immer mehr danach, von der Sklaverei der Sünde befreit zu werden, der diese Welt unterworfen ist; wir wollen Schmerz, Verfall und Tod hinter uns lassen, die wir hier nur allzu oft erleben.

Stellen Sie sich in Gedanken den Gegensatz vor zwischen

- einem prächtigen Sommertag, den Sie mit Freunden am Strand verbringen – und einem Wirbelsturm, der nur Verwüstung und Verderben zurücklässt,
- einer besonders innigen und zärtlichen Beziehung zu einem Kind – und einem hässlichen Missverständnis, bei dem Eltern und Kind sich fremd werden,
- einem heißen Apfelstrudel, frisch aus dem Ofen – und einem Behälter mit faulenden Essensresten im Kühlschrank.

Die Dinge, die in dieser Gegenüberstellung zuerst genannt werden, finde ich herrlich – die anderen furchtbar. Ich mag es nun einmal gerne, wenn die Welt in Ordnung ist. Wir leben in einer gefallenen Welt, in der Schmerz und Kummer zum Alltag gehören, und doch bekommen wir, wenn wir Gott im Blick behalten, immer wieder einen kleinen Eindruck und einen kleinen Vorgeschmack davon, wie der Himmel sein wird. In einem wunderschönen Sonnenaufgang, einem besonderen Moment mit einem Kind oder einem unerwarteten Erlebnis, das nur Gott so geführt haben kann, spüren wir schon ein Stück weit die Verheißung, die im Himmel liegt. Wir wollen öfter an die Herrlichkeit denken, die uns dort erwartet, wenn alles Sehnen Vergangenheit ist.

Ewiger Gott, bitte schenke, dass die schmerzhafte Wirklichkeit unseres Lebens uns nicht bitter macht oder zur Verzweiflung treibt, sondern unsere Hoffnung auf eine ewige Zukunft mit Dir wachsen lässt. Danke für jeden Augenblick des Staunens und der Schönheit, der uns einen kleinen Vorgeschmack auf den Himmel gibt. Amen.

29. NOVEMBER
Himmel

„Herr, lass mich erkennen, wie kurz mein Leben ist und wie viel Zeit ich noch habe; wie vergänglich bin ich doch! Wie begrenzt ist das Leben, das du mir gegeben hast! Ein Nichts ist es in deinen Augen! Jeder Mensch, selbst der stärkste, ist nur ein Hauch, der vergeht – schnell wie ein Schatten verschwindet er. Sein Tun und Treiben ist viel Lärm um nichts! Er häuft sich Reichtümer an und weiß nicht, was einmal daraus wird." Auf was kann ich da noch hoffen? Herr, du allein bist meine Hoffnung!

PSALM 39,5-8

Alfred Nobel war ein schwedischer Chemiker, der ein riesiges Vermögen besaß. Er hatte das Dynamit und andere Sprengstoffe erfunden und sie an die Regierungen verschiedener Länder verkauft. Diese benutzten sie, um Waffen daraus herzustellen. Als Alfreds Bruder starb, beging eine Zeitung den Riesenfehler, einen Nachruf über Alfred zu schreiben anstatt über seinen Bruder. In dem Artikel wurde Alfred als ein Mensch beschrieben, der reich wurde, weil er Substanzen lieferte, mit denen sich die Menschen gleich massenweise umbringen konnten.

Alfred war tief erschüttert, als er diesen Nachruf las, und er beschloss, sein Vermögen von diesem Tag an zum Wohl der Menschheit einzusetzen. Diese Entscheidung brachte ihn dazu, den Nobelpreis zu stiften. Ein Moment der Wahrheit hatte ihn sein Leben überdenken und in ihm den Entschluss reifen lassen, von nun an anders zu leben.

Ist es nicht erstaunlich, wie wir ins Nachdenken über unser Leben und über das, was wirklich wichtig ist, kommen, wenn wir mit dem Tod konfrontiert werden? Vielleicht hat ein Kind einen schweren Unfall, der uns wieder daran erinnert, dass Beziehungen wichtiger sind als alle Zeitpläne der Welt. Vielleicht hat uns eine Freundin freundlich darauf hingewiesen, dass unser Leben in einem Bereich aus den Fugen gerät. Oder vielleicht hat uns Psalm 39,5-8 neu deutlich gemacht, dass es am Ende um nichts weiter geht als darum, ob wir unsere Hoffnung auf Gott gesetzt haben – und wie wir unseren Kindern Mut gemacht haben, ihr Leben ganz Gott anzuvertrauen.

Wenn wir einen ehrlichen Blick auf unser Leben werfen – welche Entscheidungen können wir heute treffen, die von unserer Hoffnung auf Gott sprechen?

Gott, wir wollen heute mit Psalm 39,5-8 zu Dir beten. Amen.

30. NOVEMBER

Himmel

Häuft in dieser Welt keine Reichtümer an! Sie verlieren schnell ihren Wert oder werden gestohlen. Sammelt auch vielmehr Schätze im Himmel, die nie ihren Wert verlieren und die kein Dieb mitnehmen kann. Wo nämlich eure Schätze sind, da zieht es euch hin.

MATTHÄUS 6,19-21

Viele der Sehnsüchte von Christina Onassis konnten mit Geld gestillt werden. Sie besaß ein Wocheneinkommen von rund einer Million Dollar und konnte sich so ziemlich alles kaufen, was sie wollte. Als sie in Europa lebte, wollte sie gerne Coca Cola Light trinken, das es damals aber nur in den USA gab. Also schickte sie ihren Privatjet los, um den Vorrat für einen ganzen Monat zu holen, was 30.000 Dollar pro Strecke kostete. Sie wollte gerne vierundzwanzig Stunden am Tag jemanden um sich haben, also bezahlte sie Freunden oft 20.000 oder 30.000 Dollar, wenn sie einen Monat bei ihr blieben. Leider endete Christinas Leben nicht glücklich. Sie starb mit siebenunddreißig an einem Herzinfarkt, der vermutlich durch zu extreme Diäten und einen Missbrauch von Beruhigungsmitteln hervorgerufen worden war. Alles Geld der Welt hatte sie nicht glücklich machen können.

Manchmal machen Leute solche Witzchen: „Im Leben sind nur zwei Dinge sicher – der Tod und die Einkommenssteuer." Und vom Reichtum lassen sich auch zwei Dinge sagen: er ist vergänglich und er kann uns nicht glücklich machen. Die Motten und der Rost sind Bilder, mit denen wir Mütter etwas anfangen können. Vielleicht haben wir selbst Mottenkugeln in unseren Schränken, damit die Motten nicht lauter Löcher in unseren Kleidern hinterlassen. Diese Viecher richten langsam und in aller Stille eine Menge Schaden an – genau wie Rost an unserem Auto. Motten und Rost erinnern uns daran, dass alle Schätze der Erde nicht von Dauer sind.

Was ist *unser* Schatz? Was ist uns wirklich wichtig? Ist es Geld, sind es Kleider oder das Haus, das wir mit so viel Liebe eingerichtet haben? Aller Reichtum dieser Welt reicht nicht aus, um den Hunger in unserer Seele zu stillen. Aber wir können unsere irdischen Reichtümer einsetzen. Wenn wir uns auf Gottes Wort stützen und in die Seelen der Menschen investieren, werden unsere Investitionen in Ewigkeit Bestand haben.

Vater, danke, dass Du uns immer wieder daran erinnerst, dass all unsere irdischen Güter vergehen. Hilf uns, dass wir uns auf das konzentrieren, was dauerhaft und ewig ist. Zeige uns, wie wir unser Geld für Dein Reich einsetzen können. Amen.

1. DEZEMBER
Himmel

Was kein Auge jemals sah, was kein Ohr jemals hörte und was sich kein Mensch vorstellen kann, das hält Gott für die bereit, die ihn lieben.

1. KORINTHER 2,9

Letzten Sommer habe ich mit meinen beiden Schwestern Gail und Barbara ein Wochenende in Iowa verbracht. Wir quartierten uns in einem Hotel ein und genossen es sehr, einfach ein paar Tage lang miteinander spazieren oder bummeln zu gehen, uns zu unterhalten und Gesellschaftsspiele zu spielen.

An unserem Spaziergang am ersten Morgen erkundeten wir die Umgebung des Hotels. Wir waren freudig überrascht, als wir plötzlich in einem riesigen Park standen, in dem prächtige Blumen und Sträucher sehr geschmackvoll arrangiert waren. Es war ein Paradies für jeden Gärtner! Wir drei schlenderten von einer Gartenanlage in die nächste, hielten oft an und bewunderten die Schönheit und Vielfalt, die jeder dieser Gärten bot. Obwohl ich längst nicht so viel vom Gärtnern verstehe wie meine Schwestern, schaute ich mir doch ein paar Ideen ab, wie ich im nächsten Jahr meinen eigenen Garten zu Hause verschönern wollte: mit Eustoma „Ewig Blau", mit Cuphea „Lavendelspitze" und mit rosa Alteranthea. Ich habe keine Ahnung, wie man all diese Namen überhaupt ausspricht, geschweige denn, wie man sie anbaut – aber ich habe beschlossen, es auf jeden Fall zu versuchen.

Als ich in diesem farbenfrohen, prachtvollen Park herumspazierte, musste ich daran denken, wie viel bunter und imposanter Gärten erst im Himmel aussehen werden. Die Blumen werden noch viel schöner blühen, die Vögel werden noch viel eindrucksvoller singen, das Gras wird ein satteres Grün haben und die ganze Natur wird in einer überwältigenden Schönheit erstrahlen. Und das Beste ist, dass Jesus mit dort sein wird.

Solange ich auf der Erde lebe, habe ich die Möglichkeit, einen winzigen Teil der Wunder und Werke unseres Schöpfers zu bestaunen. Aber ich hoffe, dass ich im Himmel jede einzelne Blume und Pflanze bewundern kann, die Gott geschaffen hat. Ich kann mir kaum vorstellen, wie es sein wird, einmal durch jenen Garten zu spazieren.

Vater, danke, dass Du uns schon hier auf der Erde einen kleinen Vorgeschmack auf den Himmel gibst. Schenke uns immer wieder neu Vorfreude auf die Herrlichkeit, die wir im Himmel erleben werden. Lass diese Freude zum Ansporn werden, unseren Kindern und anderen Menschen von Dir zu erzählen. Amen.

2. DEZEMBER
Himmel

Das Fundament, das bei euch gelegt wurde, ist Jesus Christus. Niemand kann ein anderes oder gar besseres Fundament legen. Nun kann man mit den unterschiedlichsten Materialien weiterbauen. Manche verwenden Gold, Silber, kostbare Steine, andere nehmen nur Holz, Schilf oder Stroh. Doch an dem Tag, an dem Christus sein Urteil spricht, wird sich zeigen, womit jeder gebaut hat. Dann nämlich wird alles im Feuer auf seinen Wert geprüft, und es wird sichtbar, wessen Arbeit dem Feuer standhält. Hat jemand fest und dauerhaft auf dem Fundament Christus weitergebaut, wird Gott ihn belohnen. Verbrennt aber sein Werk, wird er alles verlieren. Er selbst wird zwar aus dem Feuer gerettet werden, aber nur mit knapper Not.

1. KORINTHER 3,11-15

Wenn Sie unbegrenzte Mittel zur Verfügung hätten, um Ihren Traum vom Wohnen zu verwirklichen – was würden Sie dann tun? Würden Sie sich ein kleines Häuschen am Meer bauen, ein Apartment in der Großstadt kaufen oder ein altes Herrenhaus irgendwo auf dem Land renovieren? Wie groß würde Ihr Haus ausfallen, welche Bauweise würden Sie bevorzugen und für welche Materialien würden Sie sich entscheiden?

Die meisten Leute leben nie im Haus ihrer Träume. Man ist ja dankbar, wenn die Familie ein passables Dach über dem Kopf hat, und wenn es ansehnlich und bequem ist, finden wir das umso besser. Aber alle, die Christus kennen, werden eines Tages in einem Traumhaus wohnen, und es ist gut, wenn wir jetzt schon daran denken. Gottes Wort sagt uns, dass unsere ewige Wohnung im Himmel mit davon abhängt, wie wir hier auf der Erde unser Leben gestalten.

Wenn wir die Ewigkeit mit ihm verbringen wollen, muss er das Fundament unseres Lebens und unserer Taten sein. Wenn dieses Fundament einmal gelegt ist, können wir uns täglich entscheiden, mit welchen Baumaterialien wir weitermachen – wir können Stroh, Schilf und Holz verwenden (das geht schnell und leicht und ist ganz billig) oder Steine, Silber und Gold (das ist kostspieliger und dauert auch länger). Vielleicht schicken einige von uns im Moment das Baumaterial für Indianerzelte aus Plastik vorweg zum Himmel, andere für Fernsehkulissen, für Wohnwagen, Bauernhäuser oder imposante Villen.

Aus was wird Ihr Haus im Himmel bestehen? Die Entscheidungen, die wir jeden Tag neu treffen, werden das bestimmen.

Gott, Du bist das Fundament meines Lebens. Es ist so ernüchternd zu denken, dass die Entscheidungen, die wir jeden Tag treffen, so weit in die Ewigkeit hineinreichen. Lass das, was wir denken, sagen und tun, kostbar sein wie Gold – und nicht wertlos wie Stroh. Dafür brauchen wir Dich! Amen.

3. DEZEMBER

Dienst

„Mein König", erwiderte Daniel, „hinter dein Geheimnis kann keiner der Berater kommen, weder Geisterbeschwörer noch Wahrsager, noch Sterndeuter. Aber es gibt einen Gott im Himmel, der das Verborgene ans Licht bringt. Dieser Gott hat dich, König Nebukadnezar, in die fernste Zukunft blicken lassen. Und jetzt sage ich dir, welche Vision du im Traum hattest."

DANIEL 2,27-28

König Nebukadnezar hatte einen Traum, der ihn so verstörte, dass er sofort all seine Zauberer, Wahrsager, Beschwörer und Astrologen herbeirief, damit sie ihm diesen Traum deuteten. Er erwartet von ihnen, dass sie ihm sagten, was er geträumt hatte. Als sie protestierten, weil das unmöglich sei, gab er den Befehl aus, dass alle Weisen von Babylon hinzurichten seien.

Als einer der Palastwächter zu Daniel kam, reagierte dieser „klug und verständig". Er bat den König um einen Aufschub, um den Traum zu deuten, und Gott schenkte ihm die Erkenntnis, die er dazu brauchte.

Warum hat Nebukadnezar Daniel wohl diesen Aufschub gegönnt, den er den anderen Weisen offensichtlich verweigerte? Vielleicht stand Daniel in dem Ruf, ein Diener Gottes zu sein. Was wir über sein Leben wissen, legt jedenfalls nahe, dass sein Glaube nach außen hin sichtbar wurde.

Daniel ehrte Gott. Was machte Daniel, nachdem ihm der Aufschub gewährt wurde? Er betete gemeinsam mit seinen Freunden.

Daniel lobte Gott. Nachdem Gott ihm die Bedeutung von Nebukadnezars Traum gezeigt hatte, rannte Daniel nicht gleich zum König und er brüstete sich auch nicht mit der Erkenntnis, die Gott ihm gegeben hatte. Stattdessen pries er Gott für seine Weisheit und Stärke.

Daniel bezeugte Gott. Als der König Daniel um die Beschreibung und Deutung seines Traums bat, erwiderte Daniel: „Es gibt einen Gott im Himmel, der das Verborgene ans Licht bringt." Der König sah sich selbst veranlasst, Gott zu loben, und er bekannte Daniel: „Es gibt keinen Zweifel: euer Gott ist der größte aller Götter und der Herr über alle Könige! Er bringt Verborgenes ans Licht, sonst hättest du dieses Geheimnis nie aufdecken können."

Der König merkte, wie Daniel Gott ehrte, ihn pries und ihn bezeugte, und das machte ihm deutlich, dass Daniel ein Diener Gottes war. Wenn doch nur in unserem Leben die gleichen Eigenschaften zum Tragen kommen, sodass unsere Kinder begreifen, was es bedeutet, Gott zu dienen.

Vater, hilf uns, dir so zu dienen, dass auch andere uns als Deine Nachfolger erkennen. Amen.

4. DEZEMBER

Dienst

„Wie ich, euer Meister und Herr, euch jetzt die Füße gewaschen habe, so sollt auch ihr euch gegenseitig die Füße waschen. Ich habe euch damit ein Beispiel gegeben, dem ihr folgen sollt. Handelt ebenso! Denkt immer daran: Ein Untergebener steht niemals höher als sein Vorgesetzter, und ein Botschafter untersteht dem, der ihn gesandt hat. Wenn ihr das eingesehen habt, dann handelt danach, und Gott wird euch segnen."

JOHANNES 13,14-17

Kurz bevor Jesus diesen niederen Dienst der Fußwaschung an seinen Jüngern vollzog, hatten dieselben Jünger gestritten, wer von ihnen der Wichtigste ist. Es ist wirklich paradox, dass ausgerechnet die Leute, die sich für so bedeutend hielten, hoffnungslos versagten, als Jesus verhaftet und hingerichtet wurde. Für Jesus allerdings war das keine Überraschung. Er kennt jeden von uns bis in die Tiefe seines Herzens hinein.

Jesus war bekannt, dass einer seiner Jünger schon beschlossen hatte, ihn zu verraten. Er wusste, das ein anderer am kommenden Morgen leugnen würde ihn überhaupt zu kennen. Schon diese Nacht würde er allein sein – seine Jünger würden schon bald wiederholt Unwissenheit, Faulheit und zu wenig Vertrauen beweisen. Obwohl Jesus wirklich allen Grund hatte, seine Jünger aufzugeben, erwies er ihnen weiter seine Liebe. Es war eine ganz unerklärliche, unbegreifliche Liebe, die die Jünger weder verdienten noch anfangs überhaupt zu schätzen wussten!

Wir sind genau wie die Jünger. Manchmal werden auch wir Christus untreu, aber er kennt uns und weiß genau, an welchen Stellen wir versagen. Er ist für uns gestorben, liebt uns unbeirrbar weiter und möchte uns führen und uns immer wieder Mut machen. Ist uns eigentlich bewusst, wie sehr Christus uns liebt? Und sind wir bereit, es ihm gleichzutun, indem wir einander in Liebe dienen?

Vater, vergib uns, dass wir uns viel zu viele Gedanken darüber machen, wie wichtig wir sind, und viel zu wenig darüber, wie wir Dir am besten dienen können. Danke, dass Du uns so ein gutes Beispiel gegeben hast und Deinen Jüngern so viel Liebe erwiesen hast, obwohl sie alles andere als vollkommen waren. Amen.

5. DEZEMBER

Dienst

Bleibt fest mit mir verbunden, dann wird mein Leben in euch sein!
Denn so wie eine Rebe nur dann Früchte tragen kann, wenn sie am Weinstock ist, so werdet auch ihr nur Frucht bringen, wenn ihr mit mir verbunden bleibt.

JOHANNES 15,4

Als Müttern, die Jesus nachfolgen, ist uns natürlich bewusst, dass ein großer Teil unseres Dienstes an anderen in so profanen Dingen wie Wäschewaschen, Kochen oder „Aufgeschürfte-Knie-Verbinden" besteht. Aber manchmal sehen wir auch, wie Gott Größeres wirkt und auch uns daran Anteil gibt. So etwas ist mir letzte Woche passiert.

Als ich mich beim Friseur vor eines der Waschbecken setzte, fiel mir auf, dass die Frau, die mir die Haare schneiden wollte, ziemlich bedrückt aussah. „Bitte einfach überall einen Zentimeter kürzer schneiden", bat ich sie. Nachdem wir ein paar Minuten geplaudert hatten, fragte ich sie, wie ihre Woche bisher gewesen war. Zögernd erzählte sie mir, dass ein naher Freund ihrer Familie vor einigen Tagen Selbstmord begangen hatte. *Kein Wunder, dass sie so traurig aussieht*, dachte ich.

Meine Friseurin taute auf und erzählte immer mehr davon, wie es ihr ging, und so kamen wir auch auf Gott, den Tod und das Ewige Leben zu sprechen. Zunächst hörte ich ihr einfach nur zu und stellte ein paar Fragen. Aber als es angebracht schien, erzählte ich ihr auch von Jesu Tod und Auferstehung. Ich hatte gerade ein paar Stunden zuvor im Matthäusevangelium wieder davon gelesen.

An diesem Morgen verließ ich den Friseursalon mit gemischten Gefühlen. Ich war traurig, wieder neu daran erinnert worden zu sein, welche schlimmen Folgen Sünde und Tod hatten. Aber andererseits war ich auch dankbar, dass ich der Friseurin von der Vergebung und dem Ewigen Leben erzählen konnte, die in Jesus zu finden sind und auf die wir alle so dringend angewiesen sind.

Ein paar Tage später brachte ich bei meiner Friseurin einen Teller selbstgebackene Plätzchen vorbei und ein Buch, das sich aus christlicher Sicht mit dem Thema Selbstmord beschäftigt. Und an diesem Tag verließ ich den Salon glücklich über die Gelegenheit, Christus zu dienen.

Vater, danke für die Freude, die wir erfahren, wenn wir Dir dienen. Wir wollen nahe an Dir bleiben. Zeig uns immer wieder, welchen Menschen wir gerade dienen können, und lehre uns, von uns wegzusehen. Danke, dass Du den größten Dienst für alle Menschen getan hast, als Du auf Golgatha gestorben bist. Und danke für Deine Auferstehung, die uns ewiges Leben schenkt. Amen.

6. DEZEMBER

Dienst

Denn für diese dringend benötigte Unterstützung werden die Beschenkten Gott loben, weil ihr euch so treu zum Evangelium von Jesus Christus bekennt und so bereitwillig und freudig mit den Christen in Jerusalem und mit allen anderen teilt.

2. KORINTHER 9,14

P. Kenneth Gieser war in seinem letzten Schuljahr. Schon seit er in der vierten Klasse sitzen geblieben war, hatte er in der Schule zu kämpfen gehabt. Er wollte unbedingt eine christliche Universität besuchen, aber er hatte keine besonders große Hoffnung, angenommen zu werden. Weil sein Vater gerade gestorben war, ging seine Schwester hin, um sich für ihn einzusetzen. Sie bettelte die Uni regelrecht an, ihrem Bruder eine Chance zu geben. Das Ergebnis? Er schloss ein Medizinstudium erfolgreich ab. Schließlich landete er als Missionsarzt in China.

Zu seiner großen Enttäuschung wurde Kenneth in China schwer krank und musste nach Hause zurückkehren. Er war am Boden zerstört; es kam ihm so vor, als sei ein Leben in den USA für ihn allenfalls zweite Wahl. Aber was schaffte er alles in dieser „zweiten Wahl"? Er gründete die *Christian Medical/Dental Society*, eine große Vereinigung für Ärzte und Zahnärzte, etablierte die weltbekannte Augenklinik in Wheaton, half dem *Medical Assistance Program* in seiner Anfangszeit, war im Vorstand der *Billy Graham Evangelistic Association*, der *TEAM Mission*, der Studentenbewegung *InterVarsity* und einer der größten christlichen Zeitschriften in den USA, *Christianity Today*, und gründete die *Missionary Furlough Homes*, eine Organisation, die Unterkünfte für Missionare auf Heimaturlaub bereitstellt. Er wurde sogar Vorsitzender der Uni.

In der Nacht, als er starb, hatte er gerade eine christliche Wildnis-Freizeit im Staat New York besucht. Sein letzter Dienst geschah in aller Demut – er half der Küchenmannschaft beim Spülen und brachte den Müll nach draußen. Sein Sohn Dave meinte später: „Er ging an diesem Abend unter den Sternen der Berge von New York schlafen und wachte im Himmel auf!" Kenneth war ein Diener Gottes, der bereit war, seinem Erlöser zu begegnen. Wie sehr kann uns sein Beispiel zum Vorbild werden!

Vater, danke für Deine Diener, die uns wirkliche Vorbilder sind. Danke, dass Du einen Jungen, der in der Schule so schlecht zurechtkam, benutzt hast, um so Großes in Deinem Reich zu bewirken. Lass uns Dir von ganzem Herzen dienen. Und zwar genau an dem Platz, in der Familie, wo Du uns hingestellt hast. Amen.

7. DEZEMBER

Dienst

Dann sagte er zu ihnen: „Geht hinaus in die ganze Welt und verkündet allen Menschen die Heilsbotschaft."

MARKUS 16,15

Wir können unseren Kindern nichts Wichtigeres als das Evangelium von Jesus Christus beibringen, denn nichts anderes kann für ihre Seelen Auswirkungen haben, die bis in die Ewigkeit hineinreichen. Die gute Botschaft von Jesus wurde schon im Alten Testament verkündet: Jesus wurde als Mensch in die Abstammungslinie von König David hineingeboren, er lebte eine Weile auf der Erde, starb einen furchtbaren Tod am Kreuz und bewies, dass er Gottes Sohn war, als Gott ihn in der Kraft des Heiligen Geistes von den Toten auferweckte. Gott tat all das, um uns von der Strafe der Sünde zu befreien, damit wir an ihn glauben, ihm gehorchen und ihm Ehre machen konnten. (vgl. Römer 1,3-5)

Manchmal bin ich ein bisschen zaghaft, Gottes gute Botschaft an andere weiterzugeben, weil ich Angst habe, dass ich sie nicht gut „rüberbringe" oder dass sie nicht richtig ankommt. Aber vielleicht sollte man sich das eher so vorstellen: Wenn meine Kinder (meine Nachbarn, Verwandten oder Freunde) sich in einem brennenden Haus befänden und ich noch Zeit genug hätte, sie zu warnen – würde ich dann wohl warten, bis ich die Worte „Kommt sofort nach draußen und bringt euch in Sicherheit!" mit genügend Taktgefühl und der richtigen Betonung aussprechen würde? Natürlich nicht! Ich würde sie warnen – egal mit welchen Worten –, weil es dringend wäre und weil sie – wenn sie denn auf mich hörten und sich in Sicherheit brächten – ihr Leben retten würden. Und mit dem Evangelium ist es genauso.

Wenn wir die gute Nachricht an unsere Kinder, Freunde oder Verwandten weitergeben, erzählen wir ihnen, was Christus für uns getan hat. Und das ist, so hat es einmal jemand beschrieben, als wenn jeder von uns ein Bettler wäre, der einem anderen Bettler erzählt, wo er Brot gefunden hat.

Vater, danke, dass die gute Botschaft von Jesus uns für unsere Gegenwart Sinn und für unsere Zukunft Hoffnung gibt. Bitte hilf uns, Dir zu dienen, indem wir das Evangelium weitertragen. Und lass uns zu Hause beginnen. Amen.

8. DEZEMBER

Dienst

Gott hat sie (die Propheten) wissen lassen, dass diese Botschaft nicht ihnen selbst galt, sondern euch. Nun ist sie euch verkündet worden, und zwar von den Männern, die euch das Evangelium gebracht haben. Gott hatte sie dazu mit dem Heiligen Geist ausgerüstet. Was euch erwartet, ist so unvorstellbar, dass selbst die Engel gern mehr davon erfahren würden.

1. PETRUS 1,12

Woran denken Sie, wenn Sie das Wort *Dienst* hören? An den Kellner, der Sie im Restaurant *bedient*? Einen jungen Mann, der seinen Wehr*dienst* leistet? Eine Sonntagsschullehrerin, die Ihr Kind immer neu herausfordert, Gott zu vertrauen und sein Leben mit ihm zu gestalten?

Ich bin den Menschen um mich herum, die mir dienen und für mich arbeiten, sehr dankbar. Aber bis ich 1. Petrus 1,12 las, hatte ich Gott noch nie für all den Segen gedankt, der mir aus dem Dienst der Propheten im Alten Testament erwachsen ist. Sie waren Menschen, die einen unglaublich wertvollen Dienst geleistet haben – nicht nur für ihre Zeitgenossen, sondern auch für uns. Sie haben die Erlösung schon angekündigt, an der wir Anteil bekommen haben, und doch haben sie selbst nicht mehr erlebt, wann und wie sich ihre Vorhersagen alle erfüllten. Sie müssen von einem sehr starken Glauben zu ihrem Dienst bewegt worden sein!

Als Christen, die heute leben, haben wir das Vorrecht, auf Christi Geburt, Tod und Auferstehung zurückblicken zu können, und das ganze Wort Gottes liegt uns vor. Wenn wir den Glauben und den Dienst der Propheten der fernen Vergangenheit betrachten – die keines dieser Vorrechte besaßen –, sollten wir uns neu anspornen lassen, Gott aus Dankbarkeit und Liebe zu dienen.

Vater, danke für den Dienst der Propheten und für den Dienst der Menschen, die uns Dein Evangelium weitergegeben haben. Lass uns Frauen sein, die Dir, der Familie und anderen Menschen freudig dienen. Amen.

9. DEZEMBER

Dienst

Auch der Menschensohn ist nicht gekommen, um sich bedienen zu lassen, sondern um zu dienen.

MARKUS 10,45

Ich bin eine von fünfzehn Diakoninnen in unserer Gemeinde. Wir treffen uns zum Beten, bereiten Brot und Traubensaft für das Abendmahl vor, organisieren Kaffee und Kuchen nach Beerdigungen, verteilen Lebensmittel und sonstige Spenden an Bedürftige in der Gemeinde, besuchen Kranke, die es nicht zum Gottesdienst schaffen, und planen Mahlzeiten, Chauffeurdienste und Kinderbetreuung für Leute, die Hilfe brauchen. Aber stellen Sie sich bitte keine Gruppe von würdevollen alten Damen mit Knoten im Haar vor. Eigentlich sind wir ein quicklebendiger Haufen. Wir kommen meistens in Jeans zu unseren Sitzungen und lachen viel miteinander.

Bei unserem Treffen gestern Abend hat Susan, eine meiner Kolleginnen, einen guten Vorschlag eingebracht, als sie von einem Besuch bei einer älteren Dame aus der Gemeinde erzählte. Sie hatte einfach Andrew, ihren Fünfzehnjährigen, mitgenommen. Ich kenne Andrews gewinnendes Lächeln und sein unkompliziertes Wesen und kann mir gut vorstellen, wie viel zusätzliche Freude diese Dame durch ihn erlebte. Susan war auch richtig glücklich, dass sie diese Erfahrung mit ihrem Sohn teilen konnte, und sie beide begriffen wieder neu, wie viel Segen darin liegt, wenn man anderen dient. Susan ermunterte uns, auch unsere Kinder beim Besuchsdienst gelegentlich mitzunehmen.

Wenn wir zusammenstehen, um dem Leib Christi zu dienen, und uns so um andere kümmern, wie wir uns das selbst auch von ihnen wünschen würden, erleben wir Einheit – und Freude! Es ist eine ungemein bereichernde Erfahrung, mit diesen Frauen zusammenzuarbeiten, die nicht bedient werden wollen, sondern wie Christus von Herzen anderen dienen.

Vater, danke für das Vorrecht, Dir zu dienen. Du hast durch Christus so viel für uns getan, und dafür sind wir dankbar! Gib uns gute Ideen, wie wir auch unsere Kinder zum Dienst an anderen motivieren können. Denn Du wirst uns und unsere Kinder segnen, wenn wir in Deinem Namen anderen Menschen dienen. Amen.

10. DEZEMBER

Ehrfurcht

Auf uns wartet also ein ewiges, durch nichts zu erschütterndes Reich. Dafür wollen wir Gott von Herzen danken und ihm voller Ehrfurcht dienen, damit er Freude an uns hat. Denn unser Gott ist wie ein verzehrendes Feuer.

HEBRÄER 12,28-29

Ehrfurcht ist eines dieser Wörter, die uns etwas altmodisch vorkommen und die wir kaum gebrauchen. Wahre Ehrfurcht gegenüber Gott bedeutet, dass wir ihm in unserem Herzen den ersten Platz einräumen und viel über ihn nachdenken.

Als Gott Maria auserwählte, sah er nicht auf ihre großartigen Fähigkeiten als Mutter – denn die hatte sie ja noch gar nicht unter Beweis stellen können. Aber sie hatte große Ehrfurcht vor Gott. Als sie ein Lied darüber sang, was Gott in ihrem Leben bewirkte, bemerkte sie: „Ohne Ende kümmert er sich in seiner Barmherzigkeit um alle, die ihn fürchten.“ (Lukas 1,50)

Prinzessin Diana gab einige Jahre vor ihrem Tod, als ihr Leben in einem totalen Gegensatz zu dem Marias stand, ein Interview. Sie war sehr wohlhabend, während Maria in relativer Armut lebte. Diana bekam eine königliche Märchenhochzeit ausgerichtet, an der die ganze Welt Anteil nahm. Maria dagegen hielt sich nach der Ankündigung des Engels in aller Abgeschiedenheit zurück, und ihr Verlobter Josef dachte sogar darüber nach, sich heimlich von ihr zu trennen. Diana sagte in ihrem Interview, sie wollte gerne die „Königin der Herzen“ sein. Maria dagegen wollte eine Magd des Herrn sein – eine Dienerin.

Ein Artikel in der *Chicago Tribune* vom 31. August 1997 brachte es auf den Punkt: „Prinzessin Diana war schön, berühmt und reich, und sie gewann die Bewunderung von Millionen von Menschen. Aber glücklich war sie nie.“ Maria dagegen lebte ein schlichtes Leben unter schwierigen Umständen, aber sie erlebte bleibende Freude und Segen.

Maria ist uns als Müttern ein so gutes Beispiel. Wir wollen Gott immer in Ehren halten und uns seiner Gegenwart ständig bewusst sein. Ehrfurcht ist kein veralteter Begriff – er beschreibt etwas, das wir auch heute nötig haben.

Gott, danke für Maria, die uns vorgelebt hat, wie ein Leben in Ehrfurcht vor Dir aussehen kann. Bitte nimm in unserem Herzen den ersten Platz ein und hilf uns, Dich nie aus den Augen zu verlieren. Wir wollen nicht den Ruhm der Welt suchen, sondern Deine Nähe. Amen.

11. DEZEMBER

Ehrfurcht

Wer Gott ehrt, lebt sicher und geborgen; sogar seine Kinder leben noch in dieser Geborgenheit.

SPRÜCHE 14,26

Wenn wir unser Leben in Ehrfurcht vor Gott leben, wirkt sich das nicht nur für uns selbst positiv aus – auch unsere Kinder erfahren, oft auf ganz ungewöhnliche Weise, Segen. In dem Vers, der über dem heutigen Tag steht, geht es darum, dass ein Mensch, der Gott ehrt, eine sichere geistliche Festung besitzt. Den Schutz und die Sicherheit, die diese Festung bietet, werden auch unsere Kinder erleben.

Zu einer Festung gehören auch feste Stadtmauern, die feindlichen Angriffen standhalten. Zu der Zeit, in der die Bibel geschrieben wurde, waren solche Mauern rund fünf bis sieben Meter dick und acht Meter hoch. Oben auf der Mauer fanden sich in regelmäßigen Abständen Türme, von denen man gut ins Land einsehen und planen konnte, wie man einen Angriff am besten abwehrte. Außen waren die Mauern oft noch von einem Graben umgeben, der einen direkten Ansturm fast unmöglich machte. Die Stadt, die innerhalb einer solchen Festung lag, hatte meist nur ein Tor – oder allerhöchstens zwei –, sodass die Sicherheit innerhalb der Mauern gewährleistet war. Und weil die meisten Festungen ohne Wasser nicht lange einer Belagerung standgehalten hätten, waren sie meist an einer Quelle oder einem Fluss gebaut.

Wenn wir beschließen, Gott zu ehren und ihm zu vertrauen, wenn wir Zeit mit seinem Wort verbringen und das Gelesene auch anwenden, wird er für uns zu einer geistlichen Festung. Die Mauern, die uns von der Versuchung abschirmen, werden immer dicker und fester, wir lernen immer mehr, weise Entscheidungen zu treffen, und unsere Wasserquelle – die geistliche Erfrischung, die uns Gott bietet – versiegt nie. Und auch wenn wir selbst nicht in einer Familie aufgewachsen sind, die uns eine starke Festung bot und in der wir Glauben und Sicherheit kennen lernen konnten, können wir immer noch uns und unseren Kindern eine solche Festung schaffen, indem wir Gott ehren.

Vater, wir haben Deinen Schutz und Deine Sicherheit so dringend nötig. Danke, dass Du unsere Festung sein möchtest. Lass uns Dir immer in Ehrfurcht begegnen, damit wir selbst und unsere Kinder Deine Sicherheit erleben. Amen.

12. DEZEMBER

Ehrfurcht

Verkündet den Nachkommen Jakobs, sagt dem Volk von Juda: Hört, ihr Leute ohne Sinn und Verstand! Ihr habt Augen und Ohren, und trotzdem seht und hört ihr nicht! Ich, der Herr, frage euch: Solltet ihr mich nicht fürchten und vor mir zittern? Ich habe dem Meer eine Grenze aus Sand gesetzt, die es niemals überschreiten kann. Wie wild seine Wellen auch toben, wie hoch die Wogen sich auch türmen – über die Grenze kommen sie nicht hinaus.

JEREMIA 5,20-22

Wenn Sie je meine Freundin Ruth besuchen, zeigt sie Ihnen bestimmt gerne ihre Sand-Sammlung. Ich rede hier nicht von Kostproben von zwei oder drei Stränden. Zurzeit hat Ruth 235 kleine Gläser mit Sand; er stammt von Stränden beispielsweise von Madras in Indien, Gulf Kay in Belize, Elat am Roten Meer, den Aran-Inseln in Irland und Mooréa in Tahiti. Dass sie zu den meisten dieser Strände auch ein Foto hat, macht das Ganze noch spannender: Es ist einfach großartig zu sehen, wie verschieden Gott die Grenzen der Meere auf der ganzen Welt gestaltet hat.

Der Prophet Jeremia, von dem uns im Alten Testament berichtet wird, benutzte das Bild von den Ufern des Meeres, um das Volk Israel wieder aufzurütteln. Die Israeliten hatten nämlich ein großes Problem: Sie hatten vergessen, ihrem himmlischen Vater die angemessene Ehre und den nötigen Respekt entgegenzubringen. Die ganze Bibel hindurch versprach Gott denen, die ihn ehrten, Segen, und denen, die ihm nicht gehorchten, Verderben – aber das Volk Israel scheint etwas schwerhörig gewesen zu sein.

Wenn Sie Mutter von Teenagern sind, ist Ihnen ein solches Verhalten vielleicht nur allzu bekannt. Wenn wir es müde sind, dieselben Sachen immer wieder zu sagen, lohnt es sich vielleicht, einen anderen Ansatz zu wählen. Manchmal wird man besser verstanden, wenn man Bilder benutzt, und genau das versucht Jeremia in diesen Versen. Er erinnert die Menschen daran, dass ihr starker Gott die Ufer des Meeres festgesetzt hatte – und immer noch erhielt – als eine feste Grenze zwischen Land und Wasser. Aber anstatt seine gewaltige Macht anzuerkennen, ignorierten die Israeliten ihn einfach.

Und genau wie das Volk Israel vergessen auch wir Gott oft und erweisen ihm nicht die Ehre, die ihm eigentlich zusteht. Es wäre gut, wenn der kleine Einblick, den er uns durch die Natur in seine unbegreifliche Größe und Herrlichkeit gibt, uns dazu bewegte, ihm mit mehr Ehrfurcht zu begegnen.

Vater, lass unsere Augen und Ohren Deine Wunder wahrnehmen und hilf uns, Dir das Lob und die Ehrfurcht zu erweisen, die Dir angemessen sind! Denn Du bist größer und mächtiger als alle Gewalten. Du bist König und wir wollen Dir mit unserem Leben Ehre erweisen. Amen.

13. DEZEMBER

Ehrfurcht

Alle Erkenntnis beginnt damit, dass man Ehrfurcht vor dem Herrn hat. Nur ein Dummkopf lehnt Lebensweisheit und Selbstbeherrschung ab.

SPRÜCHE 1,7

Als ich vor einigen Jahren im Dezember in der Zeitung blätterte, stieß ich auf einen besonders respektlosen Artikel: „Krippenspiel-Parodie braucht Weihnachts-Vergebung." Dieser Artikel machte mich nicht nur sehr traurig, er depremierte mich förmlich:

> *„Wir hoffen wirklich, dass Gott Sinn für Humor hat", heißt es im Programmheft von ‚Madonna wider Willen', der neuesten Musical-Produktion, „sonst sitzen wir in der Tinte." Und wenn man sich ihr Krippenspiel anschaut, versteht man auch, warum. Die Truppe stellt Maria als kaugummikauende, aufgedonnerte Bewohnerin eines Chicagoer Vororts da, Josef (alias Joey) als exzentrischen Frauenheld und den Engel Gabriel als hysterische Tussi in scharfen Klamotten. Wenn dem Ensemble christliche Vergebung und weihnachtliches Wohlwollen versagt bleibt, hat es mehr zu befürchten als Knecht Ruprechts Rute.*

Nachdem ich diesen deprimierenden Artikel gelesen hatte, fragte ich mich, was diese Leute eigentlich als Kinder über die Geburt Jesu gelernt hatten. War die Passage aus Lukas 2 in ihrem Elternhaus mit Respekt vorgelesen worden? Hatten sie je eine Gemeinschaft von Christen kennengelernt, in der über die Geburt Jesu mit Ehrfurcht gesprochen wurde? Hatten sie je die Gelegenheit gehabt, ganz tief in ihrem Herzen zu verstehen, dass an Weihnachten das großartigste Ereignis der Weltgeschichte geschah?

Wir haben als Mütter die großartige Gelegenheit, Samen der Ehrfurcht vor Gott und seinem Wort in unsere Kinder hineinzusäen, solange sie noch zu Hause leben.

Vater, manchmal sind wir regelrecht schockiert über Dinge, die wir sehen oder von denen wir lesen, und uns wird wieder bewusst, dass wir Respektlosigkeit Dir gegenüber nicht auf die leichte Schulter nehmen können. Wie wir über Dich denken, wird sich immer auf unser Leben auswirken. Wir möchten Dir gerne Ehrfurcht erweisen und in dem, was wir sagen und tun, auch unseren Kindern ein Vorbild sein. Hilf uns, auch sie zum Respekt vor Dir anzuhalten. Amen.

14. DEZEMBER

Ehrfurcht

Dienet dem Herrn mit Furcht und küsst seine Füße mit Zittern.

PSALM 2,11

„Furcht und Zittern" – eine bemerkenswerte Kombination! *Furcht* – eigentlich Ehrfurcht – umfasst eine tiefe Empfindung von Achtung und Respekt. Gottes Herrlichkeit und Heiligkeit erweckt in denen, die ihm folgen und ihn anbeten, ein Gefühl von Ehrfurcht. *Zittern* ist für gewöhnlich ein Ausdruck von Furcht, aber in der Bibel werden verschiedene Arten von Furcht beschrieben: Menschen fürchten (sich vor) Menschen oder Gott, und diese Furcht kann schädlich, aber auch sehr gesund und heilsam sein.

Furcht und Zittern, die auf Gott gerichtet sind, sind für uns Christen nicht zerstörerisch und haben nichts damit zu tun, dass wir vor einem grausamen Gott Angst haben müssten. In Gottes Wort werden wir aufgefordert, Menschen nicht zu fürchten, denn obwohl sie uns, wenn Gott es zulässt, körperlich schaden könnten, entzieht sich unsere Seele doch ihrem Zugriff. Aber die Bibel lehrt uns auch, dass böse Menschen in Angst leben. Betrug ist für sie die einzige Möglichkeit, ihre gemeinen Taten vor anderen zu verbergen. Ungläubige haben auch allen Grund, Angst vor Gott zu haben, weil sie vor ihm als Schuldige dastehen. Leider führt diese Art Angst oft nicht zur Umkehr. Ganz im Gegenteil: Ungläubige versuchen sich oft vor Gott zu verstecken, bis sie Gottes Liebe und Gnade am eigenen Leib erleben.

Aber zu einer gesunden, heilsamen Angst gehören Respekt und Ehrfurcht. In Sprüche 9,10 heißt es: „Alle Weisheit beginnt damit, dass man Ehrfurcht vor Gott hat. Den heiligen Gott kennen, das ist Einsicht." All unser Handeln, all unsere Taten, all unser Dienst müssen aus einem Herzen erwachsen, das ein tiefes Gespür für Gottes Wesen hat und ihm Ehrfurcht entgegenbringt. Mögen unsere Kinder das in unserem Leben sehen, sodass sie auch selbst dem Herrn in Ehrfurcht dienen wollen!

Vater, lass uns Dir mit der Ehrfurcht begegnen, die Dir zusteht. Bitte hilf uns, auch unseren Kindern vorzuleben, wie diese Ehrfurcht aussehen kann, dass sie eines Tages verstehen, dass aus dieser Ehrfurcht Segen für ihr Leben erwächst. Amen.

15. DEZEMBER

Ehrfurcht

Kurz vor dem Passafest reiste Jesus nach Jerusalem. Dort sah er im Tempel viele Händler, die Ochsen, Schafe und Tauben als Opfertiere verkauften. Auch Geldwechsler saßen hinter ihren Tischen. Voller Zorn knüpfte Jesus aus Stricken eine Peitsche und jagte die Händler mit all ihren Schafen und Ochsen aus dem Tempel. Er schleuderte das Geld der Wechsler auf den Boden und warf ihre Tische um.

JOHANNES 2,13-15

Ehrfurcht äußert sich nicht immer in Stille und Zurückhaltung. Manchmal, wie in dem Text, um den es heute geht, kann es für die Umstehenden ganz schön überraschende Auswirkungen haben, wenn jemand seiner Ehrfurcht Ausdruck verleiht.

Zur Zeit des Alten Testaments hatte Gott die Israeliten angewiesen, ihre besten Tiere zum Opfer zu bringen. Zur Zeit des Neuen Testaments hatten die Tempelpriester einen Markt für Opfertiere entstehen lassen. Sie wussten, dass es für Pilger, die oft von weither zum Tempel anreisten, schwer war, ihre eigenen Tiere mitzubringen. Aber was einmal als Viehmarkt irgendwo in Jerusalem begonnen hatte, war längst zu einem riesigen Geschäft geworden, das auf dem Tempelgelände selbst viel Platz einnahm und auf dem es nicht immer redlich zuging. In all dem lauten und geschäftigen Treiben war es kaum noch möglich, sich auf Gott zu konzentrieren und ihn anzubeten – und dazu waren die Leute doch schließlich extra angereist.

Diese gierigen Tempelhändler verhöhnten das Haus Gottes, und Jesus, der Gott gegenüber eine ungeheure Ehrfurcht empfand, zeigte diesen Missstand auf – weder still noch unauffällig.

Er machte eine Peitsche. Dazu brauchte er Zeit; sein Handeln war wohlüberlegt.

Er jagte die Händler aus dem Tempel. Hier ging nicht einfach sein Temperament mit ihm durch. Jesus war voller Zorn, aber er hatte sich durchaus unter Kontrolle.

Wir denken oft, dass sich Respekt und Ehrfurcht in stiller Zurückhaltung zeigen, und sehr oft tun sie das auch. Aber es kann Zeiten in unserem Leben geben, in denen unsere Ehrfurcht vor Gott uns antreibt, allem überlegt und entschieden entgegenzutreten, das Gott verhöhnt.

Vater, lass uns in der Kindererziehung, aber auch in anderen Bereichen unseres Lebens sorgfältig darauf achten, dass unsere Worte und Taten Dich nicht verhöhnen. Hilf uns der Sünde entschieden entgegenzutreten, weil wir wissen, dass Du stärker bist. Amen.

16. DEZEMBER

Ehrfurcht

Als die Israeliten den Donner und den Klang des Horns hörten, als sie die Blitze und den rauchenden Berg sahen, zitterten sie vor Angst und zogen sich vom Fuß des Berges zurück. Sie sagten zu Mose: „Rede nur du mit uns, wir wollen auf dich hören! Gott selbst aber soll nicht mehr zu uns sprechen, sonst sterben wir noch!" Doch Mose beruhigte sie: „Habt keine Angst! Gott ist gekommen, um euch auf die Probe zu stellen. Er will, dass ihr Ehrfurcht vor ihm habt und keine Schuld auf euch ladet."

2. MOSE 20,18-20

Manchmal gewinnen wir die Aufmerksamkeit unserer Kinder schon, indem wir nur die Augenbrauen heben oder uns räuspern. Zu anderen Gelegenheiten wollen wir dem, was wir sagen, noch mehr Nachdruck verleihen, und wir werden ein bisschen lauter. Aber vielleicht reagiert unser eines Kind darauf ganz anders als das andere.

Für Erwachsene gilt dasselbe. Manche Leute müssen nur ein Schild mit einer Geschwindigkeitsbegrenzung sehen und schon fahren sie langsamer. Andere lassen sich davon nicht beeindrucken und fahren 75 km/h, wo nur 50 erlaubt sind, bis sie einen Blitz von der Seite wahrnehmen. Vielleicht empfinden sie keine Achtung vor dem Verkehrsschild – oder vor der Polizei –, *bevor* sie ihren Strafzettel bekommen, aber möglicherweise *danach*.

Die ganze Bibel hindurch bemühte sich Gott auf verschiedene Weise, die Aufmerksamkeit der Menschen zu gewinnen. Manchmal sprach er ganz leise, zu anderen Gelegenheiten stellte er seine Macht und Herrlichkeit unter Beweis. In dem Text, um den es heute geht, erfuhren die Israeliten Gottes große Macht im Donner, im Klang des Horns, im Blitz und im Rauch. Da waren sie alle ganz Ohr! Ich fand die Worte Moses immer wunderbar, die er sprach, als das Volk Israel die Ohren spitzte. Er sagte ihnen, dass sie keine Angst zu haben brauchten. Stattdessen sollte Gottes gewaltige Herrlichkeit sie zu einer gesunden Ehrfurcht führen, die ihrerseits wieder dazu führen würde, dass sie sich von der Sünde fernhielten.

Für uns wünscht sich Gott das Gleiche. Er hat Gutes mit uns vor und benutzt verschiedene Mittel, um uns zu sich zu ziehen, aber sein Ziel ist immer, dass wir ihn als den wahrnehmen, der er ist, und dass unsere Ehrfurcht und Zuneigung uns zum Gehorsam bewegen. Je mehr Zeit wir mit seinem Wort verbringen, desto klarer werden wir ihn auch erkennen und desto leichter wird es uns fallen, ihm Respekt zu erweisen.

Vater, danke, dass Du im Lauf der Zeit auf so verschiedene Weise mit den Menschen geredet hast. Wir sind dankbar für Dein Wort, weil wir darin Deine große Macht sehen. Lass uns Dir mit Ehrfurcht und Gehorsam begegnen. Amen.

17. DEZEMBER
Weihnachten

„Du wirst ein Kind erwarten und einen Sohn zur Welt bringen. Jesus soll er heißen. Er wird mächtig sein, und man wird ihn den Sohn Gottes nennen. Die Königsherrschaft Davids wird er weiterführen und die Nachkommen Jakobs für immer regieren. Seine Herrschaft wird kein Ende haben." – „Wie kann das geschehen?", fragte Maria den Engel. „Ich bin doch gar nicht verheiratet." Der Engel antwortete ihr: „Der Heilige Geist wird über dich kommen, und die Kraft Gottes wird sich an dir zeigen. Darum wird dieses Kind auch heilig sein und Sohn Gottes genannt werden."

LUKAS 1,31-35

Als Mütter verstehen wir die Bedeutung der Jungfrauengeburt vielleicht besser als andere Menschen. Ob unsere Kinder nun auf biologischem Weg in unsere Familie hineingeboren wurden oder ob wir sie adoptiert haben – in jedem Fall sind sie von einem menschlichen Vater gezeugt worden. Die Bibel lehrt uns, dass das bei Jesus anders war. Josef wurde für Jesus ein Vater, nachdem er geboren war, aber der Geist Gottes sorgte auf wundersame Weise dafür, dass der Sohn Gottes von einer Jungfrau geboren wurde.

Als Maria Besuch von einem Engel bekam, der ihr erzählte, dass sie von Gott unter allen Frauen auserwählt war, war sie zunächst sehr erschrocken – bis der Engel sie beruhigte, dass sie keine Angst haben sollte. Denn Gott war mit ihr. Sie würde einen Sohn zur Welt bringen, den sie Jesus nennen sollte, und dieser Sohn würde gleichzeitig der Sohn Gottes sein. Marias einzige Frage war: „Wie kann das geschehen? Ich bin doch noch Jungfrau." Sie muss eine Menge Glauben gehabt haben, um an dieser Stelle zu fragen: „Wie?" Die meisten anderen Menschen hätten an ihrer Stelle ausgerufen: „Aber das geht doch nicht!"

Der Engel erklärte weiter, dass der Heilige Geist bei dieser übernatürlichen Zeugung wirksam sein würde, und deswegen konnte Jesus, obwohl er als Mensch geboren wurde, gleichzeitig Gottes Sohn sein. In den Worten, die der Engel an Maria richtete, liegt auch für uns eine fundamentale Bedeutung. Eines der bedeutendsten Wunder lässt Jesus auf die Welt kommen – ganz als Mensch und doch gleichzeitig ganz als Gott. Er ist der Einzige, der den Abgrund zwischen Gott und Menschen überbrücken konnte.

Ewiger Vater, danke für Deinen großartigen Plan mit der Welt, der uns Deine Liebe so deutlich gezeigt hat. Auch wenn wir oft nicht verstehen, wie Du handelst, so lass uns doch lernen, Dir zu vertrauen. Lehre uns so zu sein wie Maria, die Deinen Plan für ihr Leben annahm. Amen.

18. DEZEMBER

Weihnachten

„Aus dem Königshause seines Dieners David hat er uns den starken Retter geschickt ... Seinem Volk wirst du zeigen, dass es durch die Vergebung seiner Sünden gerettet wird. Gott vergibt uns, weil seine Barmherzigkeit so groß ist. Aus der Höhe kommt sein Licht zu uns. Dieses Licht wird allen Menschen leuchten, die in Nacht und Todesfurcht leben; es wird uns auf den Weg des Friedens führen."

LUKAS 1,69.77-79

Wie würden Sie die Geburt oder Adoption eines Kindes beschreiben? „Aus der Höhe kommt Gottes Licht zu uns" war die Formulierung, die Zacharias wählte. Vierhundert Jahre waren vergangen, und von dem verheißenen Retter war weit und breit keine Spur. Aber der Sonnenaufgang stand unmittelbar bevor. Einige der Personen, die an diesem Ereignis beteiligt waren, das alle anderen Sonnenaufgänge in den Schatten stellen würde, waren der Engel Gabriel, Zacharias und Elisabeth, Josef und Maria, die Hirten und Simeon. Der Engel Gabriel erschien Zacharias und kündigte ihm die Geburt seines Sohnes Johannes an, der dem Herrn den Weg bereiten würde.

Auch Maria wurde von Gabriel aufgesucht. Er verkündete ihr, dass sie Gottes Sohn gebären würde. Und als Jesus dann geboren war, waren die Hirten die Ersten, die davon erfuhren, denn Gottes Herrlichkeit umstrahlte sie mitten in ihren Schafherden. Es war auch kein Zufall, dass der alte, weise Simeon ausgerechnet zu der Zeit im Tempel war, als Josef und Maria Jesus dort hinbrachten, um ihn Gott zu weihen. Gott hatte Simeon versprochen, dass er nicht sterben würde, ehe er den Messias gesehen hätte. Es war ein Moment unendlicher Zärtlichkeit, als der alte Simeon das Neugeborene in seinen Armen hielt und erklärte, dass er nun, da er Jesus, das Licht, gesehen hatte, bereit sei zu sterben.

Wir müssen, wie Simeon, nach Jesus Ausschau halten, ihm vertrauen und ihn annehmen – das Licht aus der Höhe, das unsere Seele zur Wiedergeburt führt.

Gott, danke, dass die Geburt Deines Sohnes wie ein Sonnenaufgang war, in dem die Prophetien, dass einer zur Vergebung der Sünden geboren werden würde, zur Erfüllung kamen. Danke, dass wir am Leben Jesu sehen können, wie seine Verheißungen sich erfüllt haben. Amen.

19. DEZEMBER

Weihnachten

In dieser Zeit befahl der Kaiser Augustus, dass alle Bewohner des römischen Reiches namentlich in Listen erfasst werden sollten. Eine solche Volkszählung hatte es noch nie gegeben. Sie wurde durchgeführt, als Quirinius Gouverneur in Syrien war. Jeder musste in die Stadt gehen, aus der er stammte, um sich dort eintragen zu lassen. Weil Josef ein Nachkomme Davids war, reiste er von Nazareth in Galiläa nach Bethlehem in Judäa. Josef musste sich dort einschreiben lassen, zusammen mit seiner jungen Frau Maria, die ein Kind erwartete.

LUKAS 2,1-5

Palästina befand sich im Herrschaftsbereich des Römischen Reiches, und Kaiser Augustus – der erste römische Kaiser – ordnete an, dass jeder seiner Untertanen an den Stammsitz seiner Familie reisen sollte, um sich in eine Steuerliste eintragen zu lassen. In Josefs Fall war das mit einer hundertdreißig Kilometer langen Reise verbunden. Maria, seine Verlobte, deren Kind jeden Tag zur Welt kommen konnte, begleitete ihn. Ich kann mich noch erinnern, wie mühsam ich es gegen Ende meiner Schwangerschaften fand, einen Einkaufswagen zu schieben oder mich auch nur im Bett umzudrehen. Ich mag mir gar nicht erst ausmalen, wie es sein muss, hundertdreißig Kilometer auf einem Esel zurückzulegen – nur um meine Steuern zahlen zu können. Und doch war diese Reise, so lästig und unbequem sie war, wieder ein Puzzlestückchen in Gottes großem Plan. Im Alten Testament hatte der Prophet Micha nämlich angekündigt, dass Jesus in Bethlehem, was als „Haus des Brotes" übersetzt wird, geboren werden würde. Wie passend – dass das Brot des Lebens ausgerechnet im Haus des Brotes geboren wurde.

Obwohl Josef und Maria nach Bethlehem reisten, weil die Gesetze des Römischen Reiches es verlangten, zeigte sich doch, dass Gott letztlich über allem stand. Gott sorgt immer dafür, dass seine Leute dort sind, wo sie seine Pläne zur Ausführung bringen und die gute Nachricht verkünden können.

Wir können aus dieser Geschichte eine große Lehre in Bezug auf die Ereignisse ziehen, die uns unbequem oder regelrecht tragisch vorkommen. Wenn wir Gott vertrauen, bedeutet das nicht, dass wir so tun, als sei das Schlimme eigentlich gar nicht so schlimm. Aber je mehr wir Gott vertrauen, desto mehr begreifen wir, dass er auch die schwierigen Dinge, die wir einfach nicht begreifen können, in seinen Plan mit der Welt einwebt.

Vater, wieder einmal können wir nicht anders, als Dir für Deinen großartigen Plan mit der Welt zu danken. Lass uns Dir vertrauen, dass Du alles, was in unserem Leben geschieht, in diesen Plan einfügst. So schwierig es auch manchmal sein mag. Wir wollen Dir vertrauen, dass Du es gut mit uns meinst. Amen.

20. DEZEMBER

Weihnachten

Er grübelte noch darüber nach, wie er sein Problem lösen sollte, als ihm im Traum ein Engel Gottes erschien, der zu ihm sagte: „Josef, du Sohn Davids, zögere nicht, Maria als deine Frau zu dir zu nehmen! Denn das Kind, das sie erwartet, ist vom Heiligen Geist. Sie wird einen Sohn bekommen, den sollst du Jesus nennen, das heißt ‚Retter'. Denn er wird sein Volk von den Sünden befreien."

MATTHÄUS 1,20-21

Man muss sich das einmal vorstellen: der Schöpfer des Universums wurde von einem Bauernmädchen auf dem kalten, harten Boden eines schmutzigen Stalls geboren. Das ist wirklich erstaunlich. Wenn ich die Aufgabe gehabt hätte, Jesu Geburt zu planen, hätte ich mir vermutlich irgendetwas Großartiges und Majestätisches ausgedacht. Aber Gottes Pläne beinhalten so oft die völlige Umkehrung all unserer Maßstäbe.

Die ganze Bibel hindurch lesen wir von Männern und Frauen, die Gott folgten und deren Leben auf den Kopf gestellt wurde. Und auf diesen krummen, merkwürdigen Wegen kam Gott zu seinem Ziel mit der Welt. Abraham wurde aufgefordert, seine Heimat zu verlassen, und später wurde er der Vater mehrerer Völker. Josef wurde nach Ägypten verschleppt, wo er so tief sank, wie es nur ging, um später bis an die Spitze der Regierung Ägyptens versetzt zu werden. Mose wurde in einem Körbchen auf dem Nil ausgesetzt, um den schrecklichen Plänen des Pharaos zu entgehen – und wurde schließlich von der Tochter dieses Pharaos aufgezogen. Ruths Ehemann starb, aber dann heiratete sie wieder und wurde die Urgroßmutter von König David.

Und als Jesus Mensch wurde, war das eine der größten Umkehrungen aller Zeiten. Alles, was geschah, ergab einfach keinen Sinn. Jesus – der Prinz der Herrlichkeit – wurde ganz arm geboren. Und wir können uns von der Bescheidenheit, die in diesem Ereignis liegt, Mut machen lassen. Wir werden in unserem Leben immer wieder an den Punkt kommen, wo alles auf dem Kopf zu stehen scheint. Aber auch wenn wir nicht verstehen, was das alles soll, können wir Gott danken, dass er es auf seine Weise benutzen wird, um seine gute Nachricht weiter zu verbreiten.

Herr Jesus, danke, dass Du dieser totalen Verdrehung aller menschlichen Maßstäbe nicht ausgewichen bist. Danke, dass Du nicht nur als Mensch in aller Armut geboren, sondern auch für uns gestorben bist. Hilf uns, dass wir uns an Dich wenden, wenn Dinge in unserem Leben nicht so funktionieren, wie wir uns das vorstellen. Und hilf uns, Dir zu vertrauen, dass auch die schwierigen Zeiten Teil Deines Plans mit uns sind. Amen.

21. DEZEMBER

Weihnachten

Umso fester verlassen wir uns jetzt auf das, was Gott durch seine Propheten zugesagt hat. Auch ihr tut gut daran, wenn ihr darauf hört. Denn Gottes Zusagen sind wie ein Licht, das in der Dunkelheit leuchtet und Klarheit schenkt, bis es endgültig Tag wird und der aufgehende Morgenstern Licht in unsere Herzen bringt.

2. PETRUS 1,19

Als ich ein Kind war, ging meine Mutter einmal im Monat abends zu einem Frauen-Missionstreffen in der Kirche. Sie hatte ja keine Ahnung, was passierte, sobald sie außer Reichweite war: Wir Kinder bettelten unseren Vater an, uns Verstecken spielen zu lassen. Wobei das kein gewöhnliches Versteckspiel war. Bei unserer speziellen Version blieben alle Lichter im Haus aus! Wir spielten das bewusst immer an einem Abend, an dem unsere Mutter außer Haus war, denn Mütter mögen diese Art Spiele für gewöhnlich nicht besonders. Mütter sind schließlich nicht blöd. Sie wissen, dass man in der Dunkelheit nicht besonders gut zurechtkommt. Und weil mein Vater uns gerne zufriedenstellen, die Wünsche meiner Mutter aber auch nicht ganz ignorieren wollte, schlug er vor, dass wir zumindest *ein* Licht anließen, damit wir nicht in der totalen Dunkelheit herumtappten.

Vielleicht hilft uns dieses Bild, die Rolle der Propheten im Alten Testament ein bisschen besser zu verstehen. Bevor Jesus geboren wurde, war alles vierhundert Jahre lang finster gewesen – aber nicht total. Petrus beschreibt, dass die Worte der alttestamentlichen Propheten wie ein Licht in der Dunkelheit schienen. Eines dieser Worte, die schon auf die Geburt Jesu vorausstrahlen, steht in Jesaja 7,14: „Eine Jungfrau wird schwanger werden und einen Sohn bekommen. Immanuel wird sie ihn nennen." Und in Micha 5,1 stand ein anderer Hinweis: „Zu Bethlehem im Gebiet der Sippe Efrat sagt der Herr: ‚Du bist zwar eine der kleinsten Städte Judas, doch aus dir kommt der Mann, der mein Volk Israel führen wird. Sein Ursprung liegt weit zurück, in fernster Vergangenheit.'"

Die Worte dieser Propheten sind vergangenen Generationen ein Licht in der Dunkelheit gewesen, aber auch für uns scheinen sie noch. Sie erinnern uns daran, dass Gott zu allen Zeiten Menschen gehabt hat, die die gute Botschaft von Christus an andere weitertrugen.

Vater des Lichts, danke, dass Du uns nicht im Dunkeln hast sitzen lassen. Danke für die Worte Deiner Propheten, die auch auf unseren Glauben noch ihr Licht werfen. Unsere große Dankbarkeit bringen wir Dir aber entgegen, weil es durch die Geburt Deines Sohnes für alle strahlend hell geworden ist, die ihn als ihren Heiland anerkennen. Amen.

22. DEZEMBER

Weihnachten

In Jerusalem wohnte ein Mann, der Simeon hieß. Er lebte so, wie Gott es haben will, hielt sich genau an seine Gebote und wartete voller Sehnsucht auf den Retter Israels. Simeon war erfüllt von Gottes Heiligem Geist. Durch ihn wusste er, dass er nicht sterben würde, bevor er Christus, den Retter, gesehen hätte. Vom Heiligen Geist dazu gedrängt, war er an diesem Tag in den Tempel gegangen. Als Maria und Josef das Kind hereinbrachten, um es Gott zu weihen, nahm Simeon es in seine Arme und lobte Gott.

LUKAS 2,25-28

Die weniger bekannten Gestalten, die in Zusammenhang mit der Geburt Christi erwähnt werden, haben mich schon immer fasziniert. Eine dieser Gestalten war ein alter Mann namens Simeon, und in den elf Versen, die ihm gewidmet werden, ist eine wunderbare Geschichte enthalten. (vgl. Lukas 2,25-35)

Simeon war ein Jude, der zu der Zeit, als Jesus geboren wurde, in Jerusalem lebte. Die Worte, die benutzt werden, um ihn zu beschreiben, sagen sehr viel aus. Wir erfahren, dass Simeon aufrichtig, gottesfürchtig und ehrlich war und seinen Glauben mit großem Ernst und großer Leidenschaft lebte. Die Bibel berichtet weiterhin, dass Gottes Geist Simeon nicht nur erfüllte, sondern ihm auch offenbart hatte, dass er nicht sterben würde, ehe er den Messias gesehen hatte.

Acht Tage nachdem Jesus geboren war, kamen Maria und Josef dem Gesetz Moses nach, indem sie Jesus zum Tempel brachten, um ihn dort Gott zu weihen. Und genau an diesem Tag wies der Geist Gottes Simeon an, zum Tempel zu gehen, sodass auch er an der Zeremonie Anteil nahm. Als Simeon Jesus in seine Arme nahm, lobte er Gott und sagte: „Herr, jetzt kann ich in Frieden sterben. Denn ich habe den Befreier gesehen, den du der ganzen Welt gegeben hast. Er ist das Licht für alle Völker, und er wird der Ruhm für dein Volk Israel sein.“ (Lukas 2,29-32)

Was für ein großartiges Beispiel Simeon uns hier gibt! Ihm lag wirklich am Herzen, dass Jesus allen Menschen das Licht bringen würde; und weil er sein ganzes Leben lang aufrichtig Gott gefolgt war, konnte Gott ihn genau zum richtigen Zeitpunkt benutzen. Wäre es nicht schön, wenn uns genauso daran läge, dass in unserem Leben und in dem unserer Freunde und Verwandten Jesu Licht scheint?

Vater, danke, dass Du es so weise eingerichtet hast, dass Leute wie Simeon genau zur richtigen Zeit am richtigen Ort waren. Wir bitten Dich, dass Du auch uns so einsetzt, wie es Deinen Zielen entspricht, und dass auch wir Deine gute Nachricht weitergeben dürfen. Amen.

23. DEZEMBER

Weihnachten

Nehmen Sie sich in diesen letzten Tagen vor Weihnachten trotz allem Trubel die Zeit, die altbekannte Weihnachtsgeschichte zu lesen und auf sich wirken zu lassen.

Und so wurde der Sohn Gottes Mensch: Seine Mutter Maria war mit Josef verlobt. Noch ehe sie verheiratet waren, erwartete Maria ein Kind, das Gottes Geist in ihr geschaffen hatte. Josef sah keinen anderen Ausweg, als die Verlobung stillschweigend aufzulösen. Er wollte nach Gottes Geboten handeln, aber auch Maria nicht bloßstellen. Er grübelte noch darüber nach, wie er sein Problem lösen sollte, als ihm im Traum ein Engel Gottes erschien, der zu ihm sagte: „Josef, du Sohn Davids, zögere nicht, Maria als deine Frau zu dir zu nehmen! Denn das Kind, das sie erwartet, ist vom Heiligen Geist. Sie wird einen Sohn bekommen, den sollst du Jesus nennen, das heißt ‚Retter'. Denn er wird sein Volk von den Sünden befreien."

Damit erfüllte sich, was Gott durch seinen Propheten vorausgesagt hatte: „Eine Jungfrau wird schwanger werden und einen Sohn bekommen. Den wird man Immanuel nennen. Das bedeutet: ‚Gott ist mit uns!'"

Als Josef erwachte, tat er, was ihm der Engel befohlen hatte, und nahm Maria als seine Frau zu sich. Sie blieb aber Jungfrau bis zur Geburt ihres Sohnes. Josef gab ihm den Namen Jesus.

nach Matthäus 1,18-25

Vater, danke für Josef, der uns vorlebt, wie Glauben in aller Schlichtheit, Demut und Aufrichtigkeit geschehen kann. Lass uns seinem Beispiel folgen und schenke uns solch einen Glauben, der Dich ernst nimmt. Amen.

24. DEZEMBER

Weihnachten

Manchmal, wenn ich diesen Abschnitt lese, stelle ich mir vor, ein Hirte dort draußen auf dem Feld zu sein. Wie es wohl gewesen sein mag, die Heerscharen von Engeln zu sehen und zu hören, die Gott für die Geburt Jesu lobten?

In dieser Zeit befahl der Kaiser Augustus, dass alle Bewohner des Römischen Reiches namentlich in Listen erfasst werden sollten.

Eine solche Volkszählung hatte es noch nie gegeben. Sie wurde durchgeführt, als Quirinius Gouverneur in Syrien war. Jeder musste in die Stadt gehen, aus der er stammte, um sich dort eintragen zu lassen.

Weil Josef ein Nachkomme Davids war, der in Bethlehem geboren wurde, reiste er von Nazareth in Galiläa nach Bethlehem in Judäa. Josef musste sich dort einschreiben lassen, zusammen mit seiner jungen Frau Maria, die ein Kind erwartete.

Als sie in Bethlehem waren, brachte Maria ihr erstes Kind – einen Sohn – zur Welt. Sie wickelte ihn in Windeln und legte ihn in eine Futterkrippe im Stall, weil sie in dem Gasthaus keinen Platz bekommen hatten.

In dieser Nacht bewachten draußen auf dem Feld einige Hirten ihre Herden. Plötzlich trat ein Engel Gottes zu ihnen, und Gottes Licht umstrahlte sie. Die Hirten erschraken sehr, aber der Engel sagte: „Fürchtet euch nicht! Ich bringe euch die größte Freude für alle Menschen: Heute ist für euch in der Stadt, in der schon David geboren wurde, der lang ersehnte Retter zur Welt gekommen. Es ist Christus, der Herr. Und daran werdet ihr ihn erkennen: Das Kind liegt, in Windeln gewickelt, in einer Futterkrippe!"

Auf einmal waren sie von unzähligen Engeln umgeben, die Gott lobten: „Gott im Himmel gehört alle Ehre; denn er hat den Frieden auf die Erde gebracht für alle, die bereit sind, seinen Frieden anzunehmen."

Nachdem die Engel sie verlassen hatten, beschlossen die Hirten: „Kommt, wir gehen nach Bethlehem. Wir wollen sehen, was dort geschehen ist und wovon Gottes Engel gesprochen hat."

Sie machten sich sofort auf den Weg und fanden Maria und Josef und das Kind, das in der Futterkrippe lag. Als sie das Kind sahen, erzählten die Hirten, was ihnen der Engel gesagt hatte.

nach Lukas 2,1-17

Vater, danke, dass Deine gute Botschaft nicht nur Menschen mit außergewöhnlichen Fähigkeiten gilt. Danke, dass das Evangelium für uns alle da ist! Du bist nicht ein Gott der Reichen und Starken, sondern der Armen und Schwachen. Danke, dass Du uns trotzdem siehst und so annimmst, wie wir sind. Amen.

25. DEZEMBER

Anbetung

Dann kehrten die Hirten zu ihren Herden zurück. Sie lobten und dankten Gott für das, was sie in dieser Nacht erlebt hatten. Alles war genau so, wie der Engel es ihnen gesagt hatte.

LUKAS 2,20

Bevor jeder unserer drei Söhne geboren wurde, stellten wir Listen zusammen mit Leuten, die wir unbedingt anrufen mussten, sobald das Baby da war. Die Omas und Opas standen auf diesen Listen natürlich immer ganz oben. Darunter standen Tanten und Onkel und dann unsere engsten Freunde.

Und welchen Leuten erzählte Gott zuerst von der Geburt seines Sohnes? Einer Handvoll Hirten! Ein Engel des Herrn erschien unbedeutenden Hirten, die einfach nur in aller Stille ihrer Arbeit nachgingen und ihre Herden hüteten. Ist das nicht ermutigend? Gott sucht nicht nach Leuten mit außergewöhnlichen Fähigkeiten. Seine gute Botschaft galt – und gilt immer noch – allen. Er kommt zu jedem, dessen Herz demütig genug ist, um ihn aufzunehmen.

Das freudige Ereignis, das den Hirten verkündigt wurde, war die Geburt des Erlösers. Er war gerade in Bethlehem zur Welt gekommen, und dort konnten sie ihn in einem Stall finden. Sobald sie diese Ankündigung gemacht hatten, sang eine ganze Armee von Engeln „Ehre sei Gott in der Höhe" – Worte, die Liederdichter aller Art in den letzten zweitausend Jahren zu mehr Weihnachtsliedern angeregt haben, als man zählen kann. Die Geburt Jesu war das fröhlichste Ereignis in der Geschichte der Menschheit. Und die Hirten waren, zusammen mit den Engeln, die Ersten, die Gott dafür lobten und priesen, dass er Jesus gesandt hatte.

Die Hirten geben uns ein wunderbares Beispiel für unseren persönlichen Lobpreis. Unsere Anbetung muss nicht bis zum nächsten Gottesdienst warten, und sie muss auch nicht kompliziert sein. Anbetung bedeutet, Gott für das zu loben, was er getan hat – egal, wo wir gerade sind. Wir wollen, wie die Hirten, Gott aus demütigem Herzen loben!

Vater, danke, dass Du unbedeutende Hirten ausgewählt hast, um Dir mit den Engeln zusammen für die Geburt Jesu zu danken. Auch wir wollen Dich anbeten.
Zeige uns, dass wir dafür keinen besonderen Ort brauchen, sondern dass Du überall da bist, neu angebetet zu werden. Amen.

26. DEZEMBER

Anbetung

Nach diesem Gespräch gingen die Sternforscher nach Bethlehem. Und das Unglaubliche geschah: Der Stern, den sie im Osten gesehen hatten, führte sie. Er blieb über dem Haus stehen, in dem das Kind war. Da kannte ihre Freude keine Grenzen. Sie gingen in das Haus, wo sie das Kind mit seiner Mutter Maria fanden, knieten vor ihm nieder und beteten es an. Dann packten sie ihre Schätze aus und beschenkten das Kind mit Gold, Weihrauch und Myrrhe. Im Traum befahl ihnen Gott, nicht mehr zu Herodes zurückzugehen. Deshalb wählten sie für ihre Heimreise einen anderen Weg.

MATTHÄUS 2,9-12

Die „Weisen aus dem Osten" waren vermutlich Sterndeuter, die am Himmel, den sie genau zu deuten versuchten, auf ein Zeichen Gottes stießen. Auf ganz erstaunliche Weise brach Gott in ihre Welt ein, indem er ihnen zunächst im Osten diesen Stern zeigte und ihre Schritte dann später umlenkte, sodass sie die gemeinen Pläne Herodes' und seiner Berater zunichtemachten. Und wie reagierten die Weisen auf dies alles? Sie beteten Jesus an, öffneten ihre Schatzkisten und gaben ihm wertvolle Geschenke.

Aus Bibelkommentaren erfahren wir, dass diese Geschenke symbolisch darauf verweisen, wer Christus war und was er auf dieser Erde tat. Das Gold steht für Königswürde. In Bezug auf Jesus sah diese ganz anders aus als irgendeine Art Staatsmacht, die wir auf der Erde kennen. In Jesaja 9,6 heißt es: „Er wird seine Herrschaft weit ausdehnen und dauerhaften Frieden bringen. Wie sein Vorfahre David herrscht er über das Reich, festigt und stützt es, denn er regiert bis in alle Ewigkeit mit Recht und Gerechtigkeit. Der Herr, der allmächtige Gott, sorgt dafür, er verfolgt beharrlich sein Ziel." Der Weihrauch steht für die Gottheit Jesu. Weihrauch wurde in Tempeln und religiösen Gebäuden eingesetzt. Christus wurde geboren als Immanuel – als „Gott mit uns". Und Myrrhe, ein Harz, das zur Einbalsamierung Verstorbener benutzt wurde, redet von dem Grund, aus dem Christus in diese Welt hinein geboren wurde: um am Kreuz zu sterben und für unsere Sünden zu bezahlen.

Gott ist in unsere Welt und in die unserer Kinder gekommen, und er wünscht sich von uns die gleiche Reaktion wie damals von den weisen Männern. Er möchte, dass wir ihn als den erkennen, der er ist, dass wir uns in Anbetung vor all dem verneigen, was er getan hat, ihm unser Herz öffnen und ihm unser Leben geben. Wie werden wir unserer Anbetung heute Ausdruck verleihen?

Vater, hilf uns, Dir jeden Tag zu folgen, Dir zu gehorchen und Dich anzubeten. Und schenke, dass unser Beispiel auch andere – besonders unsere Kinder – zur Anbetung anspornt. Wir wollen Dich mit unserem Leben anbeten und so Dich besser kennenlernen und Dir nahe sein. Amen.

27. DEZEMBER

Anbetung

Ich pries den höchsten Gott, ich lobte den, der ewig lebt. Seine Herrschaft hört niemals auf, sein Reich bleibt für alle Zeiten bestehen. Die Bewohner dieser Erde sind nichts im Vergleich zu ihm. Alle Menschen, ja sogar die Sterne am Himmel, müssen sich seinem Willen beugen! Niemand darf sich ihm widersetzen und ihn fragen: „Was tust du da?" ... Nun lobe und preise ich, Nebukadnezar, den König, der im Himmel regiert. Ihm gebe ich die Ehre! Er ist zuverlässig und gerecht in allem, was er tut. Wer aber stolz und überheblich ist, den stürzt er.

DANIEL 4,31-32.34

Anbetung kann nur geschehen, wenn wir demütig vor Gott treten; wahre Anbetung ist mit Stolz unvereinbar.

Nebukadnezar hat „auf die harte Tour" gelernt, dass nichts irrsinniger ist als der Stolz des Menschen und dass es nichts Vernünftigeres und Weiseres gibt, als Gott zu preisen. Nachdem Nebukadnezar in grenzenloser Vermessenheit mit all seinen Leistungen geprahlt hatte, brach Gottes Strafgericht über ihn herein; für eine kurze Zeit wurde Nebukadnezar buchstäblich wahnsinnig. Aber als er die Augen zum Himmel wandte und Gott pries, wurde seine Gesundheit wiederhergestellt. Wir vergessen manchmal die positiven Auswirkungen der Anbetung: Unser Blick wandelt sich, wenn wir nach oben schauen.

Ausgerechnet Nebukadnezar hat uns und unseren Kindern ein gutes Beispiel hinterlassen, wie Anbetung aussehen kann:

- Wir schauen zum Himmel, zu Gott auf und sehen nicht mehr auf unsere Umstände.
- Wir machen uns neu bewusst, dass wir im Vergleich zum allmächtigen und allgegenwärtigen Gott nichts sind; seine Liebe wissen wir dann umso mehr zu schätzen.
- Wir sehen, dass Gott so viel größer ist als wir – er ist ewig!
- Wir danken ihm für die Treue, die er uns Menschen verweist.
- Wir merken, dass wir nicht das Recht haben, Gott zu fragen: „Was tust du?", denn ihm gehört alle Macht im Himmel und auf der Erde.

Das Leben Nebukadnezars zeigt, dass wahre Anbetung nicht geschieht, wenn wir mehr zu sein versuchen, als wir wirklich sind, oder wenn wir selbstgerecht so tun, als hätten wir Gottes Gnade und Barmherzigkeit nicht nötig. Anbetung beginnt mit Demut und einem veränderten Blick auf uns selbst und auf Gott.

Vater, danke, dass Du so groß und wunderbar bist. Danke, dass Du über allem stehst und uns doch so viel Liebe und Fürsorge erweist. Lass uns Dich anbeten, wie Du es verdienst! Egal, wie wir uns gerade fühlen und in welcher Situation wir sind. Dir gebührt alle Ehre und Anbetung. Amen.

28. DEZEMBER

Anbetung

Mit [Jakobs] Nachkommen, dem Volk Israel, hatte der Herr einen Bund geschlossen und ihnen befohlen: „Verehrt keine anderen Götter! Werft euch nicht vor ihnen nieder, um sie anzubeten! Dient ihnen nicht, und bringt ihnen keine Opfer dar! Allein mir, dem Herrn, sollt ihr in Ehrfurcht dienen, denn meiner Macht und meinem Eingreifen verdankt ihr eure Befreiung. Ich habe euch von Ägypten nach Israel geführt! Werft euch nur vor mir nieder, und bringt allein mir Opfer dar."

2. KÖNIGE 17,34b-36

In diesen Versen sehen wir, dass Gott die Anbetung, die ihm zukommt, nicht mit irgendetwas oder irgendjemand anderem zu teilen bereit ist. Nachdem Israel sich 250 Jahre lang gegen Gott aufgelehnt hatte, war das Volk von den Assyrern besiegt worden. Die Assyrer hatten eine besondere Methode, mit Völkern umzugehen, die sie besiegt hatten: Sie führten die Elite weg nach Assyrien und siedelten in dem Gebiet, das sie eingenommen hatten, andere Stämme und Völker an. So entstand auch das Volk der Samariter – ein Mischvolk.

Zunächst gab es in Samarien keine einheitliche Religion, und die Obersten des Volks nahmen sich dieses Problems an – auf ziemlich ungewöhnliche Weise. Sie importierten einen jüdischen Priester, um dem Volk von Gott zu erzählen, und dann forderten sie das Volk auf, neben Gott auch noch die Götter der Assyrer zu verehren. Aber Gott wollte keine Mischreligion! Die ganze Heilsgeschichte hindurch ging es ihm immer darum, dass Menschen ihm mit ungeteiltem Herzen folgten. So viele Male im Alten Testament hatte er eingegriffen und das Volk aus seiner Not erlöst, aber sie begriffen einfach nicht, dass sie ihn allein verehren sollten.

Manchmal denken wir, dass wir in unserer Anbetung Gott gerecht werden können, ohne gleichzeitig allen anderen Göttern abzusagen. Aber er will – und das sollten wir und auch unsere Kinder begreifen – unsere ungeteilte Aufmerksamkeit und unser ganzes Lob.

Vater, danke, dass Dein Arm weit ausgestreckt ist und über die Jahrhunderte immer wieder Menschen aus ihrer Not gerettet hat. Vergib uns, wenn wir immer wieder bei anderen Rettungsankern – anderen Göttern – Zuflucht suchen. Lass uns Dir mit ungeteiltem Herzen dienen. Amen.

29. DEZEMBER

Anbetung

Weil ihr Gottes Barmherzigkeit erfahren habt, fordere ich euch auf, liebe Brüder, mit Leib und Leben für Gott da zu sein. Seid ein lebendiges und heiliges Opfer, das Gott gefällt. Einen solchen Gottesdienst erwartet er von euch.

RÖMER 12,1

Im Alten Testament waren Gottesdienst und Anbetung mit einem Altar verbunden, mit prachtvollen Leuchtern, Brandopfern, feierlichen Gewändern, Priestern, Salböl und Weihrauch. Im Neuen Testament dagegen ist der Gottesdienst gekennzeichnet von Freude und Dankbarkeit über die Erlösung, die Christus uns durch seinen Tod am Kreuz geschaffen hat. Das Neue Testament lehrt, dass es nicht so entscheidend ist, *wo* wir Gott anbeten, sondern *wie*. Zum Gottesdienst gehören Gebet, Lob und die Beschäftigung mit dem Wort Gottes, und diese Anbetung muss in Geist und Wahrheit geschehen. (vgl. Johannes 4,23)

Wenn unser Denken und Handeln auf Gott ausgerichtet sind, kann jeder Tag zum Gottesdienst werden. Gott aus ganzem Herzen anbeten können wir nur, wenn wir frei und an nichts anderes gebunden sind. Wenn wir eigensinnig an Dingen festhalten, die Gottes Anweisungen für uns entgegenstehen, werden all unsere Versuche, ihn anzubeten, ihn nur verhöhnen.

Was veranlasst uns eigentlich dazu, vor Gott zu treten und ihn anzubeten? Bestimmt keine Gesetze, kein „Man-Müsste" und „Man-Sollte-Eigentlich". Zum wahren Gottesdienst werden wir gedrängt, wenn uns Gottes große Barmherzigkeit bewusst wird. Ich habe einmal den Satz gehört: „Gnade bedeutet, dass wir etwas bekommen, das wir eigentlich nicht verdient haben, und Barmherzigkeit bedeutet, dass wir etwas nicht bekommen, das wir eigentlich verdient haben." Wenn wir Gott täglich für seine Gnade und Barmherzigkeit danken und uns all das in Erinnerung rufen, was er für uns getan hat, wollen wir ihm unser ganzes Leben als heiliges Opfer bringen.

Barmherziger Vater, Du hast so viel für uns getan. Wir bitten Dich, dass unser Leben von Freude, Dank und Anbetung Dir gegenüber geprägt ist. Wir wollen Dir für Deine unendliche treue Gnade danken und für Deine wertvolle Barmherzigkeit. Niemand ist wie Du. Hab Dank dafür. Amen.

30. DEZEMBER

Anbetung

Er brachte mich in den inneren Tempelvorhof. Am Eingang zum Heiligtum, zwischen der Vorhalle und dem Altar, standen etwa fünfundzwanzig Männer mit dem Rücken zum Tempel und dem Gesicht nach Osten. Sie warfen sich vor der Sonne im Osten nieder und beteten sie an.

HESEKIEL 8,16

Hesekiel war ein Priester, der, wie auch viele andere Juden, in der babylonischen Gefangenschaft lebte. In dieser Zeit des Exils war er ein sehr bedeutender Bote Gottes, der seinen Landsleuten klarmachte, dass ihr ewiges Schicksal davon abhing, wie sie mit Gott umgingen. Um genauer zu sein: wen oder was wir anbeten, bestimmt, wo wir die Ewigkeit verbringen.

Im oben angegebenen Vers hatte Hesekiel eine Vision, in der Priester die Sonne anbeteten. Die Sonne ist zugegebenermaßen sehr beeindruckend. Sie gibt uns Licht, sie geht jeden Morgen auf und am Abend wieder unter, sie gibt Wärme ab und ist ein unveränderlicher und zuverlässiger Orientierungspunkt für Menschen auf der ganzen Welt. Aber die Sonne ist nicht Gott. Vielmehr verweist sie uns auf Gott, der sie geschaffen hat.

Wir geraten in Schwierigkeiten, wenn wir die Dinge verehren, die Gott geschaffen hat, und nicht ihn selbst. Wenn ich in einen Zoo gehe, spornt mich das immer zur Anbetung an. Wenn ich mir vorstelle, dass Gott die Giraffe mit ihrem herrlich langen Hals geplant und geschaffen hat, das Zebra mit den Streifen, die Eisbären, die im Wasserbecken herumtollen, verstehe ich besser, wie groß Gott ist.

Gott verdient unsere Anbetung jeden Tag. Wenn wir mit unseren Kindern in den Supermarkt gehen und mit ihnen die Vielfalt von Obst und Gemüse bestaunen, die Gott geschaffen hat, ist das eine Form der Anbetung. Wenn wir beobachten, wie eine Katze Junge wirft, kann uns das zur Anbetung führen. Die Frage ist, ob wir hinter all dem Schönen, Großartigen und Wunderbaren, das wir täglich erleben, Gott sehen und ihm die Ehre geben – oder ob wir nur die Dinge selbst bestaunen.

Vater, vergib uns, dass wir manchmal mehr auf das sehen, was Du geschaffen hast, als auf Dich selbst. Mach unsere Herzen bereit, Dich jeden Tag für das zu loben und anzubeten, was Du geschaffen hast. Denn Du bist größer als alles Geschaffene. Lenke unseren Blick auf Dich. Amen.

31. DEZEMBER

Anbetung

Du hast [dem Menschen] den Auftrag gegeben, über deine Geschöpfe zu herrschen. Alles hast du ihm zu Füßen gelegt: die Schafe und Rinder, die Tiere des Feldes, die Vögel unter dem Himmel und die Fische im weiten Meer. Herr, unser Herrscher! Groß und herrlich ist dein Name. Himmel und Erde sind Zeichen deiner Macht.

PSALM 8,7-10

Eines meiner eindrucksvollsten Anbetungserlebnisse fand unter der Meeresoberfläche statt.

Mein Mann, unsere drei Söhne und ich machten auf einer Insel Urlaub. Wir hatten noch nie zuvor geschnorchelt, und so tauchten wir ein bisschen im seichten Wasser an der Küste herum, an der auch unser Hotel stand. Uns allen machte das so viel Spaß, dass wir beschlossen, für einen Tag ein Boot mit Fahrer auszuleihen, sodass wir besser schnorcheln konnten. Als der Fahrer das Boot mitten im Ozean – oder zumindest kam es mir so vor – anhielt, sprangen alle Männer aus meiner Familie sofort ins Wasser, während ich am Rand der Leiter saß, mit den Füßen im Wasser baumelte und versuchte, genug Mut zum Springen aufzubringen.

Nachdem unser Bootsfahrer mir geduldig zugeredet hatte, wagte ich es tatsächlich, sprang ... und vergaß meine Angst auf der Stelle. Mein einziger Gedanke war: *Ich bin in einer ganz anderen Welt gelandet. So etwas wie das hier habe ich noch nie gesehen!* Ich hätte am liebsten geweint, aber nicht, weil ich traurig oder ängstlich war. Ich spürte ein ehrfürchtiges Staunen über das, was Gott geschaffen hatte, wie ich es vorher nie erlebt hatte. Als ich den Engelhaien, Schwertfischen und anderen Meerestieren zuschaute, gingen mir immer nur die Psalmworte durch den Kopf: „Herr, unser Herrscher! Groß und herrlich ist dein Name. Himmel und Erde sind Zeichen deiner Macht." (Psalm 8,2)

Als wir fünf im Boot wieder zusammentrafen und einander erzählten, wie es uns ergangen war, war ich froh, dass ich etwas *nicht* gesehen hatte: den einen Meter langen Barrakuda, den Jim und die Jungs mir lebhaft beschrieben. Vermutlich hätte er meine Anbetungszeit auch unsanft unterbrochen ...

Vater, danke, dass Deine Herrlichkeit in den Fischen des Ozeans und in allem Geschaffenen um uns herum sichtbar wird. Denn Du schenkst uns die Schöpfung, damit wir in ihr Dich erkennen. Du Herrscher und König dieser Welt! Amen.

Bibelstellenverzeichnis

Zefanja 3,17	17. November
Zefanja 3,17	18. November
Matthäus 1,18-25	23. Dezember
Matthäus 1,20-21	20. Dezember
Matthäus 1,23	07. Mai
Matthäus 2,9-12	26. Dezember
Matthäus 4,18-19	14. Oktober
Matthäus 5,8	12. Juli
Matthäus 5,13	02. Oktober
Matthäus 5,13-15	12. Oktober
Matthäus 5,15-16	23. Februar
Matthäus 5,21-22	28. April
Matthäus 6,12	25. August
Matthäus 6,19-21	30. November
Matthäus 7,3	26. Juli
Matthäus 13,7.22	11. Juli
Matthäus 17,20	01. Oktober
Matthäus 18,15-17	16. Februar
Matthäus 18,35	26. August
Matthäus 18,5-6	15. März
Matthäus 27,45-46	14. März
Markus 4,26-27	14. August
Markus 4,26-28	29. August
Markus 7,6	03. Juni
Markus 7,21-23	02. August
Markus 10,16	30. Juli
Markus 10,45	09. Dezember
Markus 15,24	13. März
Markus 16,15	07. Dezember
Lukas 1,31-35	17. Dezember
Lukas 1,37	03. Februar
Lukas 1,39-40	22. Januar
Lukas 1,46-55	18. Juni
Lukas 1,69.77-79	18. Dezember
Lukas 2,1-5	19. Dezember
Lukas 2,1-17	24. Dezember
Lukas 2,11	18. Mai
Lukas 2,20	25. Dezember
Lukas 2,25-28	22. Dezember
Lukas 3,7-8	28. März
Lukas 4,18-19	31. März
Lukas 9,17	14. November
Lukas 10,42	16. Oktober

Philipper 4,8	31. Mai
Philipper 4,12-13	21. Oktober
Philipper 4,19	04. Januar
Kolosser 1,9	13. September
Kolosser 1,19-20	01. April
Kolosser 2,6-8	05. Januar
Kolosser 2,8-10	15. November
Kolosser 3,1-3	23. März
Kolosser 3,2	06. Juli
Kolosser 3,21	03. September
Kolosser 3,23	30. Juni
Kolosser 3,8-10	14. Juli
1. Thessalonicher 1,2	24. November
1. Thessalonicher 5,10-11	06. September
1. Thessalonicher 5,23-24	29. Mai
2. Thessalonicher 1,11	09. Januar
1. Timotheus 4,8	29. September
1. Timotheus 4,12	28. Mai
1. Timotheus 6,12	07. Januar
2. Timotheus 1,7	25. September
2. Timotheus 3,16-17	15. Januar
2. Timotheus 4,2	21. September
2. Timotheus 4,2-4	25. Oktober
Titus 2,7	06. Juni
Titus 2,9-10	24. Juli
Titus 2,11	26. März
Titus 2,11-14	24. Mai
Titus 3,3-7	19. September
Hebräer 2,14-15	09. März
Hebräer 3,13	05. September
Hebräer 3,14-15	03. März
Hebräer 4,9-11	05. August
Hebräer 8,10	02. Juli
Hebräer 9,13-14	22. September
Hebräer 10,19-23	18. März
Hebräer 11,27	27. Februar
Hebräer 11,31	15. August
Hebräer 12,1-2	17. August
Hebräer 12,12-13	09. Juni
Hebräer 12,28-29	10. Dezember
Hebräer 13,7	07. Juni
Hebräer 13,9	23. Mai

Unsere Buchtipps für Sie

Valorie Burton

Das Geheimnis glücklicher Frauen

Wie Sie mehr Zufriedenheit und Freude in Ihren Alltag bringen

ISBN 978-3-86827-531-5

272 Seiten, Paperback

Sehnen Sie sich auch manchmal nach mehr in Ihrem Leben? Mehr Abwechslung? Mehr Vorfreude? Mehr Zeit für sich selbst? Mehr Zeit für die Familie? Mehr Dankbarkeit? Mehr Zufriedenheit? Denken Sie auch hin und wieder: Eigentlich geht es mir ja gut. Eigentlich ist ja alles in Ordnung. Aber insgeheim fragen Sie sich, warum Sie nicht glücklicher sind? Willkommen im Club! Studien belegen, dass wir Frauen heute zwar weitaus mehr Möglichkeiten haben als jemals zuvor, wir aber insgesamt weniger glücklich sind als vor vierzig Jahren – während die Männer immer glücklicher werden. Woran liegt das? Und was können wir dagegen tun?

Valorie Burton zeigt in ihrem Buch 13 Faktoren auf, die Ihre Zufriedenheit beeinflussen … und liefert konkrete Tipps, wie Sie inmitten Ihrer Umstände glücklicher und voller Gottvertauen durchs Leben gehen können.

Gary Chapman, Arlene Pellicane
Kinderzimmer 2.0
Erziehung im digitalen Zeitalter
ISBN 978-3-86827-533-9
278 Seiten, Paperback

Fernseher, DVD-Player, Computer, Tablet, Smartphone, Spielekonsole … Die Schar der flimmernden „Erzieher" unserer Kinder ist unüberschaubar. Wie gelingt es Eltern, Kinder im digitalen Zeitalter richtig zu begleiten?
Gary Chapman, Bestsellerautor und Familientherapeut, und Arlene Pellicane, Referentin und Mutter von drei Kindern, geben in diesem Ratgeber wertvolle Hinweise, wie Erziehung angesichts neuer Herausforderungen gelingen kann. Sie ermutigen dazu, Zeit in die Kinder zu investieren und Grenzen zu setzen, um sie zu selbstständigen, verantwortungsvollen Menschen zu erziehen.

Gary Chapman, Ross Campbell
Die fünf Sprachen der Liebe für Kinder
Wie Kinder Liebe ausdrücken und empfangen
ISBN 978-3-86827-437-0
224 Seiten, Paperback

Ihre ganze Liebe gilt Ihren Kindern. Aber sind Sie sich sicher, dass Ihre Kinder das auch spüren? Denn – was versteht Ihr Kind überhaupt unter Liebe? Lernen Sie mit diesem Bestseller die Muttersprache der Liebe, die Ihr Kind spricht, und es wird die Geborgenheit erfahren, die es zu einem liebesfähigen Menschen heranwachsen lässt. Lernen Sie, es wirklich zu verstehen – weil ein gesundes Familienklima so wichtig ist!